FAYI BINGLIXUE SHILI TUJIAN

法医病理学

实例图鉴

刘良　等◎主编

長江出版傳媒
湖北科学技术出版社

图书在版编目（CIP）数据

法医病理学实例图鉴 / 刘良等主编．—武汉：湖北科学技术出版社，2023.11

（长江医学文库．第二辑）

ISBN 978-7-5706-2938-1

Ⅰ．①法…　Ⅱ．①刘…　Ⅲ．①法医学－病理学－图解　Ⅳ．①D919.1-64

中国国家版本馆CIP数据核字（2023）第201865号

责　　编：徐　丹　冯友仁

责任校对：陈横宇　　　　封面设计：胡　博　张子容

出版发行：湖北科学技术出版社

地　　址：武汉市雄楚大街268号（湖北出版文化城B座13—14层）

电　　话：027-87679454　　　　邮　　编：430070

印　　刷：武汉市华康印务有限责任公司　　　　邮　　编：430021

889×1194　1/16　　　　13印张　　360千字

2023年12月第1版　　　　2023年12月第1次印刷

定　　价：160.00元

编委会

编　者：（按照姓氏拼音排序）
毕海涛　河北医科大学
曾晓锋　昆明医科大学
陈燕祥　云南省公安厅
邓燕飞　江西省公安厅
丁自娇　安徽医科大学
段祎杰　华中科技大学
方俊杰　安徽省公安厅
伏建斌　银川市公安局
郭亚东　中南大学
黄　巍　南昌市公安局
黄锶哲　华中科技大学
蒋　朴　重庆医科大学
景　丽　宁夏医科大学
李　健　北京警察学院
李　桢　昆明医科大学
李剑波　重庆医科大学
李英敏　河北医科大学
刘　盼　湖北崇新司法鉴定中心
刘　云　川北医学院
刘鸿霞　中国政法大学
刘江金　贵州医科大学
马静红　湖北崇新司法鉴定中心
潘新民　河南科技大学
彭东兵　南昌市公安局
秦晓东　南阳市公安局
阮宏斌　湖北崇新司法鉴定中心
汤晓蕙　南京市公安局
唐立冈　山东省公安厅
汪家文　贵州医科大学
王　昊　重庆市公安局
王　宇　河北大学
王基锋　河南省公安厅
王思明　河北大学

王晓溪　山东省公安厅
吴　惟　湖北崇新司法鉴定中心
向琴琴　湖北崇新司法鉴定中心
杨天潼　中国政法大学
于天水　中国政法大学
岳　霞　南方医科大学
张　桓　昆明医科大学
张　杰　华中科技大学
张国忠　河北医科大学
张家鑫　河南省公安厅
张开乔　江苏省公安厅
张长全　中南大学
张志湘　苏州大学
赵　锐　中国医科大学
赵美乐　河南省高级人民法院
郑吉龙　中国刑事警察学院
周　兰　江苏省公安厅
朱承仁　江西省公安厅
朱少华　苏州大学
朱英芝　湖北崇新司法鉴定中心
庄　冲　福州市公安局
卓　荦　福建省公安厅

致　谢：吴金保、郭兵兵、潘宇健、田琦硕、宋华雄、万荣会、刘勇、赵凯、刘婉珠

ORDER ONE

序 一

法医学与临床医学从人类生、老、病、死的各个层面展开研究，虽然关注的侧重点有所不同，但两个学科涵盖了生命完整的循环，共同为维护人民生命健康提供了不可或缺的科学知识体系。法医病理学通过对死亡相关医学问题的研究，也能为临床医学治病救人提供重要的参考。

在 2020 年新冠疫情暴发的初期，本书主编华中科技大学同济医学院法医学系刘良教授率领的解剖团队，排除万难，极力推进并成功实施了首例新冠肺炎逝者遗体解剖工作。在他们完成首例遗体解剖后的第二天，我曾经和刘良教授通过几次电话，表达了我的关心和支持，也充分理解他们以最危险的方式直面风险，以最直接的方法探索真相，为临床获得了原型株新冠病毒感染导致病理损害的宝贵的一手资料。本书编委周亦武教授、刘茜教授、任亮副教授均是直接参与新冠肺炎遗体解剖的法医病理学专家，他们同刘良教授一起，为抗击新冠疫情贡献了法医力量！

法医学与临床医学一样，是实践性极强的学科，基础理论知识学习与实践经验积累相辅相成。从实践案例着手的学习，能解决生前不可能认识的病理过程，往往能起到事半功倍的效果。这本《法医病理学实例图鉴》，汇聚了众多有丰富经验的法医学专家在各自工作中遇到的实际案例，以彩图形式展现，配以简明的文字、必要的标识，明晰、直观、系统地展示了大量法医病理常见死因和鉴定案件的实际案例，同时亦呈现了一些罕见和疑难死亡案件。该书的问世，可以让读者站在专家的肩膀上去学习和积累，更有效地掌握法医病理形态学变化，提高鉴定水平，是法医工作者和法医学专业学生不可多得的良好工具书。同时，认识疾病、损伤、中毒等引起的病理学变化，对于临床医生和临床医学学生，也具有重要意义。

值得一提的是，在本书最后一章，展示了新冠病毒感染遗体解剖的部分工作成果，不仅包括原型株感染，还包括奥密克戎变异株感染的病理学改变，对我们研究不同变异类型毒株病毒感染的特点具有重要参考价值。

总之，这是一本对法医学和临床医学均具有高度实践指导价值的参考书，我愿意向广大医学工作者和学生积极推荐此书！

中国工程院院士

广州国家实验室主任

广州医科大学教授、博士生导师

国家呼吸系统疾病临床医学研究中心主任

2023 年 5 月

ORDER TWO

序二

法医学是国家医学，其直接服务的对象是国家司法机关和行政机关，为国家治理能力的提升提供科学性、系统性的技术支撑。法医所做的一切工作，是为了维护公民的生命权、身体权和健康权。法医病理学作为法医学最重要的二级学科，主要研究和检验工作是分析尸体现象，确定死亡原因，解码死亡机制，可视化物理、化学、生物、应激等因素所致的机体各类损伤并形成各种科学证据。

该书由国内知名高校、公检法司、法医鉴定机构等众多具有丰富的法医病理学鉴定经验和科学研究基础的专家、学者编著，以简洁、直观、明晰的方式，呈现了大量实际案例中的宝贵图片，涵盖典型、罕见、疑难的各类死亡案件，具有很强的法医学科研和实践价值。

该书注重理论与实践相结合，兼顾经典与创新，系统收集了尸体现象、机械性损伤、机械性窒息、高低温、电击、猝死、中毒、医疗损害等法医病理学常见死因和鉴定案例的图照。值得一提的是，此书还包括了新冠病毒（原型株及变异株）感染的病理学图照，为我们认识新兴烈性传染病的病理学损害表征提供了极为宝贵的资料。这些珍贵的图照，是以主编刘良教授为首的法医专业技术人员，在抗击新冠疫情中不畏风险，不忘初心，开展新冠遗体尸检工作的成果展示，也体现了法医病理学技术工作为维护公民健康权做出的巨大贡献。

本书可以作为法医学专业学生、法医工作者的工具书，也可作为广大医学生、临床医生和法律工作者的参考书。本书的出版有助于帮助青年法医学生和法医工作者快速积累法医病理学实战经验，增强证据意识；也有助于临床医务工作者了解严重疾病、损伤致死的病理学表现，填补对死亡病理学方面的认知，开阔临床思维，更好地维护人民生命健康。

丛斌

中国工程院院士
九三学社中央副主席
河北医科大学法医学院 院长
教授、主任法医师、博士生导师
2023 年 5 月

PREFACE

前言

写给自己和每一个热爱法医工作的你

首先，我想说说编写这本图鉴的起因。经历了 2020 年新冠疫情最严峻的考验，让我对于生命的脆弱和法医工作的重要性都有了更深的体会，加之有朋友提议，让我把多年法医从业过程中的经典案例和鉴定经验总结出来，传给学生和其他法医工作者，我想了想，觉得这份总结或许能为法医病理学的传承发挥点作用，也算是给自己 60 岁（2021 年）的一份礼物，于是便开始了这本书的筹划。经过几番商讨，最终决定以图鉴的形式来呈现。一来，个人觉得比较直观（我就喜欢化繁为简）；二来，图片能更好地反映经验性的内容，也是把法医病理学理论与实践相融会贯通的良好媒介。可由于各方面因素的影响，本书从筹划到最终出版，历经了 3 年多时间，虽然没赶上自己 60 岁的礼物，但愿最终能呈现一份让大家满意的作品，则我心安矣！

本书的参编人员，大多数都是既有丰富的理论知识，更有海量实践经验的专家，特别是公安一线工作的老友们，从自己多年的案件库中翻出“压箱底”的珍贵图片，毫无保留地为本书的编写提供了丰富的素材。正因为编者既有院校专家学者，又有公检法司一线法医大拿的加入，才能真正保障了我编写本书时希望理论与实践相结合的初心，更全面地总结了法医病理工作的经典原理和在疑难复杂或罕见案例中积累的实战经验。

在3年多的编写过程中，编者们进行了多轮筛选、组稿、修改、审校等程序，我的多位研究生（田琦硕、宋华雄、万荣会、刘勇）也参与了大量整理工作，是大家的不离不弃，勠力同心才使得此书最终成稿。需要说明的一点是，本书最终主编、副主编和编委人员与最初的设定可能有一些出入，主要是综合考虑了最终采用的案例资料的数量和质量，以及在多轮修改、审稿等编写过程中的贡献度而调整的，希望各位编者能给予理解。

关于本书在最后章节中，新冠病毒感染的病理学图片，是我个人非常希望呈现给大众的。这是对于我们法医病理人在突发未知传染病的防治工作中所做出的努力的一种纪念。2020 年 2 月 16 日，我和我们解剖团队共同开展了首例新冠肺炎遗体系统尸检工作，并在随后的一周时间内共完成了 10 例新冠尸检。我们日以继夜，克服了众多困难，只为帮助临床医生看清这个未知的“敌人”，为挽救湖北父老乡亲的生命做一点力所能及的事情。在我们呼吁和开展新冠解剖工作过程中，丛斌院士、钟南山院士、卞修武院士对我们的工作给予了大力关心、支持和帮助，在此向他们表示特别的感谢！此外，本书在编写过程中得到了湖北崇新司法鉴定中心的大力支持，也一并表达衷心感谢！

最后，我想写给每一个有缘阅读此书的人。希望你们都是和我一样，是热爱法医工作的人，或者，哪怕现在还谈不上热爱，但至少是愿意为这个神圣的职业去不断学习、不断奉献的人。我一直都说，只有心地善良才能当好法医，因为我们的工作，必须要对得起历史，对得起未来，对得起逝者！我们唯有始终抱着严谨、科学、公正的态度，不断强化自己的专业本领，才能以科学的手段维护司法公正，真正地“为逝者言，为生者权”。法医情怀，不是一句口号,而是数十年的初心和坚持,历经岁月的沉淀后最淳朴的一句“无愧、无悔”！

谨以此书，与每一个从事着或即将从事法医工作的你，共勉。

刘良
华中科技大学同济医学院法医学系
二级教授、博士生导师
CCTV2016 年度法治人物
2021 年度全国创新争优奖获得者
2023 年 10 月

CONTENTS

目 录

第一章 尸体现象

人死后因受物理、化学和生物学等各种内外因素的作用，尸体上发生各种变化称为死后变化，这些变化使尸体表面和内部器官组织呈现与活体不同的征象，称尸体现象。

（一）早期尸体现象

早期尸体现象是指人死后 24h 内尸体发生的变化。常见的死后早期变化有肌肉松弛、角膜的变化（图 1–1）、皮革样化（图 1–2）、尸冷、尸斑的形成（图 1–3）、内部血液坠积、尸僵、尸体痉挛、自溶（图 1–4）等。

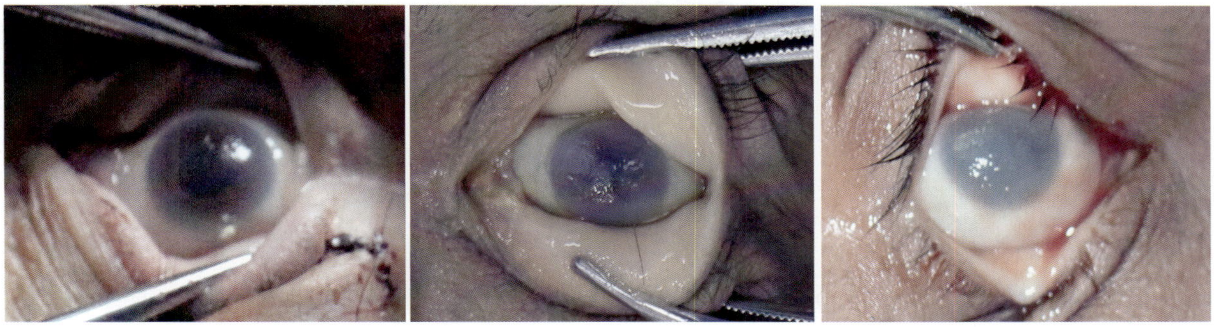

A　　　　B　　　　C

图 1–1　角膜混浊

A. 角膜轻度混浊，可透视瞳孔；B. 角膜中度混浊，角膜呈云雾状、半透明，仍可透视瞳孔；C. 角膜重度混浊，角膜透明度降低至不能透视，呈灰白色样外观。

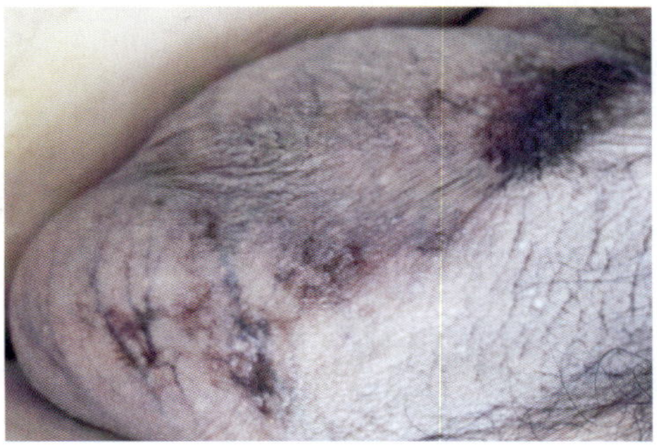

图 1–2　阴囊皮革样化

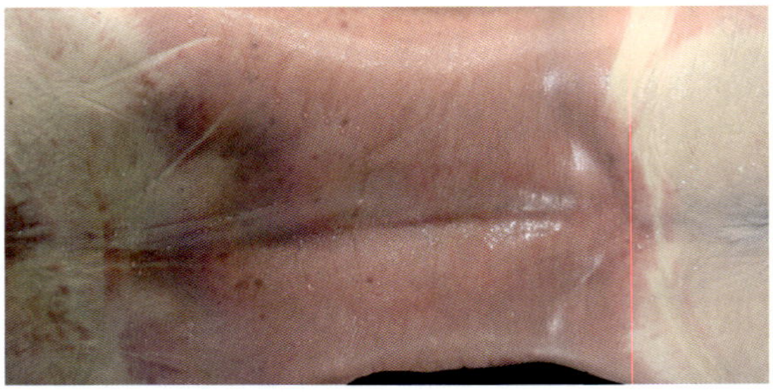

图 1–3　背部尸斑

尸斑位于背侧未受压部位，大片状，呈暗红色。

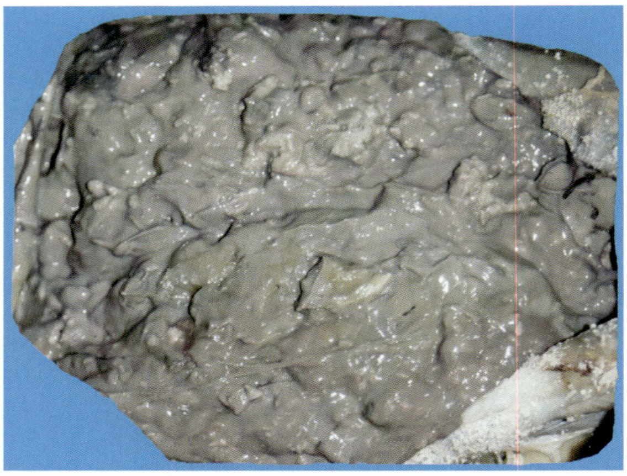

图 1–4　脑重度自溶

（二）晚期尸体现象

晚期尸体现象一般是指死亡 24h 以后尸体出现的变化，这些变化和尸体所处的环境相关。蛋白质因腐败细菌的作用而分解和消失的过程称为腐败，常见的类型有尸臭、腐败气体和水泡、尸绿、死后循环、腐败静脉网（图 1–5）、泡沫器官（图 1–6）、巨人观（图 1–7）、死后分娩（图 1–8）等。此外，晚期尸体现象还有霉尸、白骨化（图 1–9）、干尸、尸蜡、泥炭鞣尸、浸软胎儿（图 1–10）等。

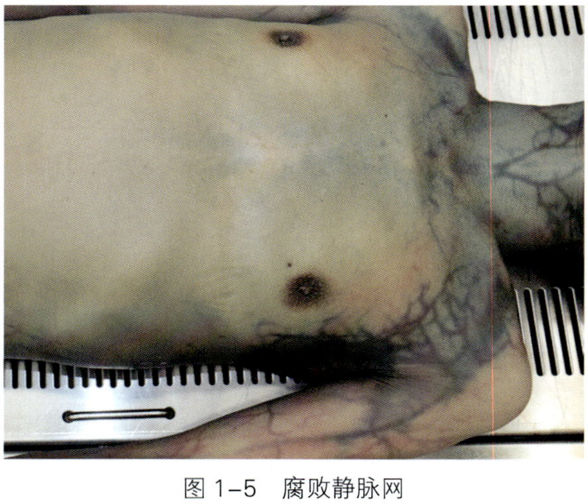

图 1–5　腐败静脉网

颈、肩部可见污绿色树枝状血管网。

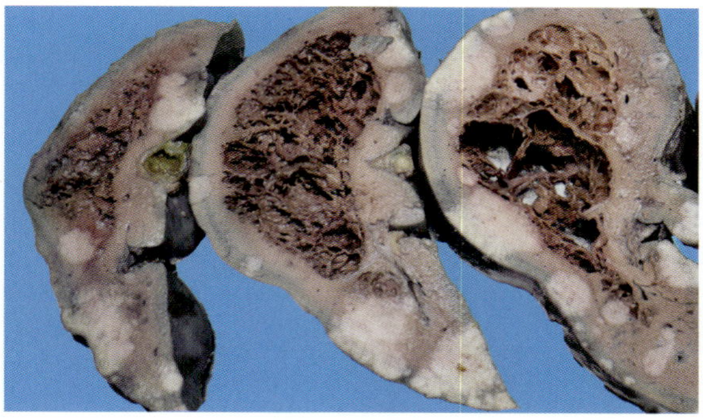

图 1-6　泡沫肝

肝切面中央因腐败而呈大小不等的海绵样或干酪样空泡，周围区域多个灰白色结节为肝癌结节。

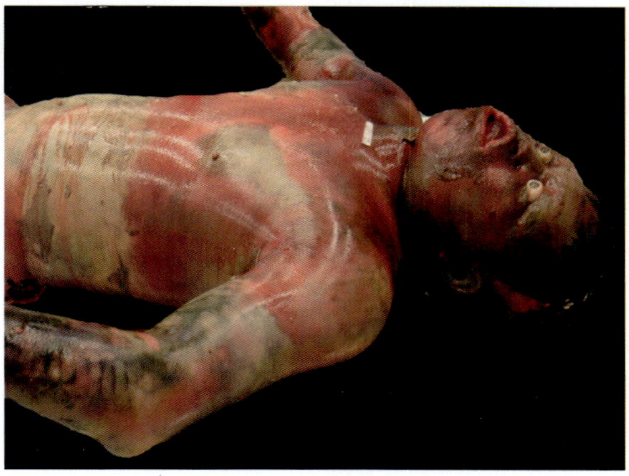

图 1-7　巨人观

尸体高度腐败，颜面部、颈、胸腹部高度肿胀，真皮外露。

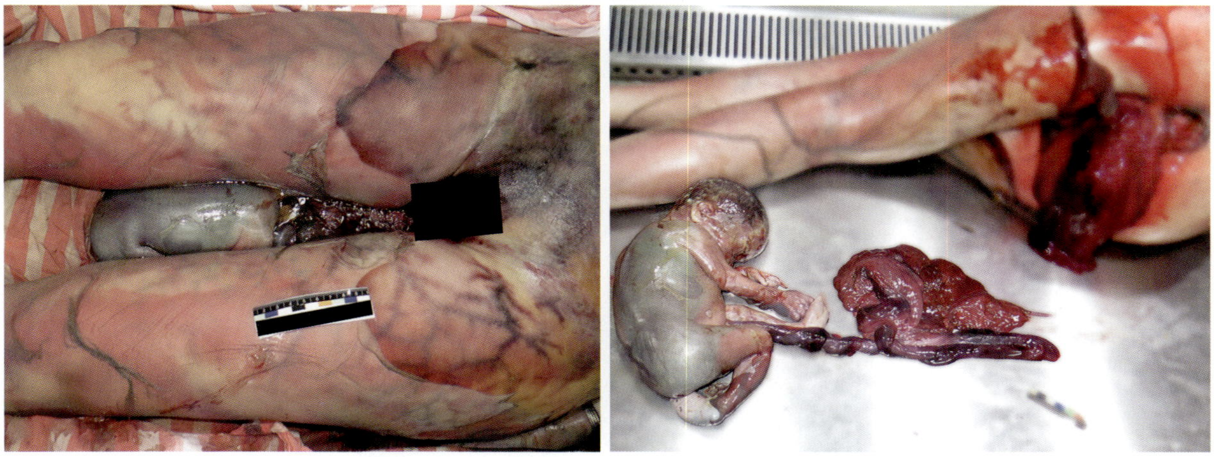

A　　B

图 1-8　死后分娩

A. 女性腐败尸体，因孕妇死后腹腔内产生大量腐败气体，压迫子宫，导致胎儿、胎盘等从阴道娩出；B. 胎儿及胎盘娩出，胎儿体表腐败，水泡形成。

图 1–9　白骨化

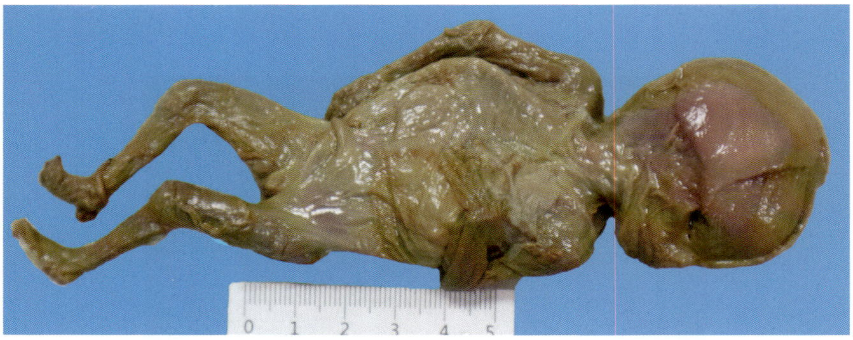

图 1–10　浸软胎儿

胎儿死亡后浸泡于羊水中，尸体体积缩小，质地变软。

（三）自然或人为因素对尸体的毁损

人死后，除了尸体自身发生的一些变化外，还会遭受其他外界因素（自然因素或人为因素）的影响，导致尸体部分被毁损或发生改变。常见的自然因素包括动物（图 1–11 ～图 1–12）、昆虫（图 1–13），以及其他自然环境，如水中环境、交通车辆、雷雨天、火灾等对尸体的毁损。常见的人为因素有濒死期的抢救，尸体停放、搬运及冷藏过程中对尸体的毁损（图 1–14 ～图 1–15），大体标本存放、固定及取材过程中的毁损。这些自然或人为因素对尸体的毁损应当和生前伤加以区别。

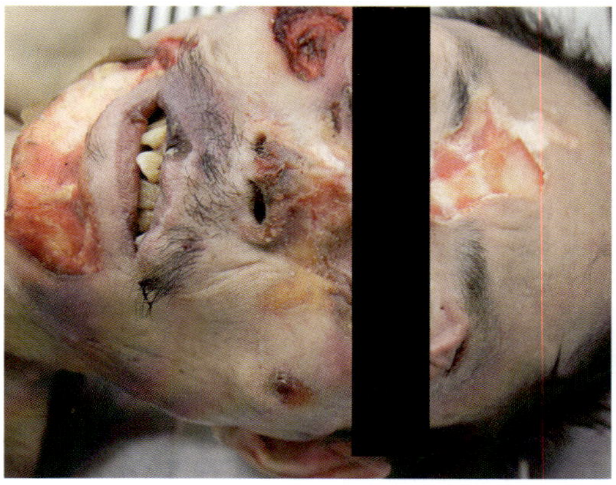

图 1–11　啮齿类动物对尸体的毁损

前额、鼻部、下颌的动物咬痕，创缘无生活反应。

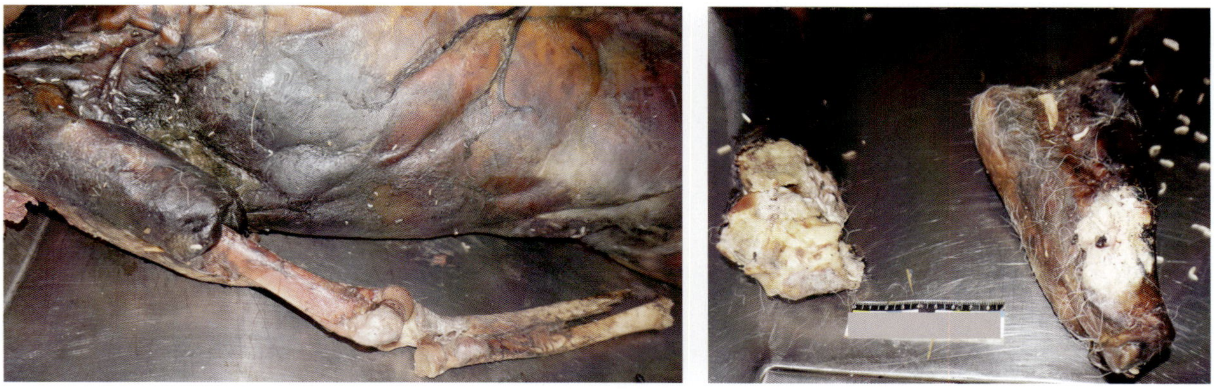

A　　　　B

图 1–12　犬对尸体的毁损

A. 右上肢部分皮肤、肌肉组织缺失，骨质暴露，剩余皮肤皮革样化，局部形成干尸；B. 双脚毁损，表面大量犬毛及蛆虫，骨质暴露。

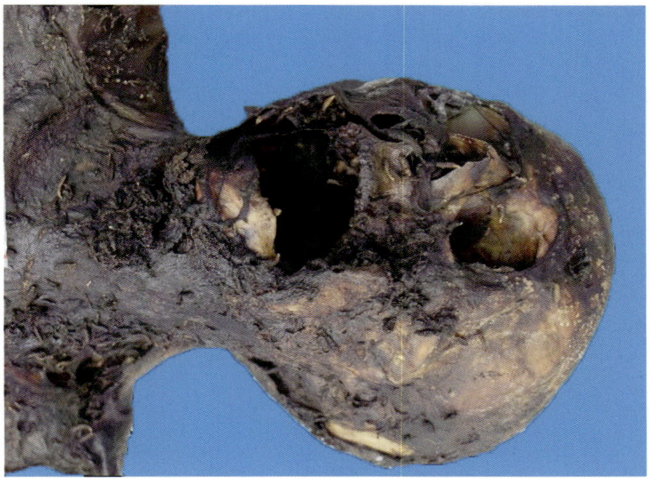

图 1–13　蛆虫对尸体的毁损

干枯的蛆虫及细小的啃食痕迹。

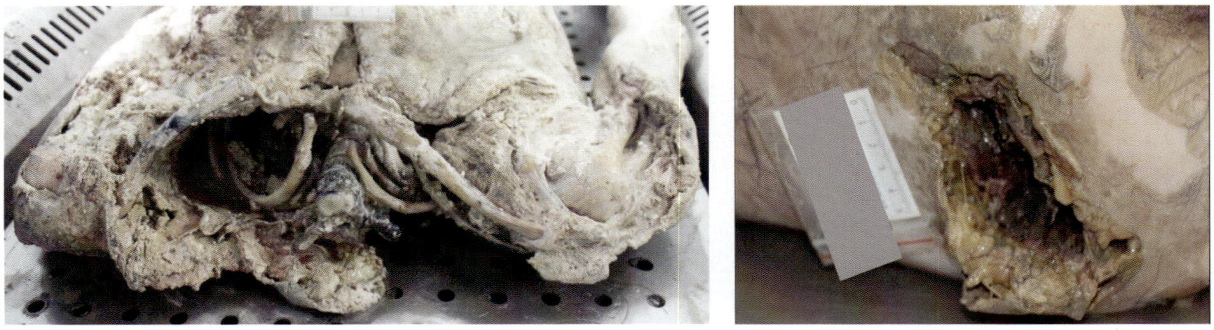

A　　　　B

图 1–14　死后人为现象

A. 挖掘机导致被埋尸体的头颅与身体离断，断端无生活反应，尸体软组织也可见广泛尸蜡形成；B. 铁锹造成的尸体大腿外侧毁损，肌肉周围未见生活反应。

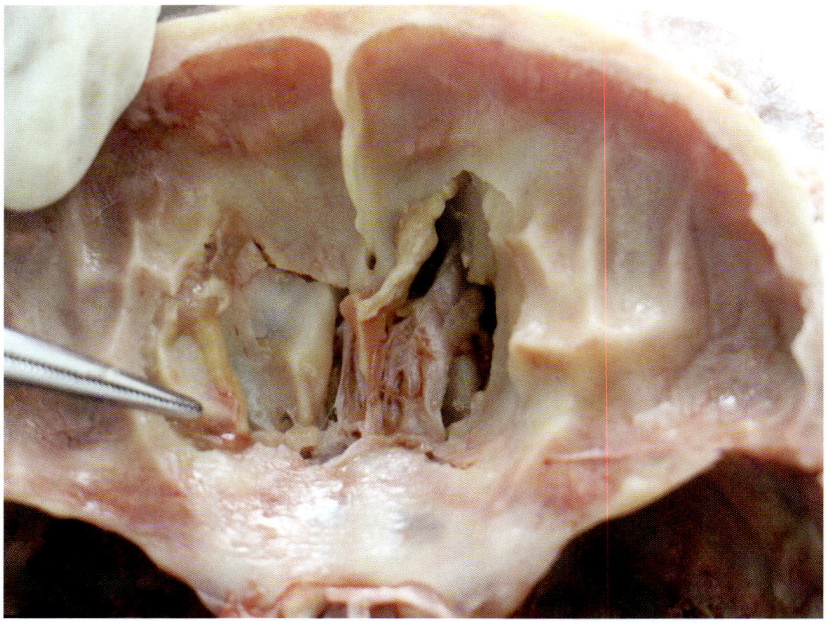

图 1–15 颅底骨折（死后人为现象）

有的尸体冷冻后，脑组织膨胀，体积增大，压迫颅底导致颅前窝薄弱处骨折，需要和外伤导致的颅底骨折相区别。

第二章 机械性损伤

各种致伤因素作用于机体引起组织结构的破坏或功能障碍称为损伤，而当机体受到机械力的作用造成的损伤即称为机械性损伤。

（一）钝器损伤

钝器损伤是由钝器（即无锋利刃缘、尖端的物体）作用于人体造成的机械性损伤。

1. 棍棒伤

棍棒伤是指棍棒打击人体造成的损伤。根据外形不同，棍棒可分为圆柱形、方形及不规则形等。圆柱形棍棒伤因其表面是圆弧形，打击在人体上仅有部分接触，且各部位的压强也不同，因而形成的损伤有其特征，常见的损伤类型为挫裂创（图 2–1）、颅骨骨折（图 2–2）、“镶边”样挫伤带（图 2–3）、中空性挫伤（图 2–4）。

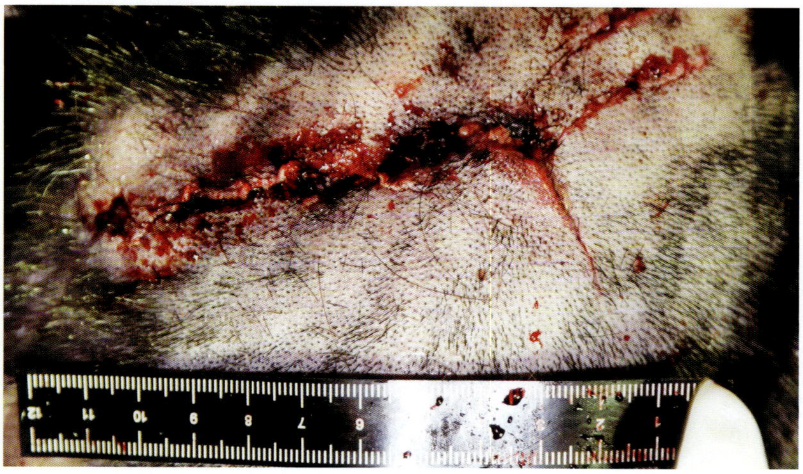

图 2–1　挫裂创

钢管作用于头顶部形成挫裂创，呈长条状，创角钝伴撕裂，创缘不齐，创腔内见组织间桥，软组织挫碎明显。

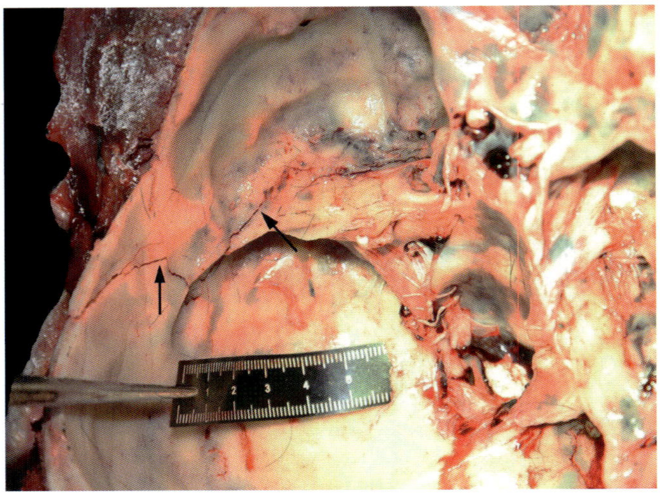

图 2-2　颅骨骨折

钢管击打致颞骨及颅中窝骨折（↑）。

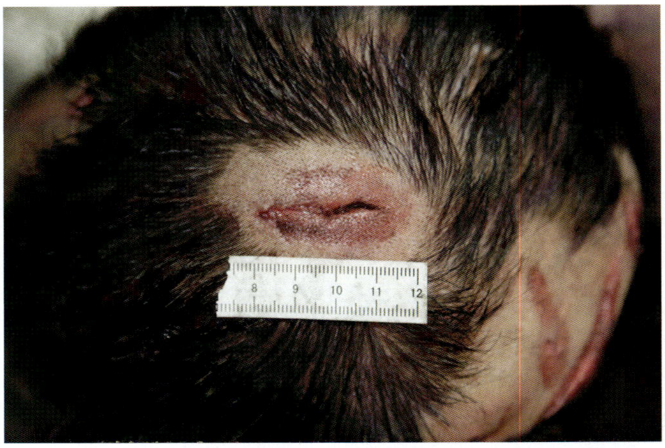

图 2-3　“镶边”样挫伤带

挫裂创两侧创缘可见对称性的挫伤带，创缘两侧的挫伤带宽一致，为钝性致伤物垂直打击。

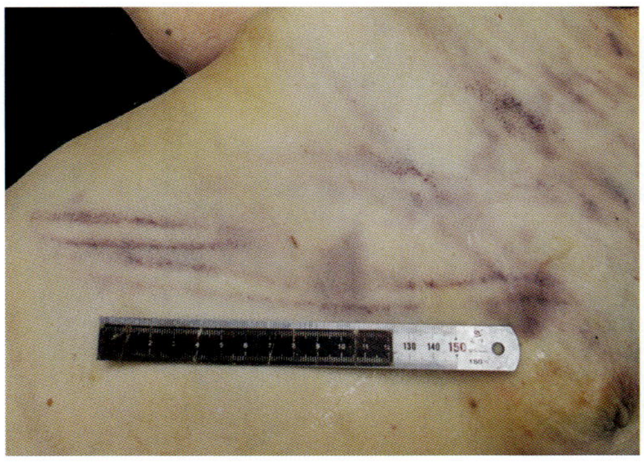

A

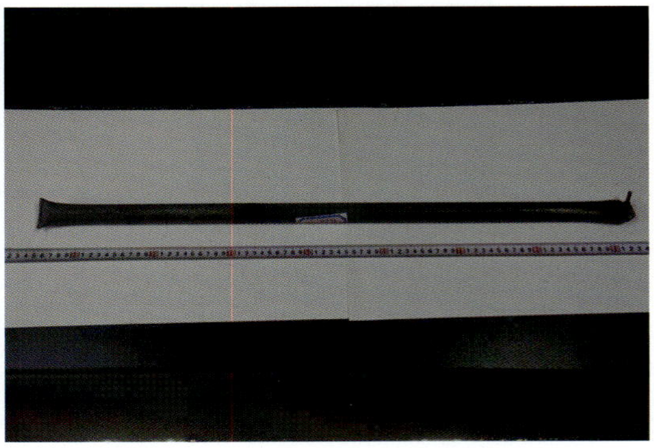

B

图 2-4　中空性挫伤（“竹打中空”）

A. 圆柱形棍棒打击胸腹部；B. 致伤工具：圆柱形钢管。

案例

案情简介：某女，某日被人挟持入室，遭捆绑及棍棒殴打，2d 后死亡。

解剖检验：右上肢青紫肿胀明显（图 2–5），右下肢青紫肿胀明显（图 2–6），左下肢内侧青紫。解剖见左侧颞肌出血，四肢青紫处见皮下组织及肌肉全层出血。从膀胱抽出洗肉水样尿液。

双肾重 240g，包膜易剥离，切面皮、髓质分界清，皮质厚 0.5cm。镜下见肾小管管腔内大量肌红蛋白管型（图 2–7），肾髓质血管淤血，肾小管上皮细胞肿胀、坏死、脱落（图 2–8）。

鉴定意见：系全身广泛性软组织损伤致挤压综合征而死亡。

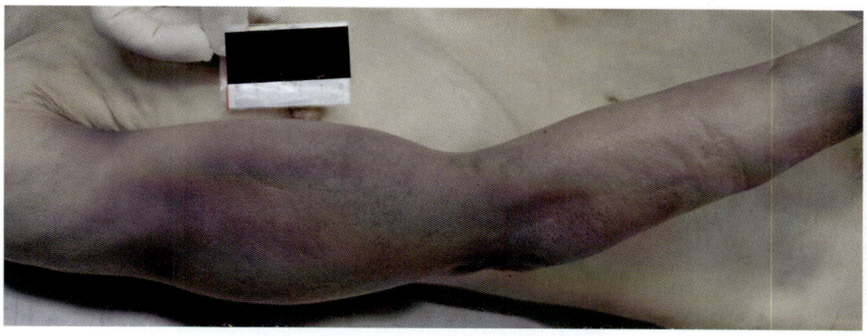

图 2–5　右上肢青紫肿胀明显

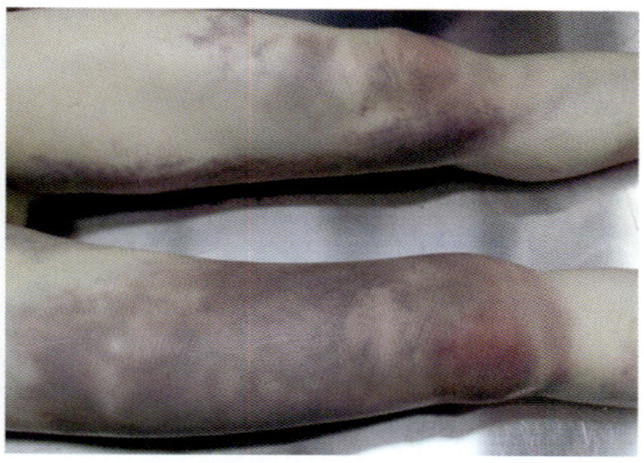

图 2–6　右下肢青紫肿胀明显

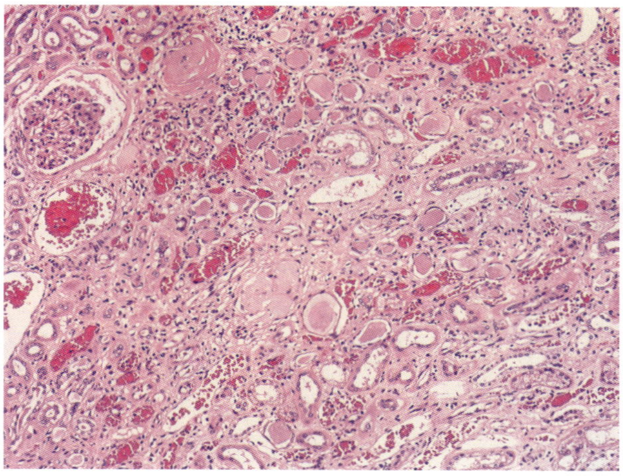

图 2–7　肾小管管腔内管型形成（HE 100×）

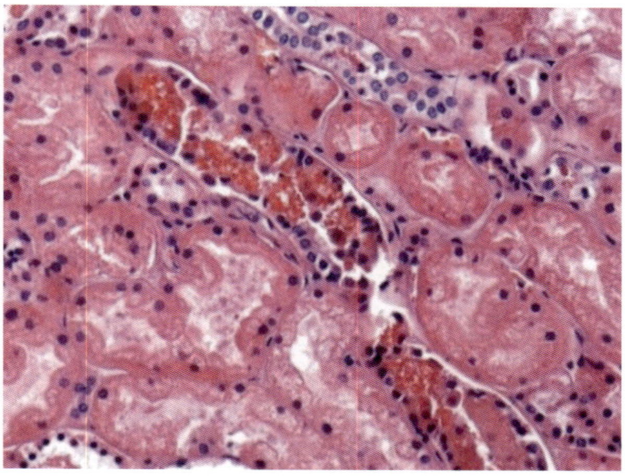

图 2–8　肾小管上皮细胞肿胀、坏死、脱落（HE 200×）

2. 斧锤伤

斧锤类损伤部位常见于头面部。用斧锤打击头部时，常可形成反映斧锤形状、大小的挫伤或挫裂伤。斧锤类打击头部弧度较大的部位时，亦可形成类圆形或半月形的皮内、皮下出血以及弧形（图 2–9）、星芒状（图 2–10）或凹三角形（图 2–11）的挫裂创。斧锤类打击头部时，常伴有颅骨的线性骨折或凹陷性骨折（图 2–12）、粉碎性骨折，亦可见骨缝裂开。由硬度大于骨质的小平面钝器所造成凹陷性骨折的边缘，往往能见到骨质受到强烈的垂直型挤压，且局部的细小裂纹伴有一定程度的下陷，称为骨质挤压缘（图 2–13），这种现象多见于金属钝器打击。羊角状捶背打击头部所造成的损伤形态差别很大，锤击面形成圆形及弧形的裂创；羊角端形成成对出现、间隔一段距离、与羊角末端形态相似的箭头样裂创（图 2–14）。

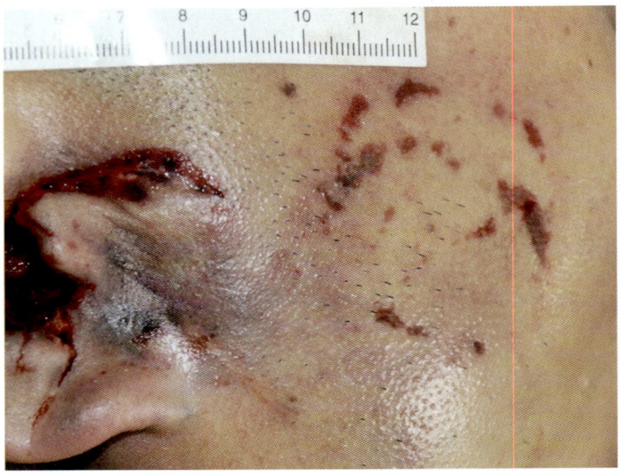

图 2-9　圆形锤面打击

右面颊部形成类圆形挫伤，右耳部形成弧形挫裂创。

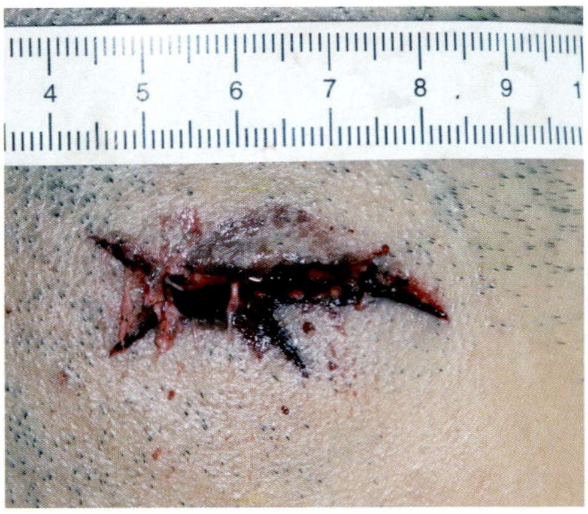

图 2-10　斧背打击造成挫裂创

斧背打击造成的左额部星芒状挫裂创，创缘不平直，创腔内可见组织间桥，右上方头皮见典型的直角三角形挫伤。

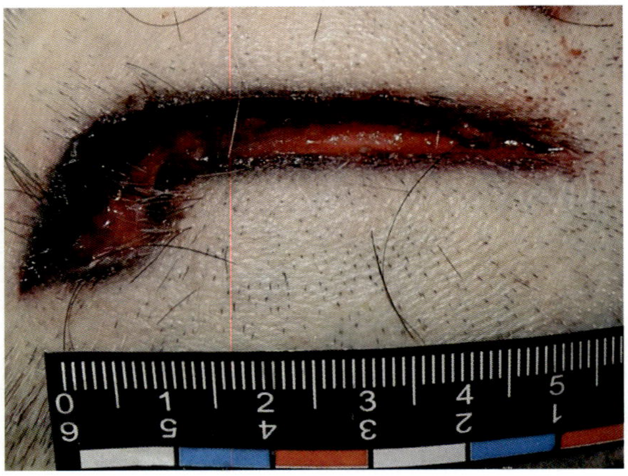

图 2-11　头皮挫裂创

活动扳手作用头部形成头皮挫裂创。

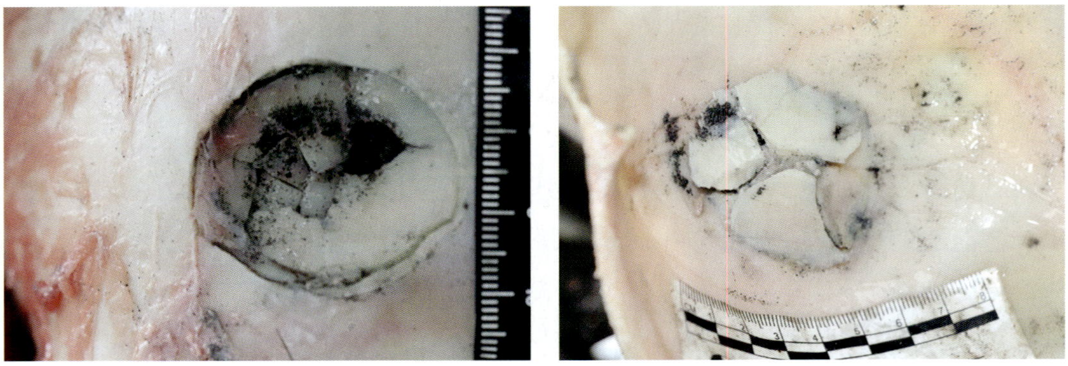

A　　B

图 2-12　圆形锤面打击头部形成凹陷性骨折

A. 颅骨外面观；B. 颅骨内面观。

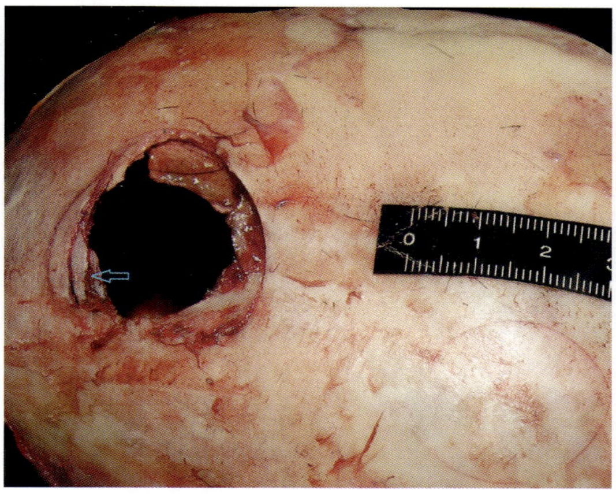

图 2-13　骨质挤压缘（↑）

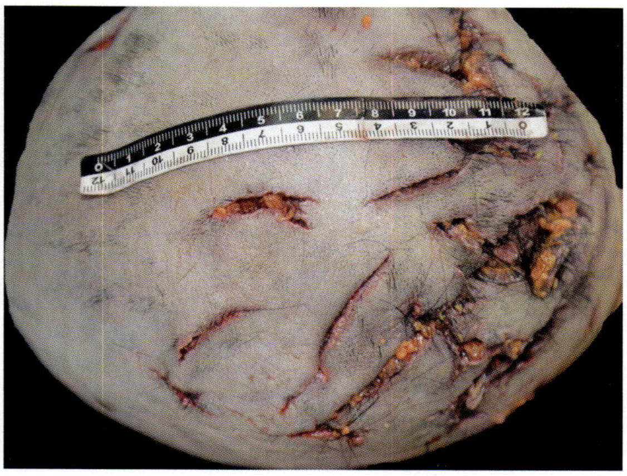

图 2-14　羊角锤伤

案例

案情简介：某嫌疑人用活动扳手打击被害人致其死亡。

解剖检验：被害人头颅见多处皮肤挫裂创，额部见一创口，局部软组织挫碎，可见颅骨凹陷性骨折，顶部、枕部各见一创口（图 2-15）。左眼上睑熊猫眼状淤血肿胀，鼻腔有血性液体流出。解剖见额顶部颅骨凹陷性、粉碎性骨折（图 2-16），骨面呈斜坡状，其下脑组织广泛挫碎出血。

鉴定意见：钝性暴力（扳手）打击头部致重度颅脑损伤而死亡。

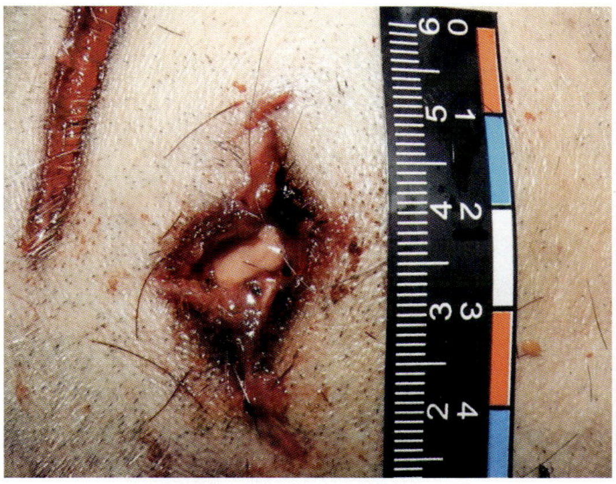

图 2-15　枕部创口

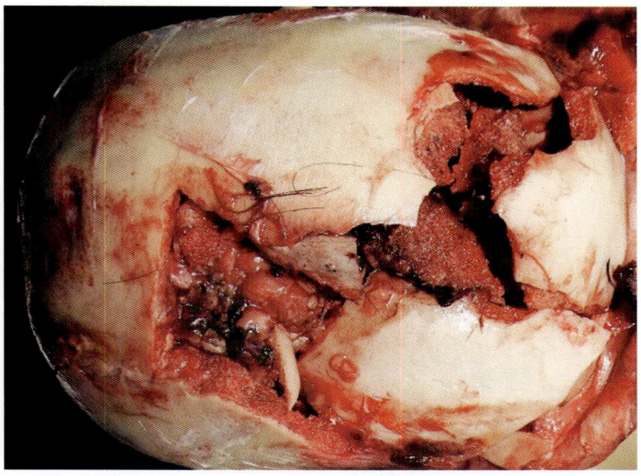

图 2-16　颅骨骨折

3. 徒手伤

徒手伤多用手、足，亦可用肘部、膝部、牙齿及头部等部位造成。用手所致的损伤包括抓痕、手指伤、掌击伤、拳击伤（图 2-17），其损伤程度取决于打击时的拳速、体力及受害人身体状况和受伤部位。用足所致损伤包括足踢伤、足踩伤。

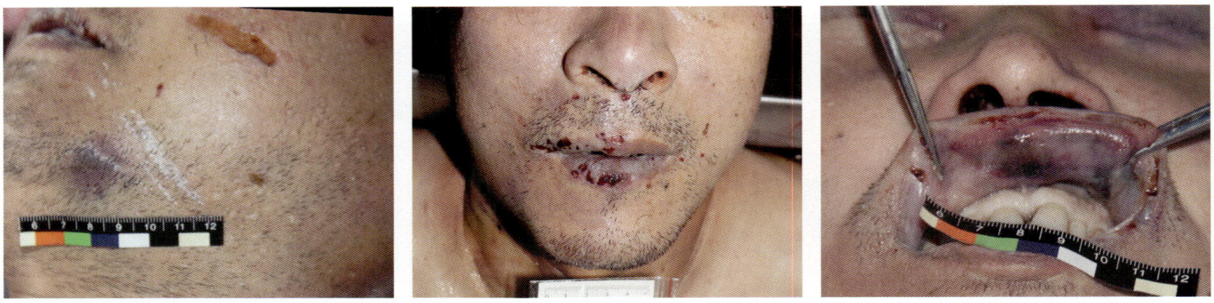

A　　B　　C

图 2–17　徒手拳击伤

A. 左下颌拳击伤，拳从斜下方向上击打（勾拳），造成下颌的挫伤；B. 拳击作用于鼻唇部，造成散在的擦挫伤及出血；C. 拳击作用于口唇，造成唇黏膜挫伤。

案例 1

案情简介：某女，某日被人推倒后，被脚踢胸部、头部后死亡。

解剖检验：右耳郭挫裂伤，左锁骨近胸锁关节部骨折伴周围软组织出血（图 2–18）。胸骨于 2、3 肋间横行骨折（图 2–19）。心包腔内有约 400ml 血性液体（图 2–20），左心房见长 0.6cm 的破口，周围心包、左心房及肺动脉根部外膜片状出血（图 2–21）。

组织学检查：左心房破口周围部分心肌细胞变性、坏死，心肌间质及外膜脂肪组织内见多发片状出血（图 2–22）。其余部位心肌间质散在出血。主动脉及肺动脉外膜大片状出血（图 2–23），局部中膜散在灶性出血。

鉴定意见：钝性外力致左心房破裂、急性心脏压塞而死亡。

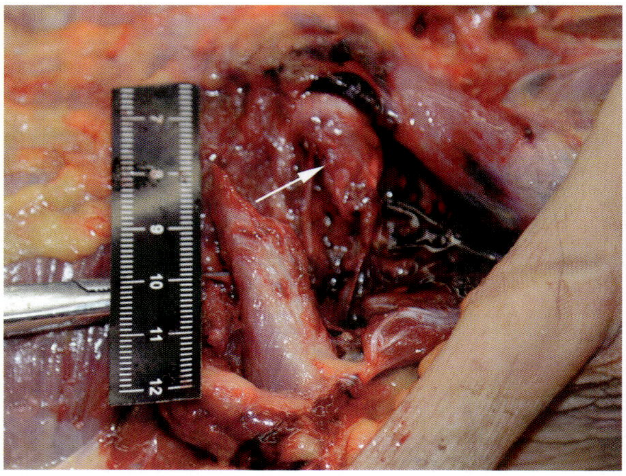

图 2–18　锁骨骨折

左锁骨斜行骨折，周围软组织出血（↑）。

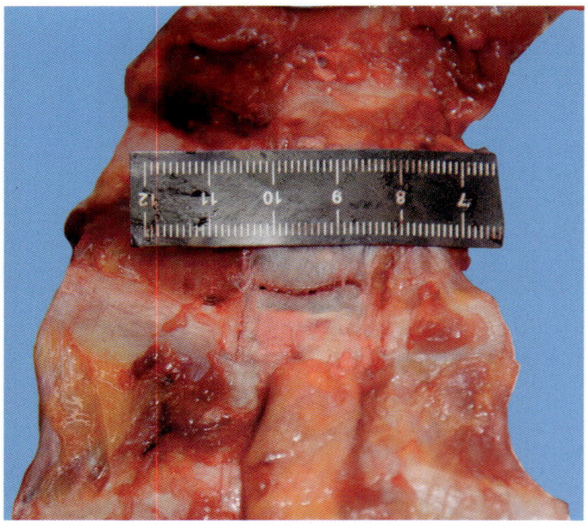

图 2–19　胸骨横行骨折

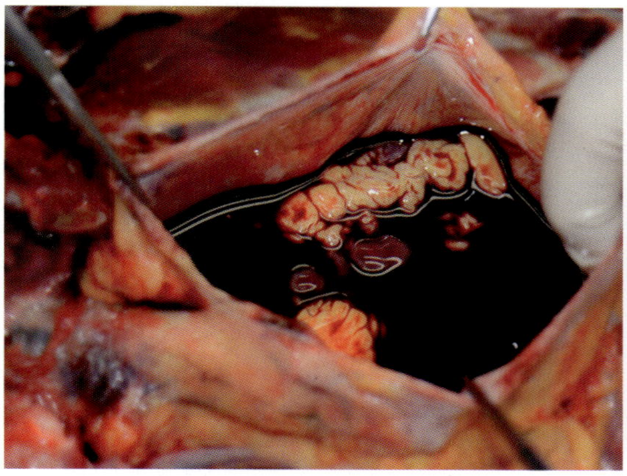

图 2–20　心包腔大量积血

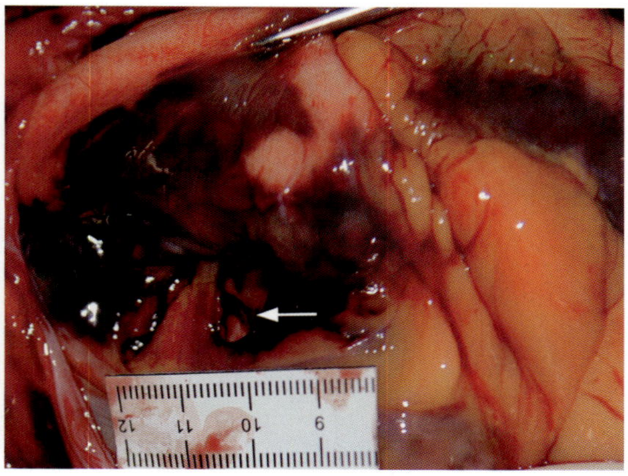

图 2–21　左心房破裂（↑）

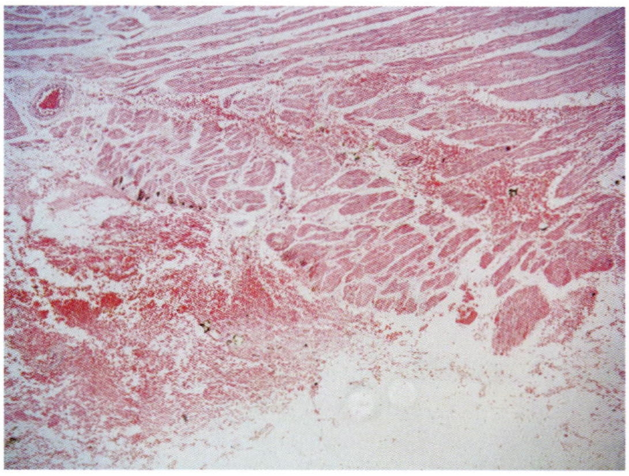

图 2–22　左心房镜下观

左心房破口周围心肌间质出血（HE 100×）。

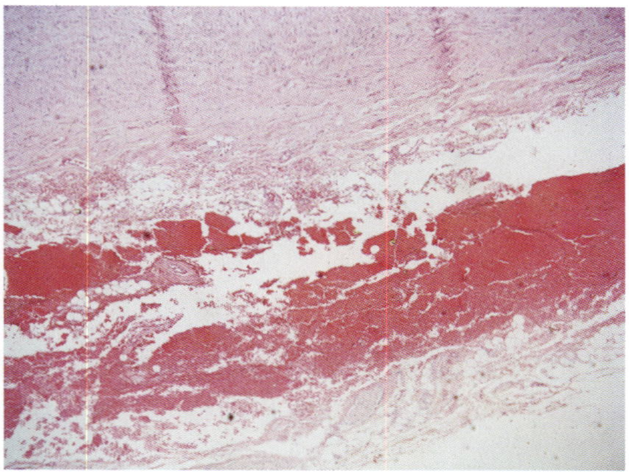

图 2–23　肺动脉镜下观

肺动脉根部外膜出血（HE 100×）。

案例 2

案情简介：某男，某日中午酒后与人发生纠纷，被脚踢腹部后，出现腹痛症状并逐渐加重。伤后 8h 入院。入院检查：全腹紧张、压痛、反跳痛。急行剖腹探查术，见腹腔内有约 500ml 暗红色积液及未消化的食物残渣。回肠在距回盲部 1m 处见 3 处破口伴肠液溢出，近端肠管高度肿胀。遂行肠切除 – 吻合术及腹腔冲洗、引流术。术后白细胞总数、中性粒细胞总数及比例持续升高，肝功能异常（相关酶升高、低蛋白血症）。伤后 30d 死亡。

解剖检验：体表除尾椎部压疮及右下腹手术切口外未见异常。腹腔内见约 400ml 黄棕色脓性积液。肝、脾、胃、肠表面及大网膜见较多黄色脓苔黏附（图 2–24 ～图 2–26）。

组织学检查：肝、脾、胰腺等脏器包膜及肠系膜组织凝固性坏死伴大量纤维素渗出及中性粒细胞浸润（图 2–27）。

鉴定意见：外伤导致肠破裂继发弥散性腹膜炎，最终死于多器官功能衰竭。

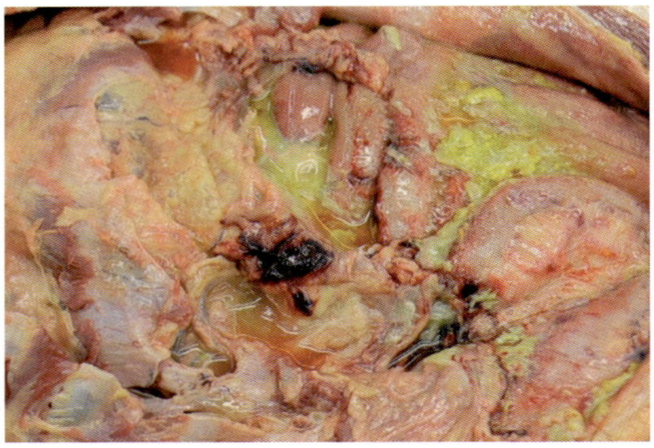

图 2-24　大网膜表面脓苔黏附

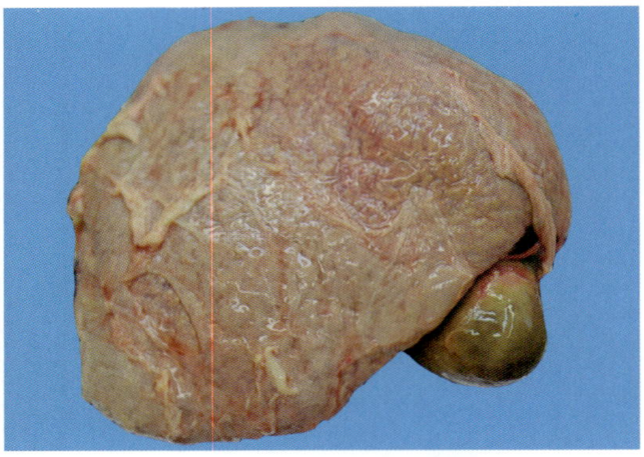

图 2-25　肝表面纤维素黏附

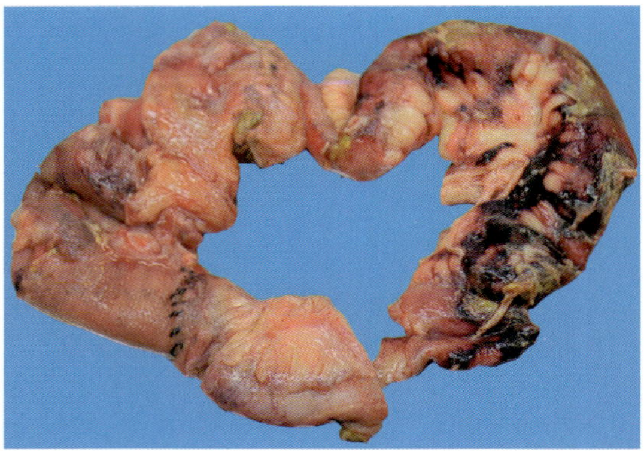

图 2-26　肠表面脓苔黏附

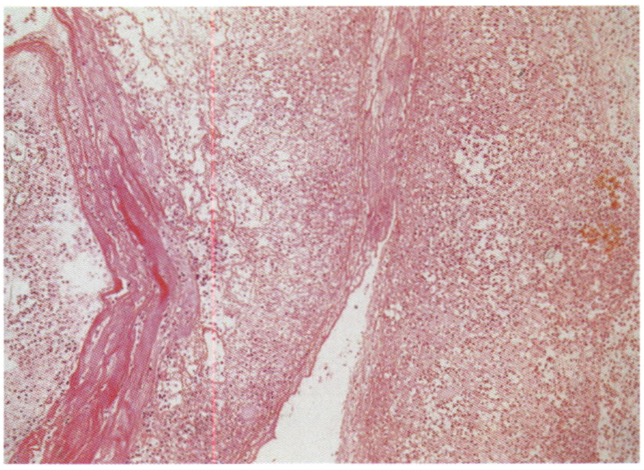

图 2-27　肠系膜坏死伴纤维素及黏附（HE 100×）

4. 高坠伤

人体从高处以自由落体运动坠落，与地面或其他物体碰撞发生的损伤称为高坠伤。高坠伤可见于自杀、他杀和意外事件。高坠伤的特点包括体表损伤较轻（图 2-28）、内部器官损伤较重，损伤广泛、多发骨折（图 2-29）、内脏破裂（图 2-30），损伤多由一次性暴力形成，损伤分布相对集中，损伤重而出血可相对较少。

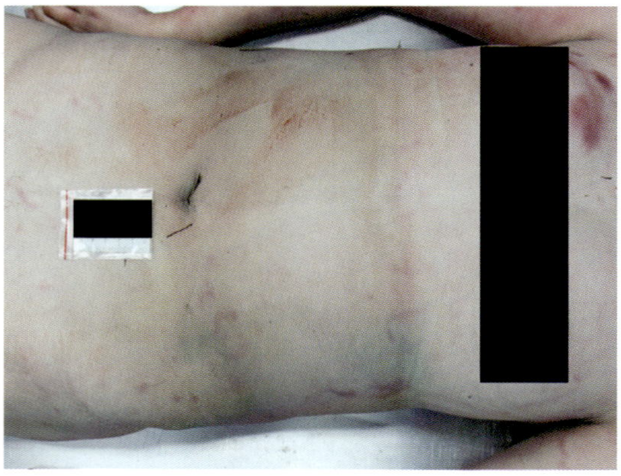

图 2-28　高坠体表轻微损伤

高坠伤常呈“外轻内重”的特点，本例高坠后体表仅见擦挫伤。

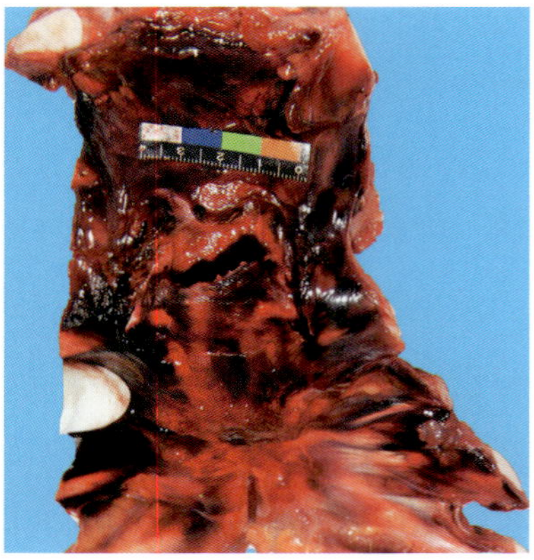

图 2-29　高坠致胸骨骨折

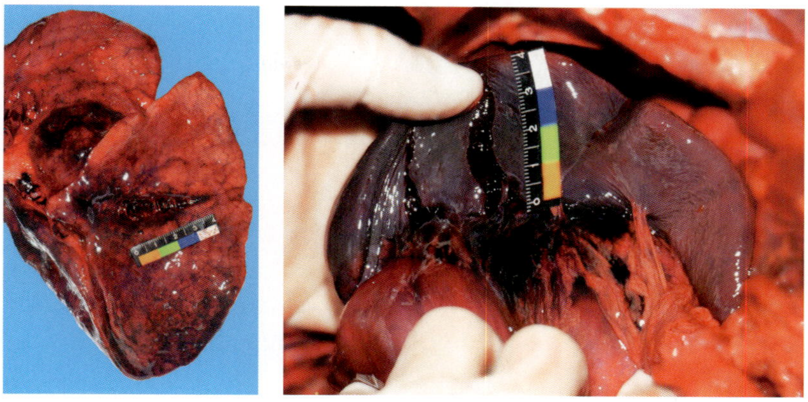

A　　　　B

图 2-30　内脏破裂

A. 左肺下叶破裂；B. 脾破裂。

（二）锐器损伤

锐器伤是指利用致伤物锐利的刃缘或锋利尖端作用于人体所造成的损伤。锐器创的形态较规则，创口可呈裂隙状或裂开，裂开的程度与皮纹走向有关。

1. 刺创

具有锋利尖端的物体沿其长轴方向插入人体所造成的锐器创，称为刺创。有刃刺器分为单刃（图 2-31）、双刃和多刃刺器。无刃刺器有缝衣针、铁钉、螺丝刀（图 2-32）等。单刃刺创刺入口多呈梭形，创缘整齐，按照行业标准，应当将创口合拢观察并照相，可清晰呈现创角一钝一锐（图 2-33）。单刃刺器刺破心脏，需要将心脏上的创口形态和皮肤创口形态进行比对。此外，单刃刺器刺入心脏时，可因心脏搏动形成变异型创口（图 2-34）。双刃刺创两个创角均锐利，创缘整齐，创口形态及大小较为一致（图 2-35）。

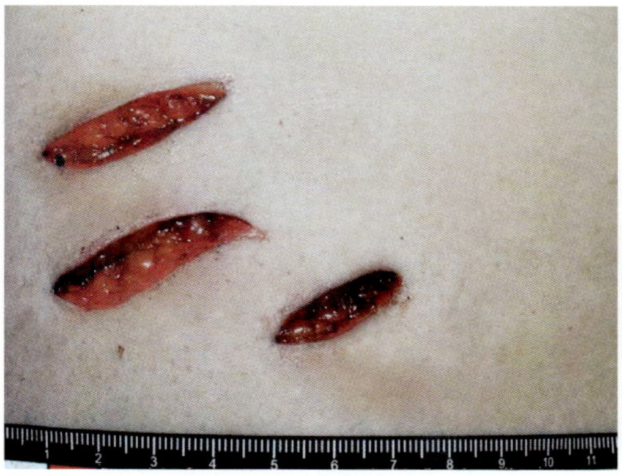

图 2-31　单刃刺器刺创

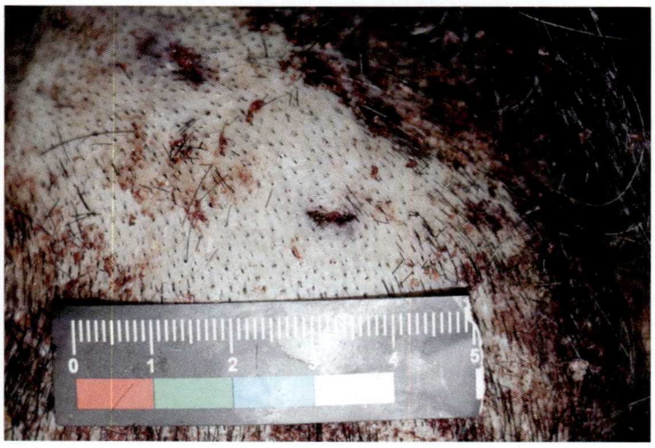

图 2-32　平口螺丝刀刺创

创缘不整，创口较小。

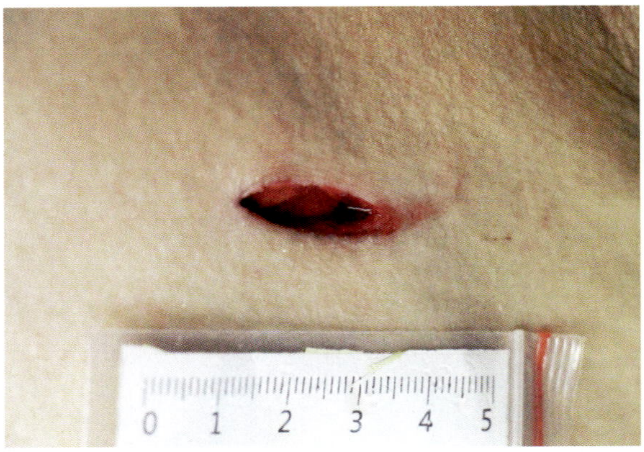

A

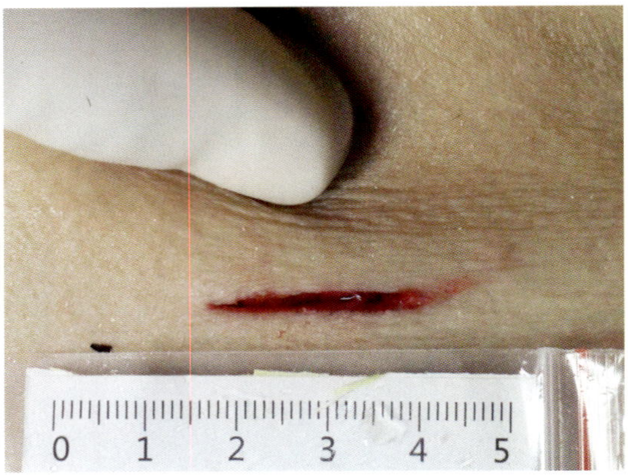

B

图 2-33　水果刀刺创

A. 刺创自然状态；B. 刺创合拢状态。

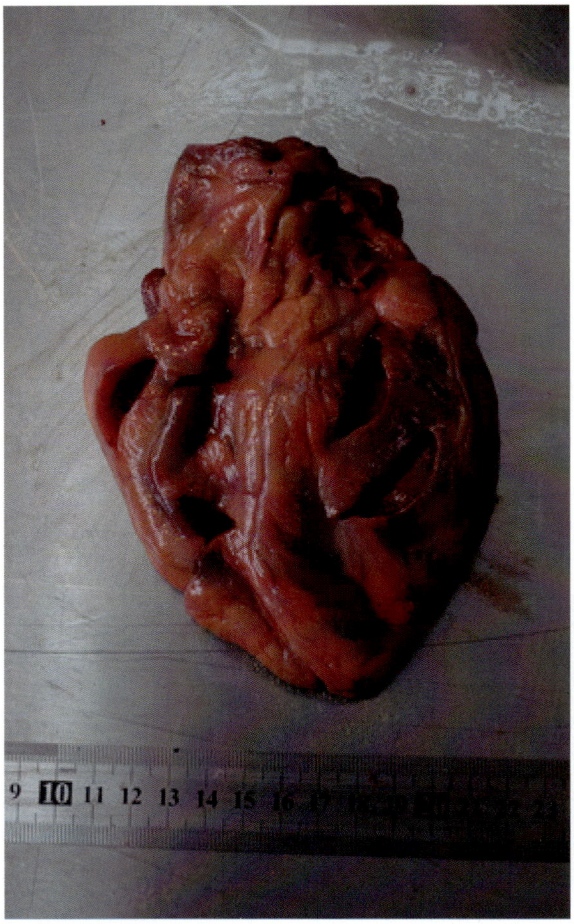

图 2-34　单刃刺器刺破心脏

因心脏搏动造成变异型创口。

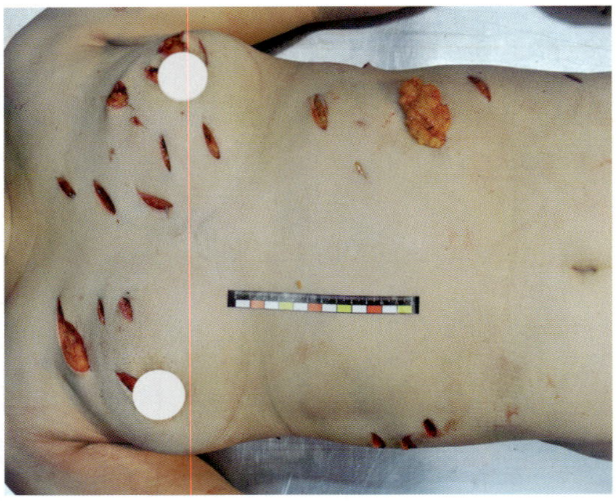

A

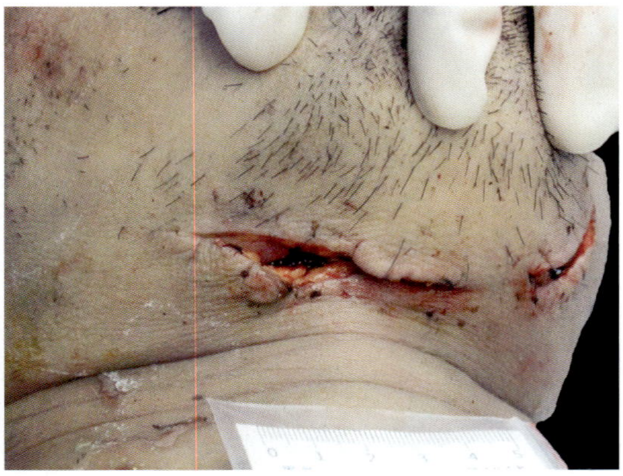

B

图 2-35　双刃刺创

A. 胸部多发双刃刺器刺创；B. 颈部双刃刺器贯穿刺出，造成贯通创，刺入口及刺出口均呈现双刃刺器特点。

2. 砍创

砍创具有锐器创的基本特征，砍创可见于身体任何部位，但以头面部最为常见，其次是四肢（图2-36、图2-37）、颈部（图2-38）和躯干。因头皮质地较韧，创口哆开不明显，创角锐利，创缘整齐，多次砍击后，创口可发生联合，形成变异型创口（图2-39）。砍器造成颅骨损伤轻者可形成颅骨外板局部缺失，稍重则形成线性骨折（图2-40）或凹陷性骨折，反复砍击头颅局部，也可致颅骨粉碎性骨折（图2-41）。单纯使用砍器自杀者较为少见，常使用刀类砍器连续砍击头部，可导致砍击部位皮肤损伤较重，一般在颅骨外板留下多数集中的浅表、并列、走向一致的砍痕（图2-42）。

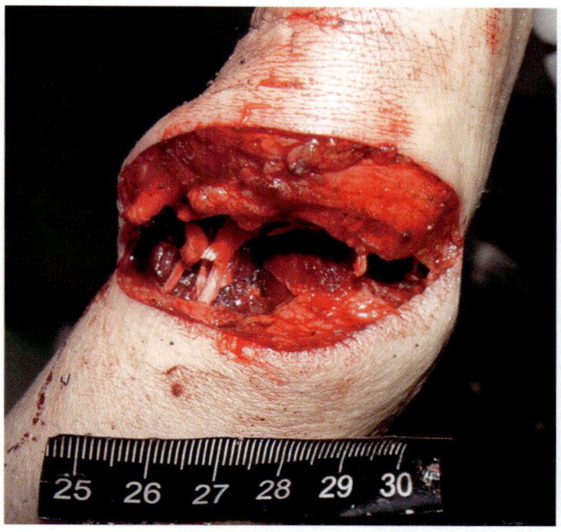

图2-36　前臂砍创

菜刀砍击，肢体损伤，创缘平整，创缘周围皮肤皱缩，创壁光滑，创腔深，内可见肌腱及深部肌肉部分断裂，创口哆开明显。

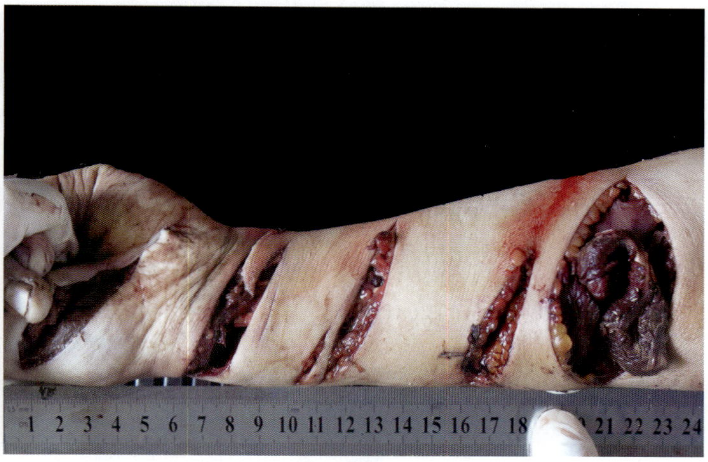

图2-37　前臂前侧多处平行砍创

创周伴皮瓣形成，创缘规整，创腔内可见肌肉组织外翻，血管和肌腱断裂。本例砍创为自杀形成，部分创周可见试切创。

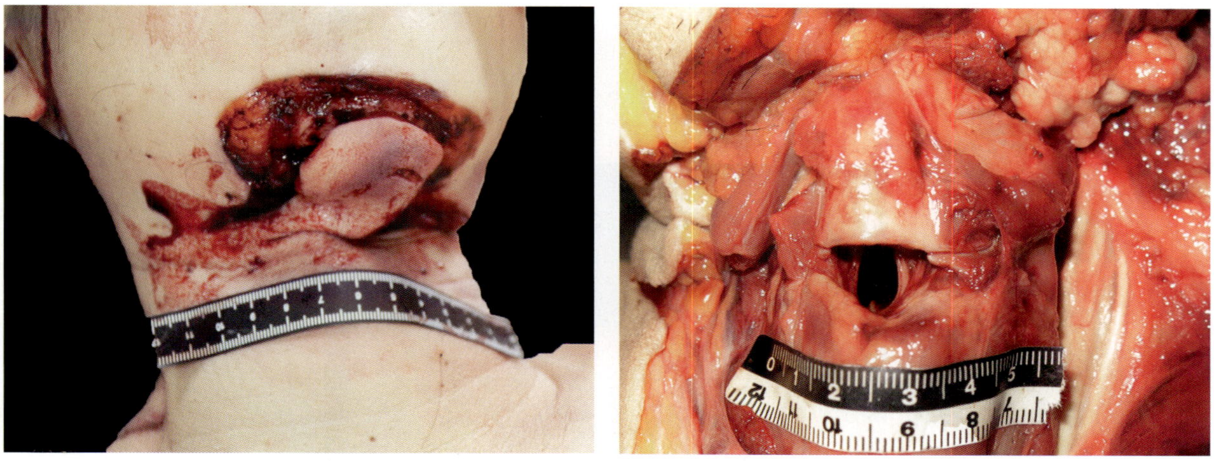

A　B

图2-38　颈部砍创

A.创口呈水平方向，因多次砍击可见皮瓣形成；B.颈部砍创致气管断裂。

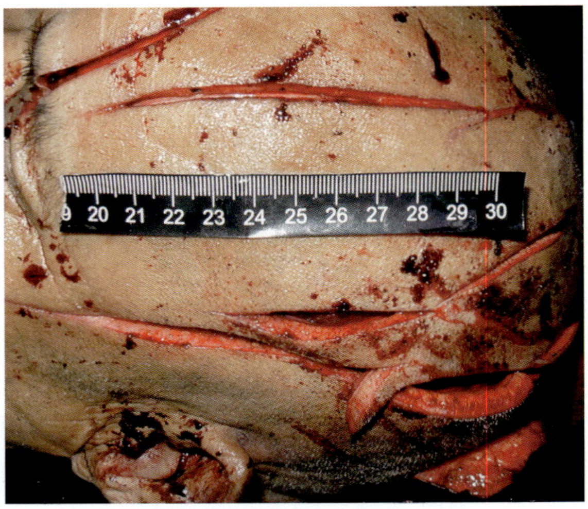

图 2–39　头面部砍创

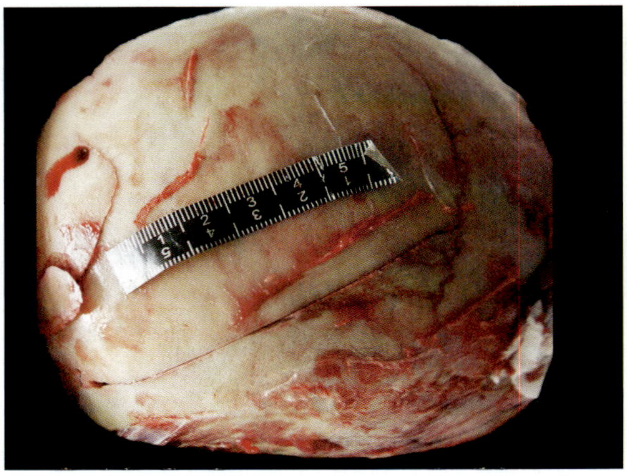

图 2–40　菜刀砍击致颅骨线性骨折

菜刀垂直砍击颅骨可导致线状骨折，骨折线对合紧密，骨折处断端光滑；菜刀非垂直砍击颅骨形成的线状骨折，可见骨瓣翘起，边缘锐利。

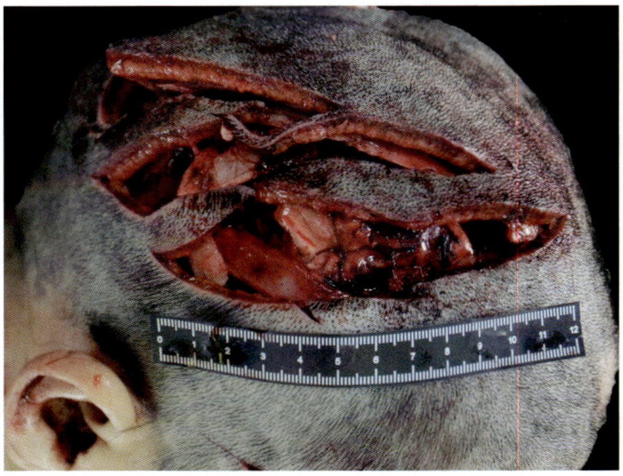

图 2–41　菜刀砍击致颅骨粉碎性骨折

菜刀多次砍击头部，头皮与颅骨分离，创口哆开。

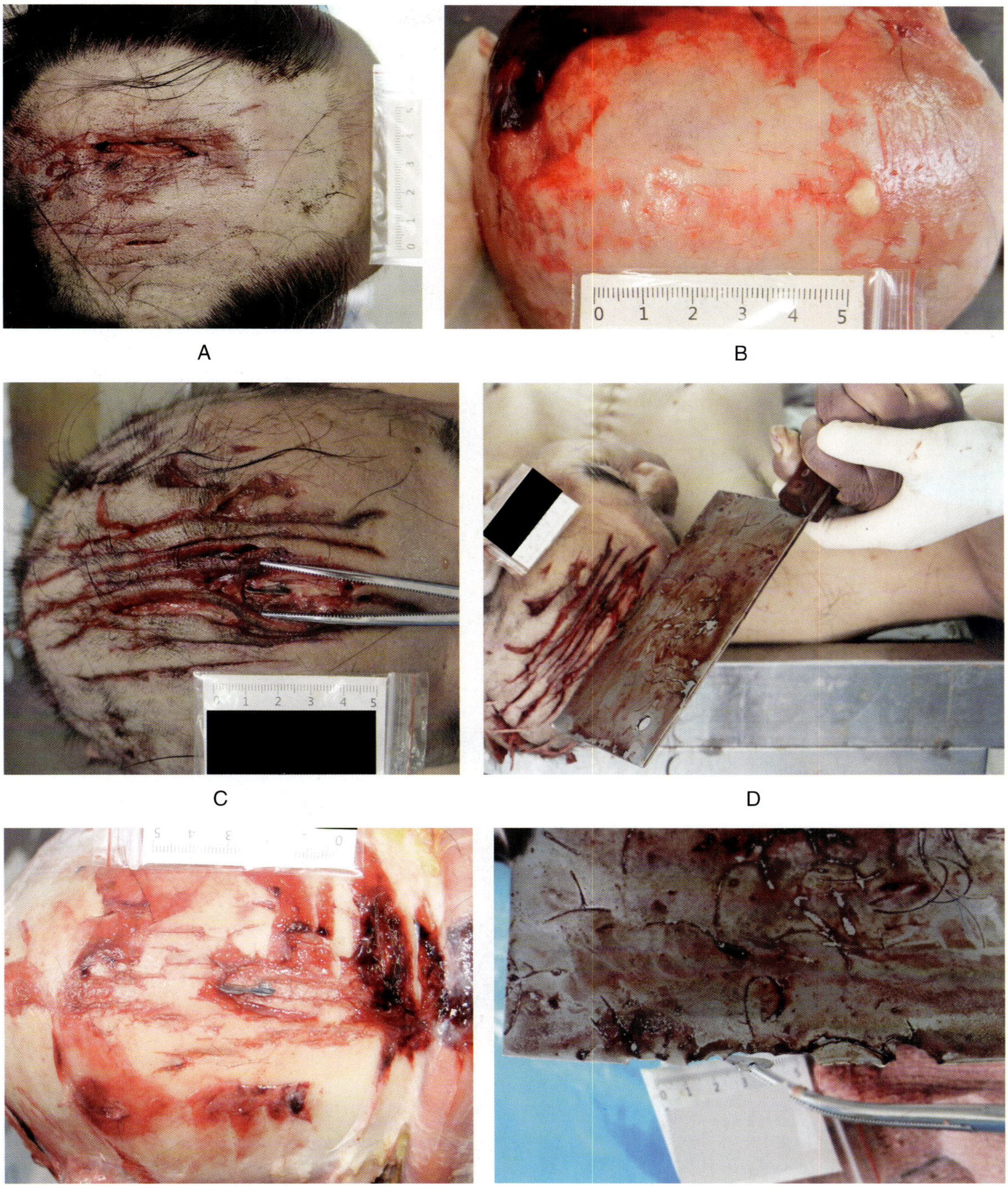

A　B　C　D　E　F

图 2-42　菜刀自杀砍创

A. 死者用菜刀对头顶部连续砍击，造成多处长短不一、平行排列的砍创，创周伴皮瓣形成，较大砍创周边见浅表、走行一致的裂创或划痕；B. 头皮损伤较重，但颅骨外板上仅见细小、走行一致的浅表砍创；C. 创腔内可见断裂的菜刀碎片嵌顿在颅骨中；D. 尸检时，用死者手握住致伤物（菜刀），与头部砍创位置进行比对，刀口与砍创重合，证明头部创口能自行形成；E. 断裂的菜刀碎片嵌顿在颅骨中，周围可见长短不一、平行排列的砍痕；F. 将嵌顿在颅骨中的碎片与菜刀进行比对，缺口一致，经检测，碎片的物质成分同菜刀一致。

3. 切创

切创是典型的锐器创，具有所有锐器创的共同特点。切创可见于自杀与他杀，自杀切创最多见于颈部（图 2-43），其次是腕部、腹股沟和腹部。若在自杀者主创口上下缘出现孤立的，与主创口平行而无连续的浅表、短小的切口，为试切创（图 2-44）。

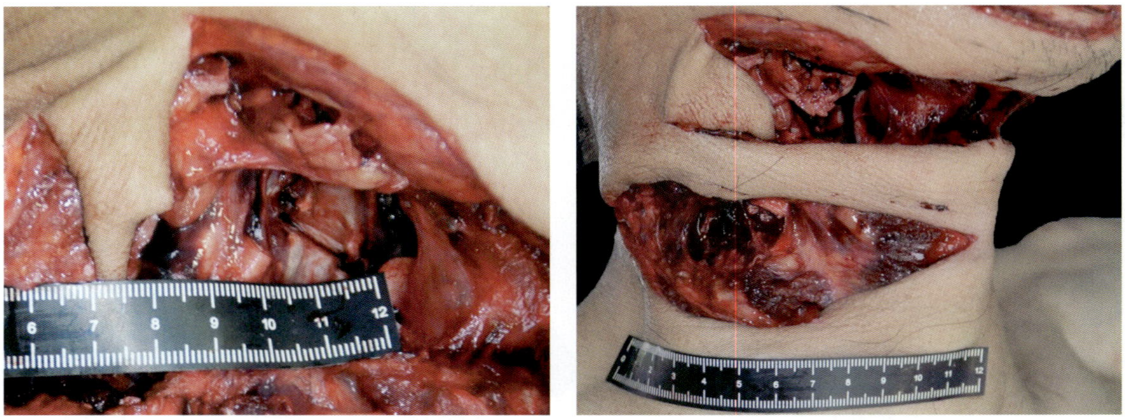

A　　　　B

图 2-43　颈部切创

A. 创腔一侧较深，一侧较浅；B. 创内深部肌肉、气管、食管及动脉断裂。

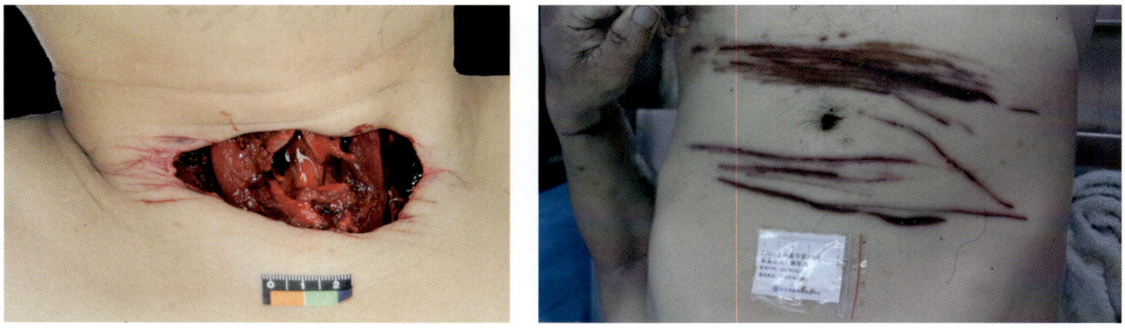

A　　　　B

图 2-44　试切创

A. 颈部自杀切创，颈部正中横行切创，创周可见多条试切创，呈鱼尾状；B. 腹部自杀切创，可见多条平行试切痕。

4. 剪创

剪刀常常形成刺创，是指剪刀的单刃或双刃刺入人体造成的损伤。当剪刀的一刃刺入人体，创角为一圆一尖（图 2-45）。两片剪刀相互铰剪人体组织可以形成夹剪创，创口常呈直线或者 V 形，合拢处可见小皮瓣形成（图 2-46）。

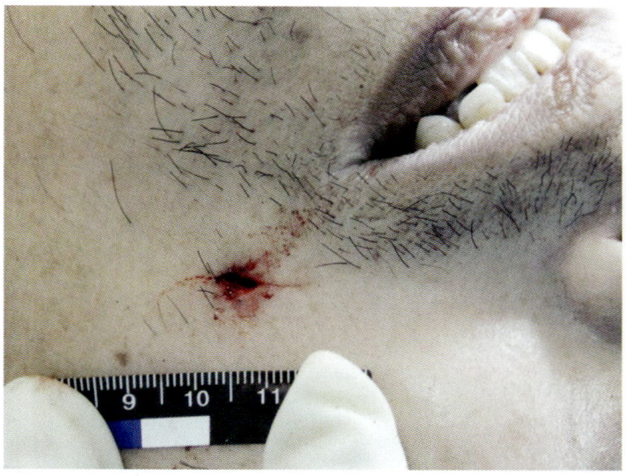

A

B

图 2-45 剪刀刺创

A. 口角外侧刺入口；B. 胸部刺入口。

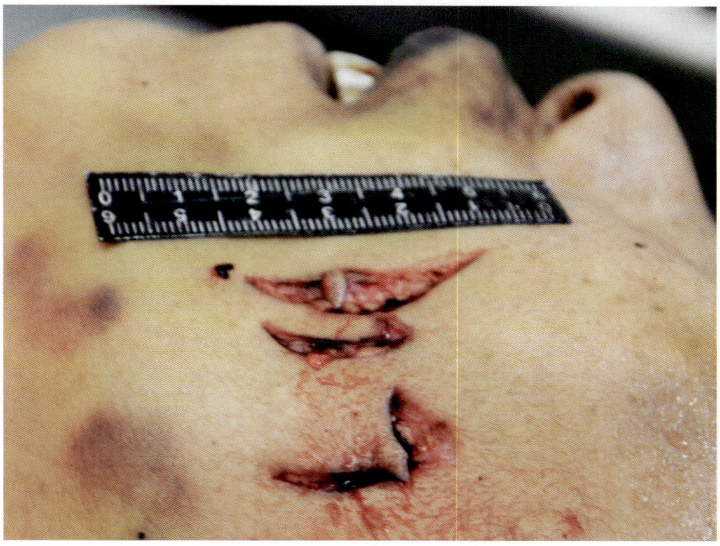

图 2-46 剪刀在面颊部形成的夹剪创

（三）火器损伤

火器是借助于爆炸物燃烧产生大量气体，从而将投射物投出的一类工具。由火器致伤物的发射和爆炸以致其弹头或弹片对人体造成的损伤，均称为火器伤，包括枪弹损伤和爆炸伤。

1. 爆炸伤

在法医学实践中，爆炸伤多见于意外事故，如矿井瓦斯爆炸，油罐爆炸，易燃品在生产、贮存或使用中意外爆炸，以及煤气爆炸，烟花爆炸等。原发性爆炸伤包括炸碎伤及炸裂伤、烧伤（图 2-47）、冲击波伤（图 2-48）。继发性爆炸伤包括投射物伤（图 2-49）、抛坠伤、挤压伤。

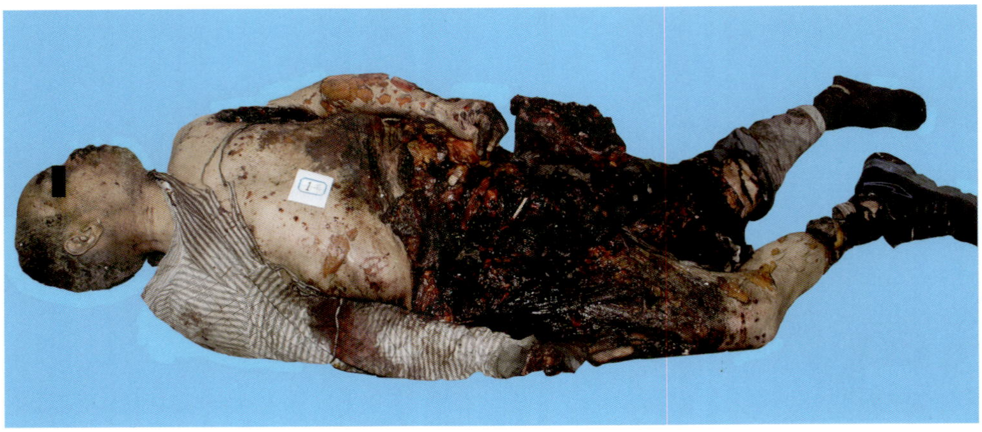

A

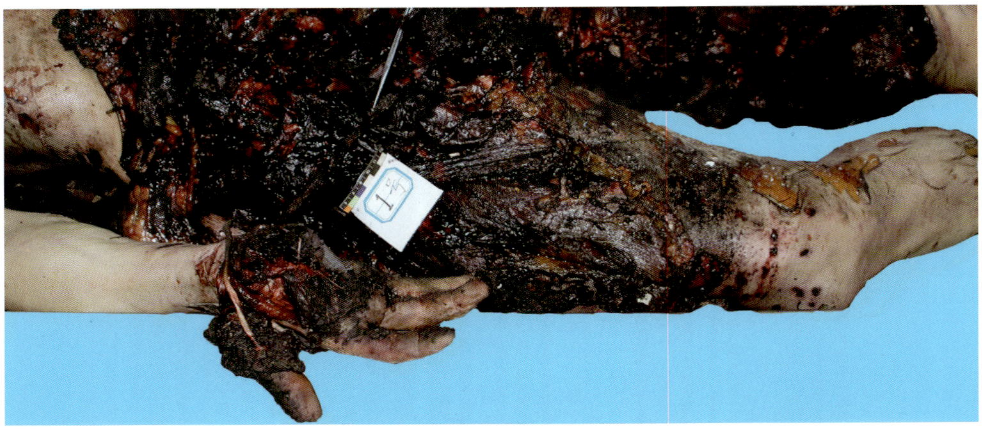

B

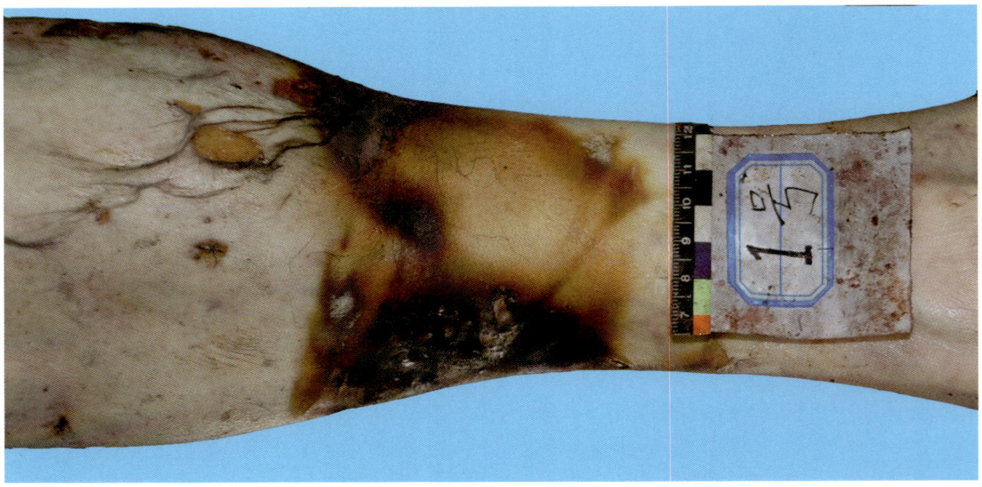

C

图 2-47　炸裂伤、烧伤

A. 爆炸伤引起腹部以下严重的组织损毁及烧伤；B. 除见炸裂伤造成的人体组织损毁，还可见高温引起的烧伤、组织碳化；C. 皮肤裸露部位局部烧伤。

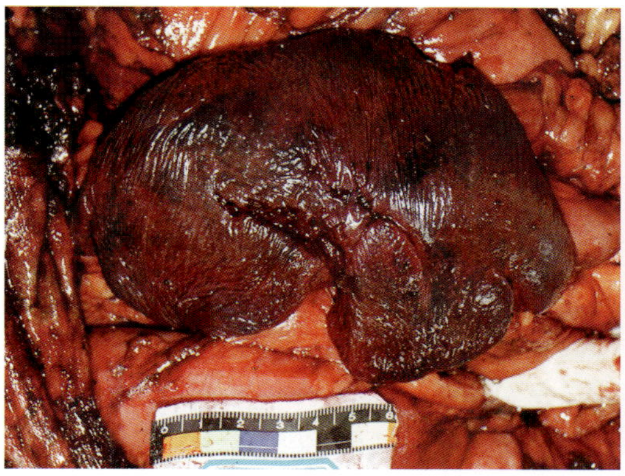

A

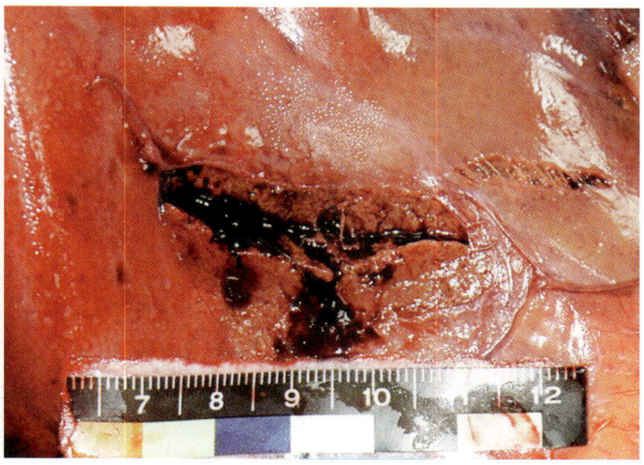

B

图 2-48　冲击波伤

A. 爆炸中的冲击波导致的脾破裂；B. 冲击波导致的肝破裂。

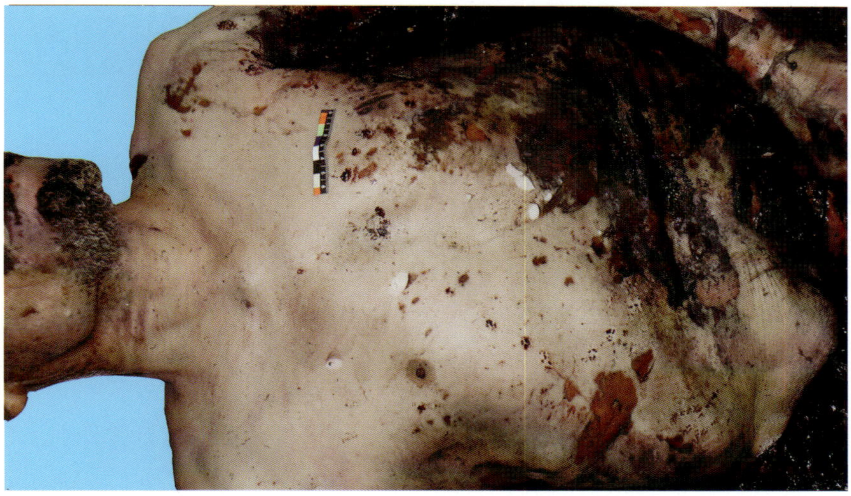

A

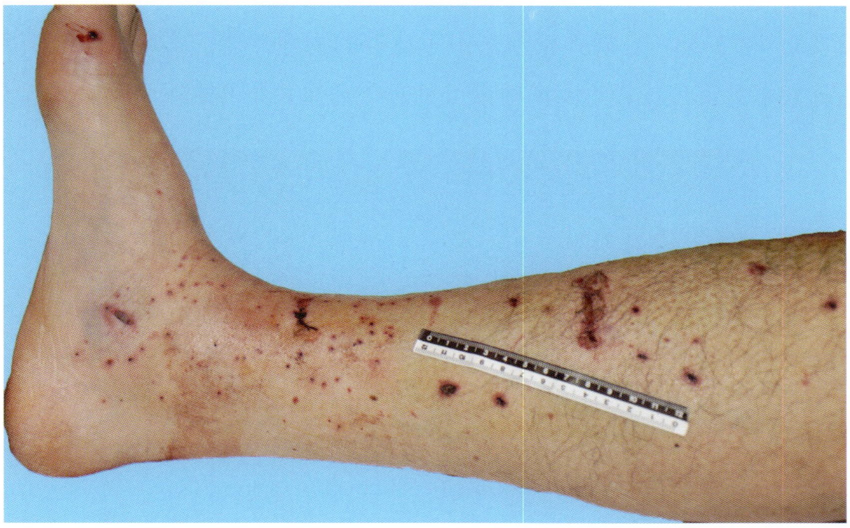

B

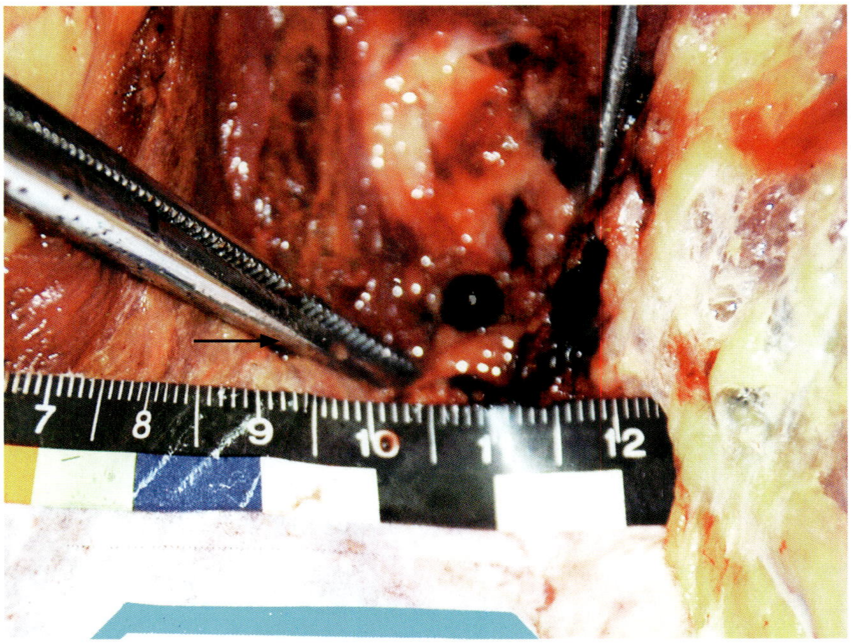

C

图 2-49　投射伤

A. 爆炸所形成的投射物作用于人体表面，造成体表的擦挫伤及裂伤，严重者可形成嵌顿甚至贯穿伤；B. 投射物造成下肢散在的点状、片状擦挫伤；C. 胸部创腔内原发性投射物钢珠（↑）。

2. 枪弹伤

枪弹伤是由枪支发射的弹头或其他投射物所致的身体损伤。典型的枪弹伤射入口皮肤呈圆形缺损，周围可见擦拭轮及挫伤轮，可有烟晕及火药颗粒（图 2-50、图 2-51）。弹头经过身体时，对脏器造成不同的损伤（图 2-52）。射出口创缘常向外翻，可呈星芒状、圆形、新月形等，多大于弹头直径（图 2-53、图 2-54）。散弹枪损伤由于自身的物理性能，不产生瞬时空腔效应，也很少有射出口，只有比较薄的部位或较近距离射击可见有个别弹丸穿出体外形成射出口（图 2-55）。

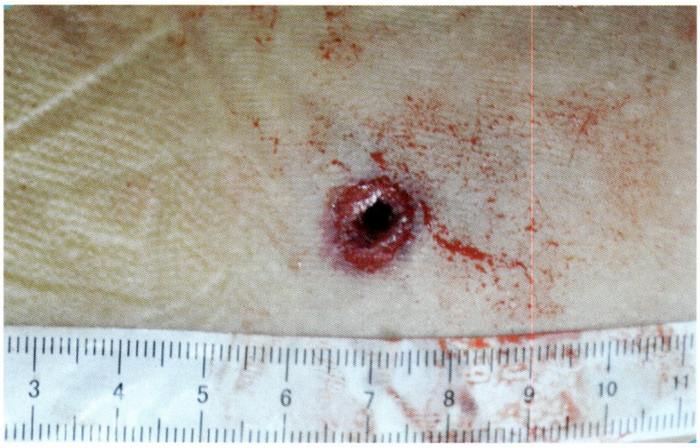

图 2-50　背部远距离枪弹创射入口

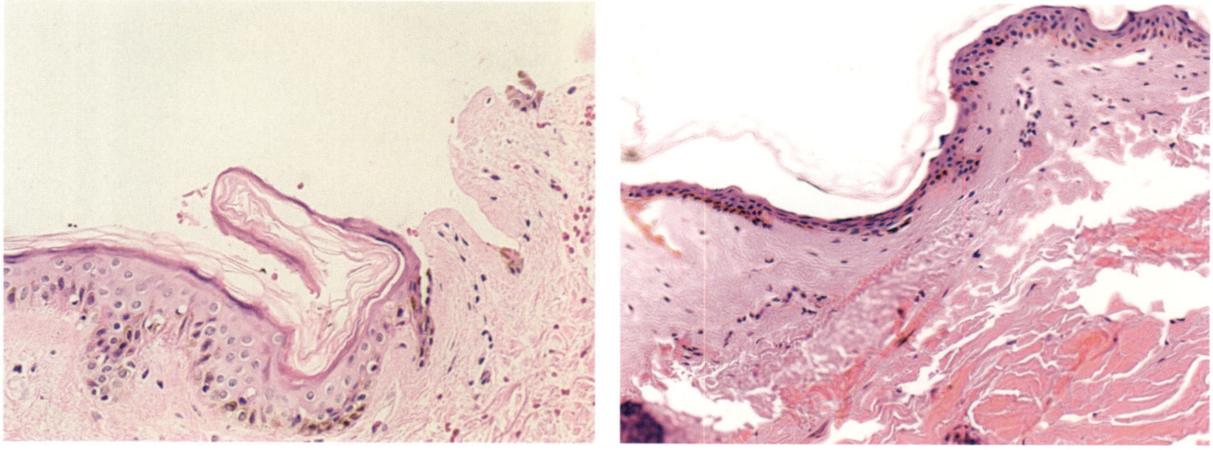

A　　　　　　　　　　　　　　　　　B

图 2-51　枪弹创射入口皮肤镜下观

A. 局灶性表皮细胞缺如（HE 400×）；B. 表皮层部分棘细胞呈扁平状，细胞核拉长，长轴呈水平排列，皮下组织因高温作用导致凝固性坏死（HE 400×）。

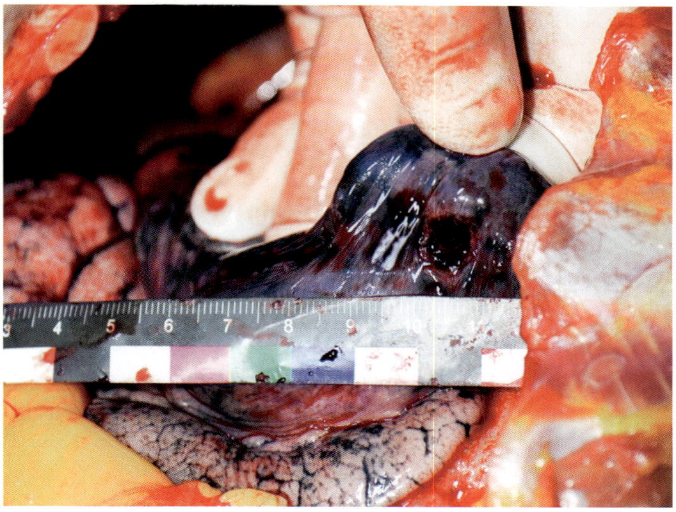

图 2-52　肺组织枪弹创

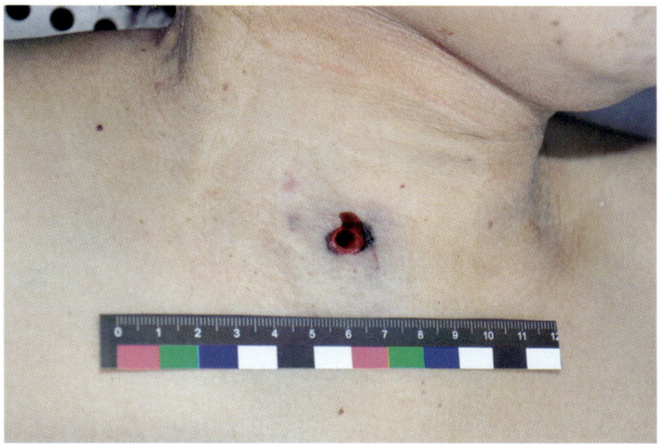

图 2-53　枪弹创射出口

颈前枪弹创，其直径大于弹头直径。

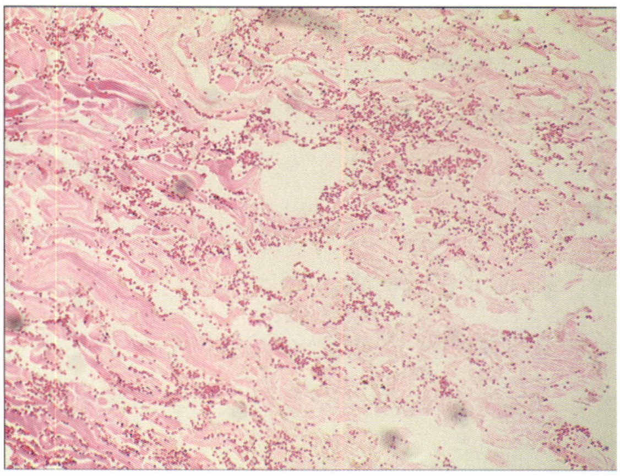

图 2-54　枪弹创射出口皮肤镜下观

皮下组织大量出血（HE 100×）。

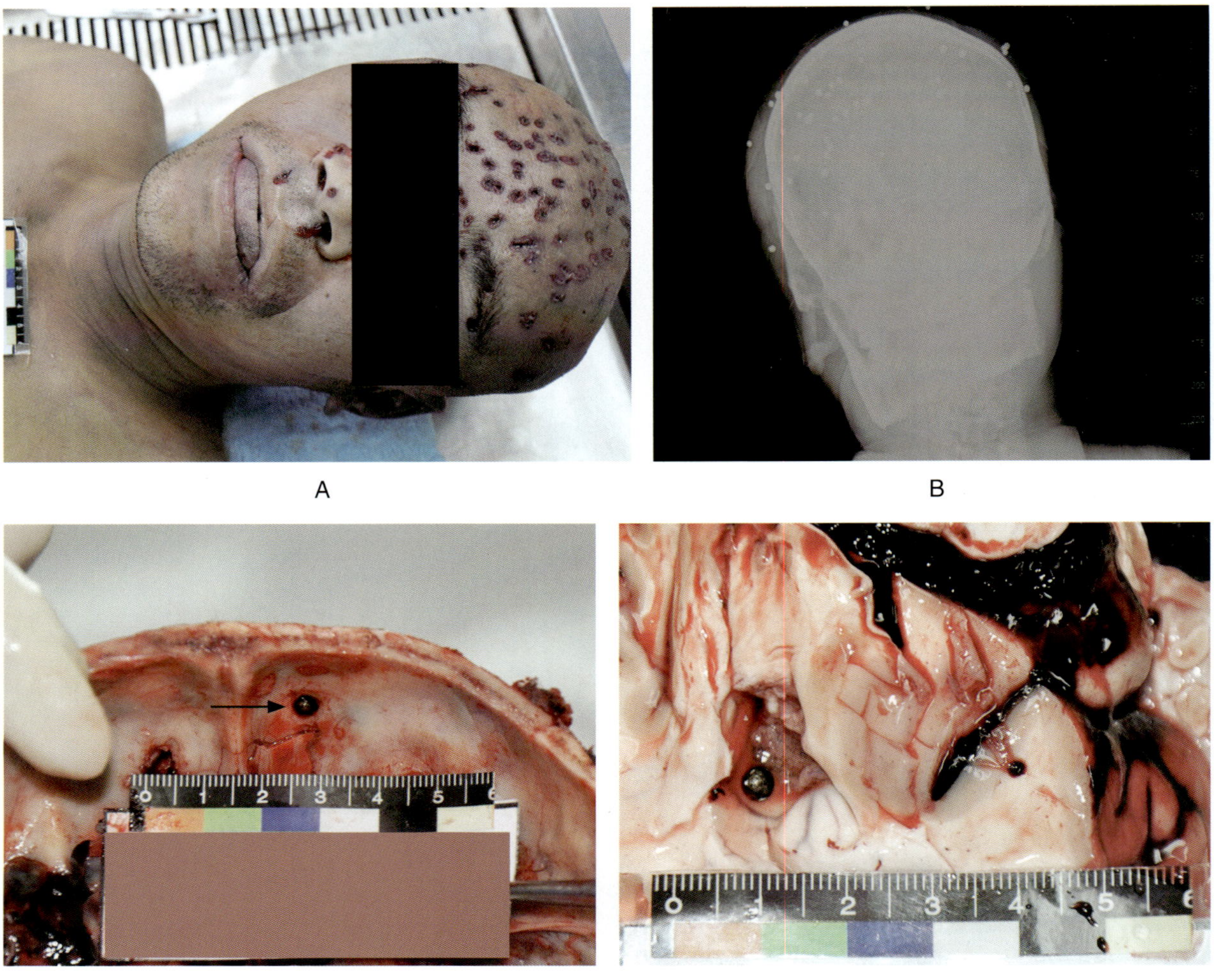

A　B　C　D

图 2-55　头面部霰弹创

A. 头面部大体观；B. 头部 X 线片，圆形高密度影为嵌于头部的霰弹枪钢珠；C. 颅前窝可见霰弹枪钢珠导致的颅骨孔状骨折及颅骨内钢珠嵌顿（↑）；D. 脑组织内钢珠遗留。

案例 1

案情简介：某男，被装修用的射钉枪击中胸部，当场死亡。

解剖检验：衣着情况见图 2-56 ～图 2-57。胸骨左侧第 4 肋软骨处有一片状擦伤（图 2-58），范围 3.7cm × 1.8cm，内侧有一类圆形创口，直径 0.6cm，创口下方对应软组织及肌肉出血（图 2-59）。心包破裂伴心包积血，量约 200ml 且有凝血块形成，右心耳及右心房有贯通创（图 2-60）。右肺中叶有一贯通创（图 2-61），右侧胸腔积血 1 500ml，大量凝血块形成。右侧胸壁腋中线第 5 肋骨骨折，并见有射钉嵌入（图 2-62），顶帽在前，顶尖在后，右侧胸壁皮肤未见缺损。

鉴定意见：系射钉枪发射的射钉致右心、右中肺贯通性损伤，最终因急性心包压塞及失血性休克而死亡。左前胸创口系射入口，右侧胸部第 5 肋见射钉嵌入，胸部创道呈盲管状。

工具描述：吊顶用固钉器全长 330cm，直径 5cm；吊顶专用钉全长 6cm，一端为长 2cm 的塑料底座，另一端为钉头（图 2-63、图 2-64）。

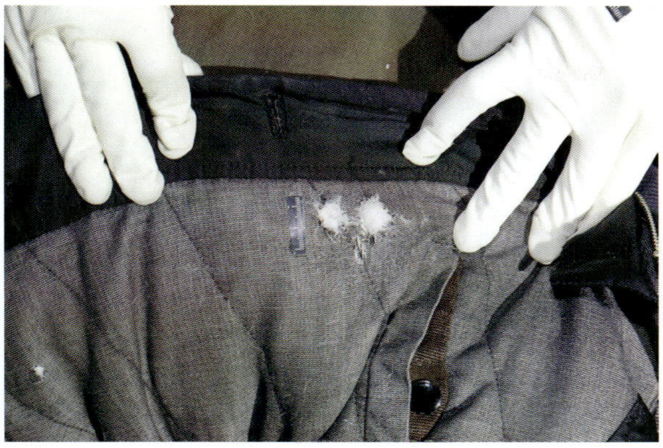

图 2-56 棉衣上破裂口细目照

图 2-57 毛衣上破裂口细目照

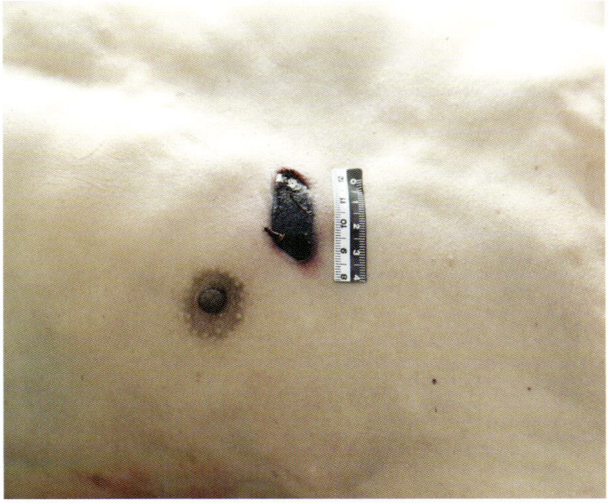

图 2-58 左胸部皮肤损伤

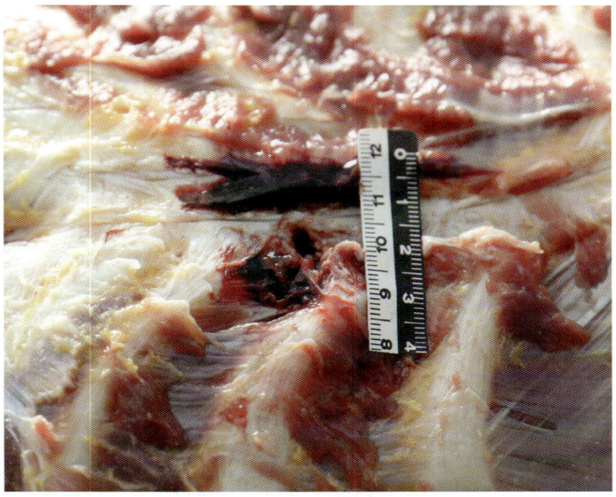

图 2-59 左胸部肌肉损伤

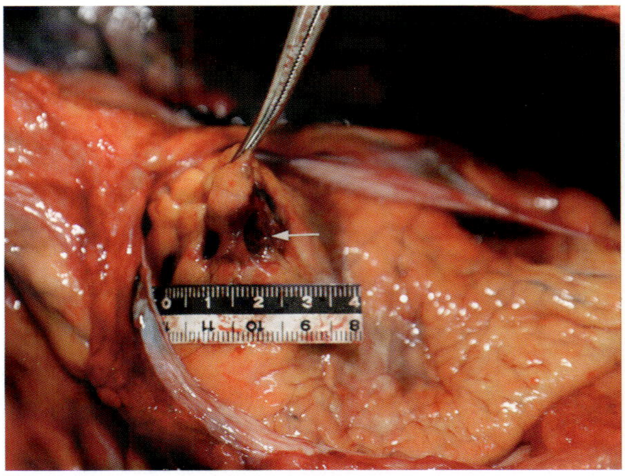

图 2-60 心脏贯通伤（↑）

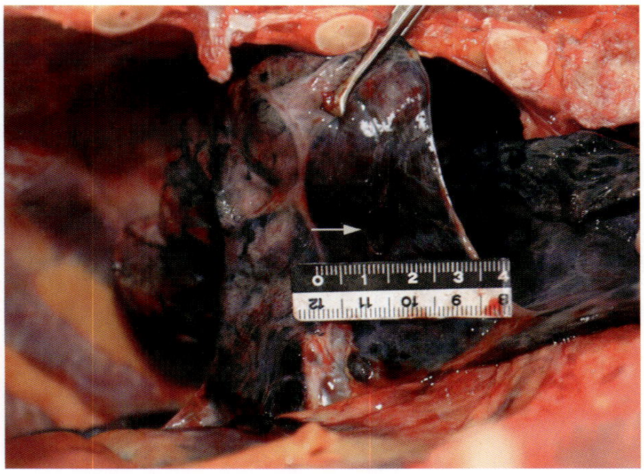

图 2-61 右肺中叶贯通伤（↑）

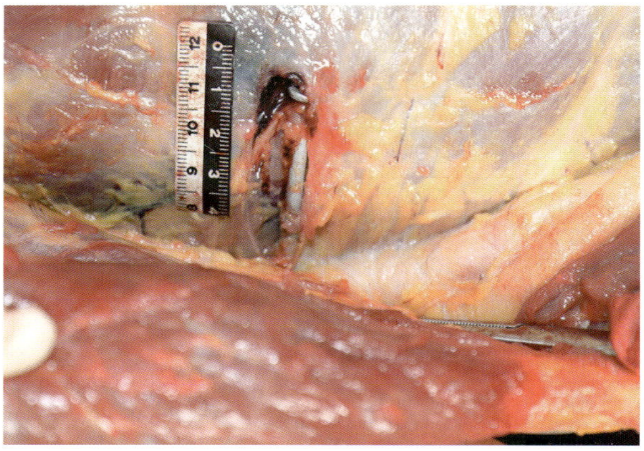

图 2-62　右侧第 5 肋间肌射钉嵌入

图 2-63　体内提取的射钉

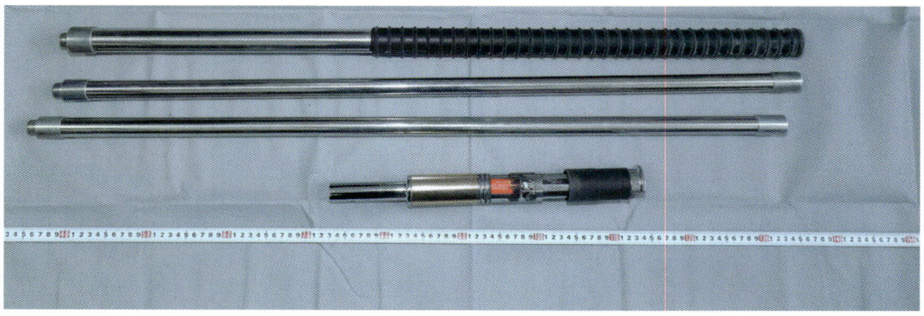

A

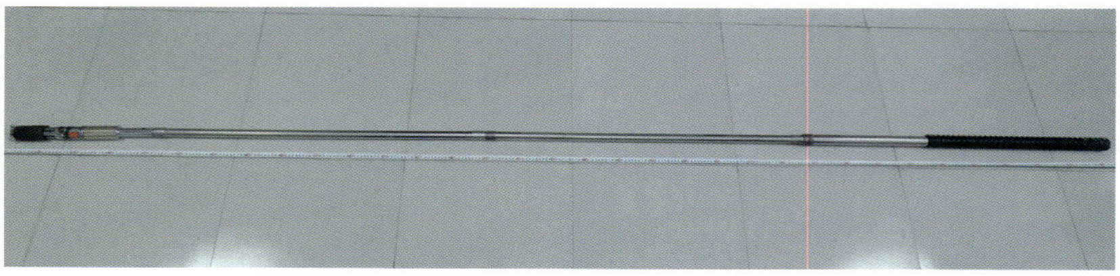

B

图 2-64　射钉枪

A. 未组装状态；B. 组装状态。

案例 2

案情简介：某男，被枪击后当场死亡（图 2-65 ～图 2-67）。

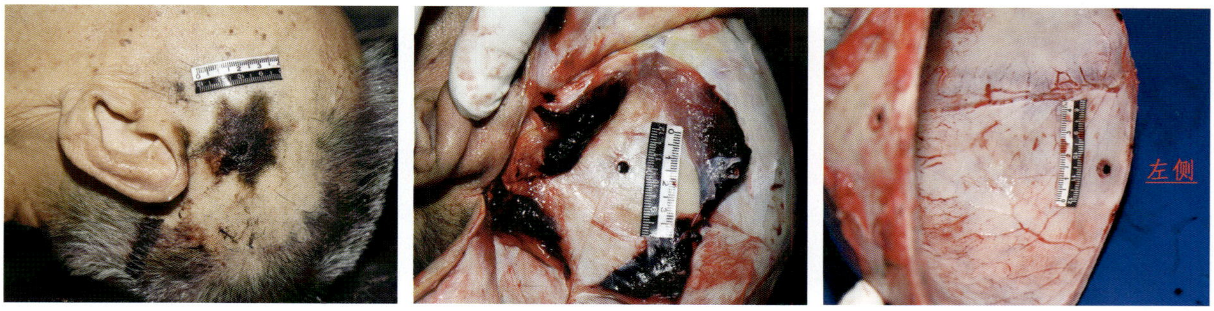

A　B　C

图 2-65　左颞部射入口

A. 左颞部见直径 0.5cm 圆形皮肤缺损，边缘皮肤内卷呈漏斗状，创口边缘见火药颗粒附着，周围黑色雾状为火药烟晕；B. 颅骨外板孔状骨折；C. 颅骨内板孔状骨折，常伴有不同程度的喇叭样的内板斜面形成。

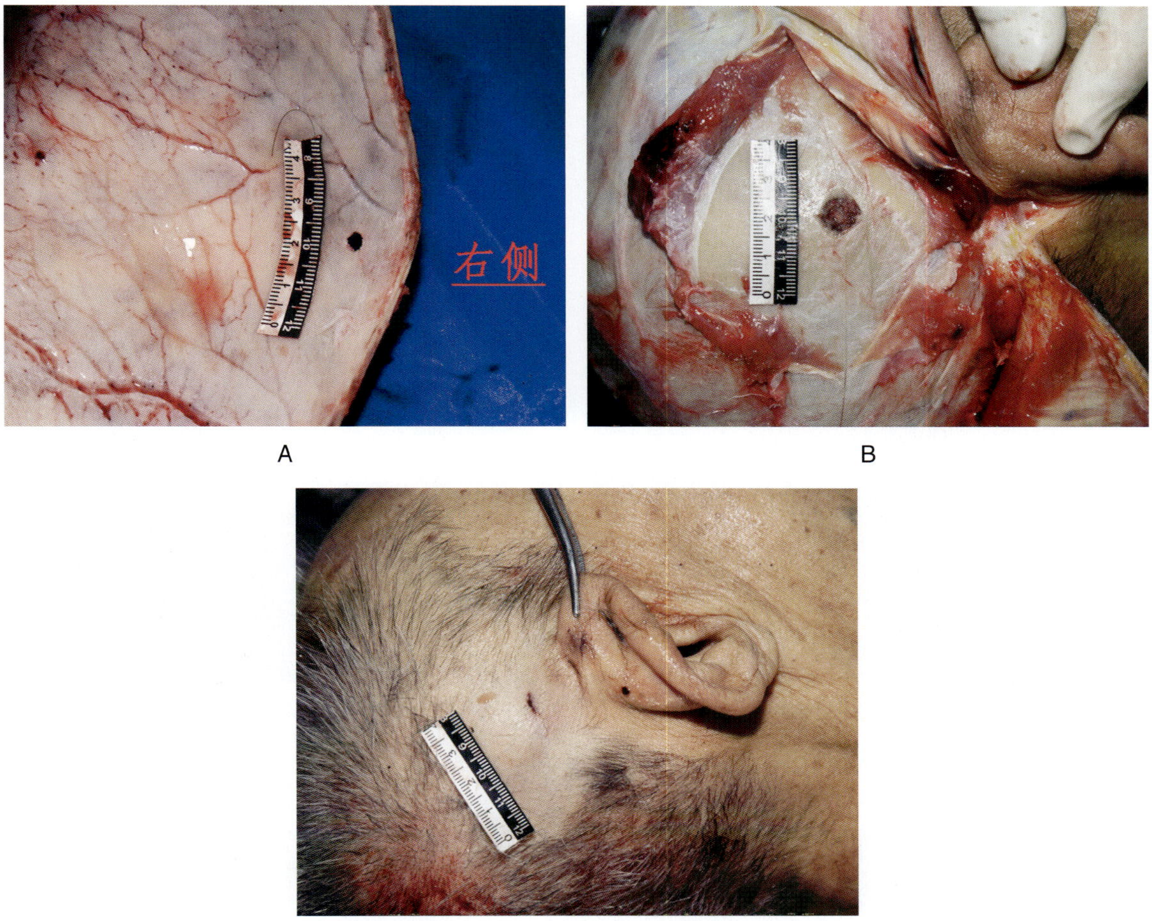

A B

C

图 2-66 右颞射出口

A. 颅骨内板孔状骨折；B. 颅骨外板孔状骨折呈喇叭状；C. 射出口皮肤呈弧形损伤。

图 2-67 意大利贝雷塔 M92FS 式手枪（致伤工具）

（四）颅脑损伤

颅脑损伤是最常见的机械性损伤，在暴力性死亡中占首要位置，可造成头皮、颅骨及脑的损伤。

1. 头皮软组织损伤

头皮软组织损伤均因直接暴力作用所致，头皮软组织损伤的形态改变包括头皮擦伤、头皮挫伤、头皮裂伤和头皮血肿。头皮血肿包括头皮下血肿（图 2–68）、帽状腱膜下血肿（图 2–69）、骨膜下血肿。陈旧性头皮下血肿，血肿可被吸收、机化及纤维结缔组织包裹，呈黄褐色改变（图 2–70）。

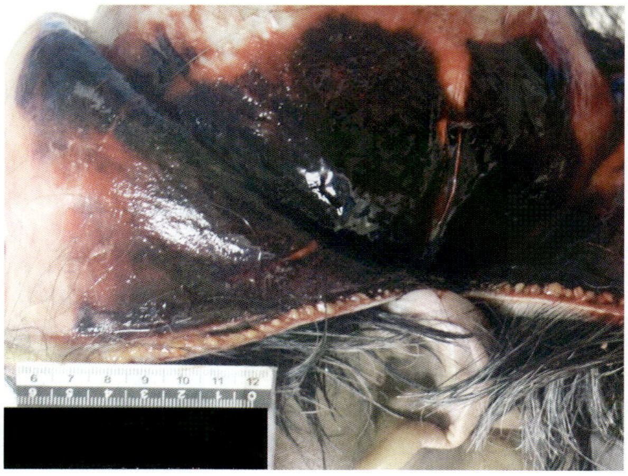

图 2–68　头皮下血肿

左侧额颞部头皮下大量出血形成血肿，并见颞肌广泛出血。

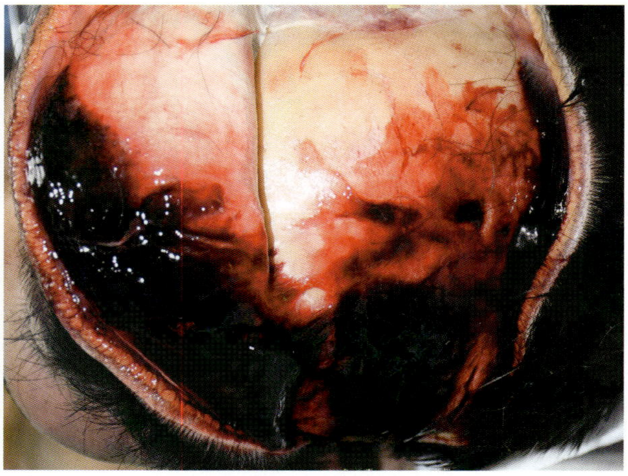

图 2–69　帽状腱膜下血肿

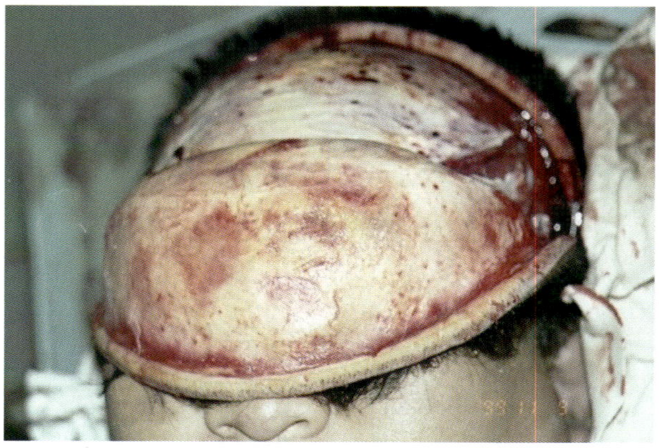

图 2–70　陈旧性头皮下血肿

血肿被吸收、机化及纤维结缔组织包裹，呈黄褐色改变。

2. 颅骨骨折

根据骨折部位及特征不同，颅骨骨折分为颅盖骨骨折和颅底骨折。颅盖骨骨折包括颅骨压痕和擦痕、颅骨砍削创、线性骨折、凹陷性骨折、粉碎性骨折、孔状骨折（图 2–71）。颅底骨折可以仅限于某一颅窝，也可横行穿过两侧颅底或纵行贯穿颅前、中、后窝（图 2–72）。颅底骨折引起的血性脑脊液进入眼眶内，眶周皮下形成瘀血斑，即“熊猫眼征”（图 2–73）。

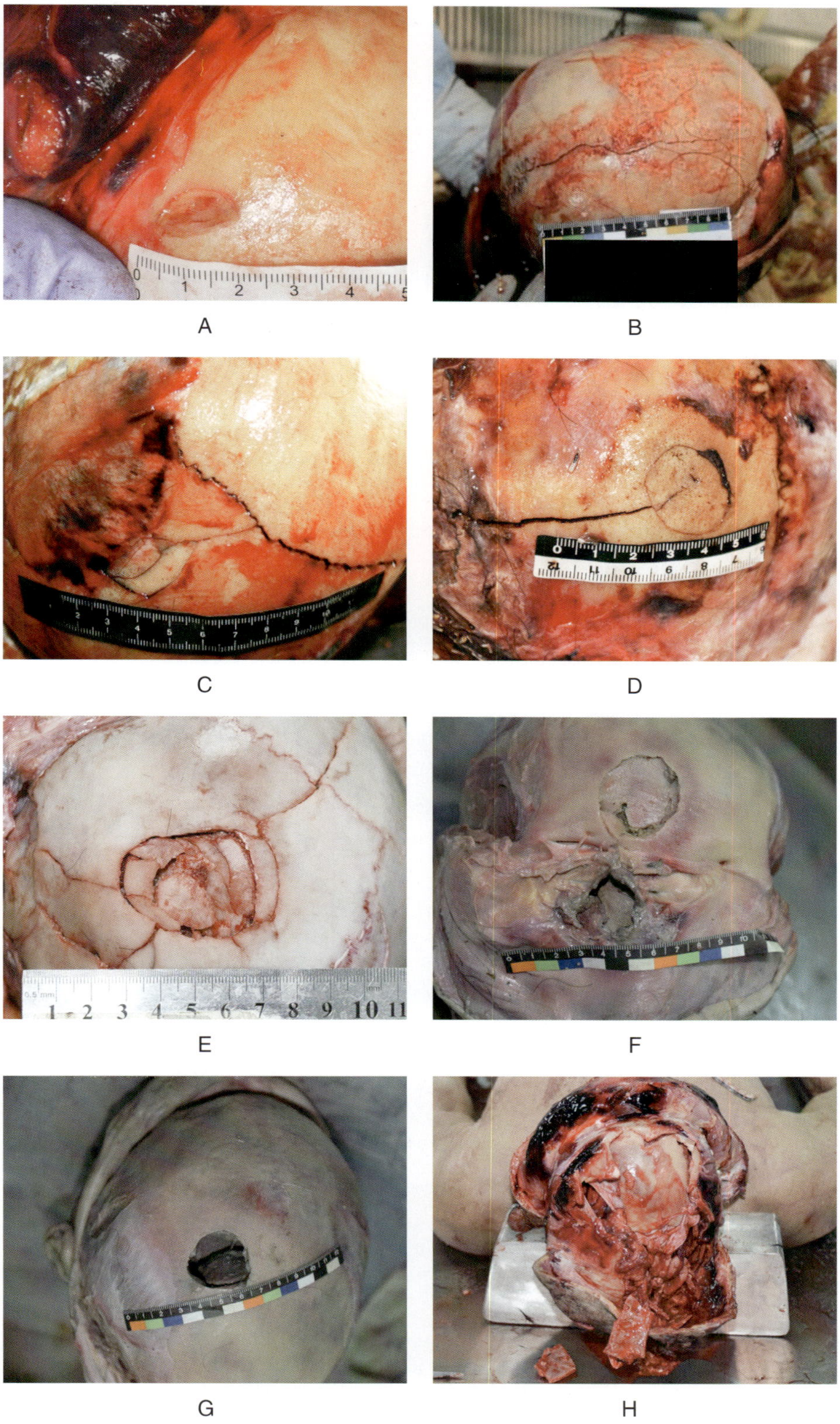

图 2-71　颅盖骨骨折

A. 颅骨压痕，骨外板向板障内轻度凹陷；B. 颅骨线性骨折；C. 左侧顶枕部凹陷性颅骨骨折，其右前方形成线性骨折，终止于颅骨骨缝分离处；D. 颅骨环形骨折及线性骨折；E. 波纹状凹陷性骨折，多次打击颅骨形成；F—G. 颅骨圆形孔状骨折；H. 颅骨（全颅）崩裂，颅骨呈粉碎性骨折，脑组织挫碎。

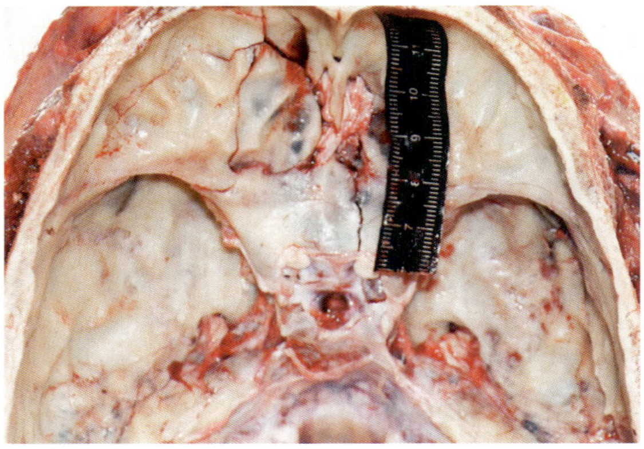

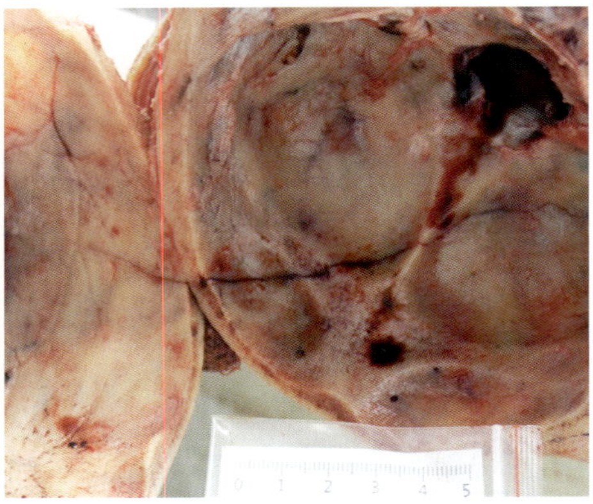

图 2–72　颅底骨折

A. 颅前窝从额骨至蝶鞍形成骨折线；B. 颅后窝骨折，环颅骨切开时，骨折线被切断。

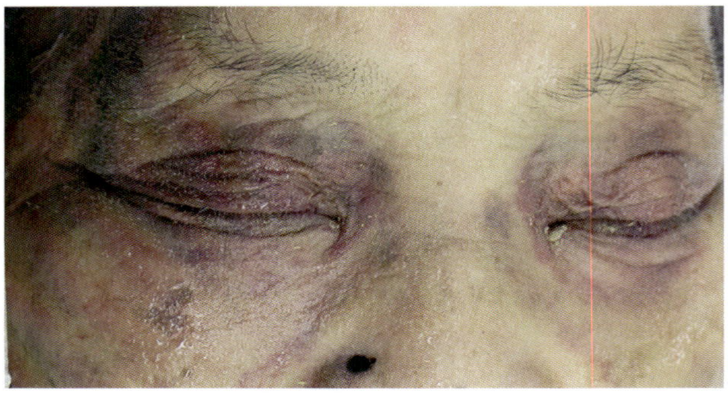

图 2–73　“熊猫眼征”

3. 颅内出血

当头部受到暴力作用，可发生颅骨骨折，静脉窦、桥静脉、脑血管或脑膜血管破裂，血液聚集于颅内某一空间或脑组织内，形成颅内血肿。根据血肿位于颅内解剖部位的不同，可分为硬脑膜外血肿（图 2–74）、硬脑膜下血肿（图 2–75）、蛛网膜下腔出血（图 2–76～图 2–77）、脑内血肿和脑室内血肿（图 2–78）。

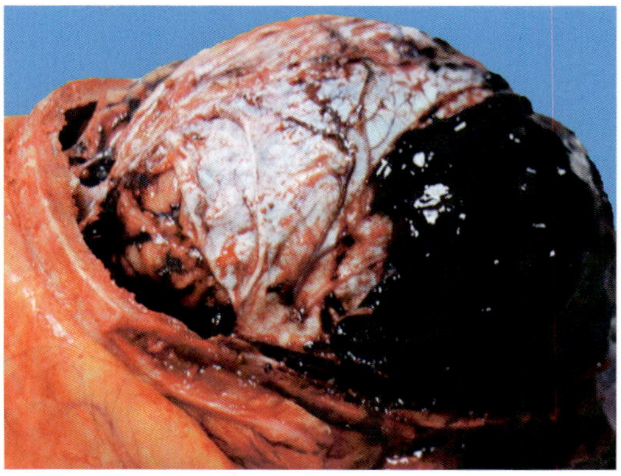

图 2–74　硬脑膜外血肿

血肿位于颅骨内板与硬脑膜之间。

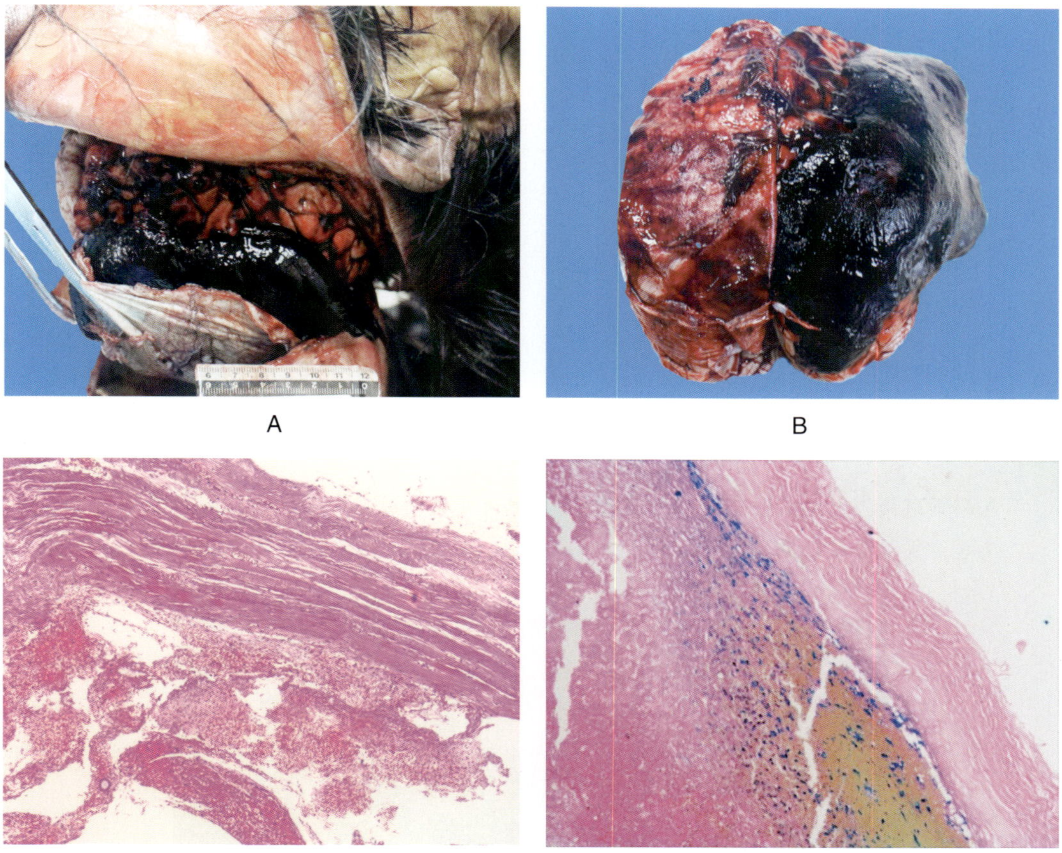

A　B　C　D

图 2-75　硬脑膜下血肿

A. 硬脑膜下血肿，血肿位于硬脑膜与蛛网膜之间；B. 硬脑膜下血肿（取出脑后，揭开硬脑膜）；C. 显微镜下见硬脑膜下大量炎细胞、红细胞及纤维素聚集（HE 100×）；D. 陈旧性硬脑膜下血肿，显微镜下见硬脑膜下大量陈旧性出血，并见含铁血黄素沉积（普鲁士蓝染色 100×）。

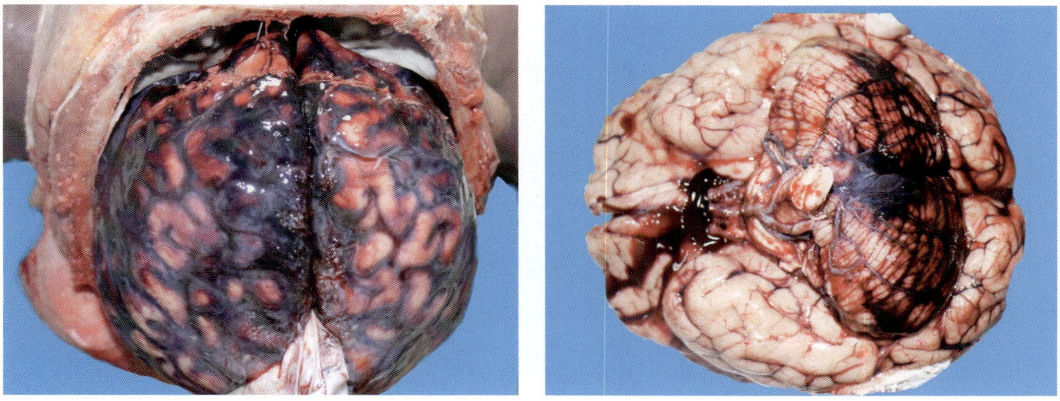

A　B

图 2-76　蛛网膜下腔出血

A. 大脑蛛网膜下腔出血，出血呈弥散性，不易被流水冲洗掉；B. 小脑蛛网膜下腔出血。

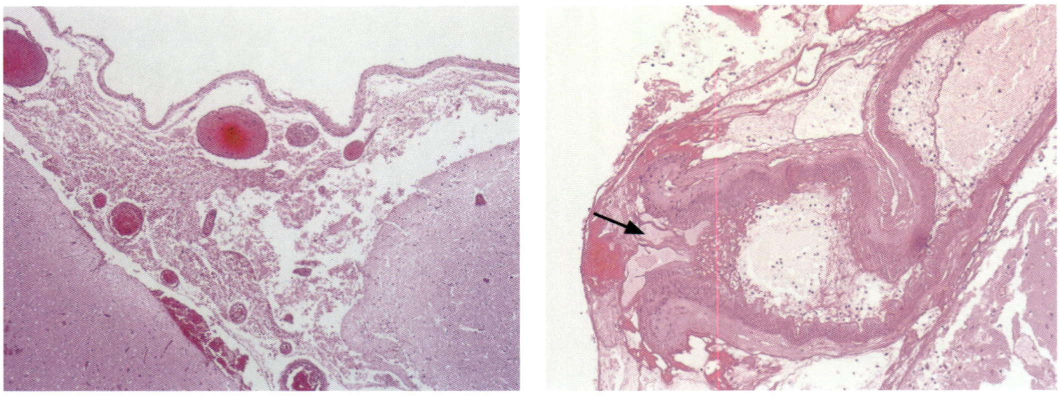

A B

图 2-77 蛛网膜下腔出血镜下观

A. 蛛网膜下腔出血（HE 40×）；B. 蛛网膜下腔小血管破裂，破裂口处血管全层断裂且有血栓形成（↑）（HE 200×）。

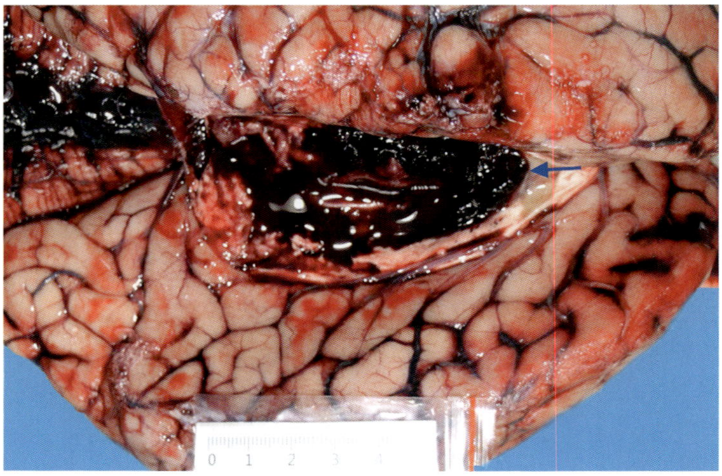

图 2-78 侧脑室积血（↑）

4. 脑损伤

原发性脑损伤包括脑震荡、脑挫伤、弥散性轴索损伤、原发性脑干损伤。脑挫伤可分为冲击性脑挫伤、对冲性脑挫伤（图 2-79、图 2-80）、中间性脑挫伤等，脑挫伤的病理学改变为出血、坏死、裂隙，其中以出血最多见（图 2-81、图 2-82）。弥散性轴索损伤是头部受到暴力作用后，脑深部组织因剪切和牵拉作用发生的脑白质广泛性轴索损伤（图 2-83）。脑干损伤是指中脑、脑桥和延髓的损伤，是一种严重的致命性损伤，死亡率极高（图 2-84、图 2-85）。

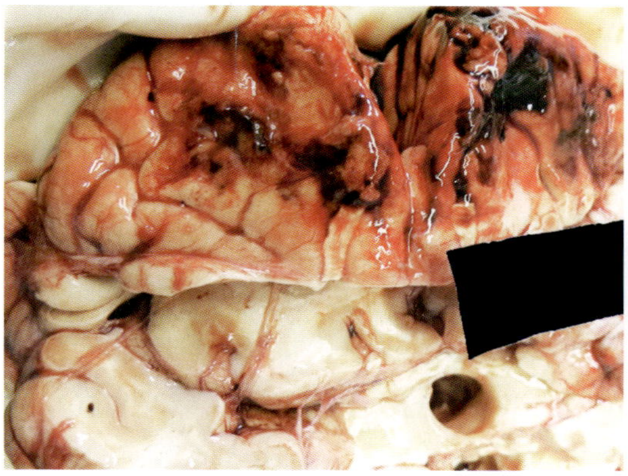

图 2-79　对冲性脑挫伤

双侧额极挫裂伤。

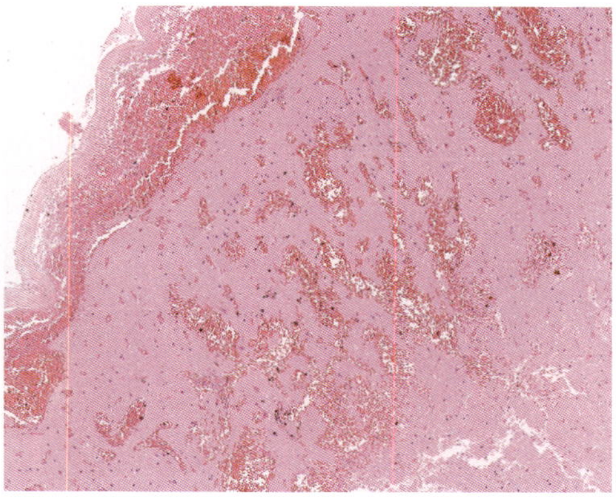

图 2-80　对冲性脑挫伤镜下观

大脑额极皮质层挫裂伤，多发性灶片状出血，并见蛛网膜下腔出血（HE 40×）。

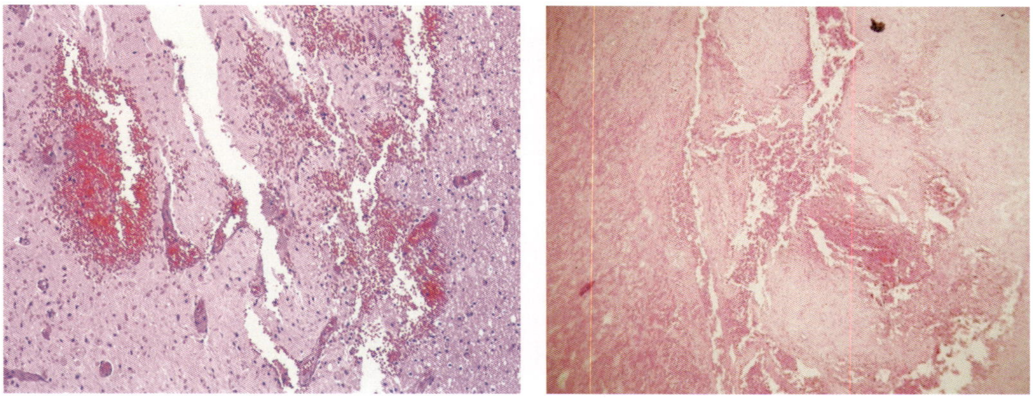

A　　　　B

图 2-81　脑挫裂伤镜下观

A. 大脑皮质裂隙状出血，周围胶质细胞肿胀，部分神经元细胞坏死（HE 100×）；B. 脑垂体挫伤，裂隙状出血及小血肿形成（HE 40×）。

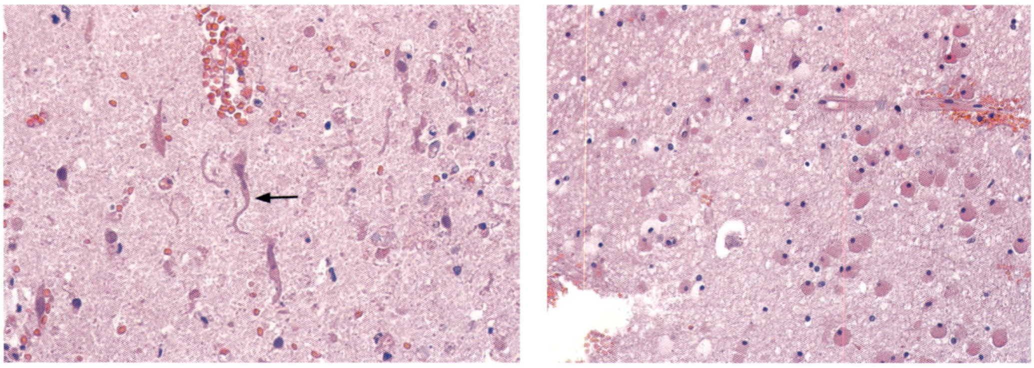

A　　　　B

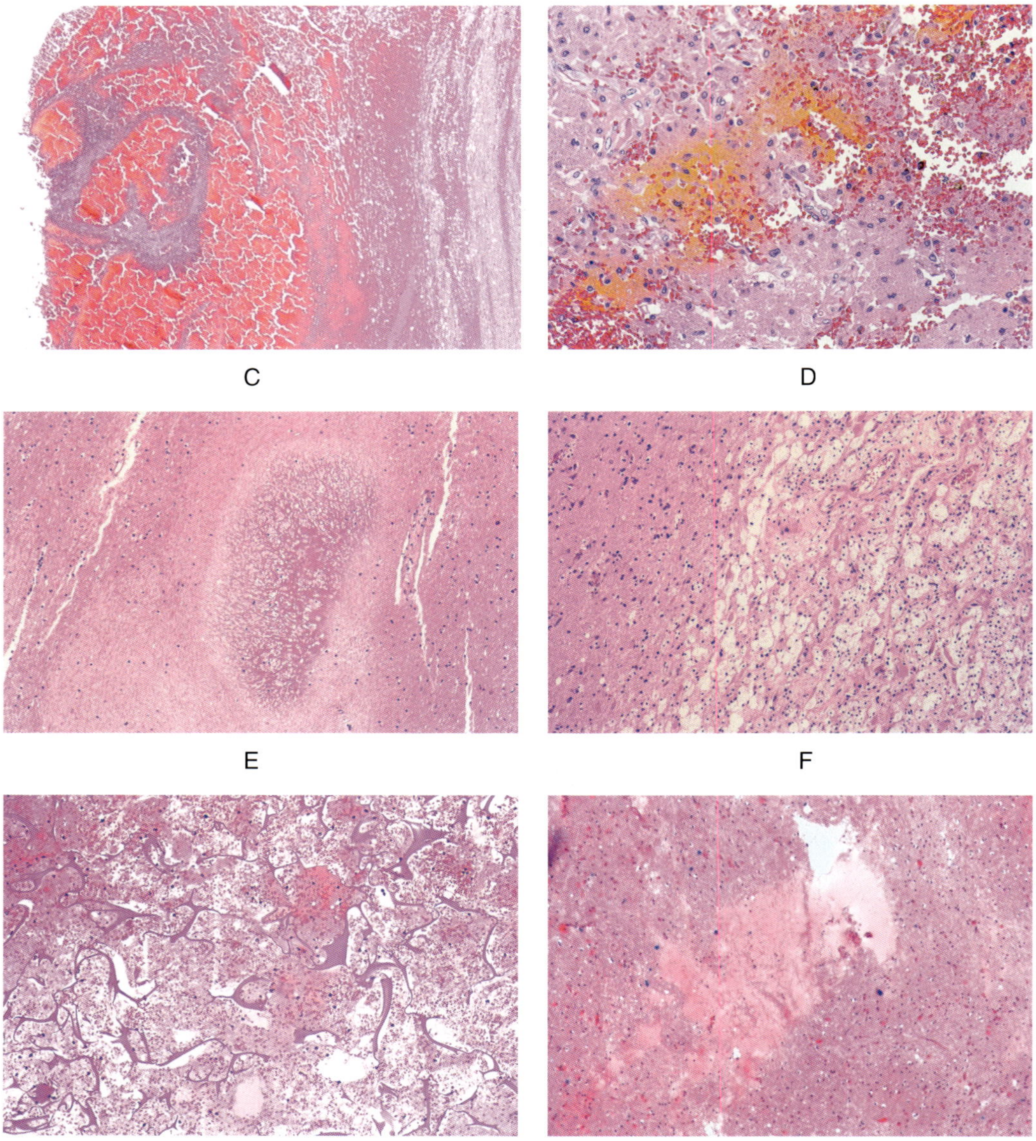

C D E F G H

图 2-82　脑损伤镜下观

A. 部分神经元坏死，细胞核溶解消失，部分神经轴索扭曲（↑）、节段性肿胀、断裂等，小胶质细胞增多（HE 200×）；B. 脑损伤后，星型胶质细胞反应性肿胀，细胞增大，胞浆嗜酸性增强，周围小出血灶（HE 200×）；C. 脑损伤中后期，出血灶内红细胞崩解吸收，成纤维细胞增生，在血肿周围形成纤维包裹（HE 40×）；D. 脑损伤中后期，出血灶被吸收，含铁血黄素颗粒沉积，有大量吞噬含铁血黄素颗粒的巨噬细胞（HE 200×）；E. 脑组织灶性坏死、结构崩解（早期液化性坏死）（HE 40×）；F. 脑损伤后软化灶形成，神经元崩解、坏死，灶内见大量吞噬脂质的泡沫细胞，星型胶质细胞增生形成早期胶质瘢痕（HE 100×）；G. 脑外科手术后，红色网状、均质无结构的物质为手术用明胶海绵，其间大量红细胞聚集（HE 40×）；H. 小脑挫伤出血灶，出血灶处于吸收期，少量纤维素渗出，周边胶质细胞肿胀（HE 40×）。

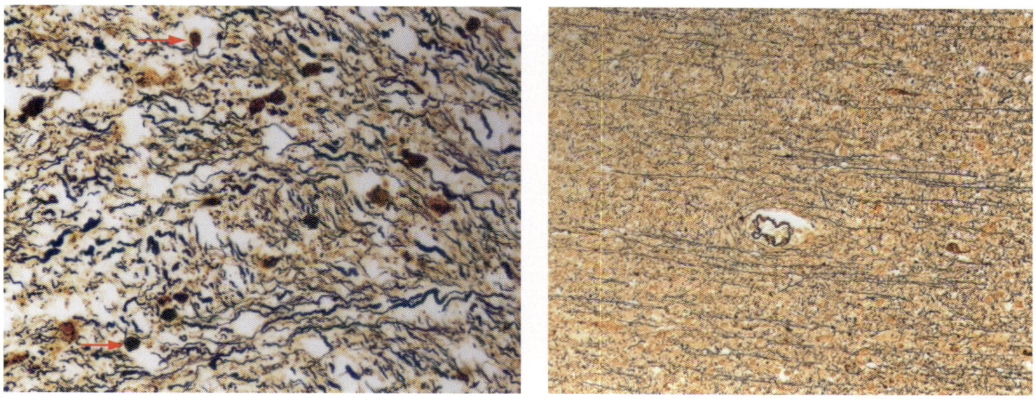

A　　　　B

图 2-83 弥散性轴索损伤及正常对照脑组织镜下观

A. 弥散性轴索损伤，显微镜下见轴索扭曲、断裂及收缩球形成（↑）（银染 400×）；B. 正常对照，轴索结构正常，未见收缩球形成（银染 200×）。

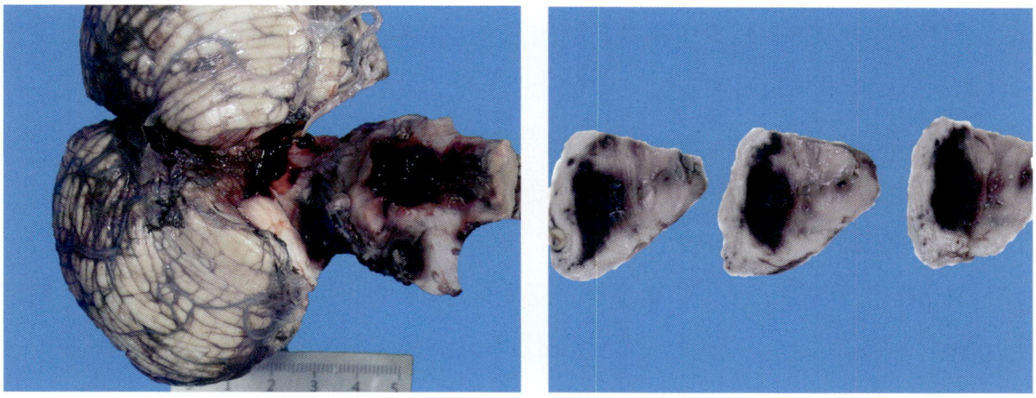

A　　　　B

图 2-84 脑干出血伴第四脑室积血

A. 大体观；B. 切面观。

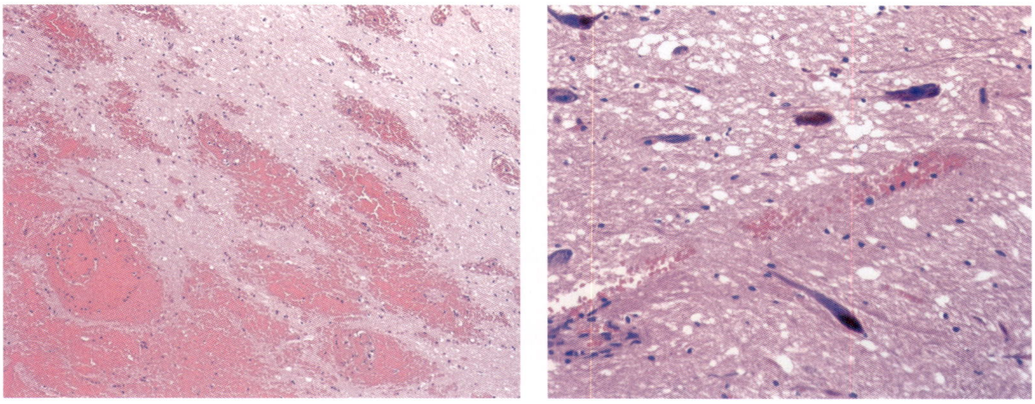

A　　　　B

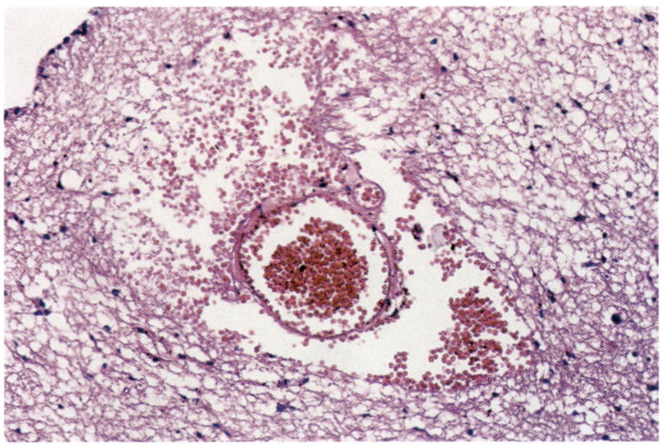

C

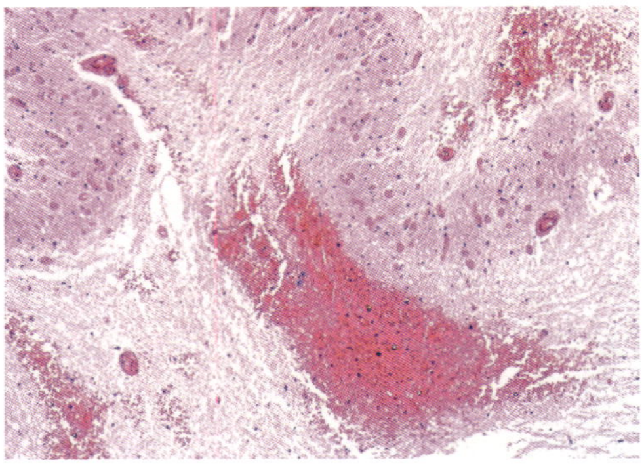

D

图 2-85 脑干损伤镜下观

A. 脑桥片状出血（HE 40×）；B. 中脑灶性挫伤出血，周围少量炎细胞浸润（HE 200×）；C. 延脑室管膜下小灶性出血，呈围管性（HE 200×）；D. 延脑灶性出血（HE 40×）。

案例

案情简介： 某男，酒后与人发生纠纷后倒地，送医院检查示左额部及右顶枕部颅骨骨折，双侧额顶颞部硬膜下出血，蛛网膜下腔出血。治疗数日后死亡。

解剖检验： 头顶部见一 V 形长 26.0cm 手术缝合创口。右顶部见一 3.5cm×2.0cm 擦挫伤（图 2-86）。

左颞部已开骨窗，骨窗内见硬脑膜破损，部分脑组织溢出伴有血凝块。右顶部见颅骨崩裂，周围见放射状骨折线向四周扩散（图 2-87、图 2-88）。锯开颅骨见硬脑膜外血肿形成（图 2-89），左颞部硬脑膜切除，左侧部分脑组织液化，广泛性蛛网膜下腔出血（图 2-90）。右颅后窝一骨折线长 7.0cm，为颅顶骨折的延伸（图 2-91）。CT 及三维重建显示头皮肿胀、颅骨骨折（图 2-92 ～图 2-93）。

组织学检查： 脑组织大部分自溶，蛛网膜下腔广泛出血（图 2-94），双侧额颞叶及双侧枕叶见脑挫伤（图 2-95）。

鉴定意见： 重度颅脑损伤而死亡。

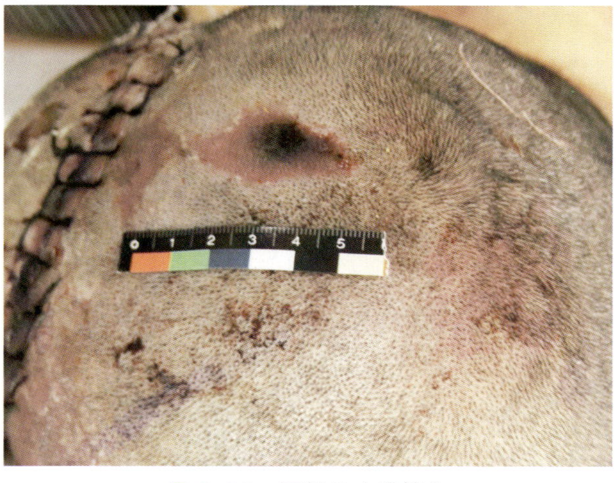

图 2-86 顶部头皮擦挫伤

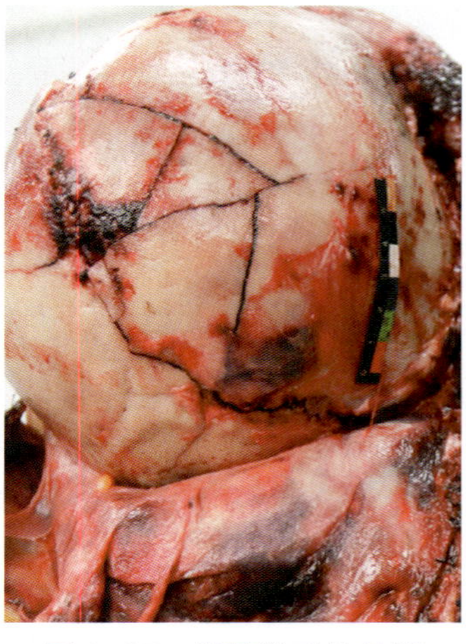

图 2-87 颅骨粉碎性骨折

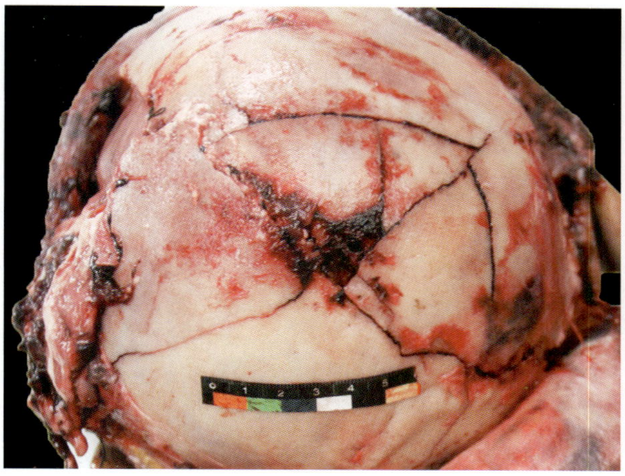

图 2-88　顶骨放射状骨折线

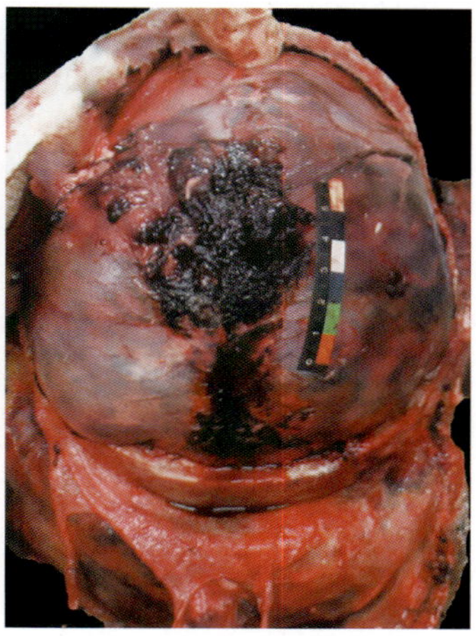

图 2-89　硬膜外血肿

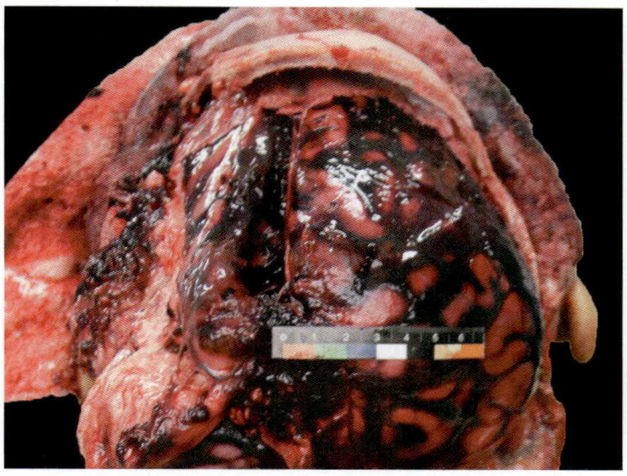

图 2-90　广泛性蛛网膜下腔出血

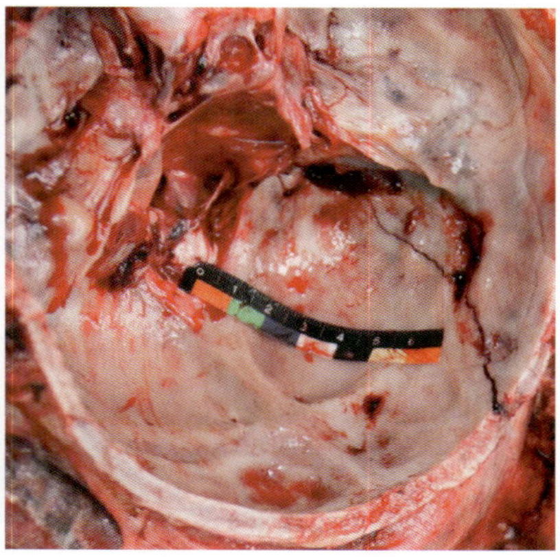

图 2-91　颅底骨折

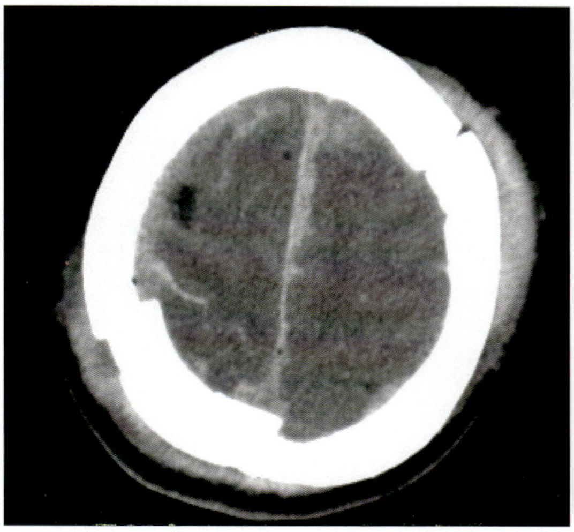

图 2-92　CT 示顶部头皮肿胀、颅骨骨折

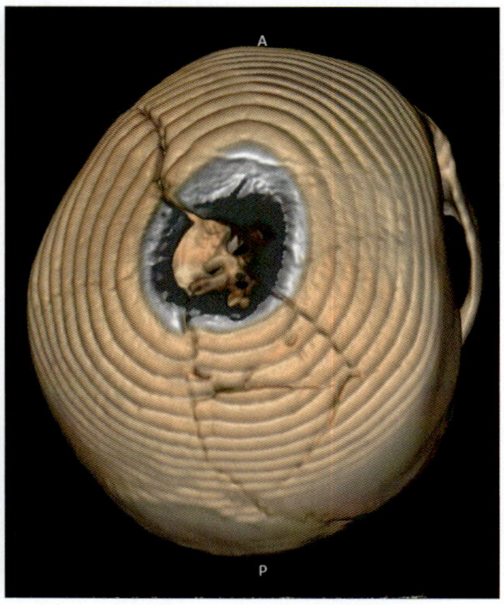

图 2-93　三维重建示颅骨骨折

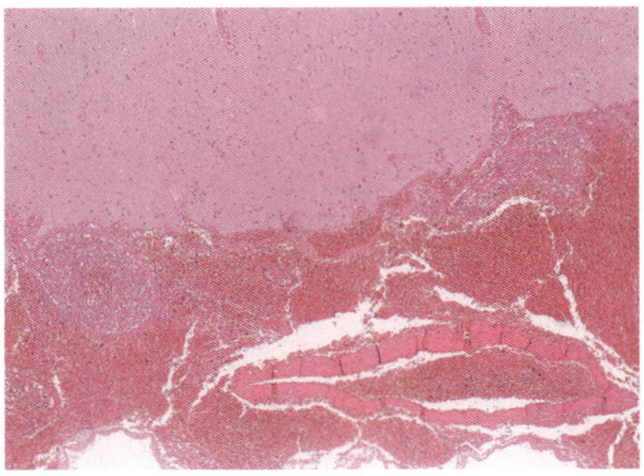

图 2-94　蛛网膜下腔出血

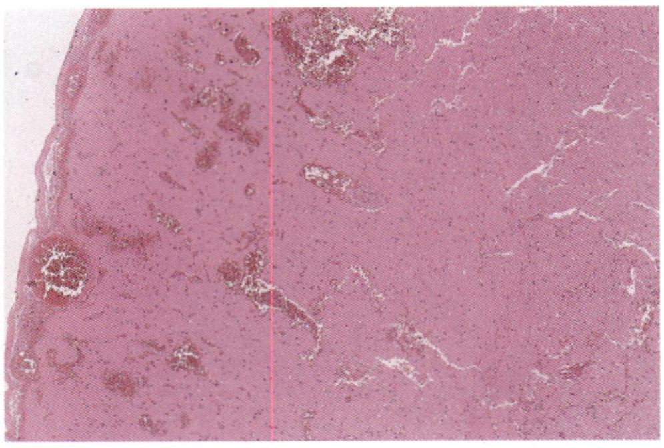

图 2-95　脑挫伤

（五）胸部及腹部损伤

1. 胸部损伤

胸部损伤包括肋骨骨折（图 2-96）、肺损伤、心脏损伤、大血管损伤等，这类损伤的主要病理生理改变为呼吸、循环功能障碍。胸部开放性损伤可见气胸实验阳性（图 2-97）及形成张力性气胸（图 2-98）。心脏常见的损伤类型为心脏挫伤（图 2-99）、心脏破裂（图 2-100、图 2-101）、室间隔破裂、瓣膜或乳头肌损伤。

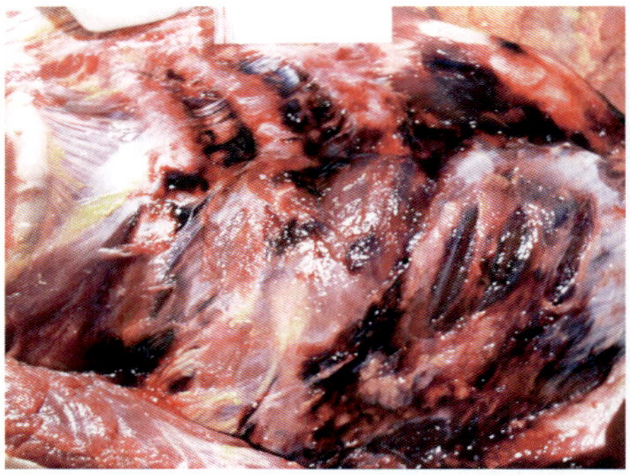

A

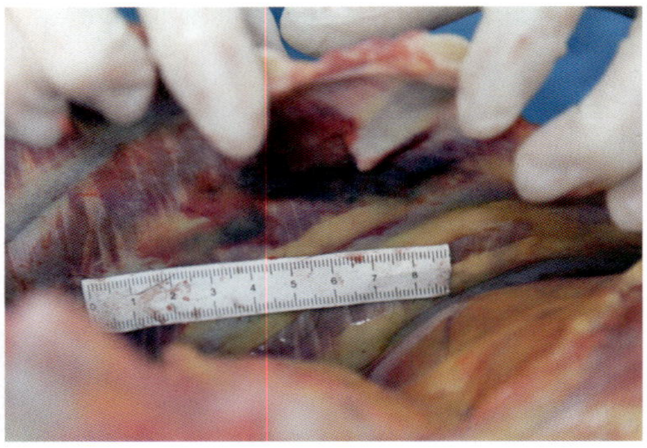

B

图 2-96　肋骨骨折

A. 右侧肋骨多发骨折，肋间肌大片状出血；B. 肋骨内向型骨折，暴力自外向内，骨折端向内，骨折断端常刺破肺组织。

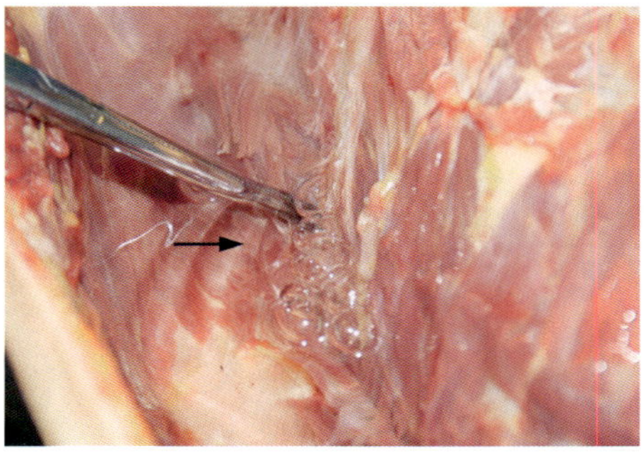

图 2-97　气胸实验阳性

将胸壁皮肤及皮下组织剥离至两侧腋中线处，提起皮肤形成囊状，然后盛水，再用手术刀尖刺破肋间肌，有气泡溢出（↑），表明存在气胸。

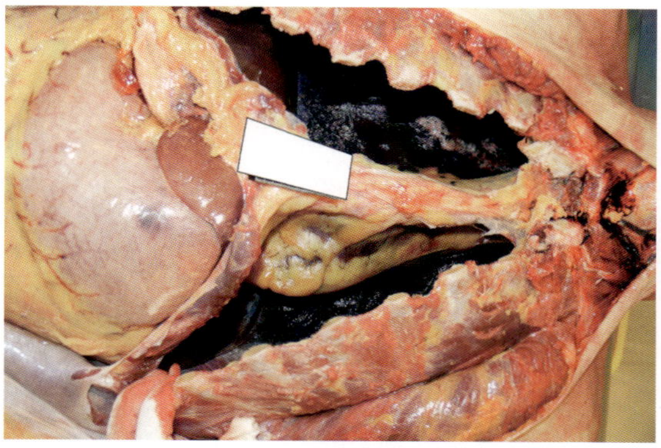

图 2-98　双侧张力性气胸

胸部外伤引起，双肺受压、重度萎陷。

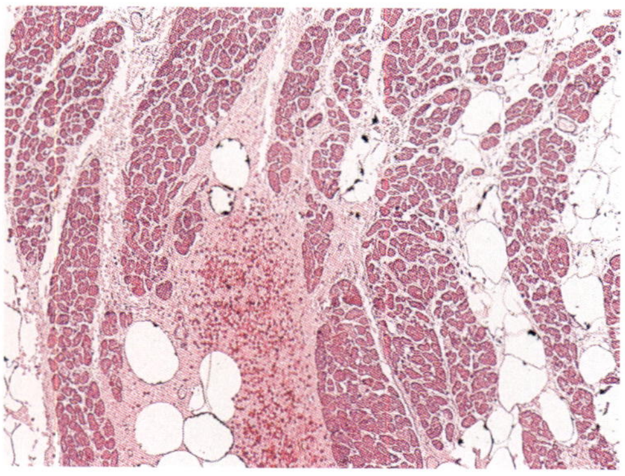

图 2-99　心脏挫伤镜下观

心肌间质灶性出血（HE 100×）

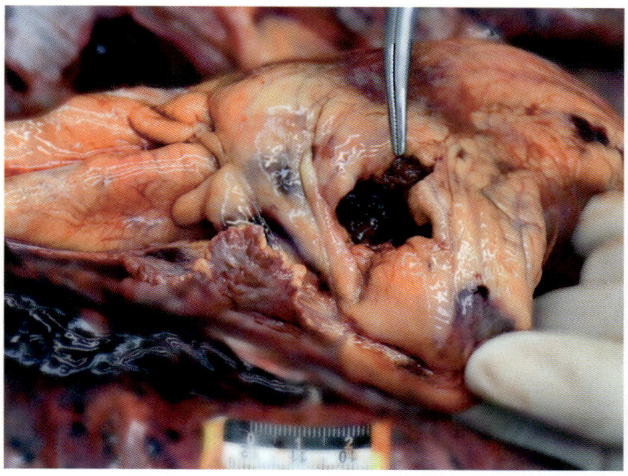

A

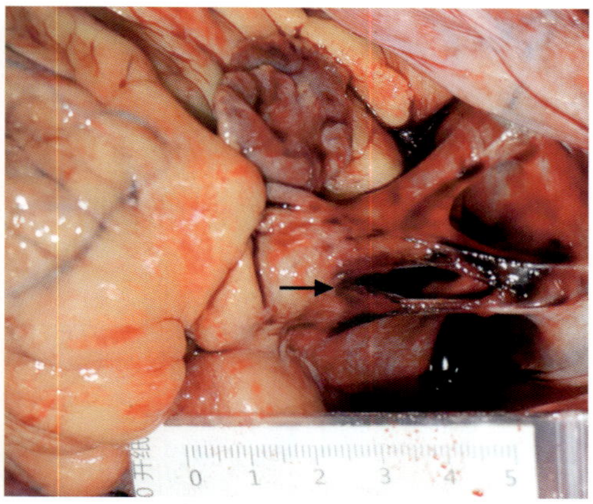

B

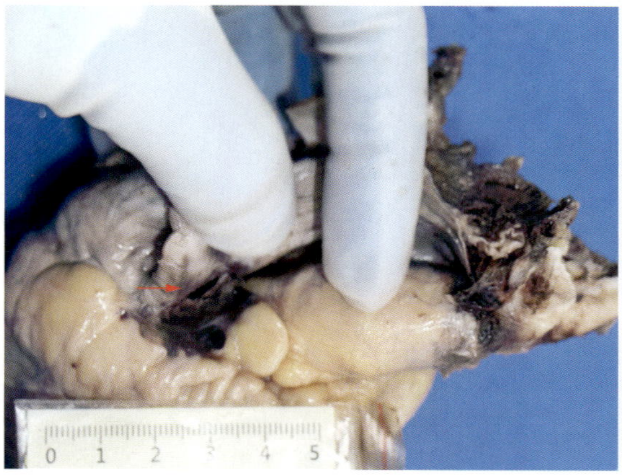

C

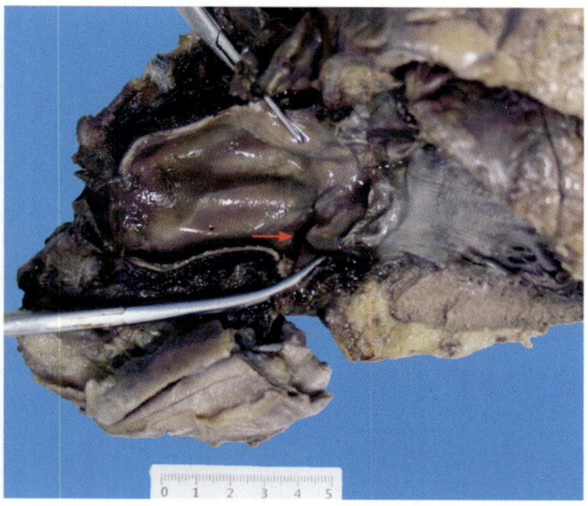

D

图 2-100　心脏破裂

A. 钝性外力致右心室破裂；B. 钝性外力致主动脉近心包反折处破裂（↑）；C. 钝性外力致左心耳处根部破裂（↑）；D. 钝性外力致主动脉根部破裂口，解剖时应尽量避开破口（↑）。

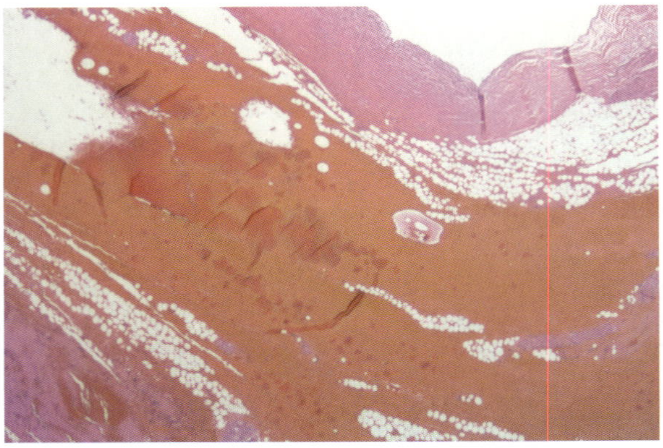

图 2-101　主动脉破口镜下观

管壁外大量红细胞聚集（HE 40×）。

2. 腹部损伤

腹部损伤常见于交通事故、空中坠落、工业劳动意外，以及打架斗殴中的刀伤、拳击伤、枪伤等，损伤类型包括各膈肌损伤（图 2-102）、胃肠损伤、肝损伤（图 2-103）、脾损伤（图 2-104）、胰损伤等。

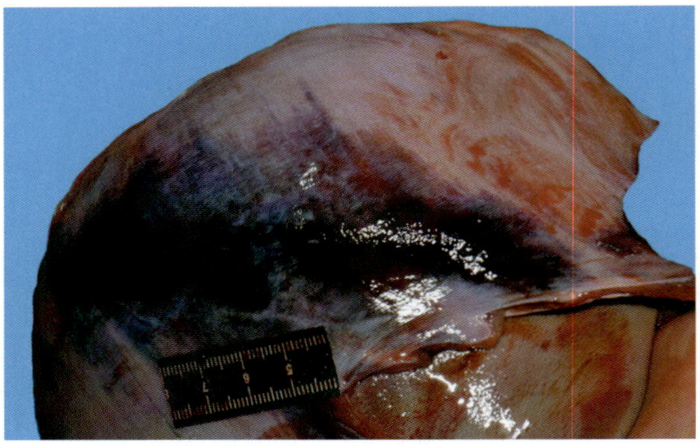

图 2-102　膈肌挫伤

由于膈肌位置特殊，挫伤说明暴力较大，常见于高坠和交通事故等。

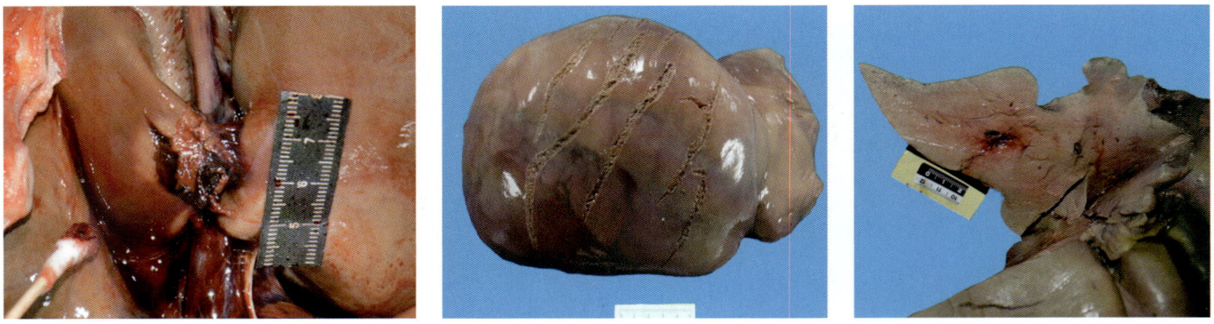

A　　B　　C

图 2-103　肝损伤

A. 撕裂伤，因猛烈地加减速运动，肝周围韧带牵拉而导致；B. 高坠导致的肝破裂，肝表面见多条平行排列挫裂创；C. 肝挫裂创及肝内血肿形成，外伤集中一点打击，造成肝组织的形变，在肝脏内部形成血肿。

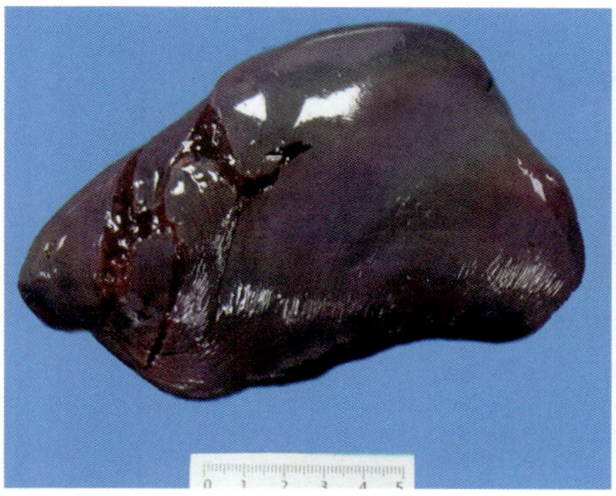

A

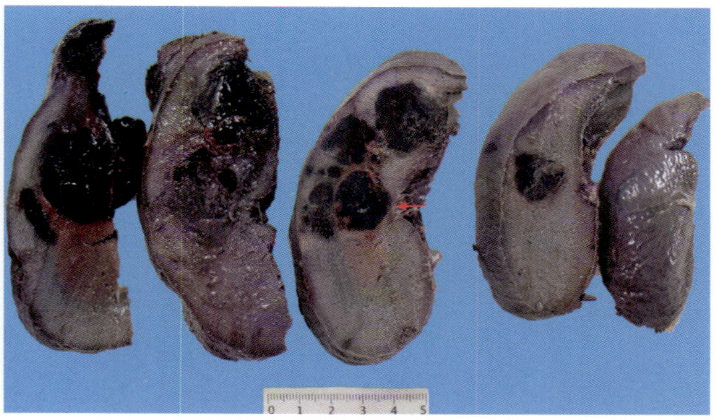

B

图 2-104 脾损伤

A. 高坠导致的脾破裂；B. 外伤致迟发性脾破裂，脾切面见多发血肿形成（↑），与周围分界清。

案例

案情简介： 某男，智力障碍，某日 18 时被人发现死在家中。死前 1d 上午，臀部和腿曾被人踢伤，后两次向他人诉腹胀。

解剖检验： 死者营养不良、消瘦，右季肋部有一横斜行长 2.5cm 陈旧性挫伤。腹腔内大量灰黄色脓苔附着（图 2-105），回肠末端完全离段，断面较整齐（图 2-106），周围肠管及浆膜呈暗红色。

组织学检验： 小肠离断处肠壁出血及中性粒细胞浸润，浆膜面可见纤维素渗出及少量异物，无肉芽组织增生（图 2-107）。

鉴定意见： 回肠末端外伤性肠破裂继发急性化脓性腹膜炎，最终因急性感染中毒性休克而死亡。

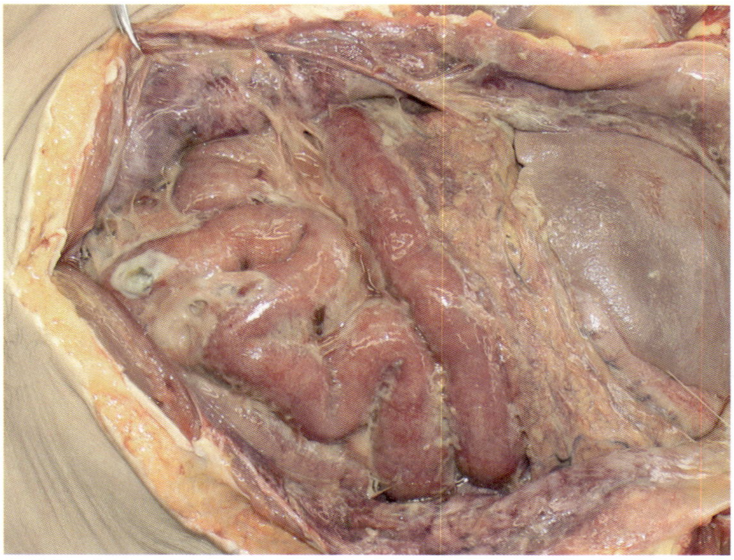

图 2-105 腹腔内大量灰黄色脓苔附着

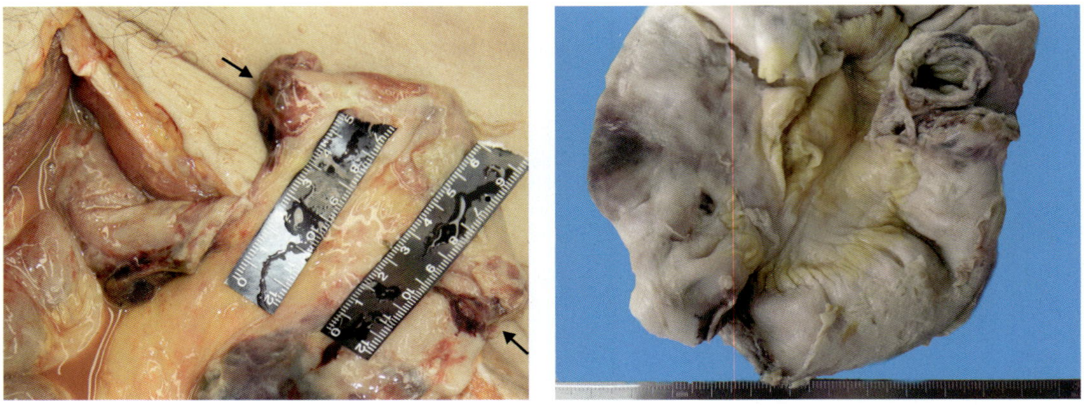

A　　　　　　B

图 2-106　回肠断裂处

A. 回肠断裂原位图（↑）；B. 福尔马林固定后。

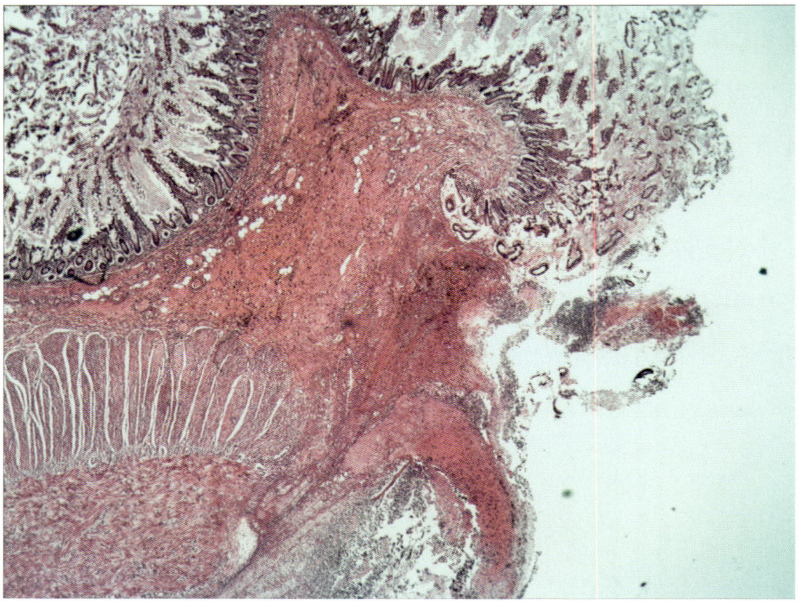

图 2-107　外伤性肠破裂镜下观

小肠断裂处出血及大量中性粒细胞浸润（HE 100×）。

（六）交通损伤

交通事故损伤是指在交通运输过程中发生的各种损伤总称，即各类交通运输工具和参与交通运输活动中的物体，在运行过程中导致人体组织器官结构的完整性破坏或功能障碍，甚至死亡。

交通事故常见的损伤类型包括碰撞伤、碾压伤、刮擦与拖擦伤、抛掷或摔跌伤、挤压伤、碾压伤、烧伤等，其中碰撞伤是较常见的一种，常导致患者不同部位、不同程度的内部器官损害或骨折（图 2-108）；如果人体被撞击后未彻底与车辆分离，被车的某一部件刮带，将会在路上拖擦形成大面积的擦伤，重者可致皮肤缺损，黏附与拖擦面相似的物质（图 2-109）；当人体被机动车轮胎碾压时将会导致严重的后果，如果已经死亡，再次被车轮碾压，不同部位出现骨折及损伤表现不同，但一般无出血等生活反应（图 2–110），可与生前碾压相鉴别；对于车内不同成员的交通损伤也不一样，驾驶员及副驾驶在发生交通事故时可形成安全带损伤，区别驾驶员与副驾驶的方式就是安全带的走向相反，一般驾驶员形成的安全带损伤是左上肩部至右下腹部斜行跨越和环绕腹周的带状皮肤擦挫伤（图 2–111），副驾驶相反。交通事故损伤中的摩托车事故损伤是特殊类型的机动车事故，摩托车损伤中较特异性的损伤是骑跨伤，损伤严重者腹部及会阴部皮下可见大量出血，阴茎、阴囊及大腿内侧可有严重擦挫伤，出血明显，对于急速撞击者，阴囊内睾丸受到挤压可发生疝入盆腔（图 2–112）。

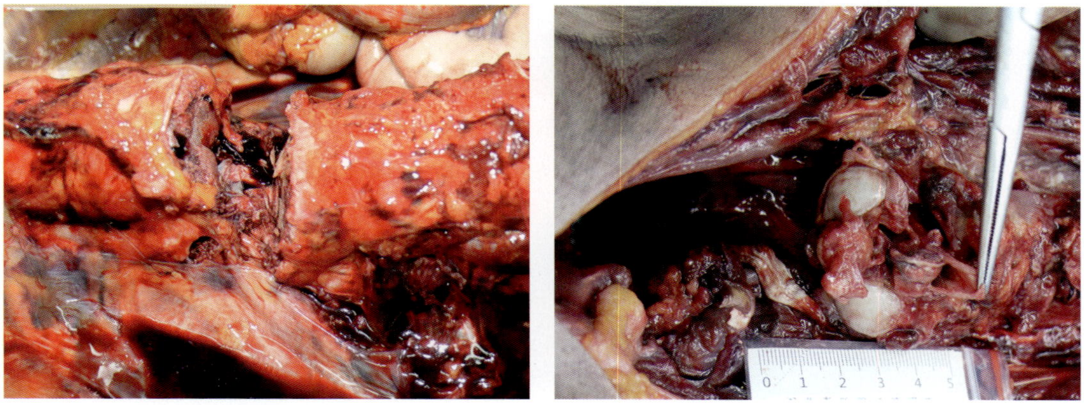

A　　B

图 2–108　交通事故损伤（撞击伤）

A. 车辆撞击导致第 12 胸椎至第 1 腰椎椎间盘横断，对应椎管内脊髓离断；B. 汽车直接撞击导致颈部寰枕关节完全离断、颈髓断裂。

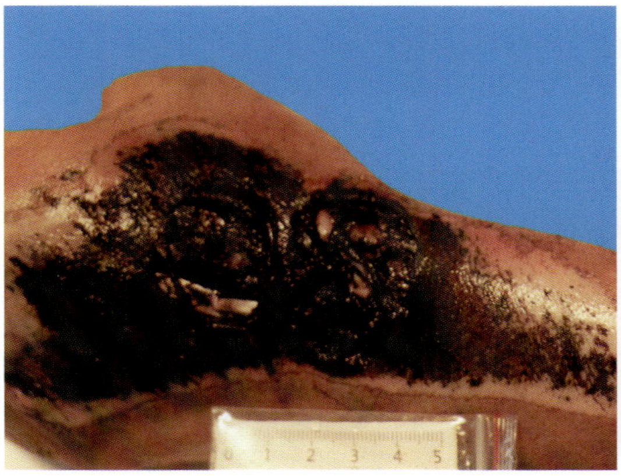

图 2–109　交通事故损伤（拖擦伤）

手背与地面接触形成的挫擦伤，皮肤缺损、肌腱暴露，创口表面见大量黑色颗粒附着。

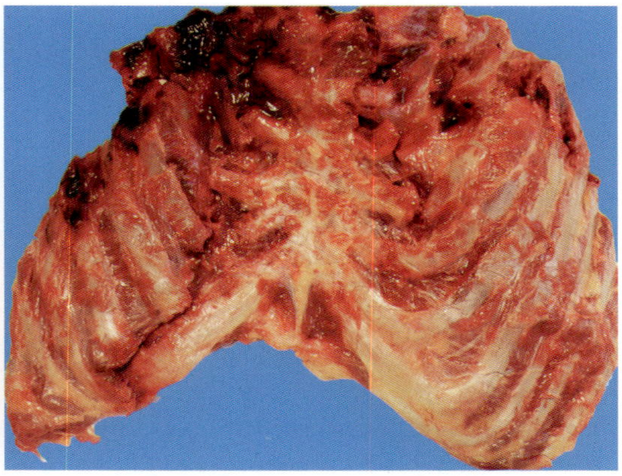

图 2–110　交通事故损伤（死后碾压伤）

死后二次碾压致多发性肋骨骨折，骨折端周围软组织未见生活反应，为死后形成。

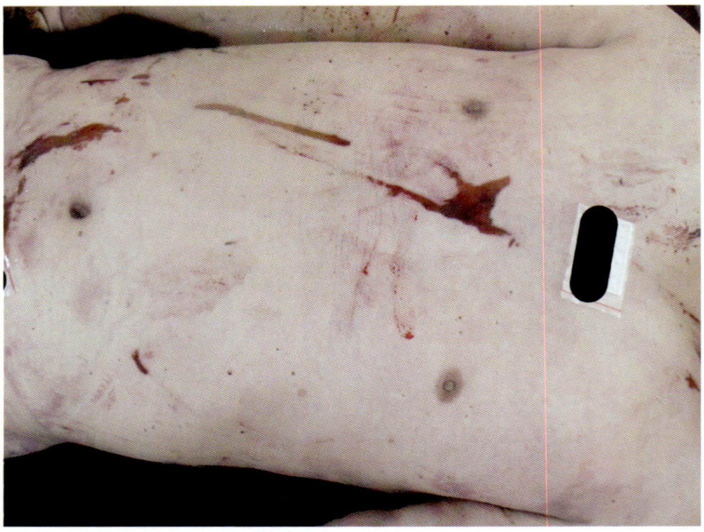

图 2-111　交通事故损伤（安全带损伤）

左上肩部至右下腹部斜行跨越和环绕腹周的带状皮肤擦挫伤。

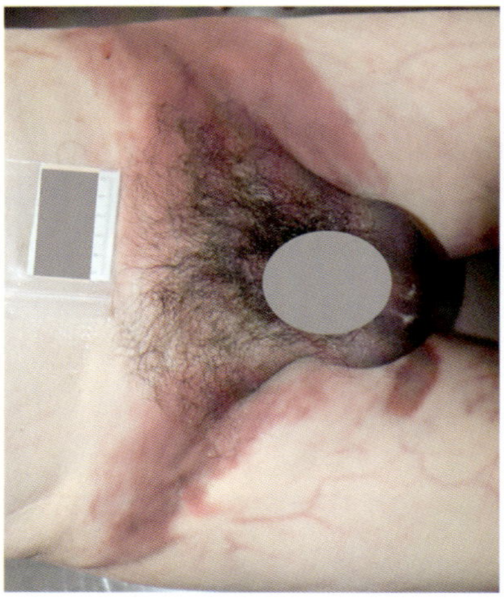

A

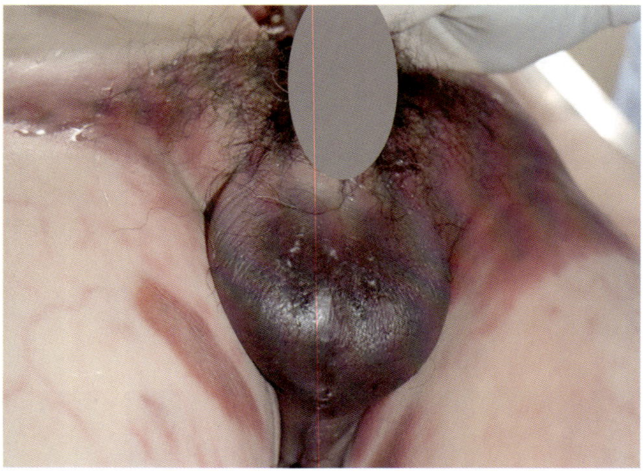

B

C

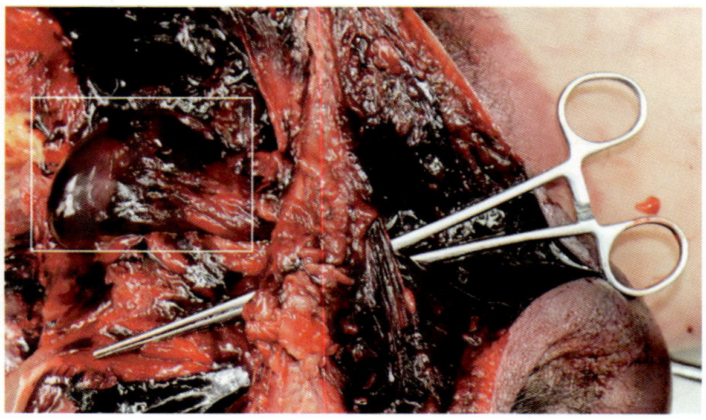

D

图 2-112　骑跨伤（摩托车）

A. 腹部及会阴部皮下大量出血；B. 阴囊高度肿胀；C. 切开阴囊见大量出血；D. 左侧睾丸疝入盆腔（矩形边框内为睾丸）。

（七）机械性损伤并发症

机械性损伤并发症是指机体在原发性外伤的转归过程中或在损伤的医疗过程中发生了与原发性外伤之间存在直接因果关系的一种或几种不良后果，常见有休克、呼吸窘迫综合征、栓塞、挤压综合征、感染等。

案例 1

案情简介：某男，某日外伤致右胫、腓骨骨折，20d 后突然死亡。

解剖检验：右小腿肿胀，前侧见纵行手术瘢痕，局部结痂；原位剪开右心腔及肺动脉，左、右肺动脉内探查见棕色条索状物（图 2–113A），大小为 12.5cm × 2.0cm。

组织学检查：肺动脉内条索状物由血小板及网状的纤维蛋白构成珊瑚状血小板梁，其间表面附着白细胞，中间夹杂大量红细胞（图 2–113B）。

鉴定意见：外伤性右胫、腓骨骨折后继发下肢深静脉血栓形成，最终因血栓栓子脱落堵塞肺动脉腔致肺动脉栓塞而死亡，外伤为其死亡的根本原因。

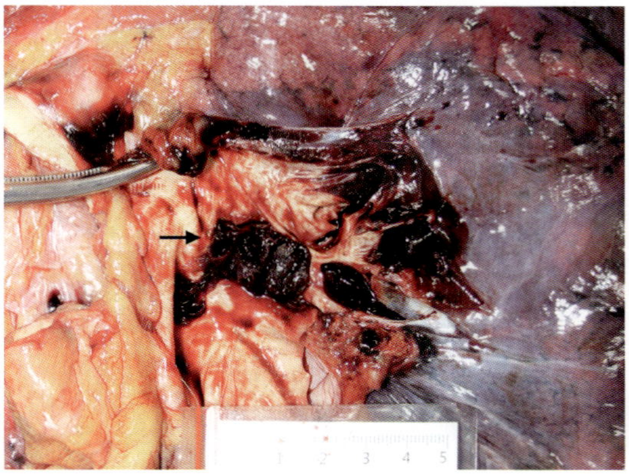

A

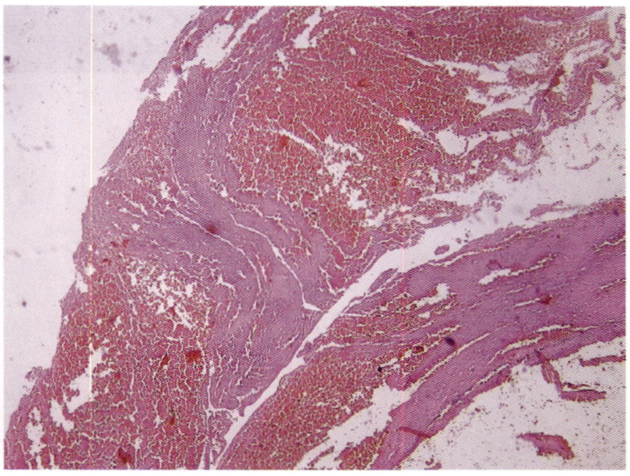

B

图 2–113　肺动脉栓塞

A. 肺动脉内条索状物（↑）；B. 肺动脉内条索状物，显微镜下见血小板梁，其间附着白细胞，中间夹杂大量红细胞（HE 100×）。

案例 2

案情简介：某男，3 岁，因交通事故造成下肢外伤入院。入院诊断：右侧股骨远端骨骺粉碎性骨折、左侧股骨远端青枝骨折、基因缺陷病（遗传性骨骼肌假性肥大型肌营养不良症）。X 线检查考虑先天性骨病（成骨不全可能）并左股骨下端及右股骨远侧干骺端骨折，入院第 2 天突发胸闷不适，经抢救无效后死亡。

解剖检验：左侧股骨下段粉碎性骨折，右股骨骨折（图 2–114A、图 2–114B），切开下肢皮肤见皮下脂肪组织坏死，肌肉呈黄白色。

组织学检查：胸大肌、腓肠肌骨骼肌细胞粗细不等，大量骨骼肌细胞萎缩，其横纹不清或消失，部分区域肌细胞变性、坏死，间质大量结缔组织增生、脂肪组织浸润（图 2–114C）。弥漫性肺淤血、水肿，片状肺出血，部分肺泡可见透明膜形成。脂肪染色，在肺间质细小血管见脂滴。

分析说明：遗传性骨骼肌假性肥大型肌营养不良症为一种基因缺陷病，其病变的严重程度尚不足以直接致死，但其对外伤的发生及伤后并发症的出现起到一定的参与作用。①横纹肌发育不良，尤其以骨骼肌为甚，增加了其骨折发生的风险。②皮下脂肪组织、骨髓及肝内存在大量脂肪，外伤及骨折后，脂肪成分溢出，导致脂肪栓塞的发生。

鉴定意见：在患遗传性骨骼肌假性肥大型肌营养不良症基础上，因双侧股骨骨折继发肺脂肪栓塞而死亡。

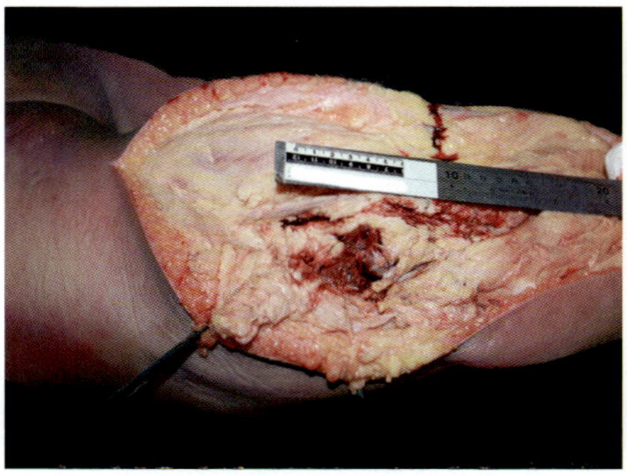

A

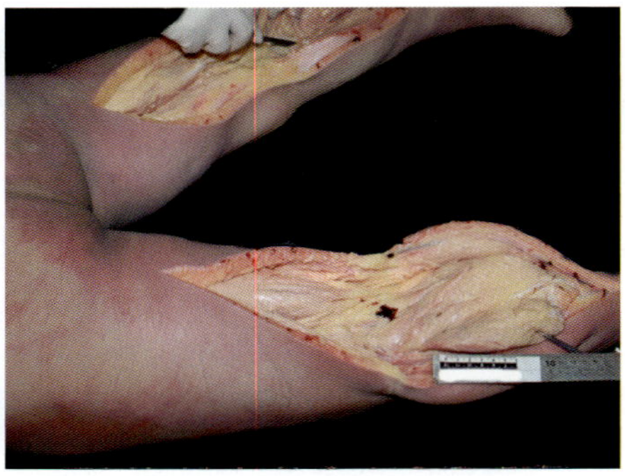

B

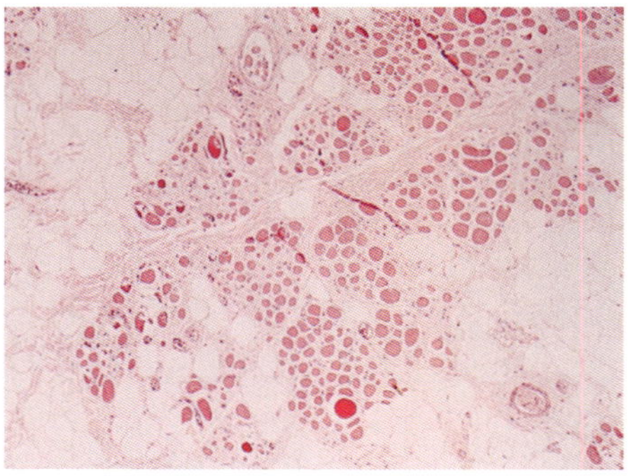

C

图 2-114　肺脂肪栓塞死亡

A. 下肢股骨粉碎性骨折、皮下脂肪组织坏死；B. 骨骼肌发育不良，肌肉呈黄白色；C. 显微镜下见骨骼肌细胞萎缩、变性，间质大量纤维结缔组织增生、脂肪空泡形成，肌束及肌细胞粗细不一（HE 40×）。

（八）致伤工具推断

致伤工具的推断是指根据损伤的形态特征，结合现场情况，对致伤物的类型、大小、质地、重量、作用面的形状、作用方向以及作用力的大小等特点进行分析推断的过程。因此，准确推断致伤工具，对侦破案件、查明死亡原因都具有十分重要的意义。

案例

案情简介：老年男性尸体在野外被发现，尸体已轻度腐败。

解剖检验：头部多处挫裂创。创口呈短条形、弧形、类圆形或不规则形，创缘见镶边状挫伤带，创腔见组织间桥（图 2-115A ～ C）。提示致伤物作用面为圆形或类圆形钝器，圆柱形棍棒类可以导致此类创口。

破案后，案犯交代用螺纹钢改成的拴牛铁钎（图 2-115D），右手持之面对面打击死者头部。

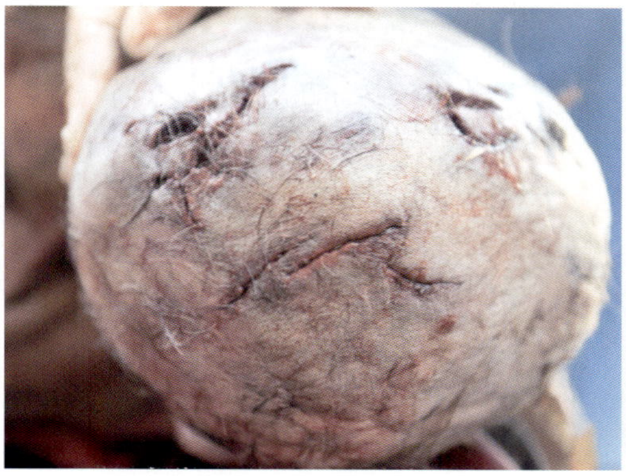

A

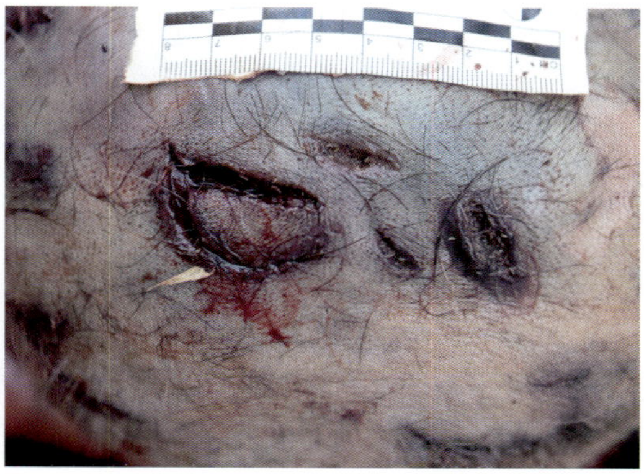

B

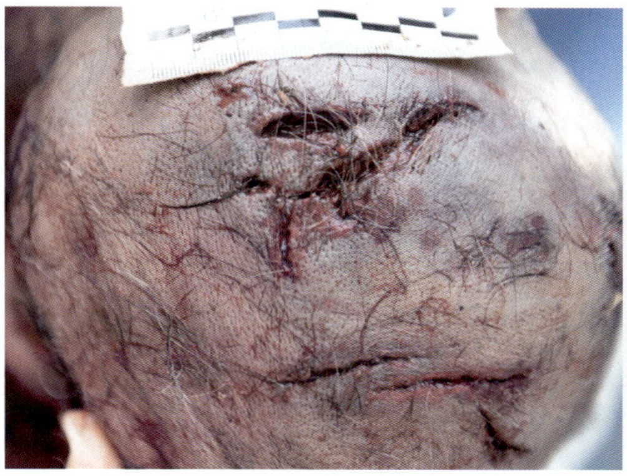

C

D

图 2-115 钝性致伤物损伤

A.头皮多处挫裂创，创口呈条状；B.左顶部头皮类圆形挫裂创，中间头皮呈皮瓣样撕脱，系工具圆环端打击形成；C.枕部头皮星芒状挫裂伴表皮剥脱；D.致伤工具：拴牛铁钎，长度 48.5cm，直径 1.5cm，用螺纹钢制成。

（九）其他损伤

杀婴及虐待儿童相关损伤见图 2-116 ～图 2-118。

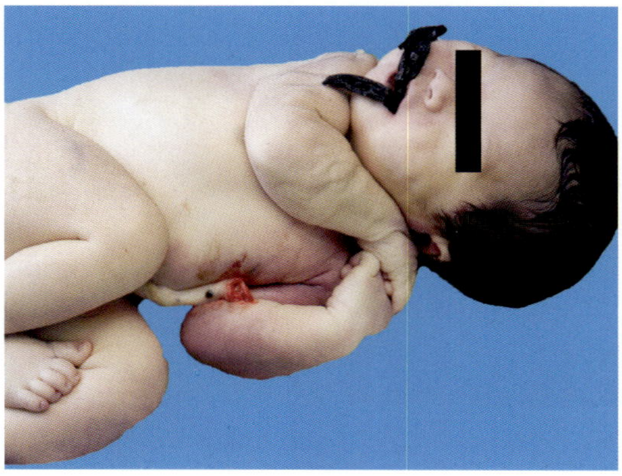

图 2-116 杀婴

刚出生婴儿口腔里被塞满黑色塑料袋致窒息死亡。

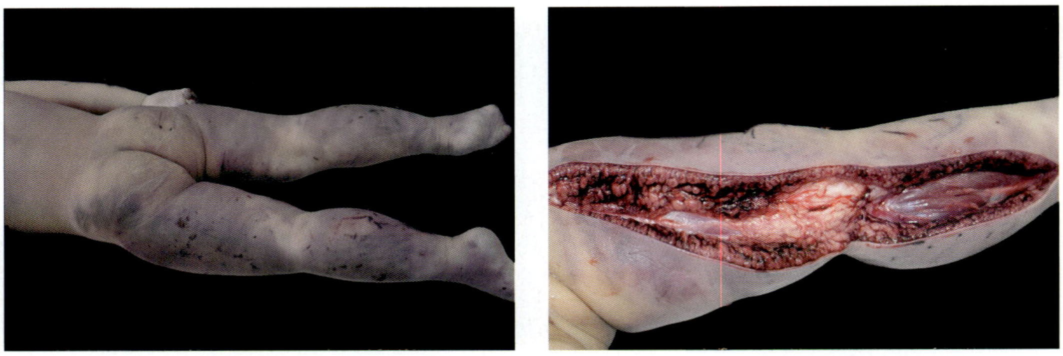

A　　　　B

图 2-117　虐童：下肢大体观

A. 双下肢皮肤广泛性青紫肿胀；B. 切开下肢皮肤见皮内、皮下组织挫伤出血显著。

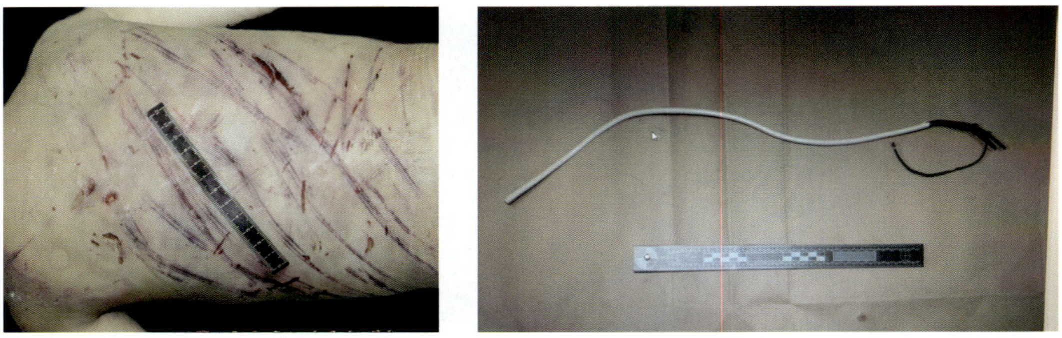

A　　　　B

图 2-118　虐童：胸背部损伤及致伤工具

A. 背部平行、密集排列的条形中空性皮下出血，损伤为具有一定宽度的条状物体打击所致；B. 致伤工具为硬塑胶包裹的电线。

案例 1

男童，4 岁，被发现死于家中，生前被人用绿胶皮电线捆住双手吊起，并遭到殴打。相关损伤见图 2-119 ～图 2-126。

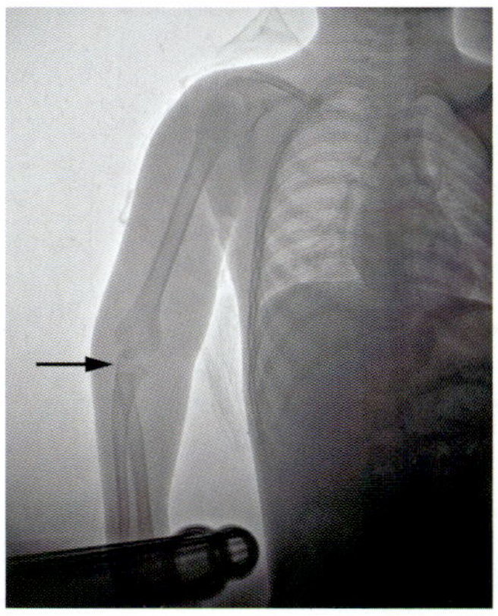

图 2-119　右肘关节 X 线片

右肘关节肿胀、脱位（↑）。

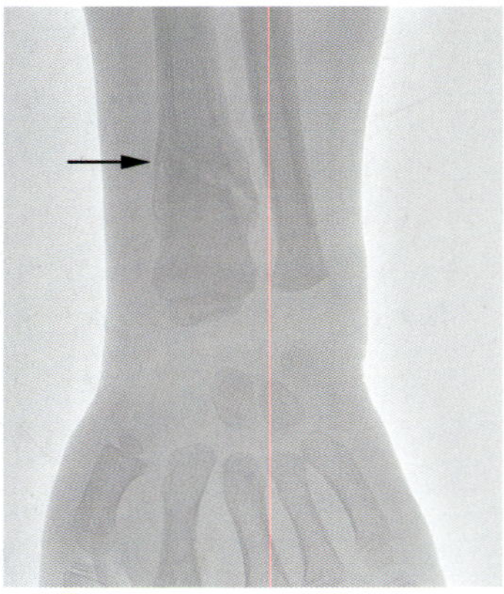

图 2-120　左桡骨 X 线片

左桡骨远端骨折（↑）。

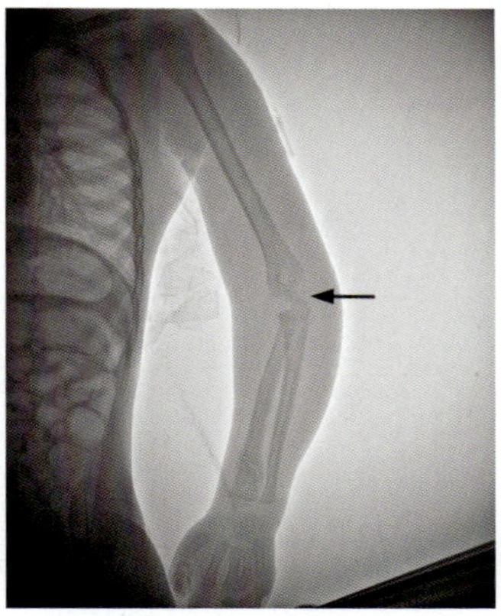

图 2-121 左肘关节 X 线片

左肘关节滑车区骨折脱位(↑)。

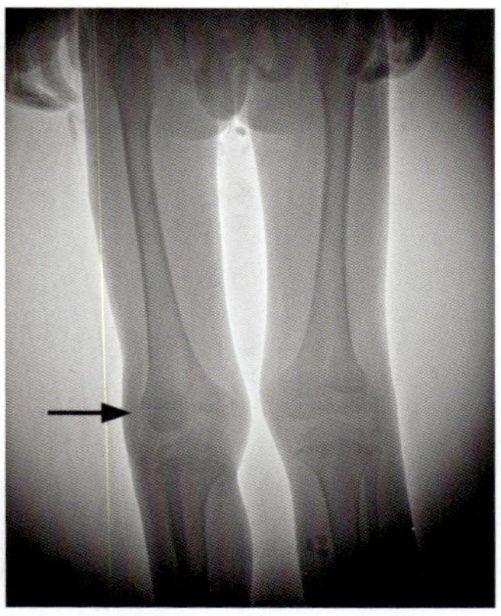

图 2-122 双膝关节 X 线片

双膝关节多发陈旧性损伤，导致骨形态异常，似大骨结节病(↑)。

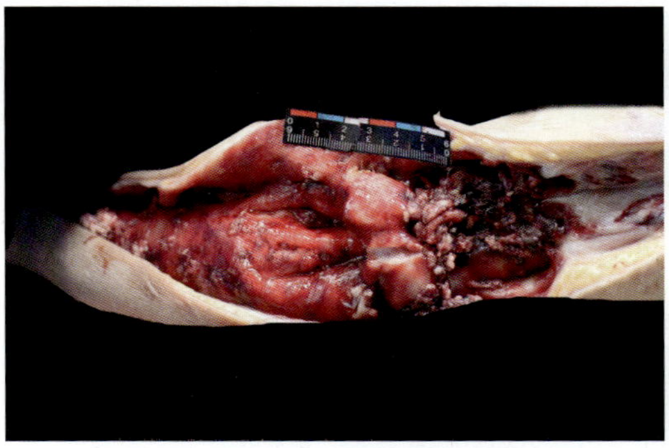

图 2-123 左肘关节滑车脱位

周围肌肉软组织增生、出血。

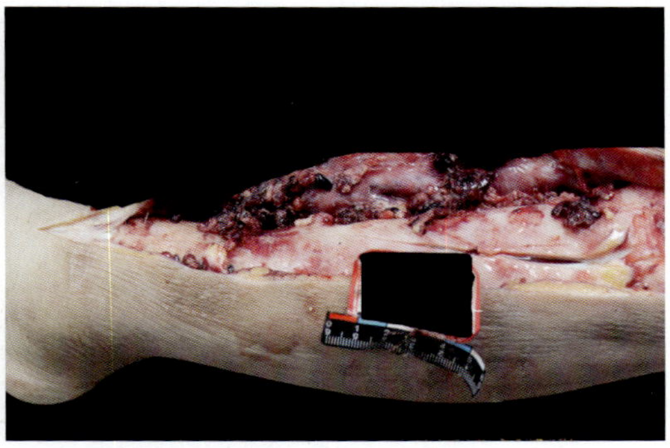

图 2-124 左下肢皮下见增生的结节状物

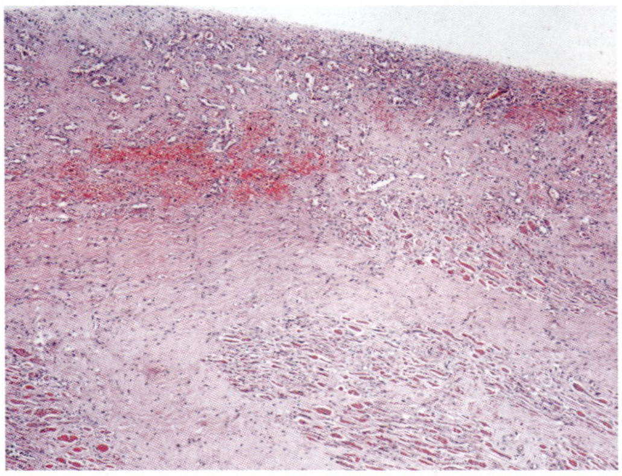

图 2-125 皮下增生结节为增生的肉芽组织

显微镜下见大量新生毛细血管、成纤维细胞、胶原纤维，伴出血（HE 40×）。

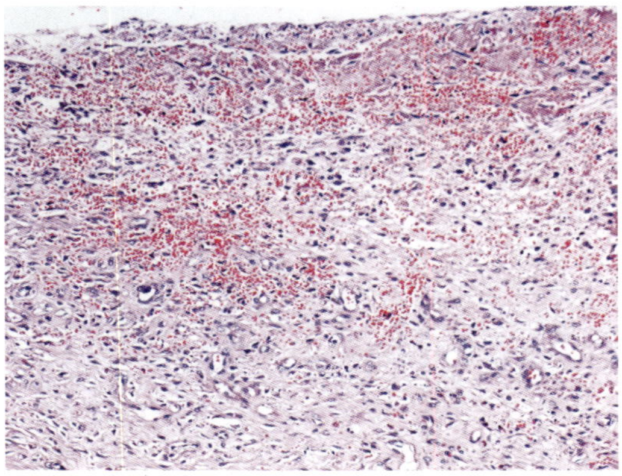

图 2-126 皮下增生的肉芽组织

显微镜下见大量成纤维细胞，灶性出血（HE 100×）。

案例 2

案情简介：某日，有人在两栋房屋的夹缝处，发现一无名死婴而报案。

鉴定意见：产后脐带撕裂样断裂（脐带未结扎）合并颈部受压导致急性呼吸循环功能障碍而死亡。相关损伤见图 2–127 ～图 2–129。

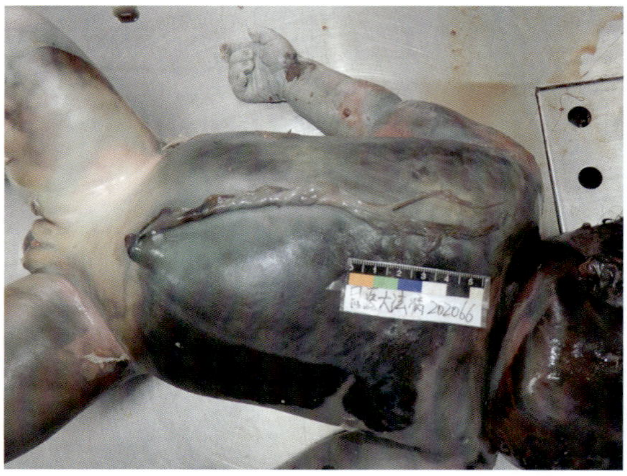

图 2–127　脐带未结扎，脐带断端呈撕裂样断裂

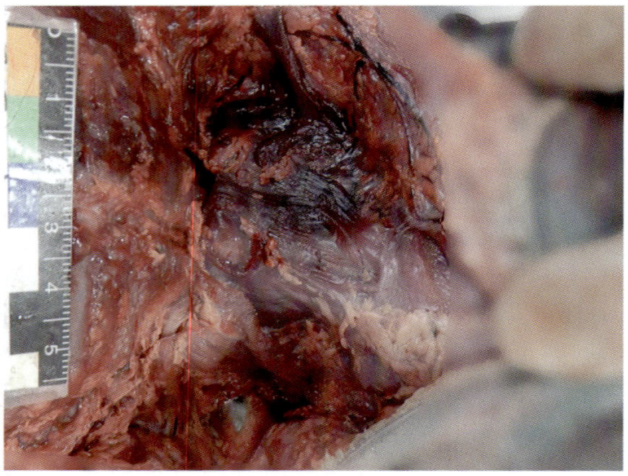

图 2–128　右颈部皮下组织及肌肉挫伤出血

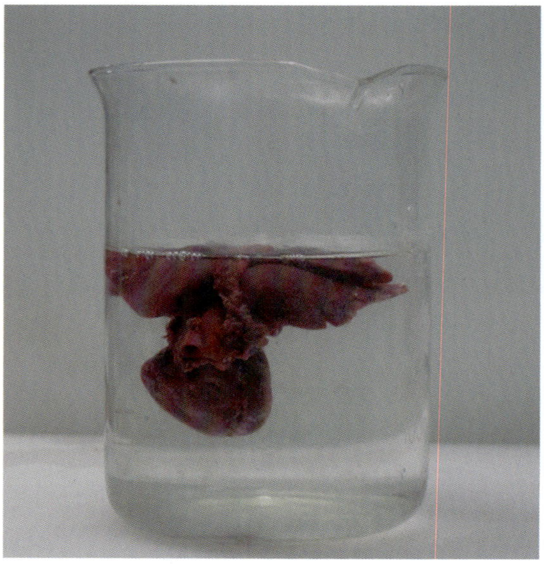

图 2–129　肺浮扬试验阳性，说明弃婴为活产

第三章 机械性窒息致死

由于各种因素阻碍人体呼吸，致使体内缺氧，二氧化碳潴留，最终引起生理功能、代谢状态、形态结构的异常称为窒息。因机械性外力作用引起的呼吸功能障碍而导致的窒息称为机械性窒息，包括堵塞呼吸道、压迫颈部、压迫胸腹部等所致的窒息。

（一）一般窒息征象及捂死

机械性窒息死亡者的尸体体表和内部征象往往较为显著，且具有一定的共性，如颜面部肿胀、淤点性出血（图 3–1）、尸斑出现较早及分布广泛、牙齿浸染（图 3–2）、内部器官的淤点性出血、器官被膜下淤点性出血（图 3–3）、肺气肿（图 3–4）等，部分文献提出机械性窒息亦可出现颞骨岩部出血（图 3–5 ～图 3–7），但上述这些征象非机械性窒息死者所特有，其他的自然性疾病所致的死亡尸体中，有时亦可出现这些改变。

捂死是以手或者其他柔软的物体同时压闭口及鼻孔，阻碍呼吸运动，影响气体交换，最终导致窒息死亡。常见的捂死方式有用手捂压口鼻孔、用柔软物品捂压口鼻孔、用塑料袋套住头颈部（图 3–8）、口鼻部压迫在软物体上，病理学改变包括口鼻部改变（图 3–9）、体表及内部器官的窒息征象。

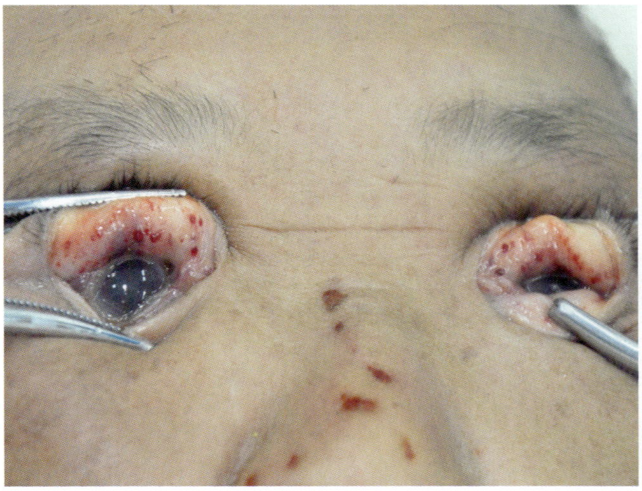

图 3–1 睑结膜出血点

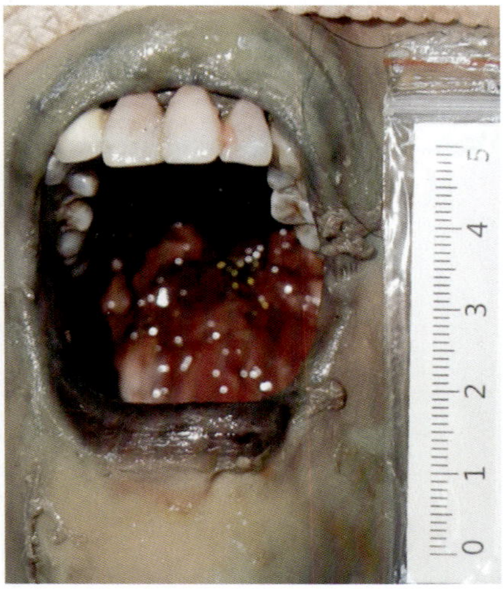

图 3–2 玫瑰齿

部分死者牙齿的牙颈表面呈现玫瑰色。

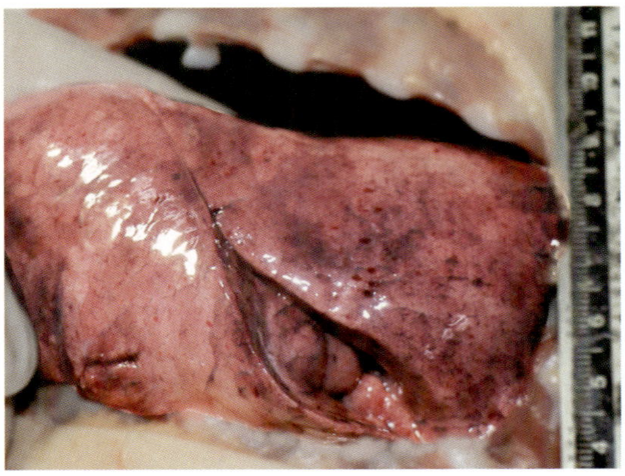

图 3–3　肺表面出血点

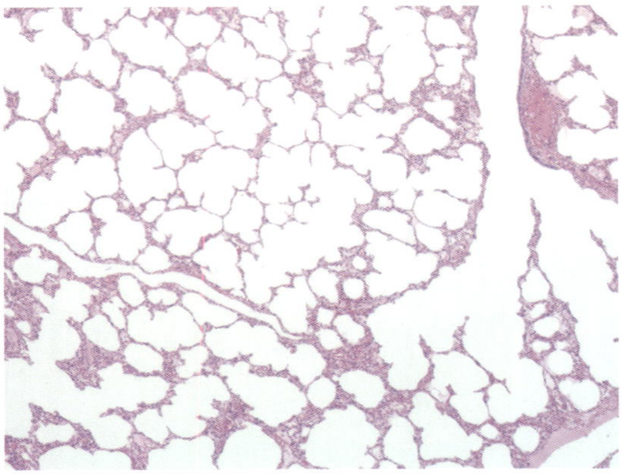

图 3–4　肺组织镜下观

肺气肿明显，肺大泡形成。

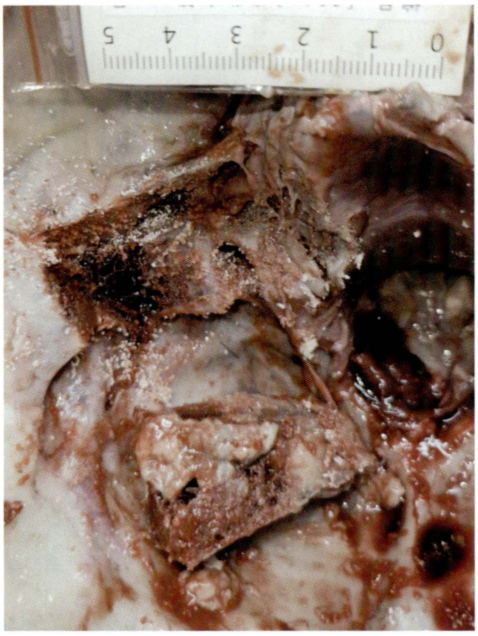

图 3–5　颞骨岩部出血

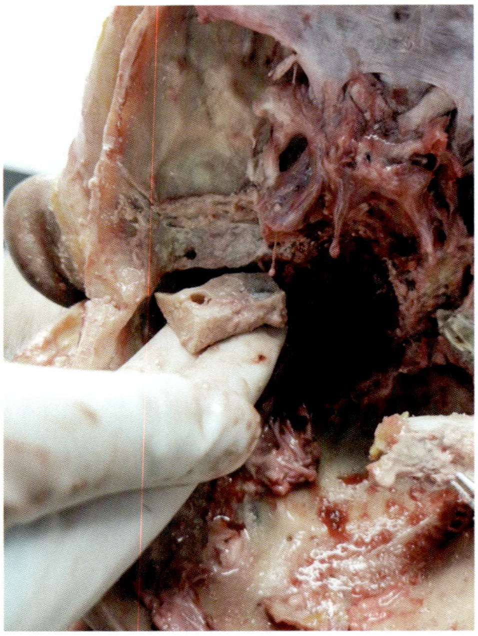

图 3–6　正常颞骨岩部（未见出血）

图 3–7　颞骨岩部出血（体视显微镜）

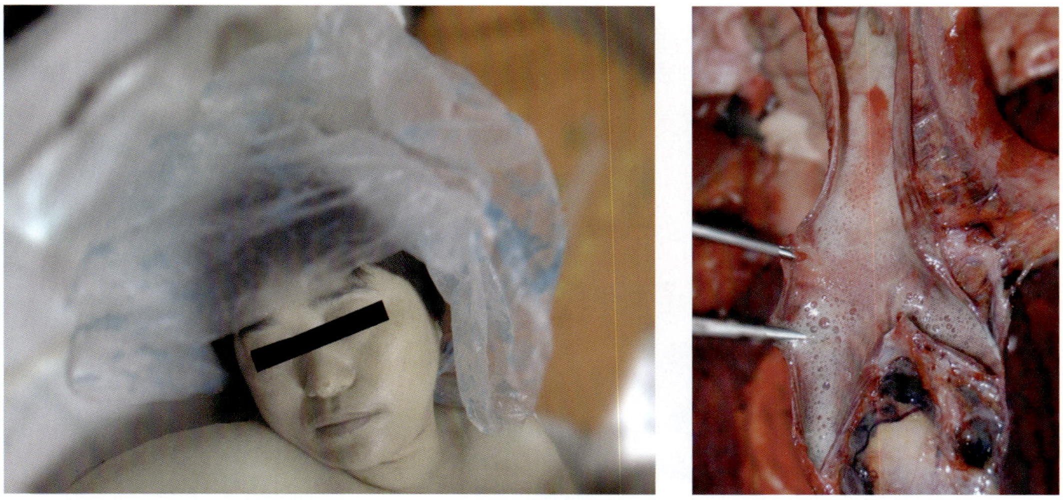

A　　B

图 3-8　捂死

A. 塑料袋套头并用手捂压口鼻部致窒息死亡，鼻尖见小片状擦伤；B. 气管及支气管内见大量泡沫。

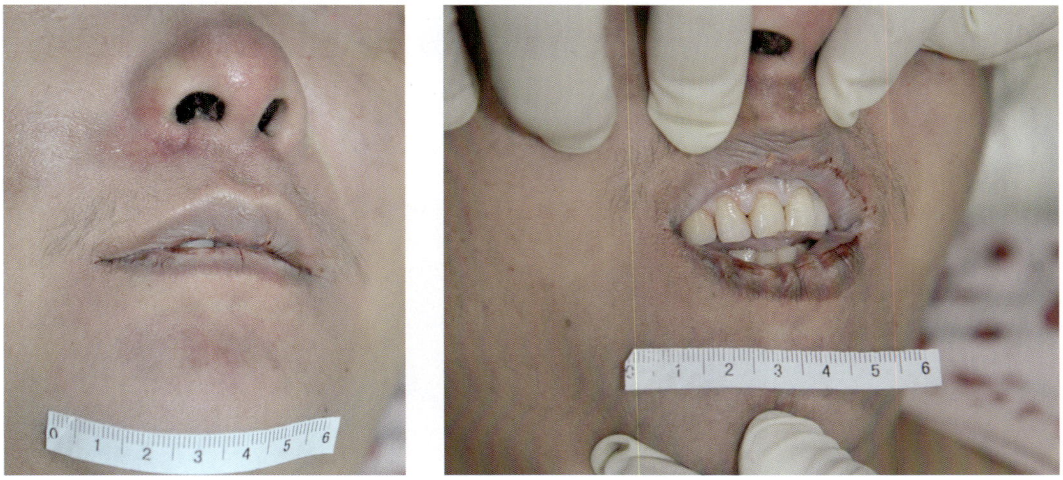

A　　B

图 3-9　捂压口鼻部

A. 捂压口鼻部导致机械性窒息死亡，口鼻部周围见挫伤；B. 唇黏膜见擦挫伤。

（二）缢死、勒死及扼死

缢死是指利用自身全部或部分体重，使套在颈部的绳索或其他类似物压迫颈部而导致死亡，双足离地的悬位缢颈称为完全性缢颈（图 3-10），其他体位称为不完全性缢颈（图 3-11）。缢索压迫颈部，在颈部皮肤上形成缢沟，因颈部压迫于缢索，颈部肌肉出现损伤、出血，缢沟组织绪方染色阳性，缢沟处皮肤及肌肉间呈黄色阳性改变（图 3-12）。

勒死是指绳索类物缠绕颈项部，由自身体重以外的力量作用使绳索类物勒紧并压迫颈项部导致死亡。勒索压迫颈部所形成的沟状痕迹称为勒沟，以 1 ～ 2 条勒沟多见，勒沟的宽度与勒索的粗细相当，勒沟常伴有表皮剥脱，干燥后常呈暗褐色皮革样化（图 3-13），自勒者颈部结扣往往较少，多见于颈前部，罕见于项部（图 3–14），显微镜下，勒沟深部的软组织出血广泛而明显（图 3–15）。

扼死是指用单手或双手、上肢等扼压颈部而引起窒息死亡。常见的扼颈方式有单手扼颈、双手扼颈、以肘部或前臂扼颈、用器械扼颈等，颈部常见扼痕，扼痕常伴表皮剥脱及皮革样化（图 3–16），当颈部受到较强力扼压时，甲状软骨、环状软骨、舌骨（图 3–17）可发生骨折，颈动脉窦受压刺激可引起反射性心跳、呼吸停止，颈总动脉周围软组织及神经节周围出血（图 3–18、图 3–19）。

图 3–10　典型缢死（悬位、前位缢型）

图 3–11　不完全性缢死（坐位、前位缢型）

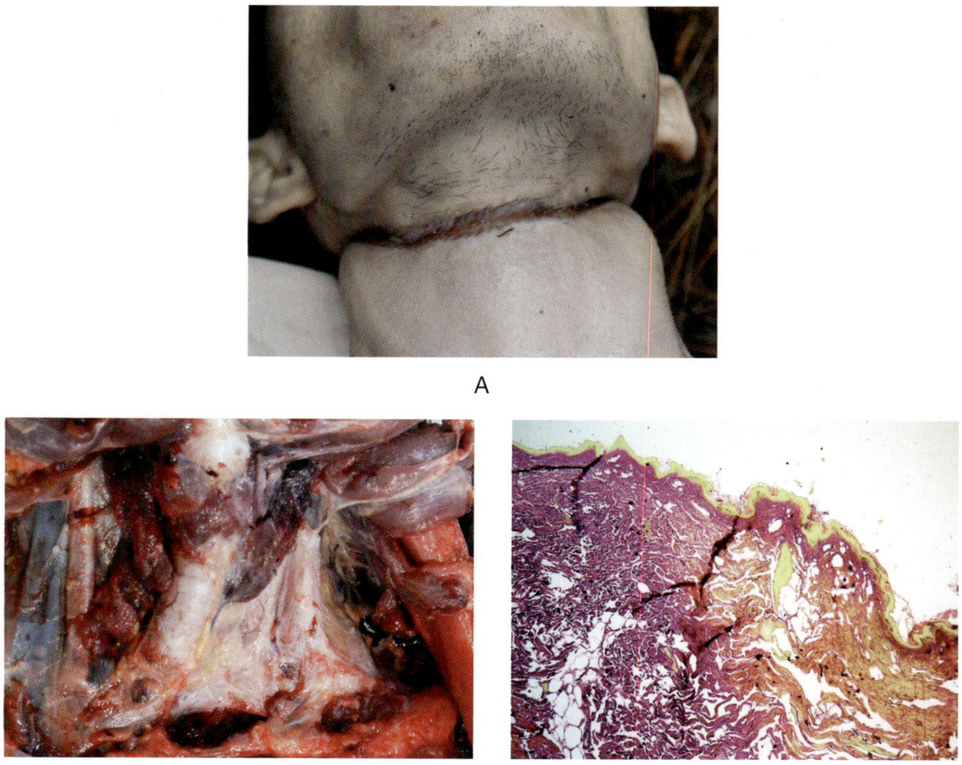

A

B　C

图 3–12　硬缢索（金属线）

A. 缢沟窄而深伴皮革样化，形成硬缢沟；B. 颈部缢沟对应处深部肌肉出血；C. 缢沟组织绪方染色阳性（HE 20×）。

图 3–13　勒死（他勒）

勒沟呈闭合状、深浅一致。

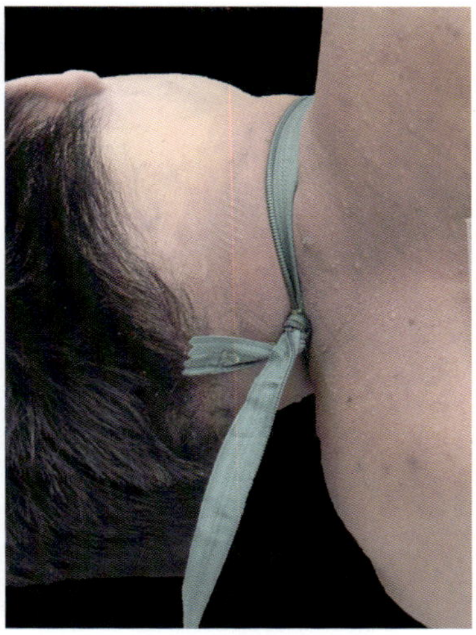

图 3–14　勒死（自勒）

项部绳套封闭环绕为活套，绳索一端绑于脚上，蹬绳拉紧。

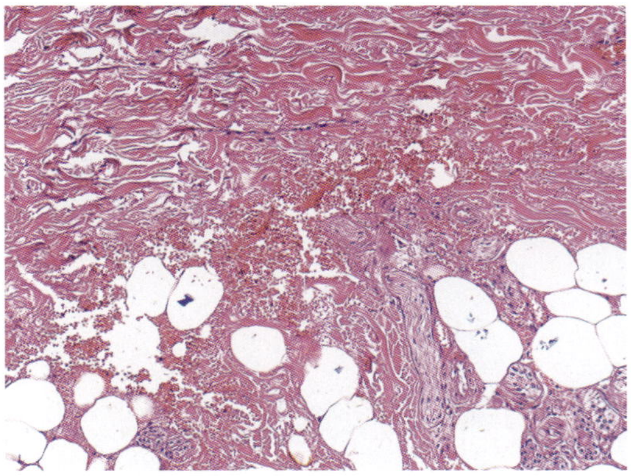

图 3–15　勒沟镜下观

深部肌肉片状出血（HE 40×）。

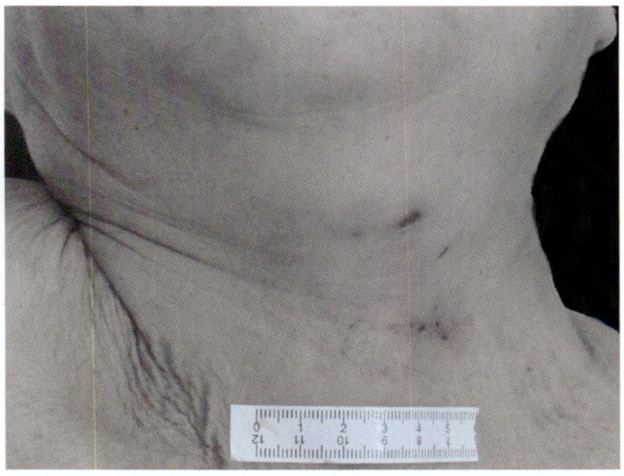

图 3–16　扼痕

颈部正中多处条片状表皮剥脱伴皮革样化。

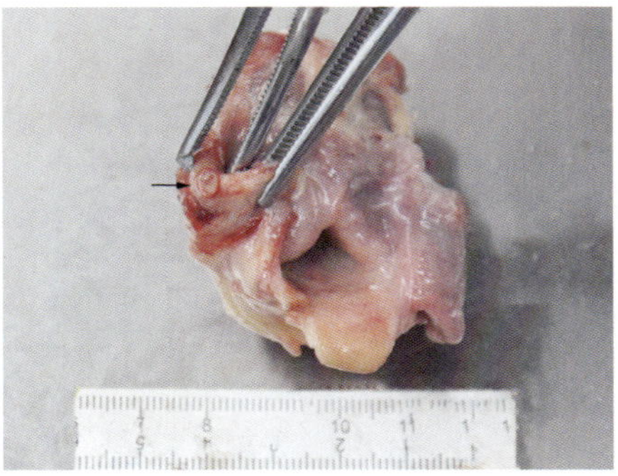

图 3–17　舌骨骨折

扼颈致舌骨骨折及周围软组织出血(↑)。

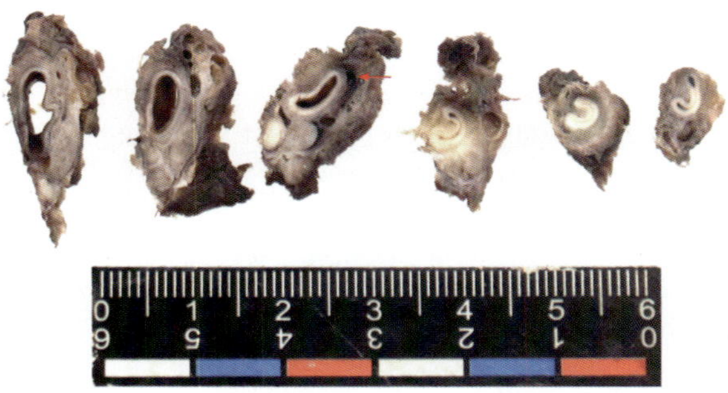

图 3–18　颈总动脉周围出血

颈部被肘关节压迫，左侧颈动脉连续切开检查，见周边片状出血（↑）。

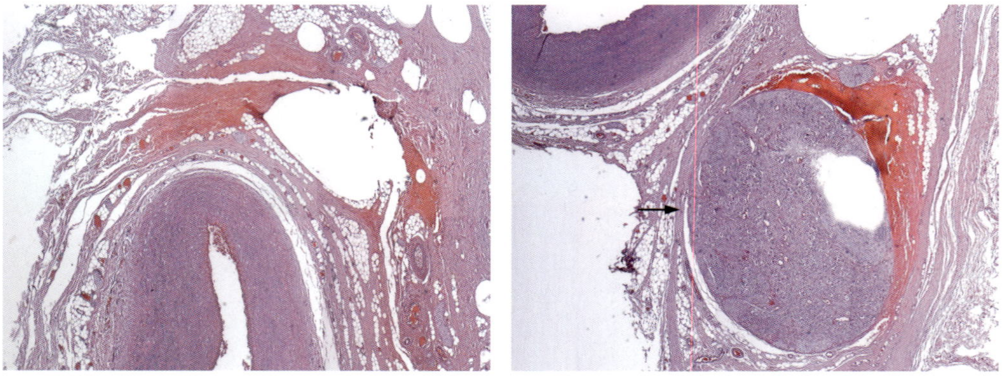

A　　B

图 3-19　颈总动脉近分叉处镜下观

A. 颈总动脉旁结缔组织出血（HE 20×）；B. 左颈总动脉旁神经节（↑）周围结缔组织出血（HE 20×）。

（三）哽死

哽死是指由于异物从内部堵塞呼吸道，阻碍气体交换所引起的窒息性死亡。常见的哽死方式有外源性异物，如棉絮（图 3-20）、食品类（图 3-21）等阻塞呼吸道，也有内源性异物，如胃内容物（图 3-22）、血液（图 3-23）等阻塞呼吸道。

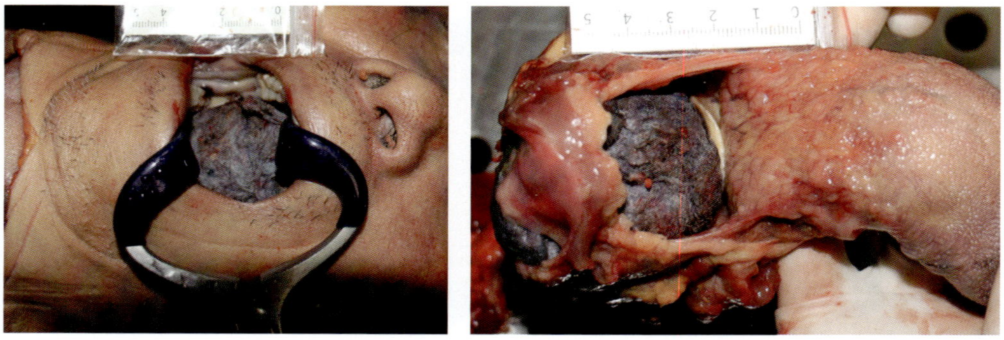

A　　B

图 3-20　哽死者咽喉部异物

A. 棉絮堵塞口腔；B. 棉絮堵塞咽喉部。

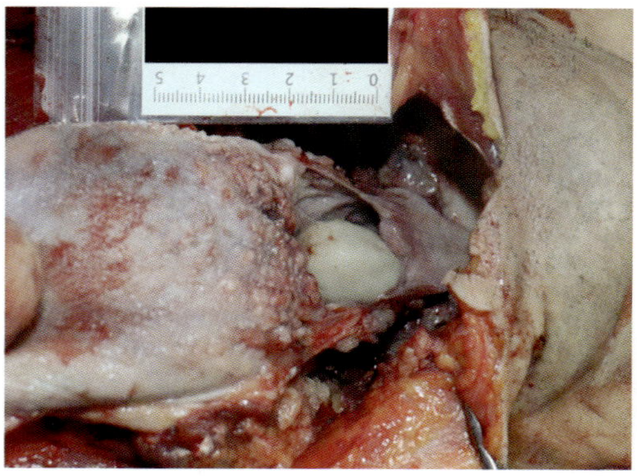

图 3-21　咽喉部被进食的鱼丸堵塞

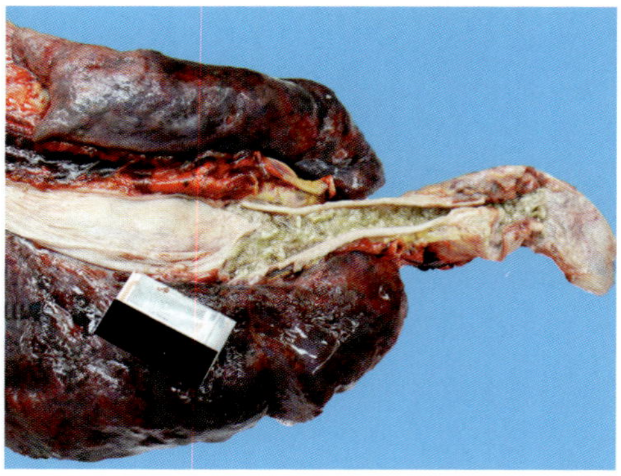

图 3-22　哽死者气管内异物

大量胃内容物误吸，完全阻塞气管及支气管。

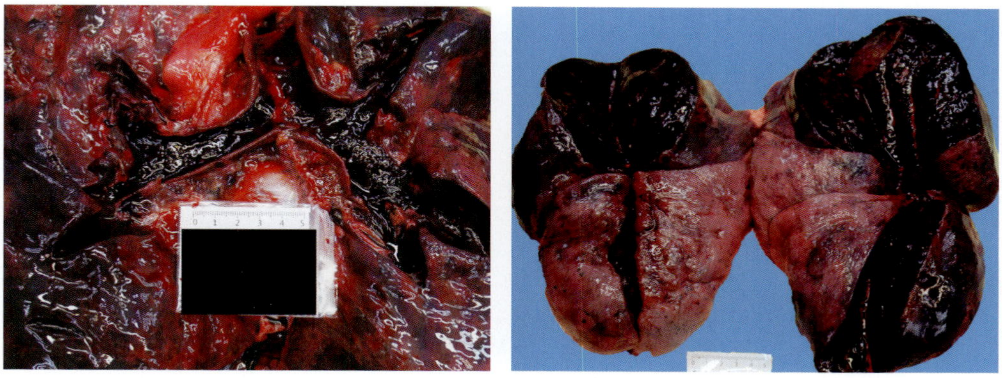

A　　　　B

图 3-23　哽死

A. 大量血液阻塞呼吸道；B. 肺胸膜下片状出血，肺切面大量出血。

案例

案情简介：某工人下到纸浆池（含硫化氢成分）中作业时倒下。

解剖检验：尸斑呈暗红色，全身纸浆成分附着（图 3-24），双侧鼻腔及口腔内见纸浆成分（图 3-25、图 3-26）。气管及左、右主支气管腔内充满纸浆成分（图 3-27）。胃内充盈，可见大量食物残渣及纸浆成分（图 3-28）。

组织学检查：脑水肿，支气管腔内见大量异物（图 3-29），肺淤血，肺水肿。

毒化检验：血液中检出硫离子，质量浓度为 0.07μg/ml。

鉴定意见：在吸入硫化氢气体中毒的基础上，呼吸道异物吸入堵塞呼吸道，最终因机械性窒息而死亡。

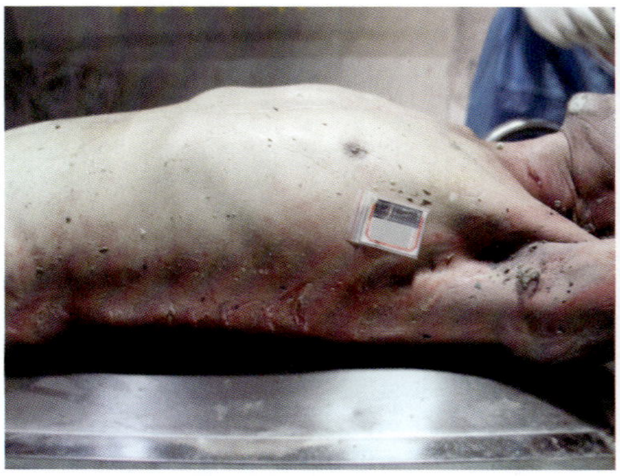

图 3-24　全身纸浆成分附着

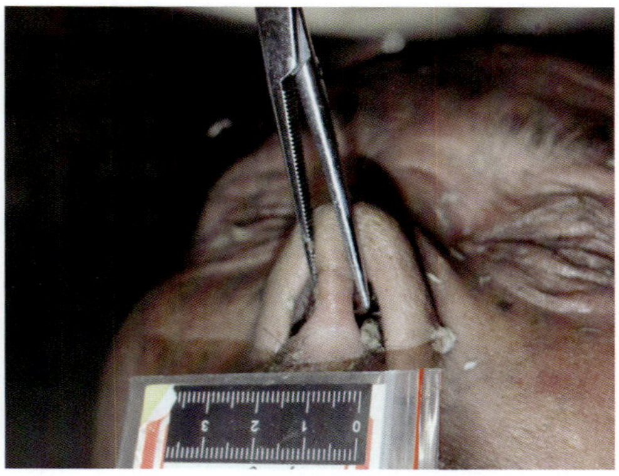

图 3-25　双侧鼻腔内纸浆成分

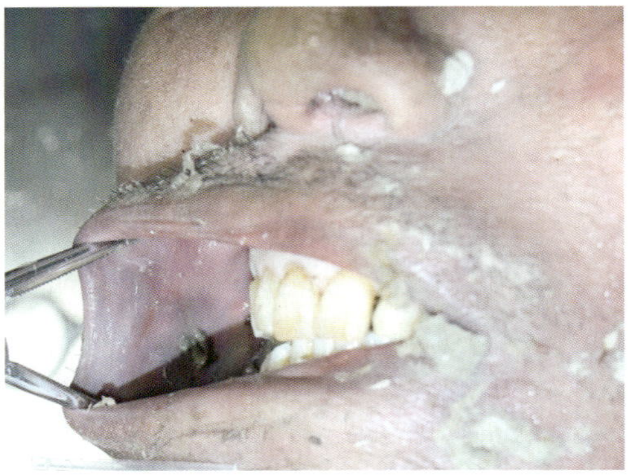

图 3-26　口腔内纸浆成分

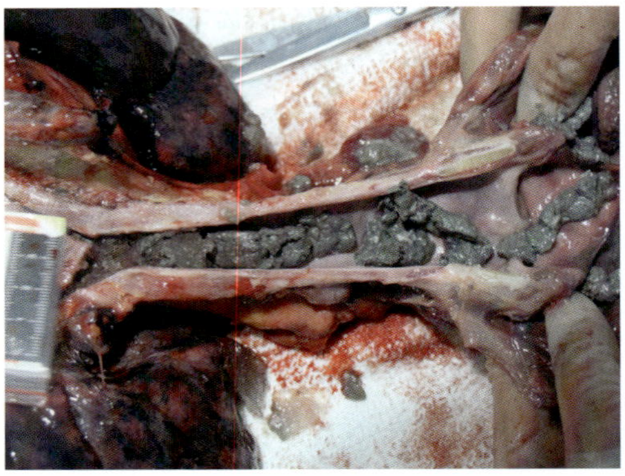

图 3-27　气管及左、右主支气管腔内充满纸浆成分

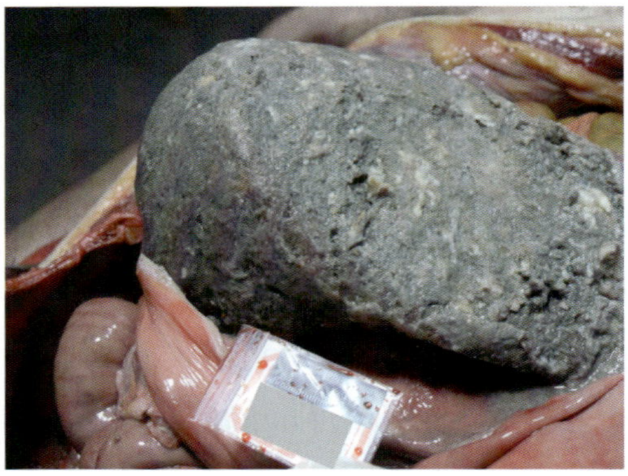

图 3-28　胃内充盈

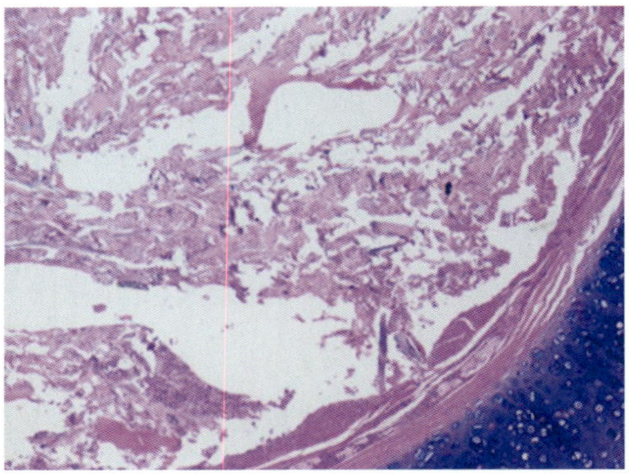

图 3-29　支气管腔内镜下观

（四）溺死

溺死是指溺液阻塞呼吸道及肺泡，阻碍气体交换，造成体内缺氧及二氧化碳潴留而窒息死亡。水中尸体尸表早期征象有尸表温度较低、皮肤苍白、尸斑浅淡、尸僵出现早、口鼻部蕈样泡沫（图 3–30）、皮肤鸡皮样变、指甲内异物、洗衣妇手（图 3–31）等；内部器官征象包括上呼吸道内溺液、泡沫和异物、水性肺气肿、胃及十二指肠内溺液与异物、颞骨锥体内出血、内脏器官中查见浮游生物（图 3–32）、呼吸辅助肌群出血等。

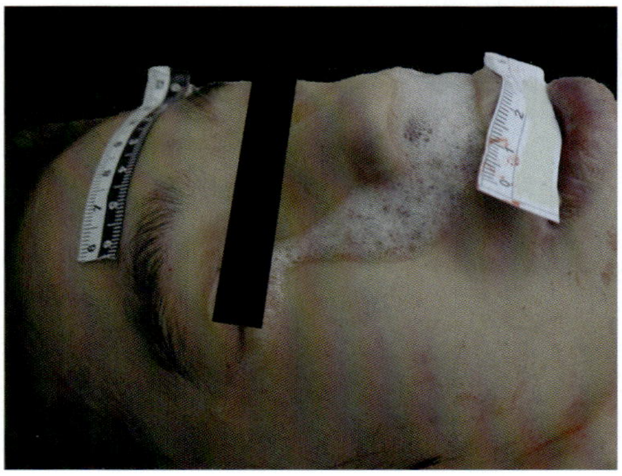

图 3–30　口鼻部细腻、白色的蕈样泡沫

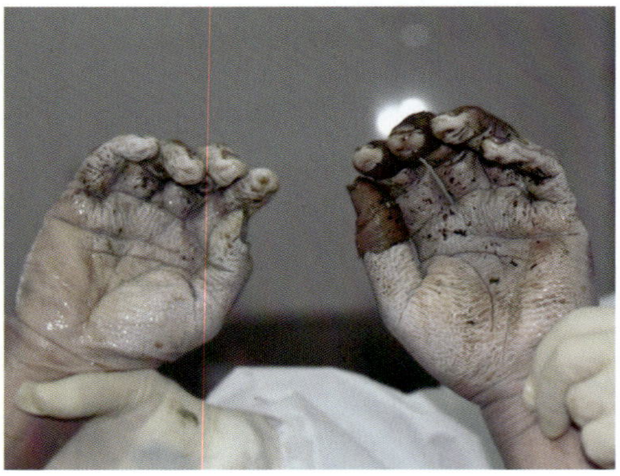

图 3–31　洗衣妇手

双手表皮角质层变白、皱缩（非生前溺死所特有）。

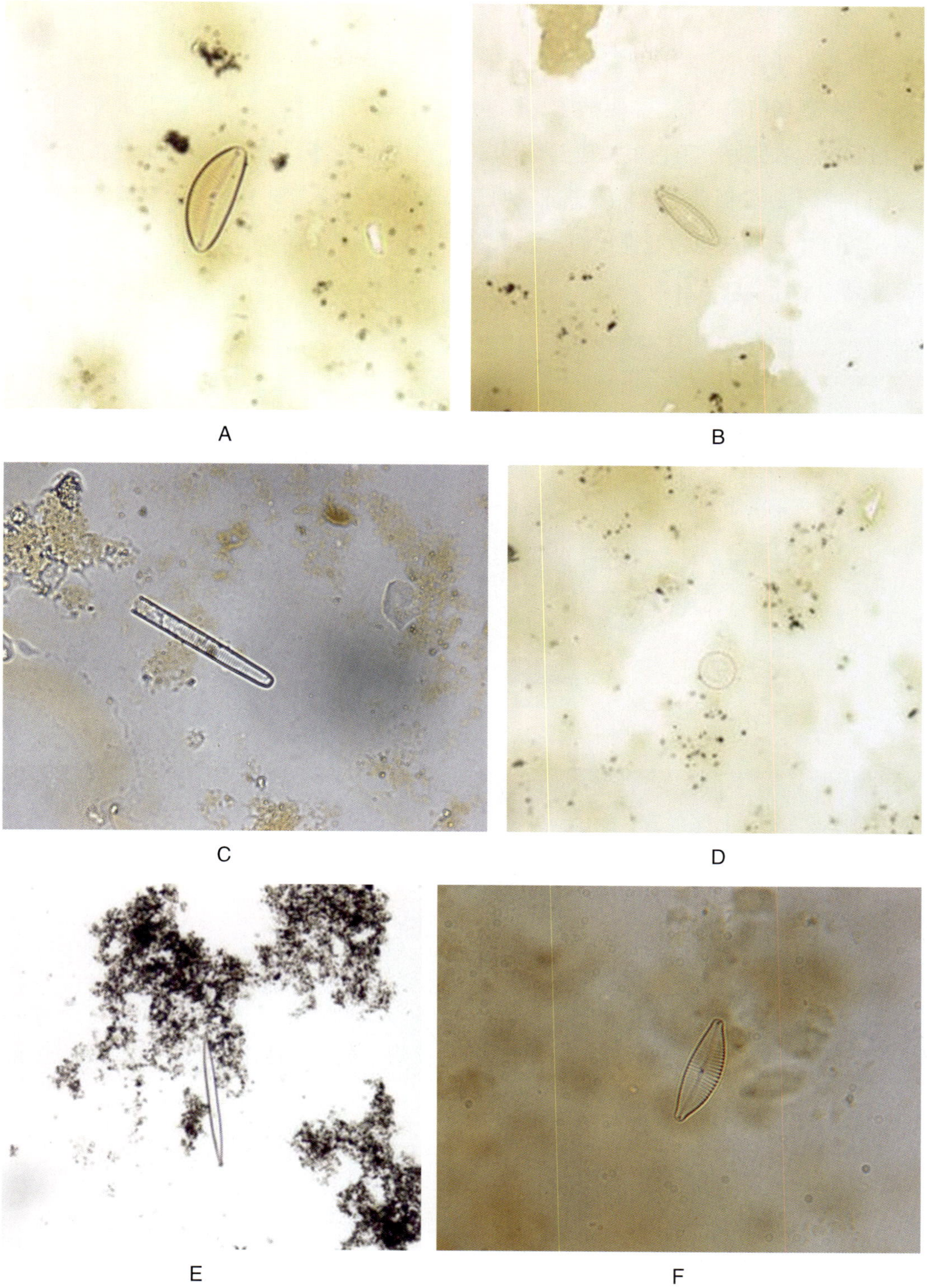

图 3-32　硅藻检验镜下观

A. 肺组织内见桥弯藻属硅藻；B. 肺组织内见舟形藻属硅藻；C. 肺组织内见脆杆藻属硅藻；D. 肺组织内见小环藻属硅藻；E. 肺组织内见针杆藻属硅藻；F. 肾组织内见桥弯藻属硅藻。

案例

案情简介：男性青年，某日早晨被发现死于其卧室内。

现场勘验：现场门窗完好，未见撬压及打斗痕迹，颈部皮带缠绕，一端系于床头（图 3–33）。

解剖检验：上衣完好，黑色短裤褪至臀部以下，会阴部裸露，阴茎外有一紫色按摩器，白色袜子覆盖（图 3–34）；颜面部青紫，窒息征象明显，颈部见勒痕（图 3–35）；双侧乳头处可见夹子痕迹（图 3–36）。尸检未见致死性疾病。

鉴定意见：系性窒息（自勒）死亡。

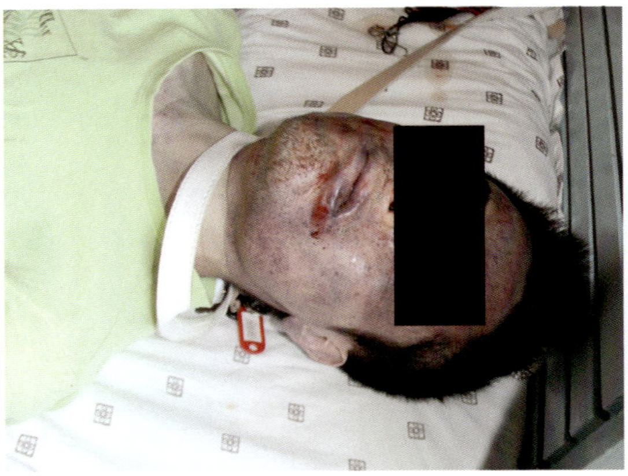

图 3–33　颈部皮带缠绕

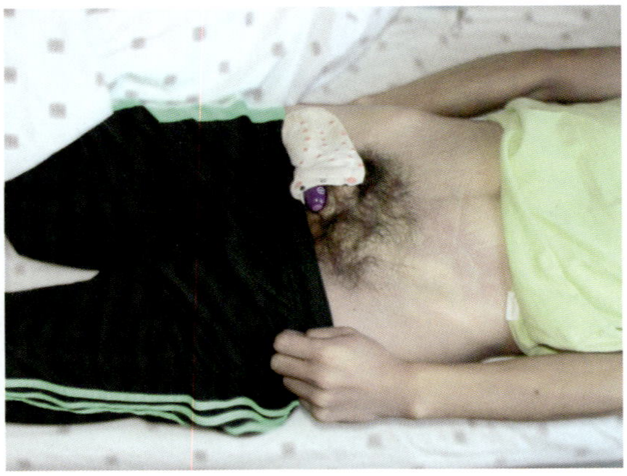

图 3–34　会阴部白色袜子覆盖

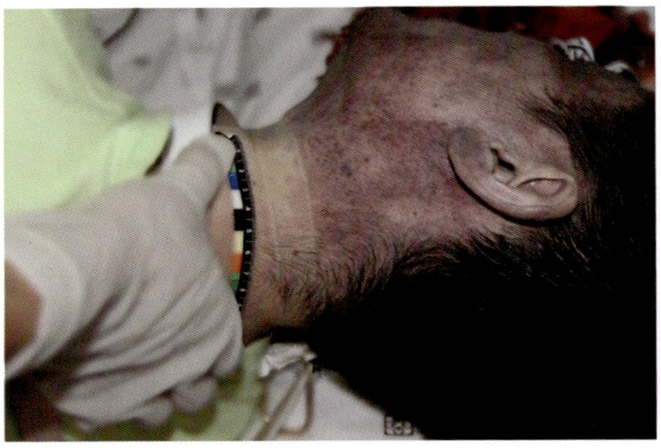

图 3–35　颈部勒痕

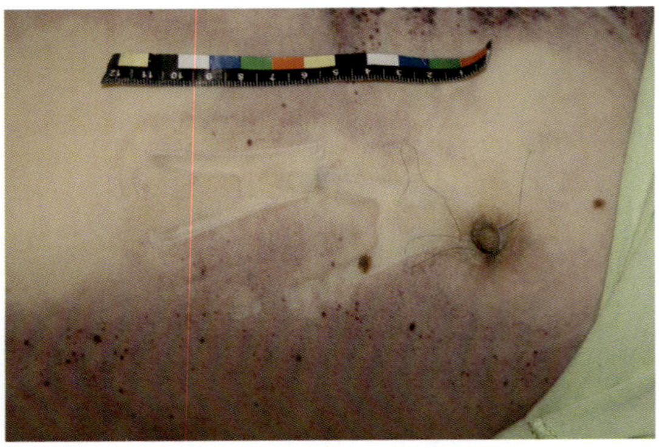

图 3–36　乳头处夹子痕迹

第四章 高低温致死

高温所致死亡，常见的形式有烧死及中暑死亡。低温所致死亡，又称冻死或失温症。

（一）烧死

1. 非生前烧死特异性改变

烧伤、烧死是指火焰与躯体直接接触后导致的损伤或死亡。火焰长时间的作用使组织中水分丧失，蛋白凝固，组织收缩，变硬、变脆，外观呈黑色，全身高度炭化，尸表油腻，部分组织焚毁缺失（图4–1）。若皮肤发生顺皮纹的裂开，形成梭形口，酷似切创，称为假裂创（图4–2）。全身被烧时，肌肉遇高热而凝固收缩，由于屈肌较伸肌发达，屈肌收缩较伸肌强，所以四肢常呈屈曲状，类似拳击手在比赛中的防守姿态，故称为拳斗姿势（图4–3），生前烧死及死后焚尸均可出现。头部受火焰高温作用，脑及脑膜受热、凝固、收缩，硬脑膜血管及颅骨板障的血管破裂，流出的血液聚集于该间隙中形成血肿，即硬膜外血肿，血肿多成砖红色或巧克力色，形似黏土（图4–4）。

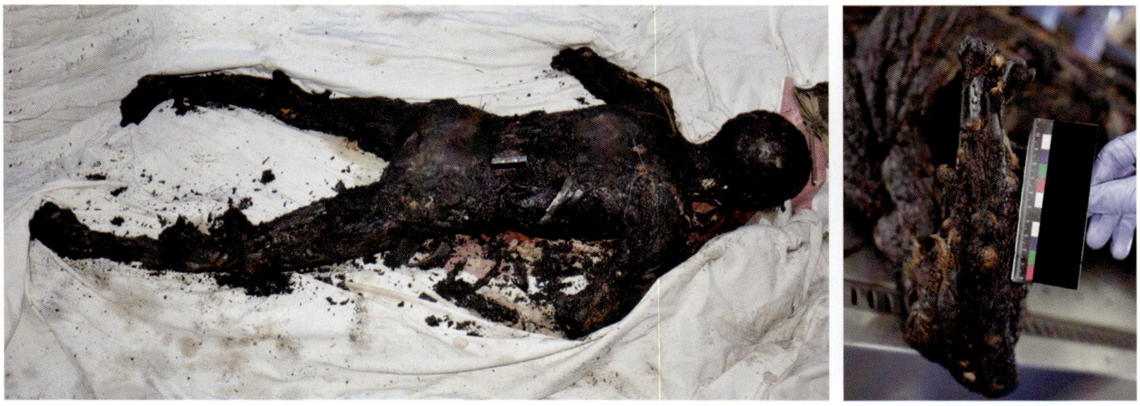

A　　　　B

图4–1　尸体炭化或缺失

A. 火场中尸体大体观（背部），全身高度炭化，脆性增加，尸表油腻，部分组织焚毁缺失；B. 前臂烧焦炭化，手部缺失。

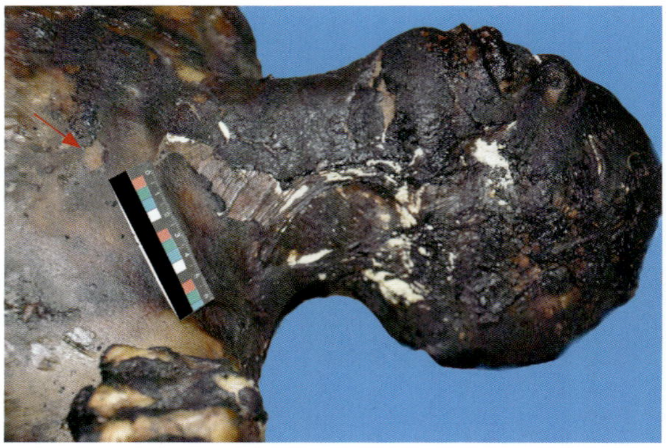

图 4-2　假裂创

高温导致皮肤干燥、变脆，沿皮纹裂开形成的裂创（↑）。

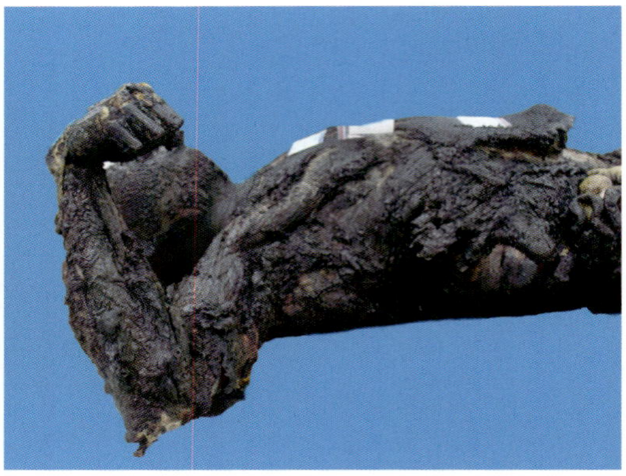

图 4-3　拳斗姿势

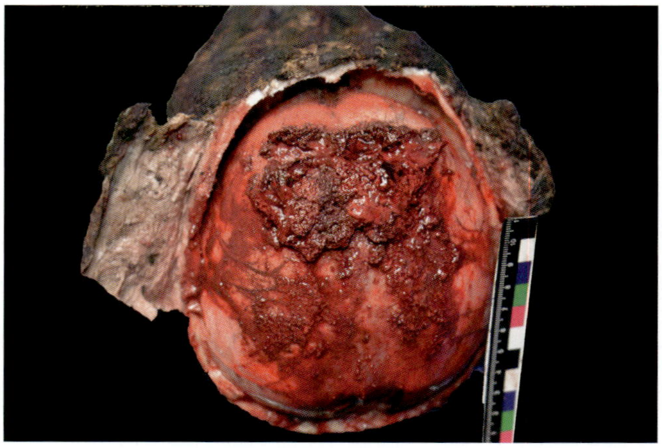

图 4-4　硬膜外热血肿

硬脑膜血管及颅骨板障内的血管破裂，流出的血液在硬膜与颅骨内板之间形成砖红色黏土样血肿。

2. 生前烧死的特异性改变

辨别生前烧死和死后焚尸是法医学鉴定一个非常重要的问题，鉴别的主要依据是尸体上有无局部或全身的生活反应。生前烧死往往会出现一些特异性改变，主要表现在皮肤烧伤、热作用呼吸道综合征、外眼角皱褶及睫毛征候等方面。

皮肤烧伤伴有生活反应，表现为皮肤发红、水疱形成（图 4-5），显微镜下可见真皮大部分组织凝固性坏死，结构消失（图 4-6）。在火场中，由于烟雾刺激，受害人往往反射性紧闭双目，睫毛仅尖端被烧焦而根部残留，称为睫毛征候（图 4-7）。呼吸道黏膜表面见较多烟灰、炭尘沉积，黏膜充血水肿、出血、坏死，有时可形成水疱，严重者上述部位形成假膜，上述改变称为热作用呼吸道综合征（图 4-8），为生前烧死最确切的证据。

因受害人在火场中吸入大量一氧化碳，尸检时可见双肺呈樱桃红色（图 4-9）。因为高温，肺显微镜下见气管黏膜上皮细胞肿胀及凝固性坏死，部分细胞核拉长（图 4-10）；细小支气管黏膜上皮细胞细胞核深染、拉长（图 4–11）；肺组织广泛性出血、水肿，肺泡壁毛细血管扩张、淤血（图 4–12）；肺泡腔内可见絮状蛋白渗出物，伴大量透明膜形成（图 4–13）。心肌细胞肿胀，嗜酸性染色加深，部分心肌细胞收缩带坏死（图 4–14）。在烧死的尸体中有时可见颅骨骨折，为区别是高温还是外力导致颅骨骨折，可借助体视显微镜，外力导致颅骨的骨折，镜下可见骨折断端面骨荫形成，骨荫即骨膜血管或骨质内血管破裂出血，血液成分浸入骨组织内（图 4–15）。

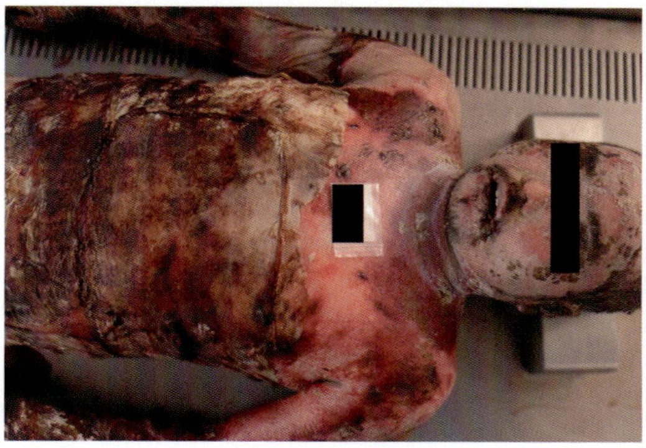

图 4–5　Ⅱ度皮肤烧伤

胸腹部皮肤大面积烧伤，皮肤发红、水疱形成。

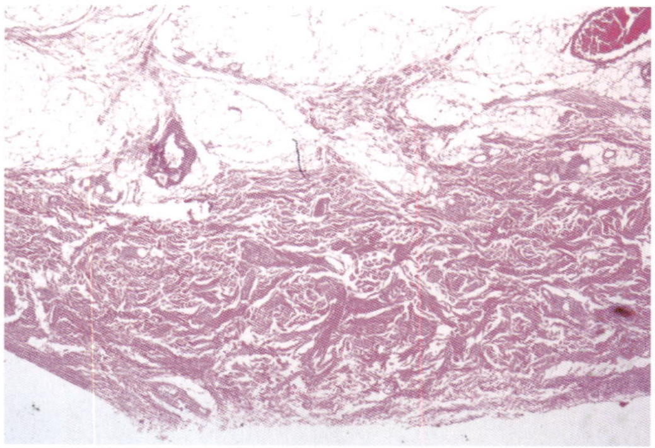

图 4–6　皮肤烧伤镜下观

真皮大部分组织凝固性坏死，结构消失，但皮肤附件及血管尚可辨认（HE 40×）。

图 4–7　睫毛征候

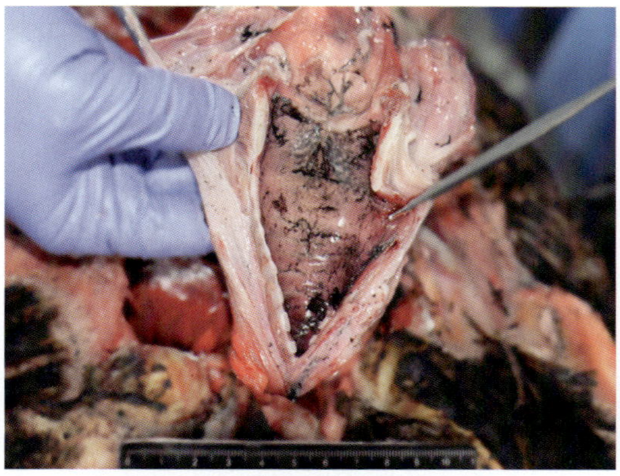

图 4–8　热作用呼吸道综合征

气管黏膜充血水肿、出血，较多烟灰、炭尘沉积。

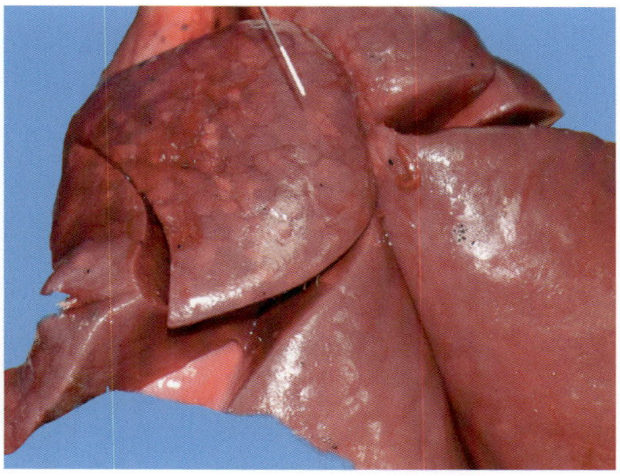

图 4–9　肺表面樱桃红色

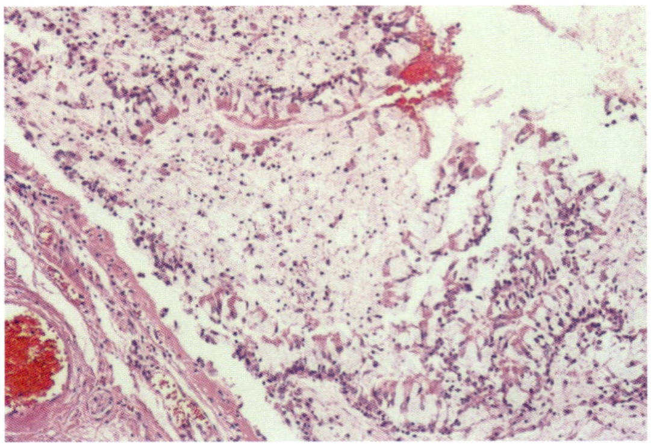

图 4-10　气管镜下观

气管黏膜上皮细胞肿胀及凝固性坏死，部分细胞核拉长，灶性上皮细胞脱落（HE 100×）。

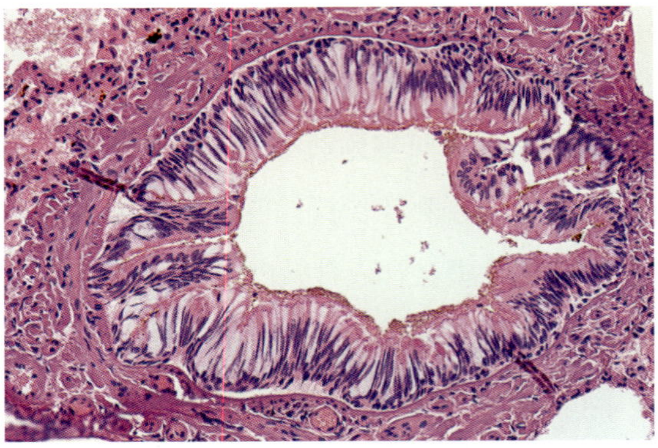

图 4-11　细小支气管镜下观

细小支气管黏膜上皮细胞水肿，上皮细胞细胞核深染、拉长（高温作用导致的极化现象），管腔黏膜表面红细胞黏附（HE 400×）。

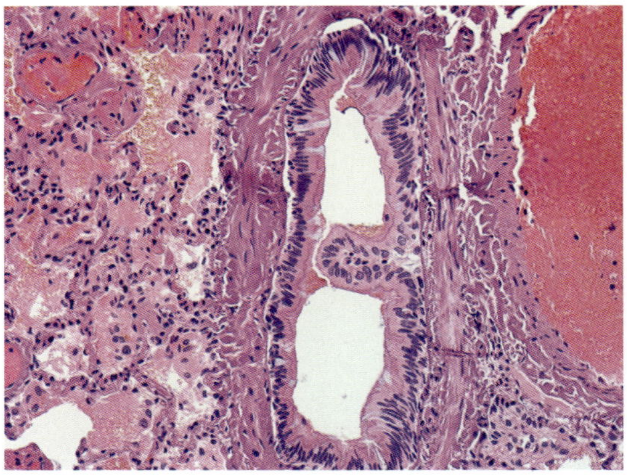

图 4-12　肺组织镜下观

肺组织广泛性出血、水肿，肺泡壁毛细血管扩张、淤血（HE 200×）。

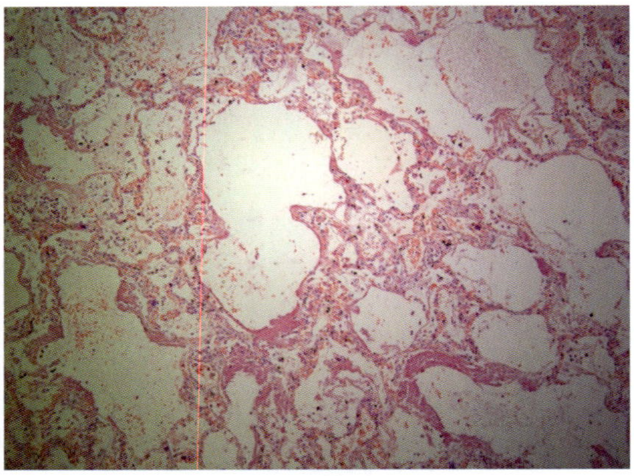

图 4-13　肺透明膜镜下观

肺泡腔内絮状蛋白渗出物，伴大量透明膜形成，部分肺泡腔见红细胞（烧伤 7d 后死亡）（HE 40×）。

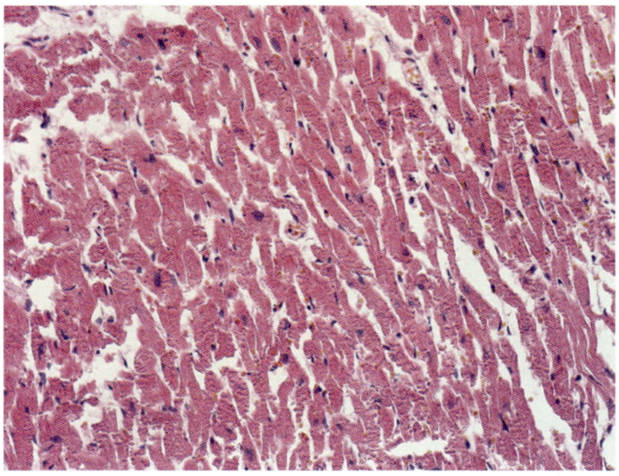

图 4-14　心肌细胞镜下观

心肌细胞肿胀，嗜酸性染色加深，部分心肌细胞收缩带坏死（HE 200×）。

图 4-15　颅骨骨折断端面骨荫

（二）中暑死

中暑是指由高温（或伴有高湿）环境引起的，以体温调节中枢功能衰竭、汗腺功能衰竭和水、电解质丢失过多为特点的疾病。内部器官的病理学形态特征基本是休克引起的改变，全身各器官组织如脑、肺（图 4–16）、心包膜及心内膜（图 4–17）等出现广泛小出血点。高温可引起神经细胞坏死，主要在大脑、小脑皮质，特别是小脑浦肯野细胞肿胀、坏死，核溶解或崩解消失，小脑蒲肯野细胞明显减少（图 4–18）。此外，可引起肝细胞片状坏死，汇管区炎细胞浸润（图 4–19）；胸腺血管内红细胞聚集成团（图 4–20）。

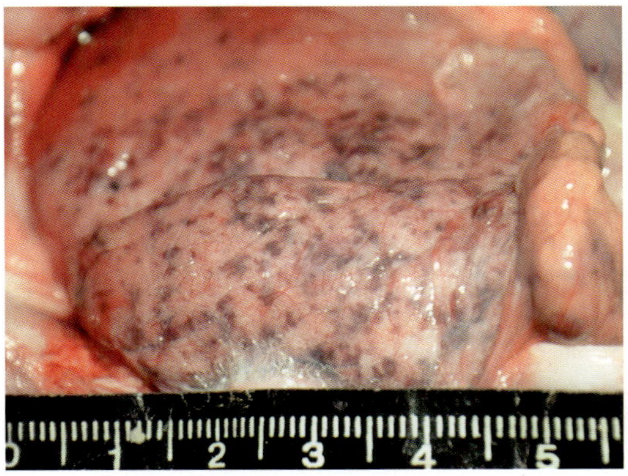

图 4–16　脏胸膜大体观

脏胸膜下多发性点状、片状出血。

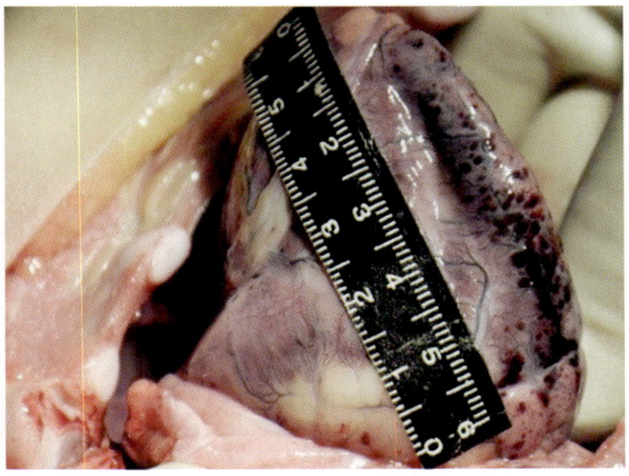

图 4–17　右心缘大体观

右心缘心外膜下点状、片状出血。

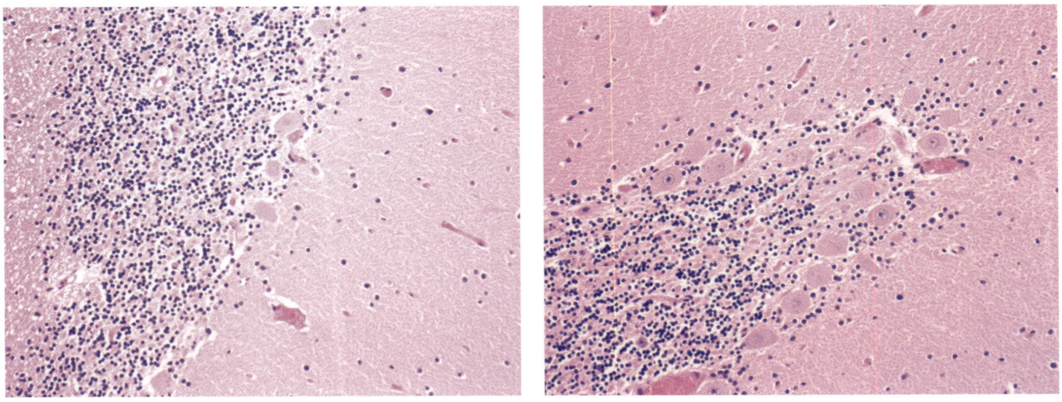

A　　B

图 4–18　小脑镜下观

A. 小脑浦肯野细胞明显减少（HE 200×）；B. 小脑浦肯野细胞肿胀、坏死，核溶解或崩解消失（HE 200×）。

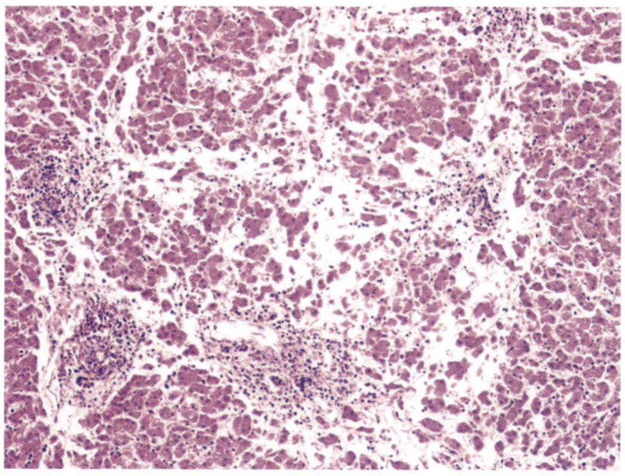

图 4–19 肝脏镜下观（HE 100×）

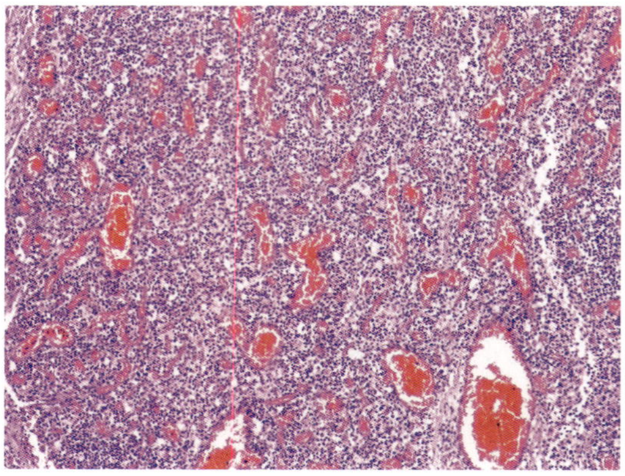

图 4–20 儿童胸腺镜下观（HE 40×）

（三）冻死

冻死是指人体长时间处于寒冷环境中，机体保暖不足，散热量远超过产热量，超过人体体温调节的生理限度，物质代谢和生理功能发生障碍所引起的死亡。常见的器官改变有脑及脑膜充血，心外膜下点状出血，胃黏膜下有弥散性斑点状出血，沿血管排列，颜色呈暗红、红褐或深褐色，称为维希涅夫斯基斑，是生前冻死尸体较有价值的征象（图 4–21、图 4–22）。

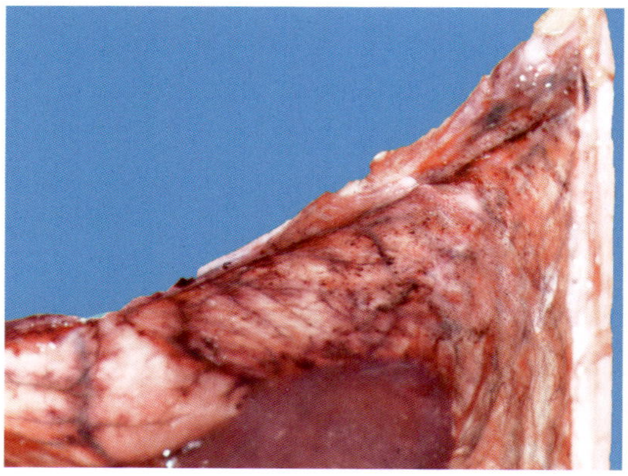

图 4–21 胃黏膜点状出血（维希涅夫斯基斑）

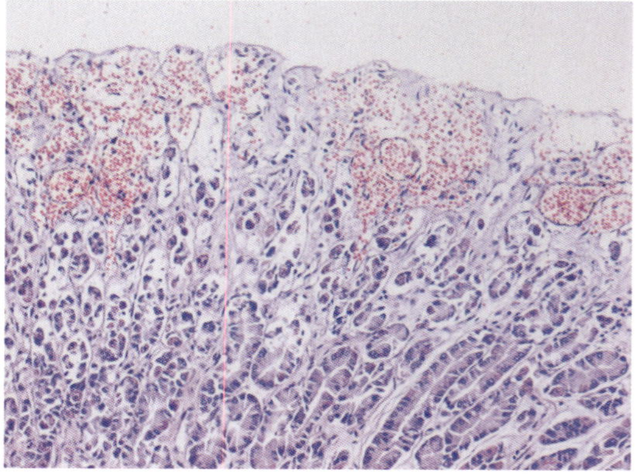

图 4–22 胃黏膜镜下观

胃黏膜点状出血（HE 200×）。

第五章 电击与其他物理因素致死

电流通过人体引起皮肤及重要脏器的损伤及功能障碍导致的死亡，称为电击死。人体遭受雷电电击也可导致电损伤及死亡。

（一）电击与电流斑

电流进入人体的部位通常是身体接触电源处，如手握电线所致的电击（图 5–1）。

电流斑又称电流印记，系电流入口。电流斑的形成是由于带电导体与皮肤接触，电流通过完整皮肤时，在接触处产生的焦耳热及电解作用造成的一种特殊皮肤损伤。皮肤角质层较厚的部位电阻大、电流通过时产热多，易形成典型电流斑。肉眼观察电流斑（图 5–2 ～图 5–5）一般呈圆形或椭圆形，质坚硬、干燥，中央凹陷，边缘隆起，形似火山口，部分皮肤烧伤炭化，与周围组织分界清晰，底部平坦或有裂隙，有时可附有灰烬和溶解的金属碎屑。

电流有交流电和直流电，均可导致电流损伤或电击死。电击枪（图 5–6）产生直流电，形成的电流斑不明显，常伴有周围皮下出血（图 5–7）。警用泰瑟电击枪（图 5–8）依靠高压气体发射尾部带有导线的两个电导体击中人体。电击枪金属电极发射接触人体后止于皮下，未达肌层，电极接触处皮肤可见焦黑样改变（图 5–9）。

电流斑在显微镜下见皮肤角质层剥脱，损伤中心基底层细胞及细胞核染色较深，纵向伸长或扭曲变形，排列紧密呈栅栏状，或伸长似“钉”样插入真皮中。真皮胶原纤维肿胀、凝固性坏死。表皮与真皮层分离，形成空泡，皮肤附属器毛囊、汗腺及皮脂腺细胞核也呈极性改变（图 5–10）。

电流通过脑、心、肺是最危险的路径，可导致呼吸肌麻痹、心室纤颤、心脏停搏、昏迷和瘫痪，显微镜下可见心肌纤维断裂，嗜酸性染色增强（图 5–11）。

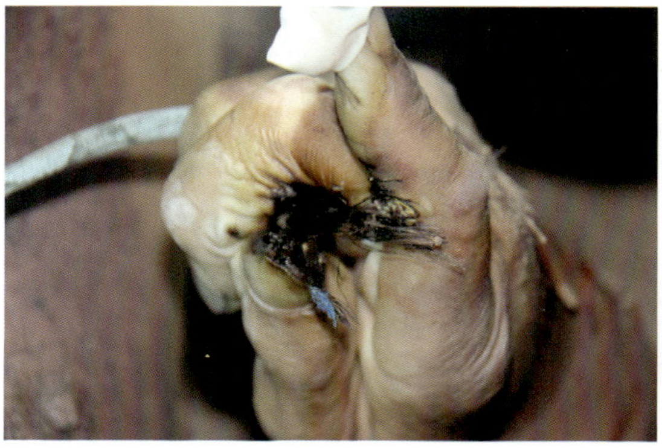

图 5-1　手握电线

周围皮肤高温而呈灰黄色，部分皮肤炭化呈黑色。

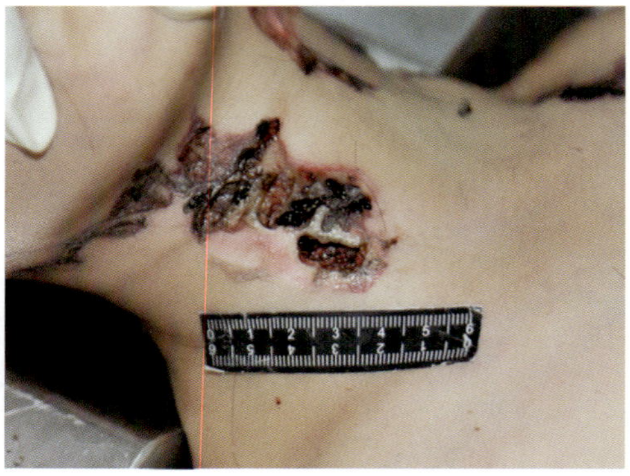

图 5-2　颈部电流斑

损伤局部中央凹陷，边缘隆起，部分皮肤烧伤炭化。

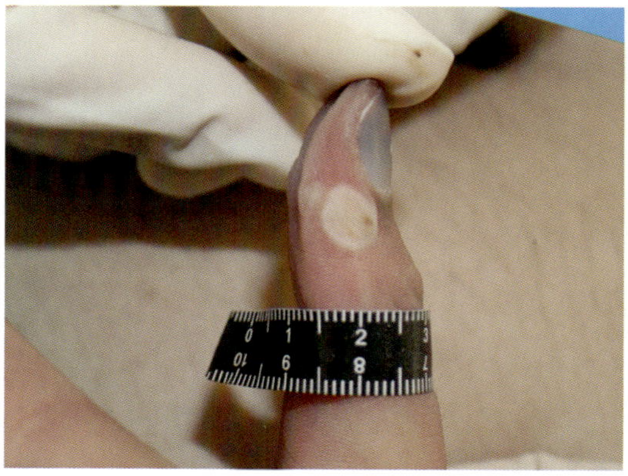

图 5-3　拇指内侧电流斑

皮肤苍白呈类圆形改变，与周围皮肤界限清楚。

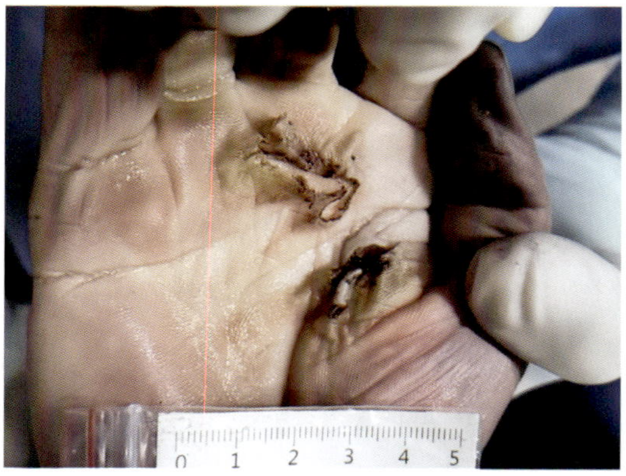

图 5-4　手掌电流斑

底部呈裂隙状，边缘隆起呈灰白或灰黄色。

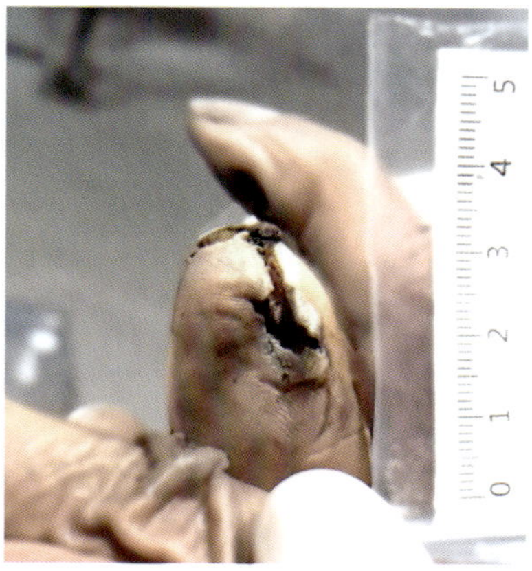

图 5-5　手指电流斑

底部呈裂隙状，边缘隆起呈灰白或灰黄色。

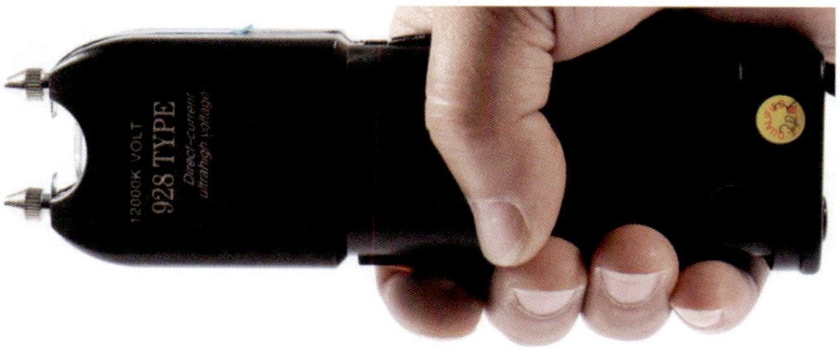

图 5-6　电击枪

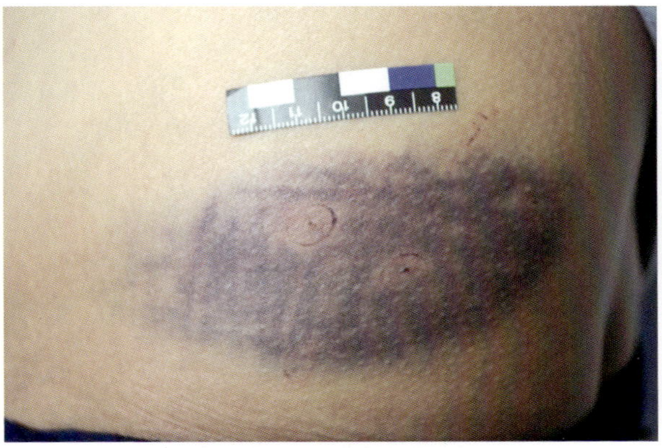

图 5-7　电击枪电流斑

电流斑不明显，周围皮下出血。

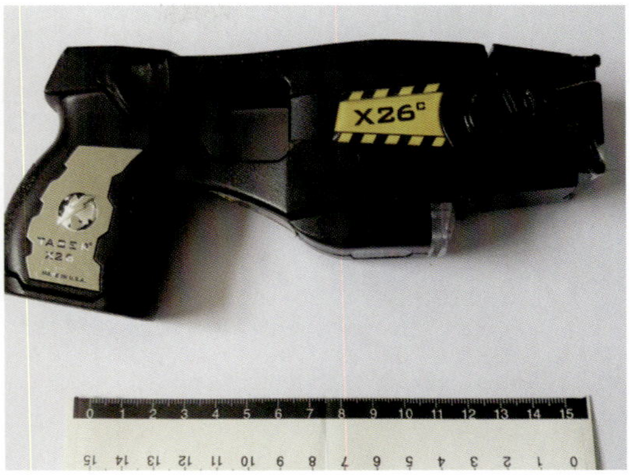

图 5-8　泰瑟电击枪

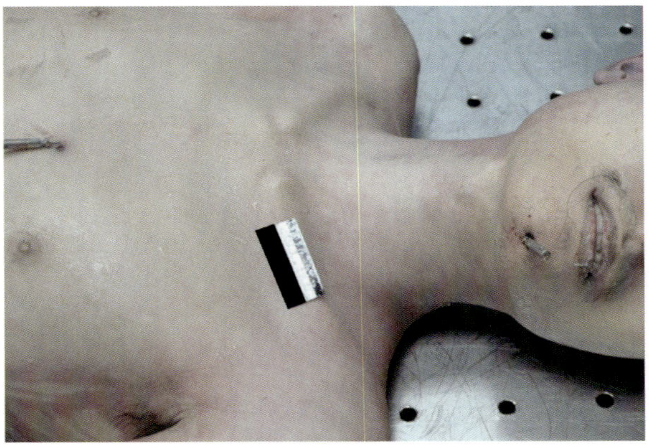

A

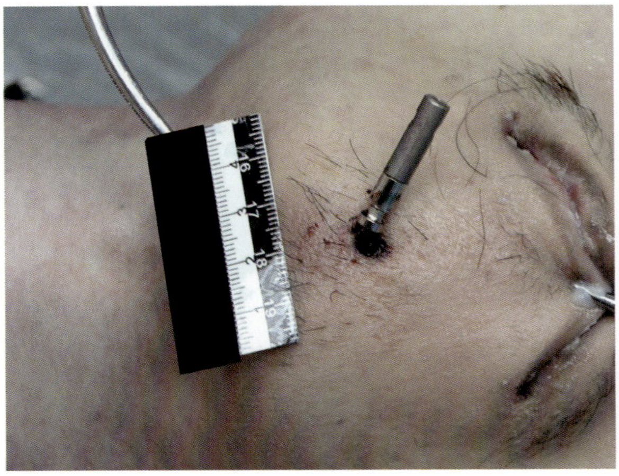

B

C

图 5-9　电击枪金属电极

A.下颌正中及左侧乳头水平电击枪金属电极；B.下颌正中电击枪金属电极，电极止于皮下，未达肌层；C.左侧乳头水平泰瑟枪金属电极。

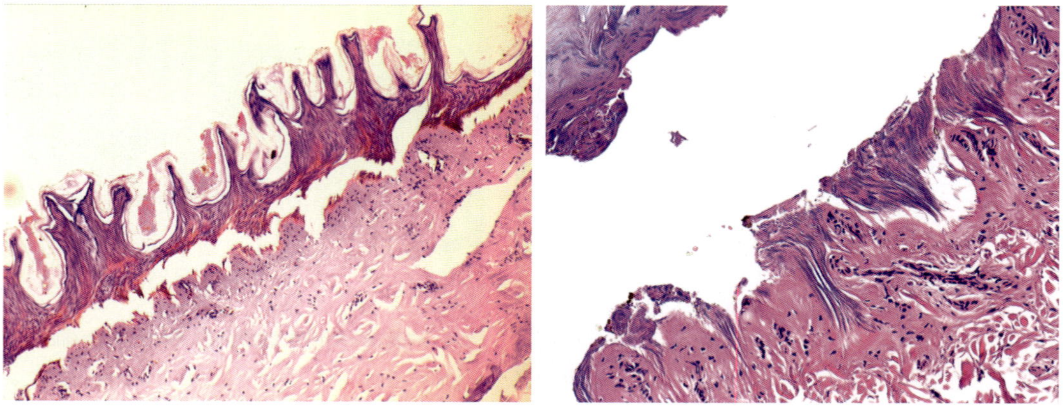

A　　B

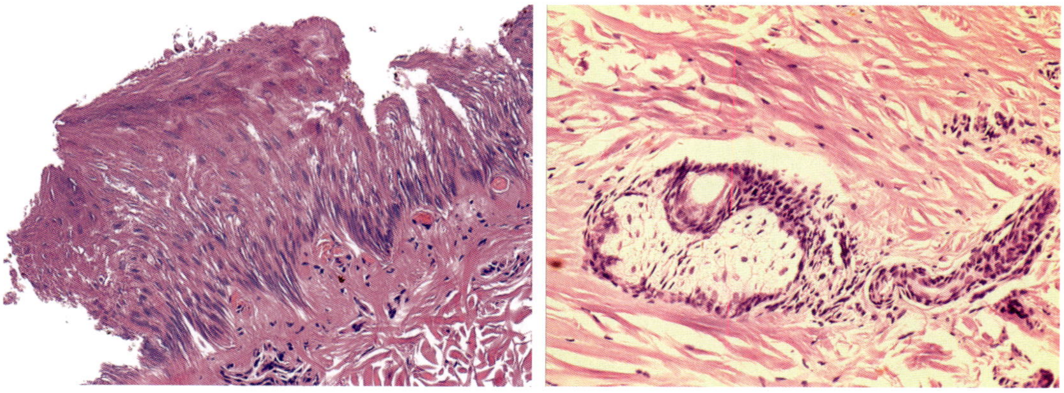

C　　D

图 5-10　电流斑镜下观

A. 皮肤角质层剥脱，细胞核拉长排列呈栅栏状，真皮胶原纤维肿胀、凝固性坏死（HE 100×）；B. 表皮与真皮层分离，形成空泡，表皮基底细胞核被拉细长，呈核流状排列，真皮胶原纤维肿胀、凝固性坏死（HE 200×）；C. 皮肤表皮及基底细胞间边界不清，细胞核拉长排列呈栅栏状，似“钉”样插入真皮，真皮胶原纤维肿胀、凝固性坏死（HE 200×）；D. 皮肤附属器毛囊、汗腺及皮脂腺细胞核呈极性改变（HE 400×）。

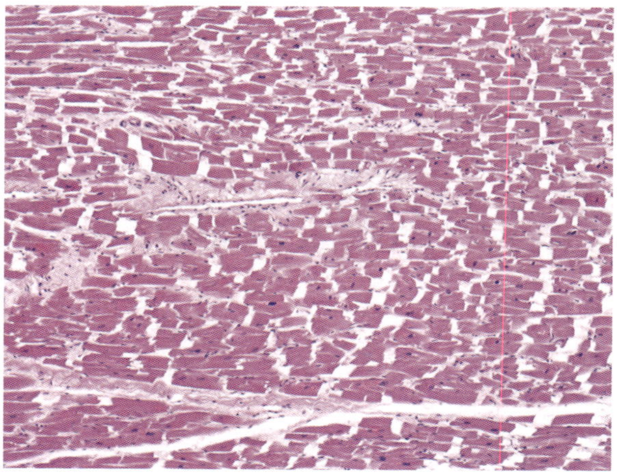

图 5-11　心肌镜下观

心肌纤维断裂，嗜酸性染色增强（HE 200×）。

（二）雷击

雷电通过的皮肤上遗留下红色、黑色树枝状或燕尾状斑纹，称为雷击纹或树枝状纹。这是由于强大电流通过时，局部皮肤轻度烧伤及皮下血管麻痹扩张所致（图 5–12），皮肤局部区域因水分迅速蒸发，干燥变硬，损伤后形成皮革样化（图 5–13）。

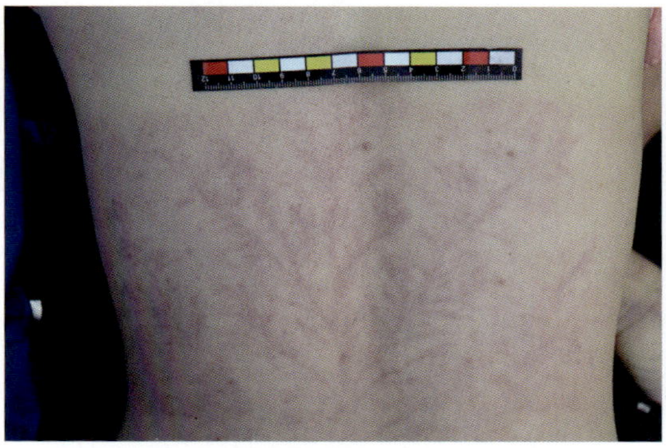

图 5–12　腰背部皮肤树枝状雷击纹

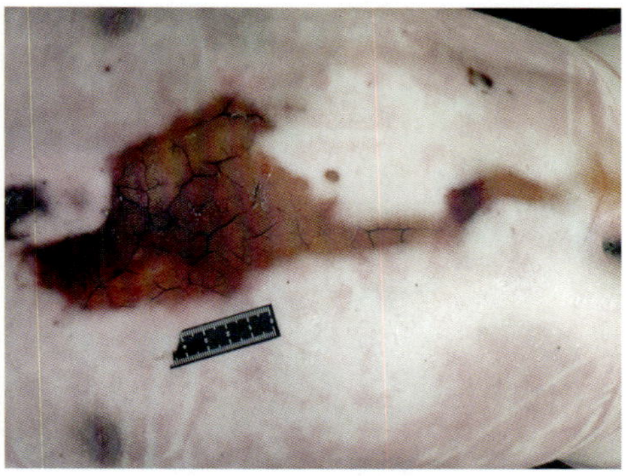

图 5–13　胸部雷击纹

胸部皮肤损伤后皮革样化，其下可见黑色树枝状雷击纹。

（三）其他物理因素

常见的其他物理因素有气压损伤、放射性损伤、超声波损伤、激光损伤、电磁波损伤等。

案例

案情简介：女性，潜水员，在 60 ～ 70m 深水下作业时失踪，打捞上岸后已经死亡。

解剖检验：脑表面部分血管扩张、空虚（图 5–14），脑切面见较多细小空洞（图 5–15）。纵隔及心包软组织气肿（图 5–16），心包腔内见少量暗红色液体，剪开右心室，可见大量粟粒状气泡涌出（图 5–17）。

组织学检查：脑实质内多发性空泡形成，部分小血管腔周边呈空白区，其内红细胞向中心聚集成团状（图 5–18）。肺间质部分细小血管扩张，血管腔内见边缘清楚的空泡（图 5–19）。

鉴定意见：减压病致急性呼吸、循环功能衰竭而死亡。

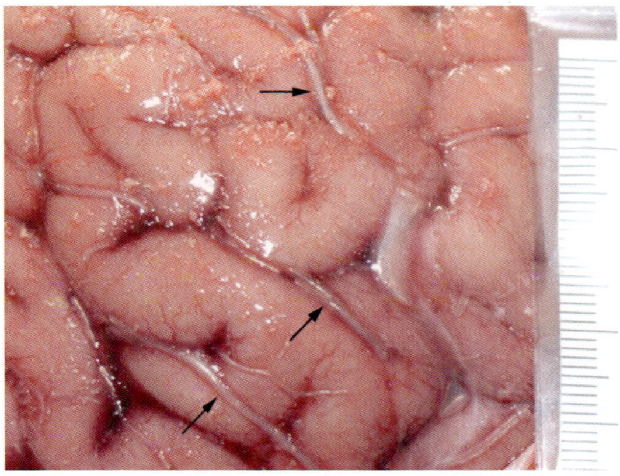

图 5–14　脑表面部分血管扩张，可见空泡（↑）

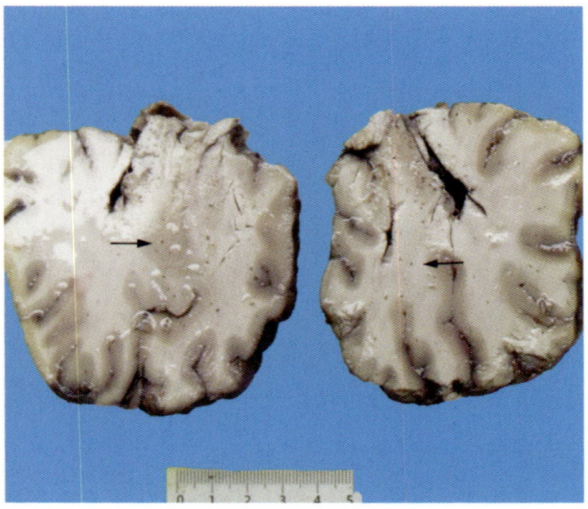

图 5–15　脑切面见较多细小空洞（↑）

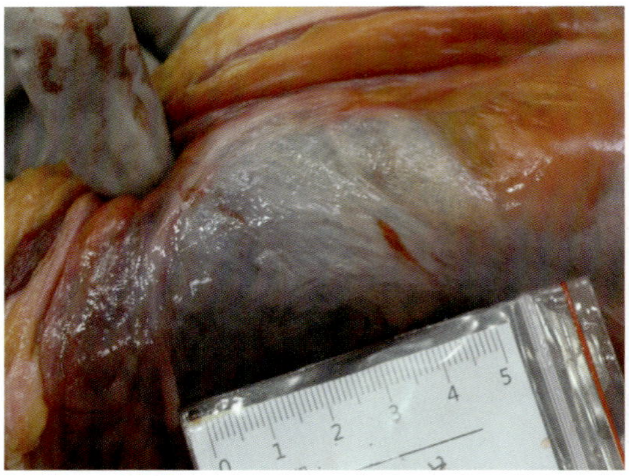

图 5-16　纵隔及心包软组织气肿

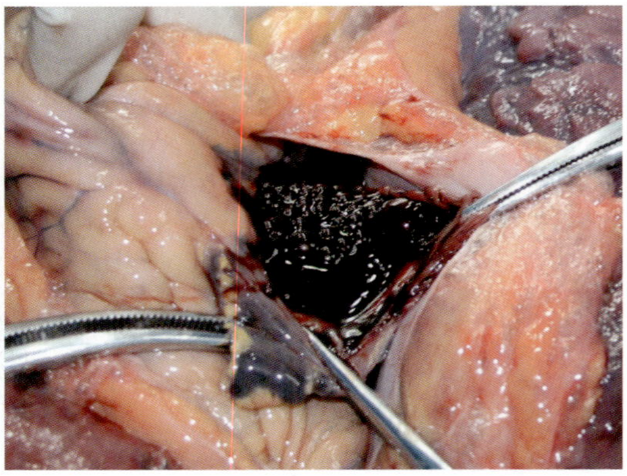

图 5-17　剪开右心室见大量、细小气泡涌出

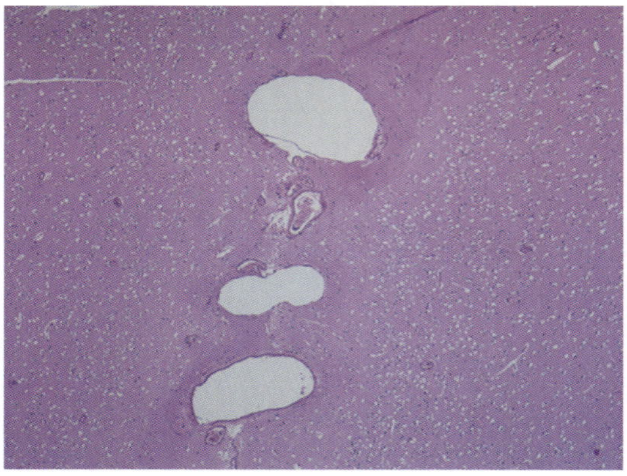

图 5-18　脑镜下观

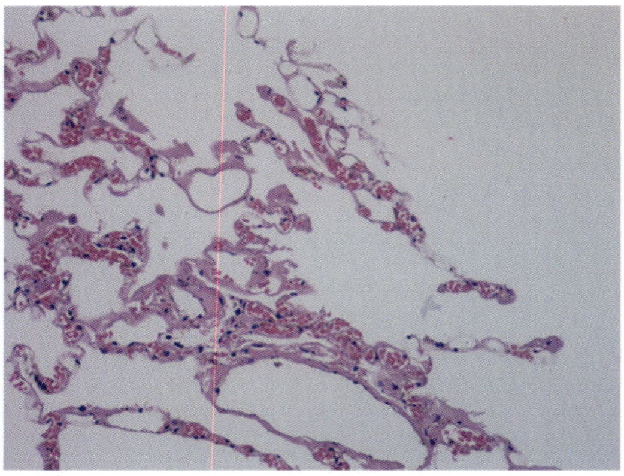

图 5-19　肺镜下观

第六章 猝 死

猝死是由于机体潜在的疾病或重要器官急性功能障碍导致的意外的突然死亡，具有急骤性、意外性、潜在性等特点。

（一）心血管系统疾病

1. 冠状动脉疾病

冠状动脉粥样硬化性心脏病简称冠心病，其主要病理改变为冠状动脉粥样硬化斑块形成，从动脉横截面可见内膜向管腔内隆起，冠状动脉内膜增厚，管腔偏心性狭窄（图 6–1），斑块内复合病变可见纤维斑块内出血、钙化和小血管再通（图 6–2），当斑块增厚扩大时，严重影响管腔通畅。有些冠状动脉管腔虽然阻塞程度不重，但由于继发血栓形成（图 6–3），可迅速造成阻塞。

冠状动脉疾病的其他表现形式可见心肌桥、累及冠状动脉的血管炎等。冠状动脉通常走行于心外膜下的结缔组织中（图 6–1、图 6–2），如果一段冠状动脉走行于心肌内，这束心肌纤维被称为心肌桥，走行于心肌桥下的冠状动脉被称为壁冠状动脉（图 6–4）。冠状动脉血管炎可由多种因素引起，有病原微生物、变态反应性等原因（图 6–5）。

冠状动脉的狭窄或阻塞可以导致冠状动脉供血区发生缺血坏死，进而发展为心肌梗死。急性心肌梗死在显微镜下可见肌浆凝集、心肌横纹模糊不清或出现收缩带坏死及炎细胞浸润（图 6–6），梗死灶逐步机化可转化为瘢痕组织形成陈旧性心肌梗死（图 6–7）。小的梗死灶一般可形成灰白色瘢痕，透壁型梗死范围广泛，可累及心室壁全层（图 6–8）。心肌梗死可出现并发症，其中最严重的是心脏破裂（图 6–9）。

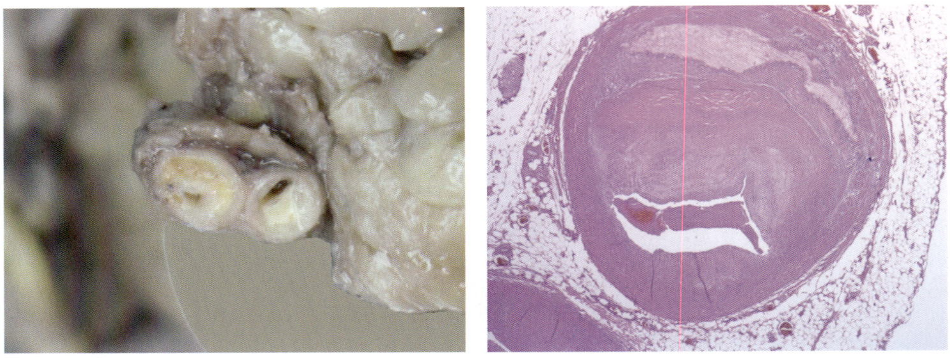

A　　　　B

图 6-1　冠状动脉粥样硬化

A. 左前降支粥样硬化（Ⅳ级）大体观；B. 冠状动脉粥样硬化（Ⅳ级）在显微镜下见斑块表面纤维帽形成，斑块内可见胆固醇结晶及粥样坏死物（HE 20×）。

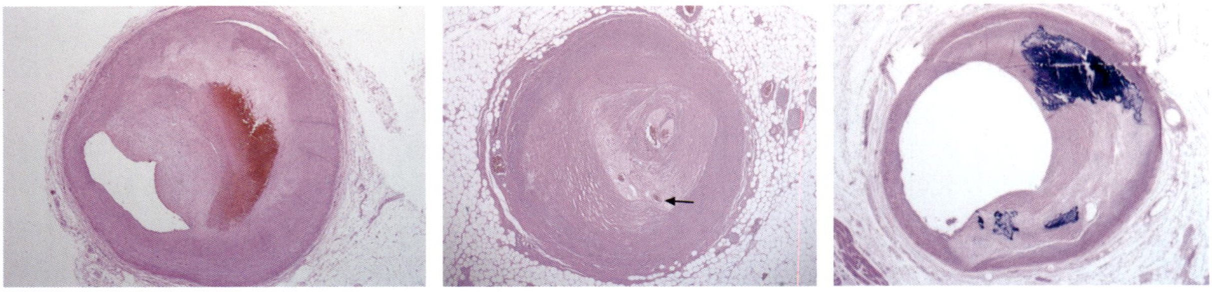

A　　　　B　　　　C

图 6-2　冠状动脉粥样硬化病变镜下观

A. 斑块内出血、红细胞聚集（HE 20×）；B. 冠状动脉粥样硬化（Ⅳ级），管腔偏心性狭窄，新生小血管再通（↑）（HE 20×）；C. 斑块内蓝色钙盐沉积（HE 20×）。

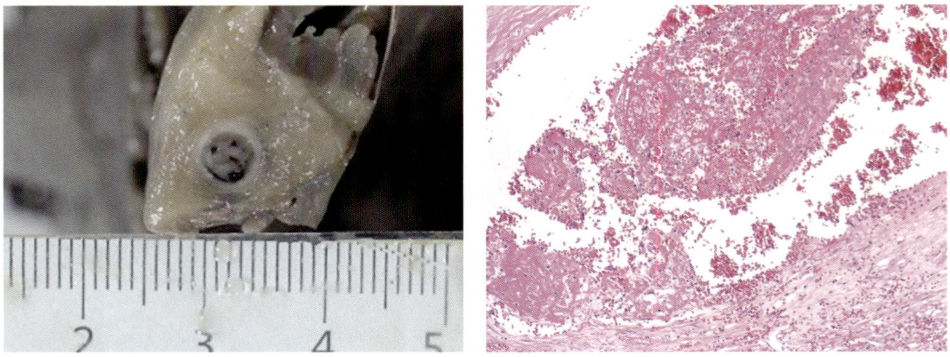

A　　　　B

图 6-3　冠状动脉血栓形成

A. 右冠状动脉大体观，管腔内血栓形成，堵塞管腔；B. 显微镜下见管腔内血小板梁、纤维素及红细胞组成的血栓（HE 100×）。

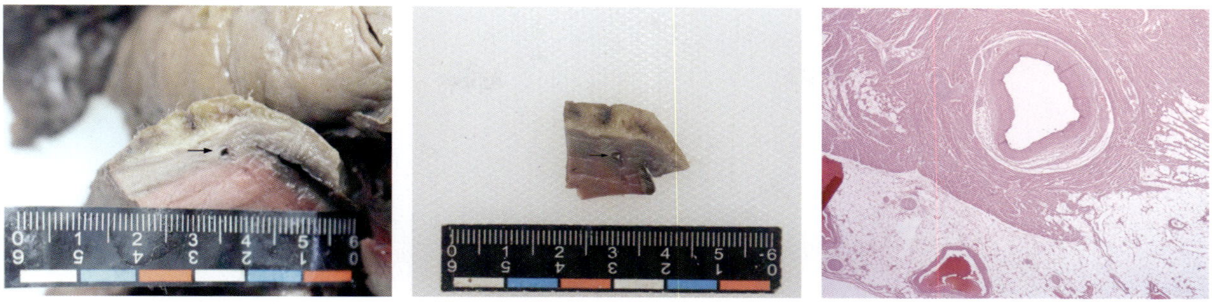

A　　B　　C

图 6-4　心肌桥

A. 原位观察可见左冠状动脉前降支走行于心肌桥下形成壁冠状动脉，距心外膜约 0.4cm（↑）；B. 取材切面观（↑）；C. 显微镜下见壁冠状动脉被心肌桥包绕（HE 40×）。

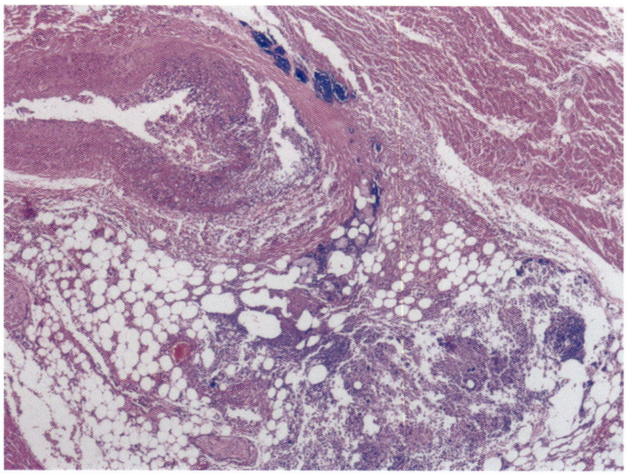

图 6-5　累及冠状动脉的血管炎镜下观

左冠状动脉前降支分支，一侧管壁见大量炎细胞浸润，管壁中膜结构不清，周围心肌灶性坏死，大量炎细胞浸润（HE 40×）。

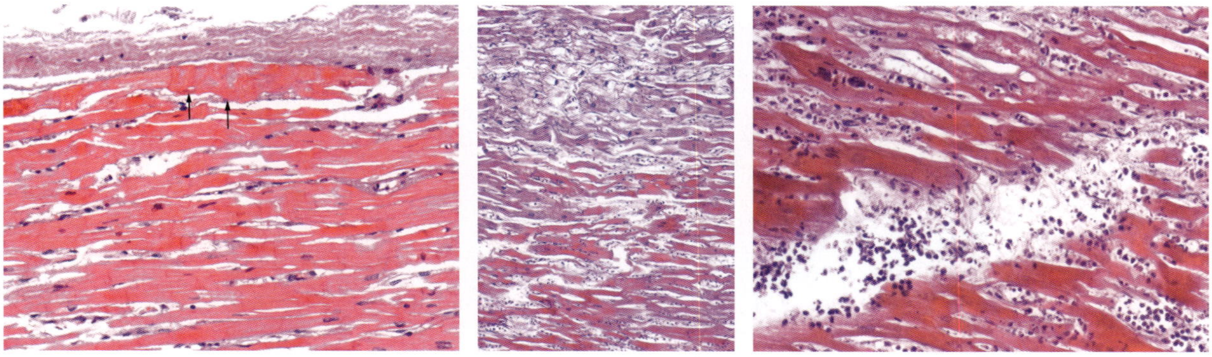

A　　B　　C

图 6-6　急性心肌梗死镜下观

A. 部分心肌纤维肌浆凝聚与淡染区间隔出现，呈竹节状的心肌收缩带坏死（↑）（HE 200×）；B. 部分心肌细胞肌浆凝聚、横纹不清，部分心肌细胞坏死伴炎细胞浸润（HE 100×）；C. 部分心肌细胞核崩解、消失，伴以中性粒细胞为主的炎细胞浸润（HE 200×）。

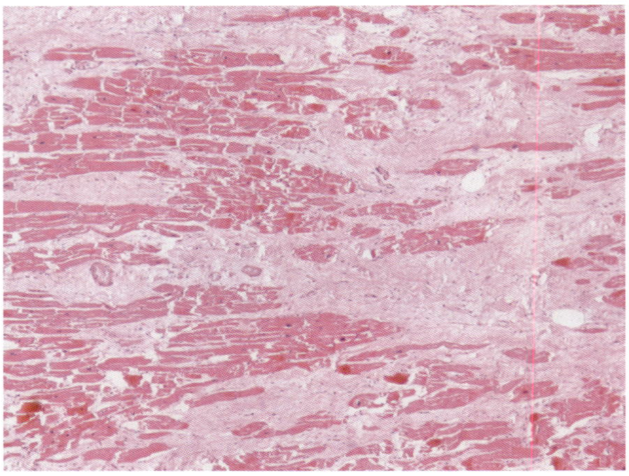

图 6-7　陈旧性心肌梗死镜下观

心肌组织由大片纤维结缔组织取代，形成纤维瘢痕（HE 100×）。

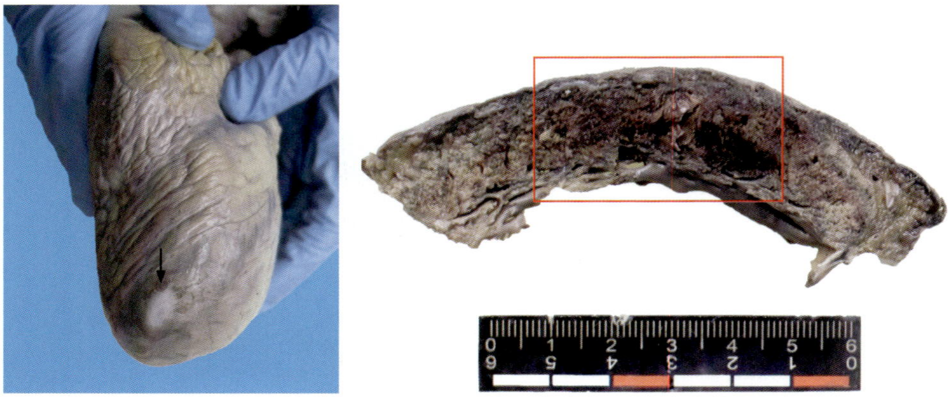

A　　　　　　　　　　B

图 6-8　心肌梗死大体观

A. 左心室下壁片状白色样改变（↑），为心肌梗死后瘢痕；B. 急性左心室壁透壁性心肌梗死（固定后），梗死区心肌颜色较深，部分区域呈黑褐色。

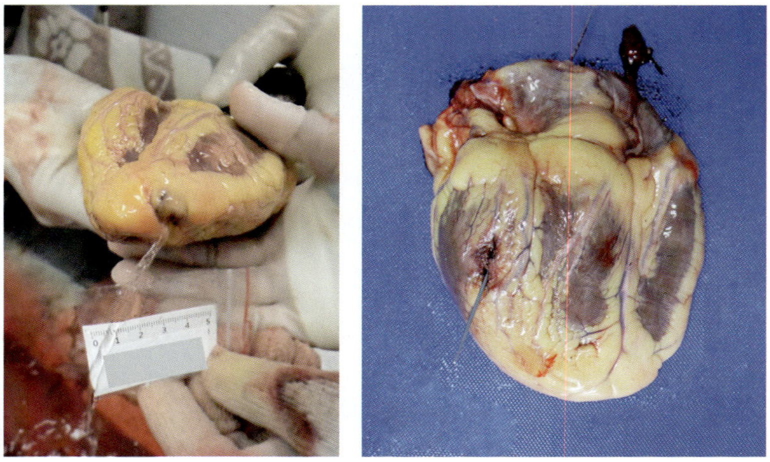

A　　　　　　　　　　B

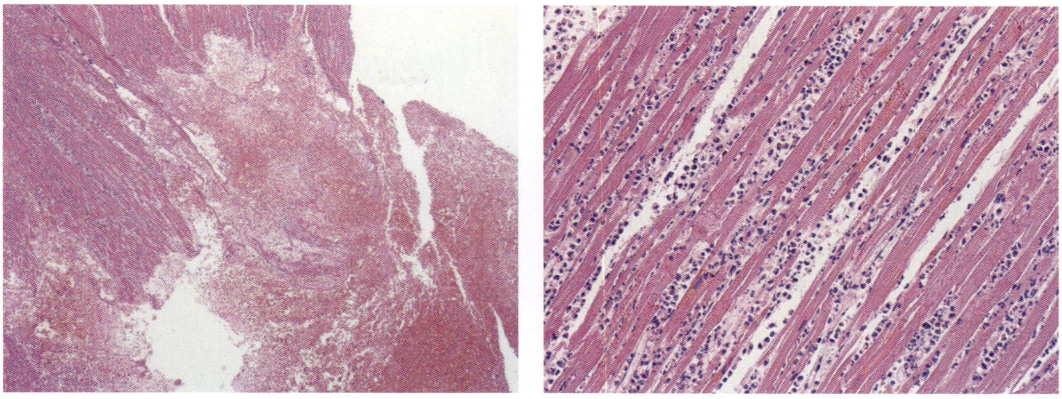

C　　D

图 6-9　心肌梗死继发心脏破裂

A. 采用低压流水注水法寻找心脏破口；B. 左心室侧后壁全层破裂；C. 显微镜下见心脏破裂口周围心肌梗死伴大量炎细胞浸润（HE 40×）；D. 显微镜下见心脏破裂口周围心肌细胞坏死，小灶性收缩带坏死，伴大量中性粒细胞浸润（HE 200×）。

2. 主动脉疾病

主动脉是心脏大循环的起始部，是心脏向人体组织器官供血的必经之路，其结构虽不复杂，但功能重要，如发生严重的病理学改变，常危及生命，如主动脉瓣狭窄（图 6-10）、主动脉瘤（图 6-11）、主动脉夹层（图 6-12）。

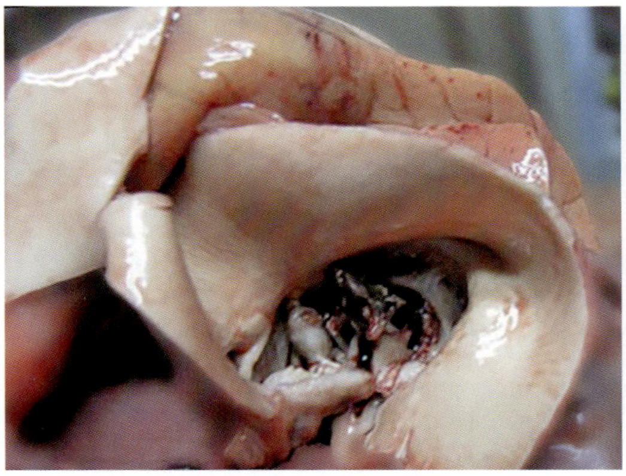

图 6-10　结节性钙化型主动脉瓣狭窄

主动脉瓣口呈鱼嘴样狭窄，瓣膜见结节状赘生物附着。

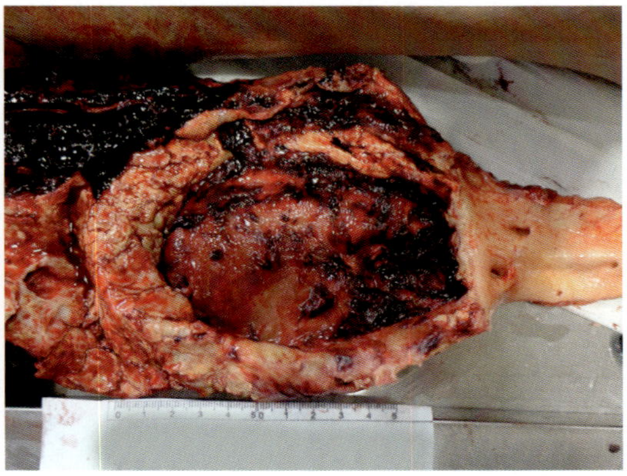

图 6-11　主动脉瘤

主动脉局部巨大囊性扩张。

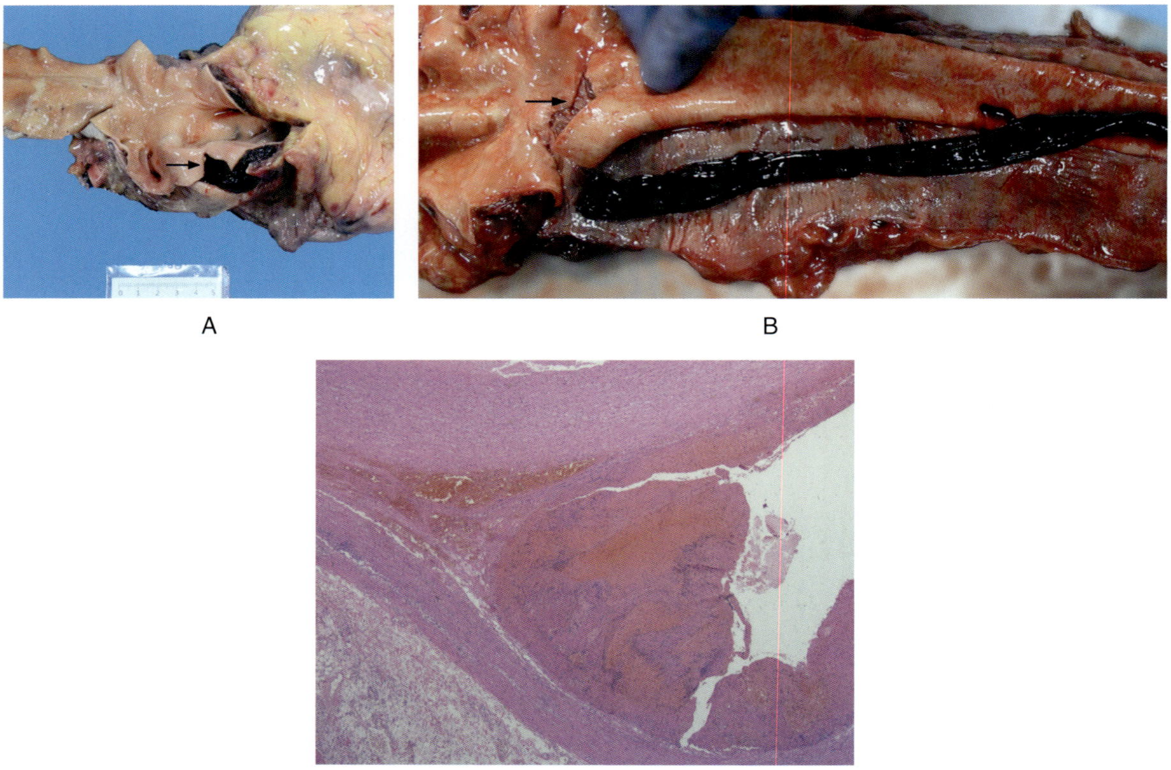

A　　　　　　　　B

C

图 6–12　主动脉夹层

A. 主动脉根部夹层形成（↑），夹层内见凝血块；B. 自升主动脉始见夹层形成（↑），动脉中膜分离，夹层内见凝血块；C. 显微镜下见主动脉夹层起始处中膜层分离，形成夹层，夹层内见出血及血栓形成（HE 40×）。

3. 心肌炎

心肌炎是指心肌的局限性或弥散性急性或慢性炎症病变，可分为感染性和非感染性。组织学观察可见局灶性或弥散性心肌细胞水肿，肌纤维溶解、坏死，间质纤维化，间质内见以淋巴细胞、单核细胞为主的炎症细胞浸润（图 6–13）。

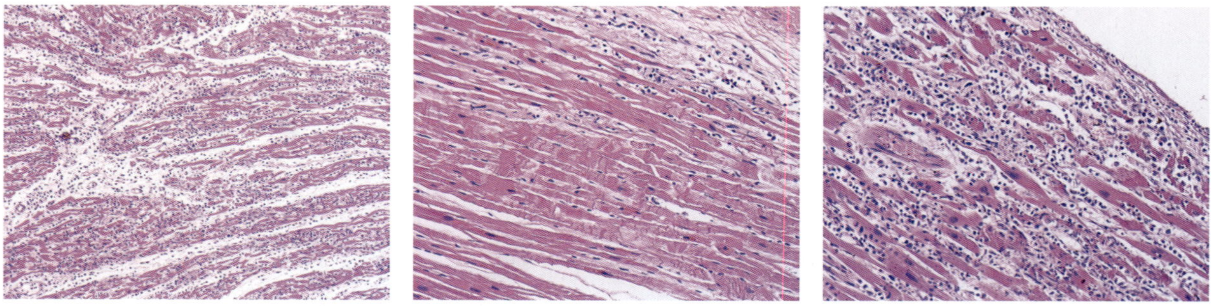

A　　　　　　　　B　　　　　　　　C

图 6–13　心肌炎镜下观

A. 心肌间质内见以大量单核、淋巴细胞为主的炎细胞浸润，心肌细胞坏死（HE 100×）；B. 心肌间质炎细胞浸润，局灶性心肌细胞收缩带坏死（HE 200×）；C. 心肌间质大量炎细胞浸润（HE 200×）。

4. 心肌病

心肌病是一组异质性心肌疾病，是由不同病因（遗传性病因较多见）导致心肌机械和（或）心电功能障碍，常表现为心室肥厚或扩张。按照病理学可以分为肥厚型心肌病（图 6-14）、限制型心肌病（图 6-15）、扩张型心肌病（图 6-16）、致心律失常型右室心肌病（图 6-17）等。

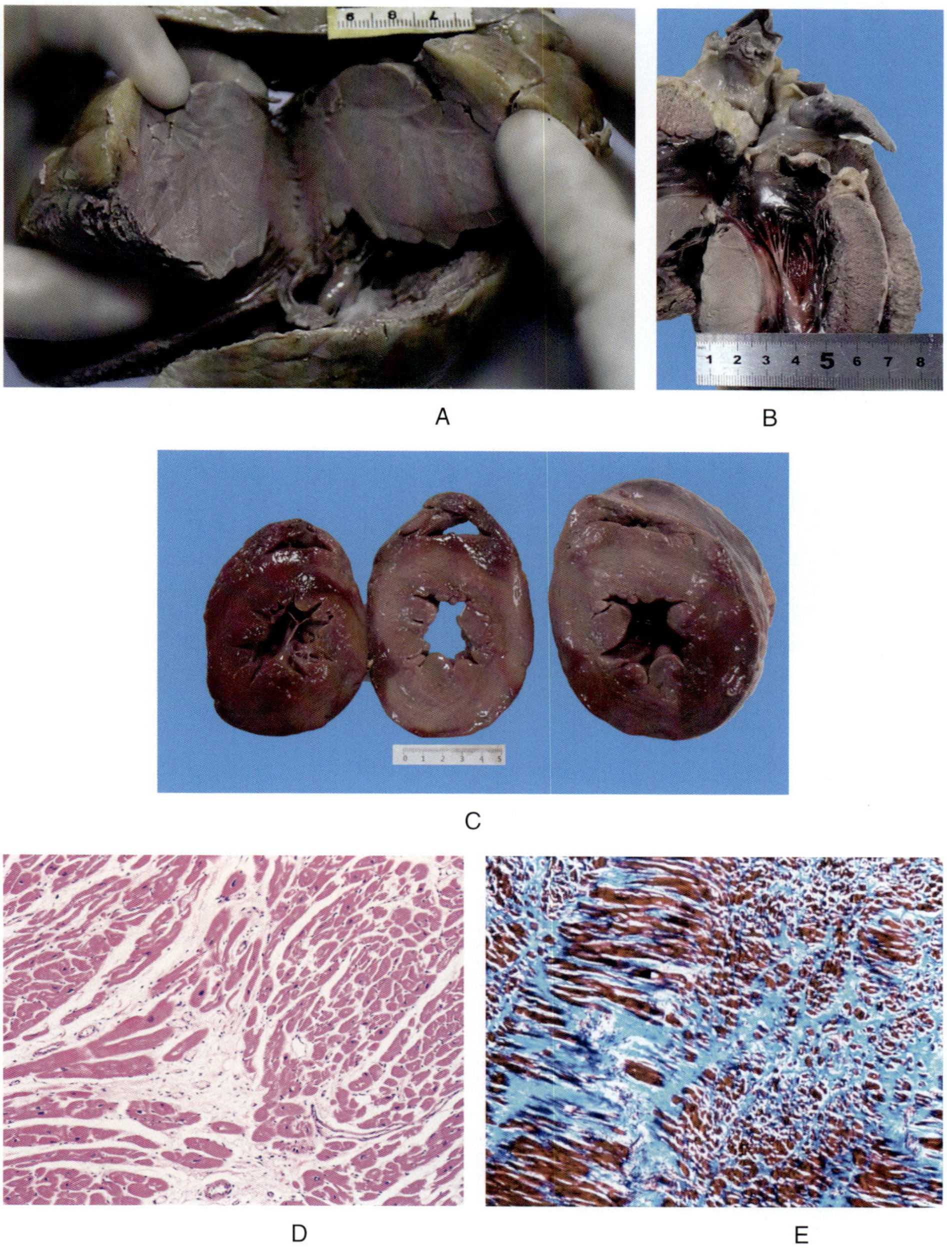

图 6-14　肥厚型梗阻性心肌病

A—B. 室间隔显著增厚（室间隔与左心室壁厚度比值增加到 1.3 以上）；C. 心脏体积显著增大，左心室向心性肥厚，左、右心室壁及室间隔显著增厚；D. 显微镜下见心肌纤维显著肥大，形状不规则，胞核大而深染，呈多形性，间质纤维化（HE 100×）；E. 显微镜下见心肌间胶原纤维增生（Masson 染色 200×）。

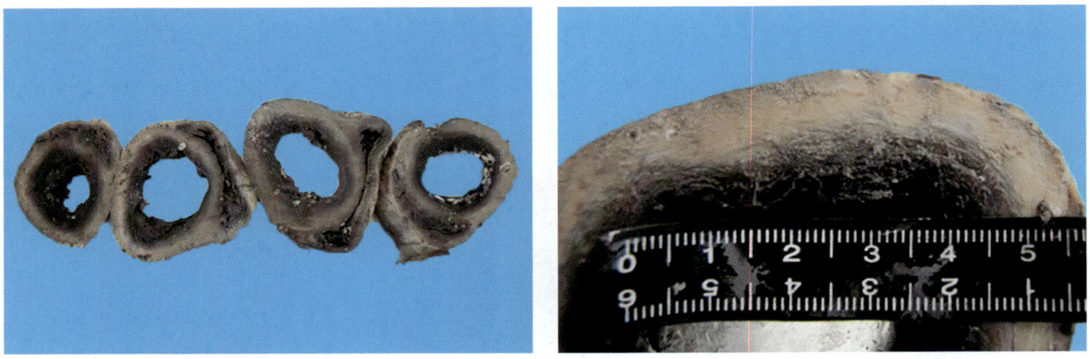

A　　B

图 6-15　限制型心肌病

A. 心脏切面观，左心室轻度扩张，心室壁纤维化；B. 左心室壁心内膜层状纤维化，心肌硬度增加。

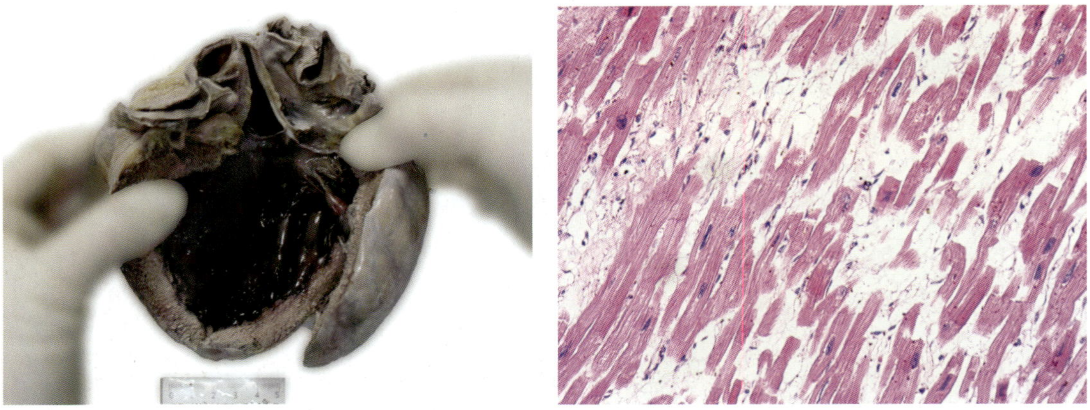

A　　B

图 6-16　扩张型心肌病

A. 左心室心腔扩张，心室壁增厚不明显；B. 显微镜下见心肌细胞肥大，细胞核增大，部分心肌细胞嗜酸性增强（HE 200×）。

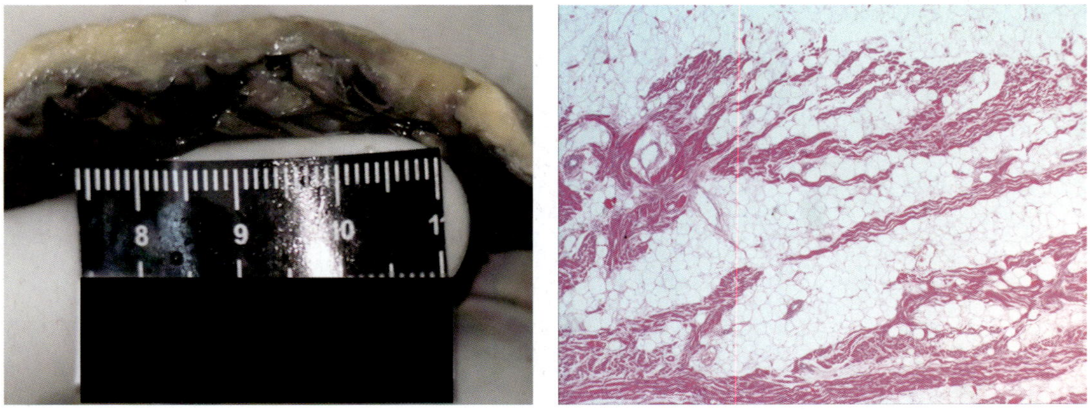

A　　B

图 6-17　致心律失常型右室心肌病

A. 右心室壁心肌组织被脂肪组织取代，最薄处心肌厚度不足 0.1cm；B. 显微镜下见弥散性右心室壁心肌层被脂肪组织取代（HE 40×）。

5. 马方综合征

马方综合征是一种常染色体显性遗传引起的先天性结缔组织代谢障碍性疾病，主要表现为心血管病变及眼、骨骼的发育异常。本病的显著特征是骨骼发育不协调，患者表现为身材高，四肢细长（图6–18），尤其是前臂与大腿，当两手向左右平伸时，其两侧指端间距大于身高的长度；上半身长度较下半身短，二者的比值较正常人低（常人为0.92）。手指与脚趾长，呈蜘蛛样外观（图6–19），胸部呈漏斗胸（鸡胸）样改变（图6–20）。本病易引起心脏增大、重量增加，心腔扩张以及主动脉进行性扩张。马方综合征的主要死因是主动脉瘤（图6–21）或动脉夹层破裂。

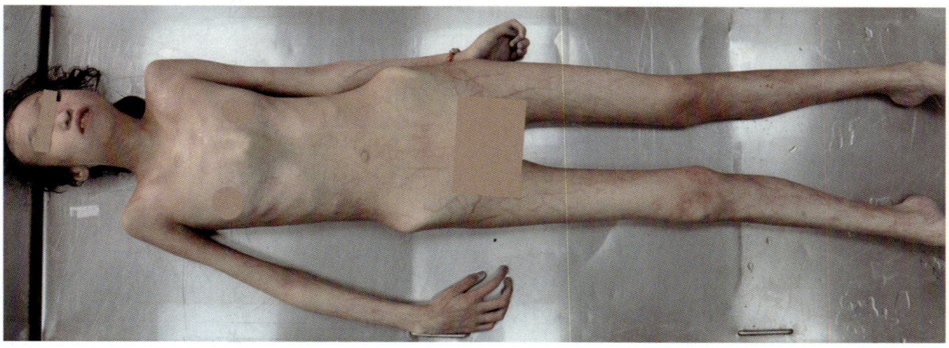

图6–18　马方综合征

骨骼发育不协调，体型瘦长，四肢细长。

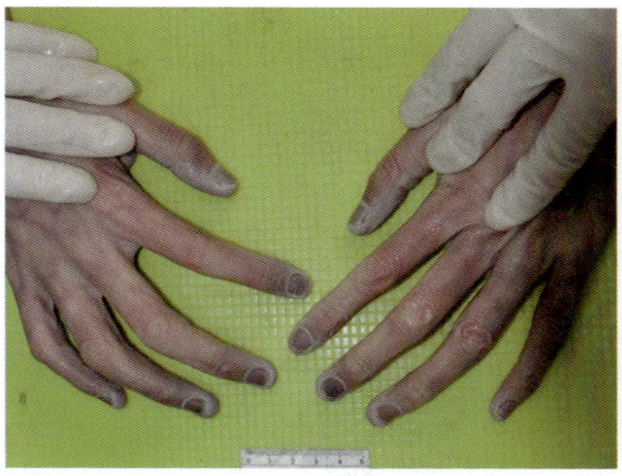

图6–19　双手指细长，呈蜘蛛指样改变

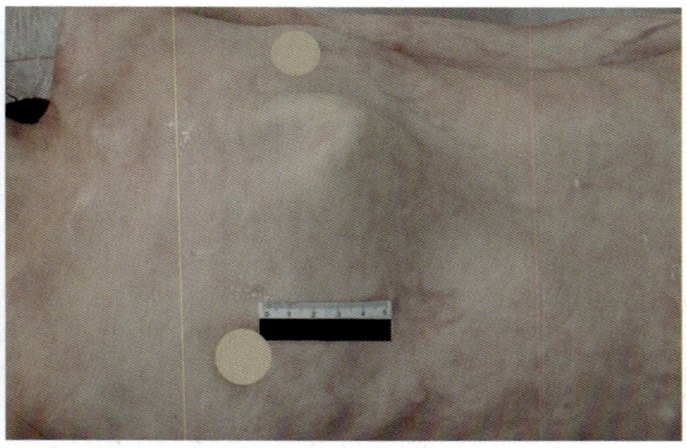

图6–20　胸部呈漏斗胸（鸡胸）样改变

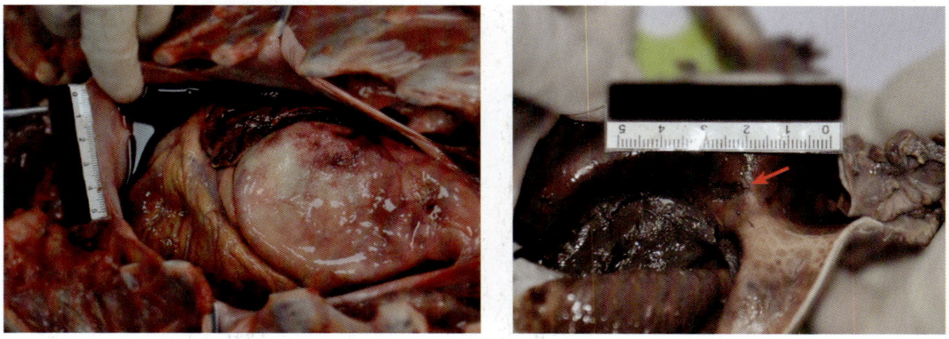

A　　　　B

图6–21　马方综合征死者主动脉瘤破裂

A. 主动脉起始部局部高度扩张，心包腔内心包积血，主动脉瘤形成并破裂；B. 主动脉瘤破裂，升主动脉内膜距主动脉瓣膜上2.5cm处见一0.5cm纵行破口（↑）。

6. 肺动脉栓塞

肺动脉栓塞是以各种栓子阻塞肺动脉或其分支为其发病原因的一组疾病或临床综合征的总称。解剖可见来自下腔静脉或右心腔的大块血栓（图 6–22），在静脉系统（尤其是在下肢深静脉内）可查明栓子来源（图 6–23）。

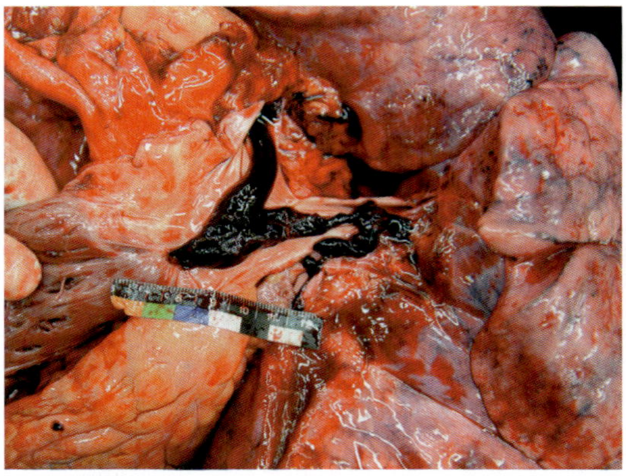

A

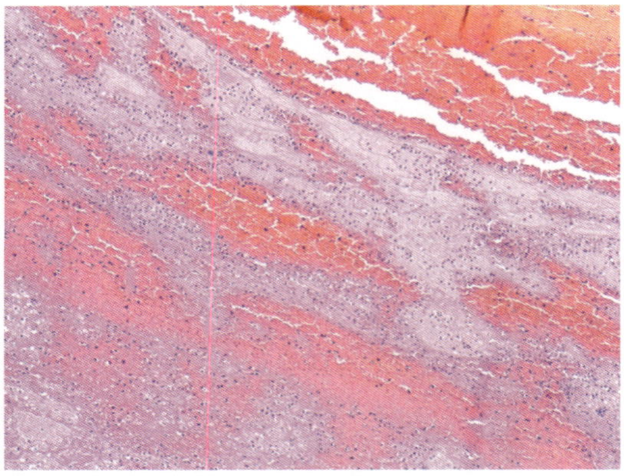

B

图 6–22 肺动脉栓塞患者肺动脉大块血栓样物

A. 因自身疾病长期卧床后突然死亡，原位剪开右心室及肺动脉，见肺动脉主干及左、右肺动脉内条索状血栓样物；B. 肺动脉血栓样物在显微镜下见血小板小梁、红细胞及炎细胞组成的混合血栓（HE 100×）。

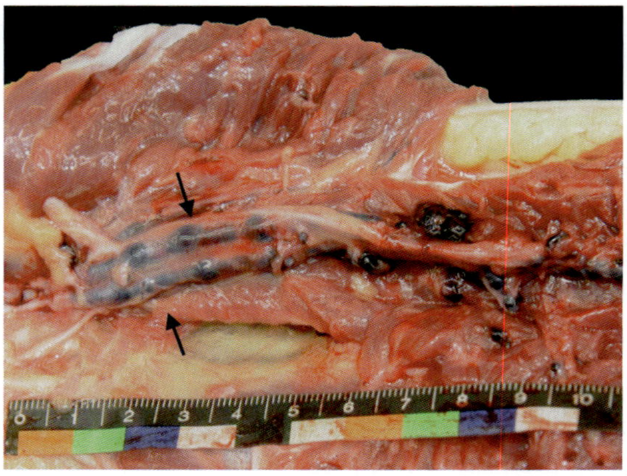

图 6–23 肺动脉栓塞

下肢深静脉内串珠样血栓样物（↑）。

7. 心包炎

心包炎是由感染、肿瘤、代谢性疾病、尿毒症、自身免疫病、外伤等引起的心包病理性改变。临床上可按病程分为急性、亚急性及慢性，按病因分为感染性和非感染性。急性心包炎常有纤维素渗出，心外膜见一层绒毛状粗糙的纤维素性渗出物附着，形成“绒毛心”（图 6–24）。

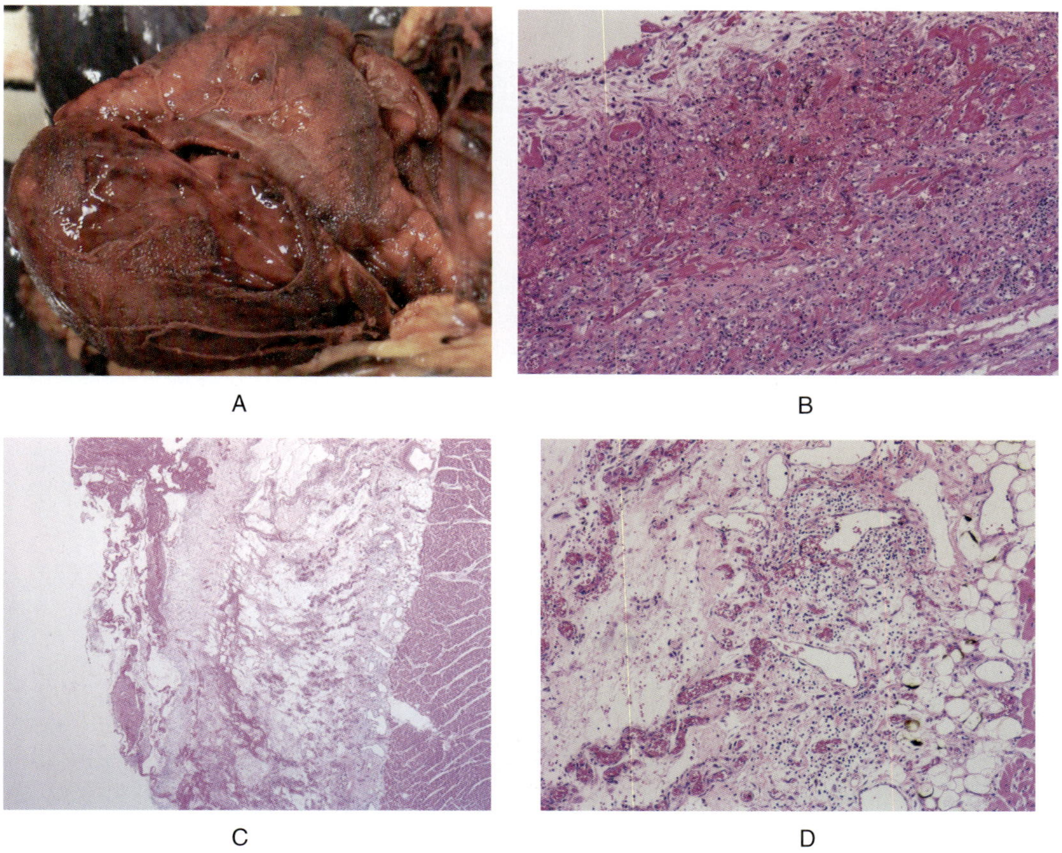

图 6-24　纤维素性心包炎

A. 心包炎大体观；B. 显微镜下见心包增厚，纤维素渗出，局部见灶性出血、组织坏死伴大量炎细胞浸润（HE 100×）；C. 显微镜下见心外膜增厚，大量纤维素渗出（HE 40×）；D. 显微镜下见心外膜纤维素渗出，炎细胞浸润，可见成纤维细胞（HE 100×）。

8. 心脏传导系统疾病及其他

心脏传导系统是一种形成正常冲动并传导冲动的特殊心肌组织，由窦房结、结间束、房室结、希氏束、左右束支及浦肯野细胞构成。冲动在窦房结形成，通过结间束抵达房室结及左心房，再通过希氏束传导至浦肯野细胞使心室肌激动，完成一次心传导周期。心脏传导系统受副交感和交感神经支配，当心脏传导系统发生病变时，如炎症、纤维化（图 6-25）、供血障碍（图 6-26）、脂肪浸润（图 6-27）、发育异常、代谢障碍、传导组织肿瘤、出血等，均可引起猝死。

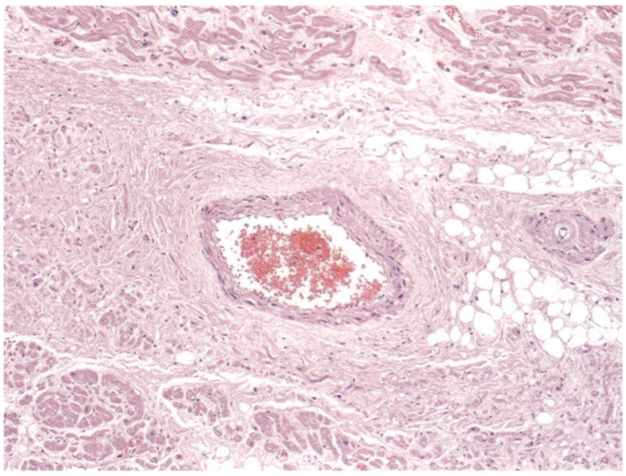

A

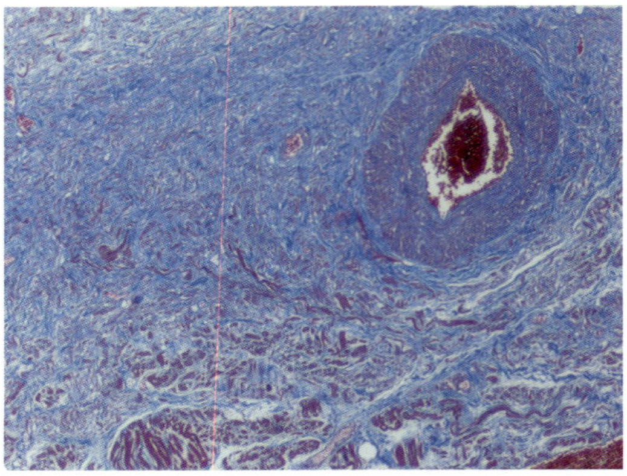

B

图 6-25　窦房结区重度纤维化镜下观

A. 窦房结区大量纤维组织，窦房结起搏细胞减少（HE 40×）；B. 窦房结区大量纤维组织（Masson 染色 40×）。

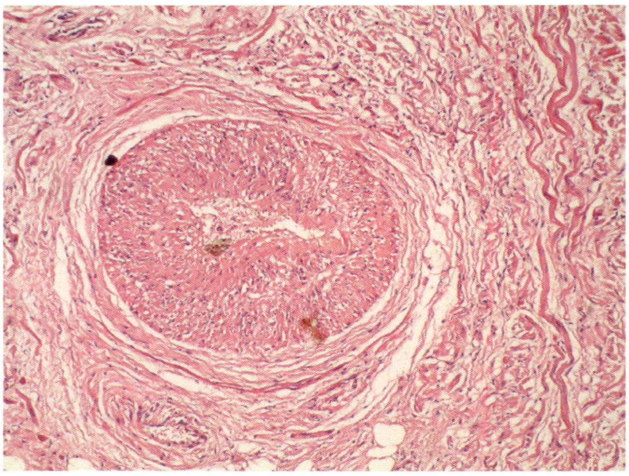

图 6-26　窦房结动脉狭窄镜下观

窦房结动脉管壁增厚，管腔严重狭窄（HE 100×）。

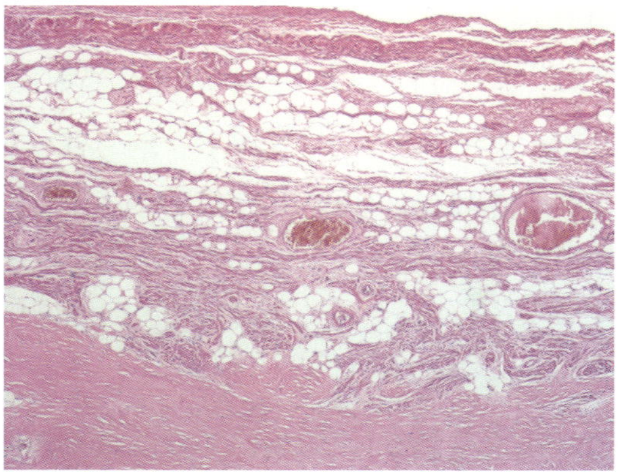

A

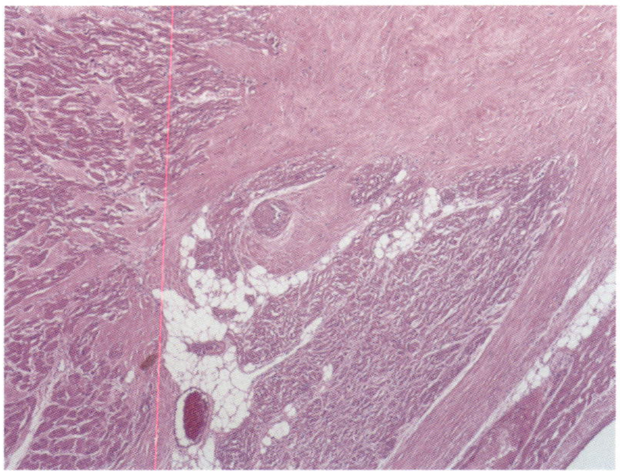

B

图 6-27　心脏传导系统脂肪组织浸润镜下观

A. 房室结区脂肪组织浸润（HE 40×）；B. 房室结区脂肪组织浸润、灶性纤维化，动脉狭窄（HE 40×）。

（二）呼吸系统疾病

1. 急性喉阻塞

上呼吸道内各种病变引起喉腔狭窄甚至闭塞而产生呼吸困难，称为急性喉阻塞。引起喉阻塞的原因包括急性会厌炎（图 6–28）、咽后壁脓肿（图 6–29）、咽部肿瘤（图 6–30）等。

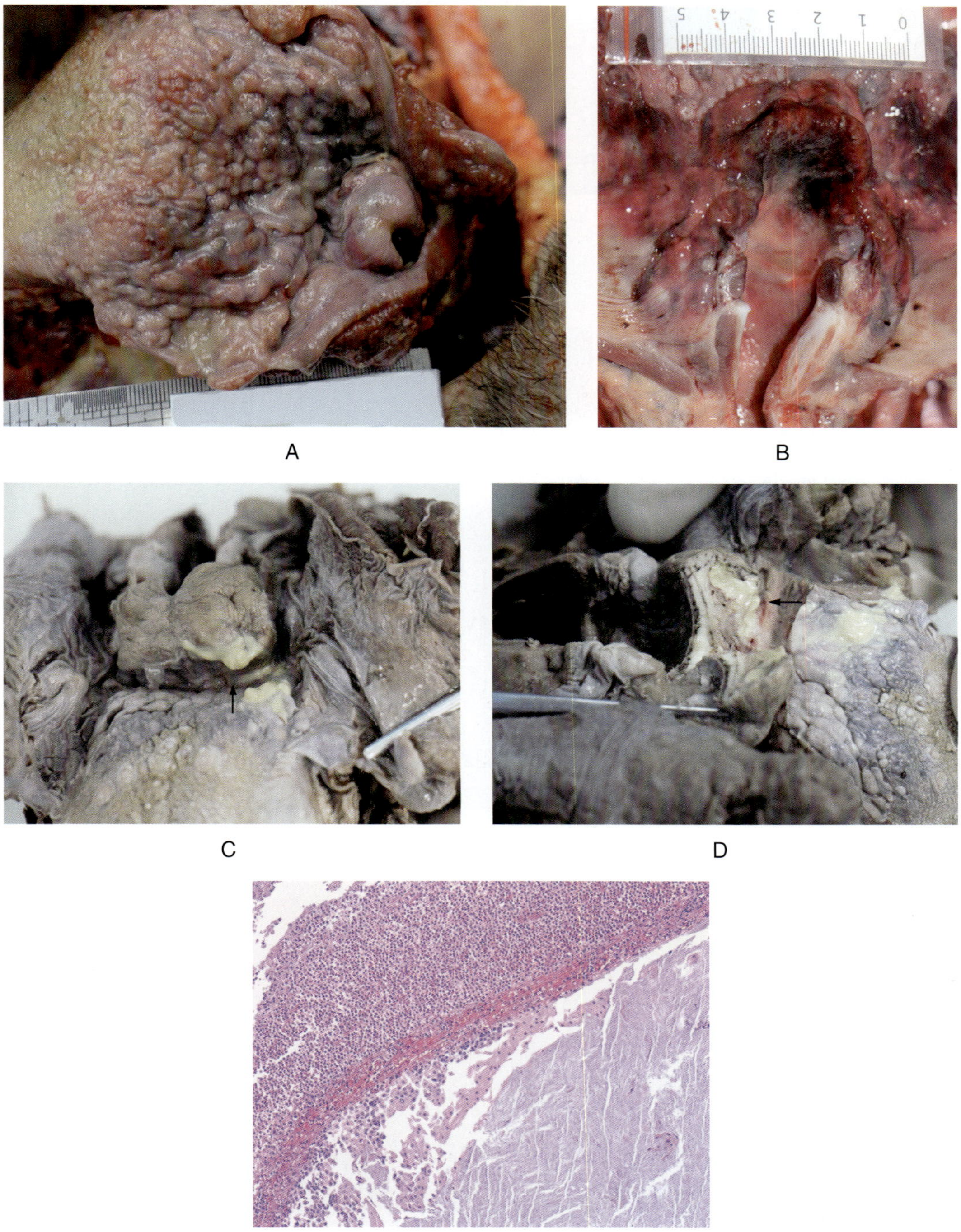

A B

C D

E

图 6–28 急性会厌炎

A—B. 会厌肿胀大体观；C. 会厌部脓肿形成，表面有黄色脓性物质渗出（↑）；D. 会厌切开见会厌部黄色脓肿灶（↑）；E. 显微镜下见会厌软骨外大量炎细胞浸润（HE 100×）。

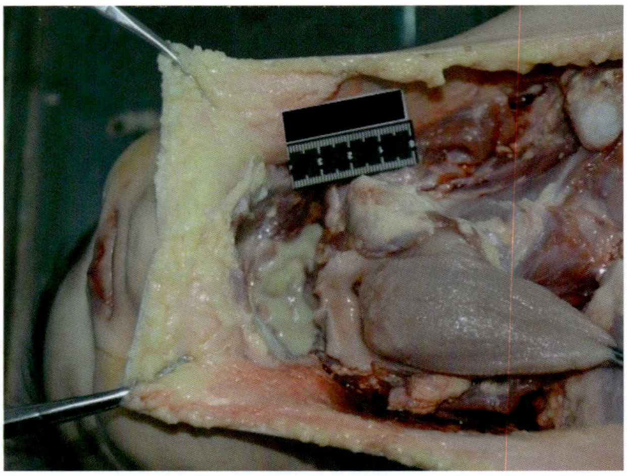

图 6-29　咽后壁脓肿

咽后壁黄色黏稠状脓液附着。

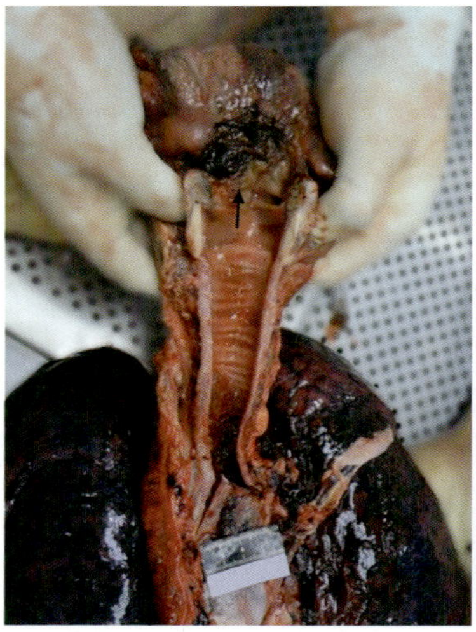

A

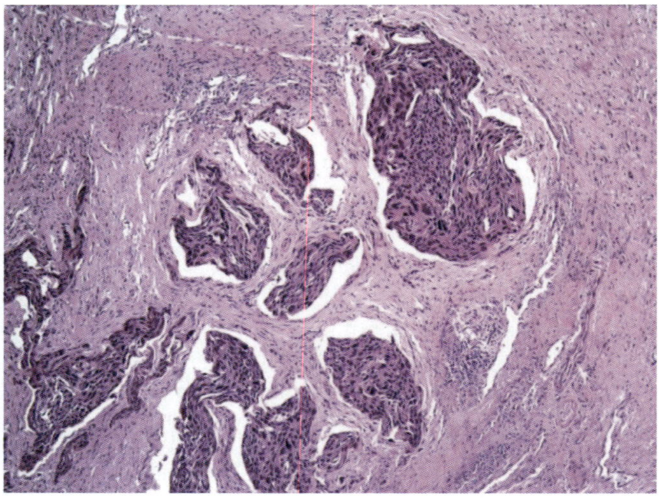

B

图 6-30　咽部鳞状细胞癌

A. 左侧会咽部见菜花状肿块（↑）；B. 显微镜下见左侧咽部癌巢形成，其内未见角化珠，癌细胞体积小、胞浆少、异型性明显（HE 200×）。

2. 肺炎及其他肺疾病

肺炎是呼吸系统的常见病、多发病。据 WHO 调查，肺炎死亡率占呼吸系统急性感染死亡率的 75%。某些类型的肺炎发生在小儿、年老体弱者可导致猝死。根据病变部位不同，肺炎可分为大叶性肺炎（图 6-31）、小叶性肺炎（图 6-32）和间质性肺炎（图 6-33）。

其他肺疾病可见支气管哮喘（图 6-34）、肺透明膜病（图 6-35）、肺脓肿（图 6-36）、肺结核（图 6-37）、肺细菌性感染（图 6-38）等。

肺部真菌感染较少见，毛霉菌病是由毛霉目真菌引起的一种罕见的侵袭性真菌感染，肺毛霉菌病（图 6-39）病情进展迅速，但其临床表现缺乏特异性，亦无敏感的血清学标志物，病原学培养阳性率低，病理活检在病情危重患者中难以进行，均给早期诊断带来了极大的挑战；曲菌性肺炎（图 6-40）患者往往全身或肺部抵抗力降低。

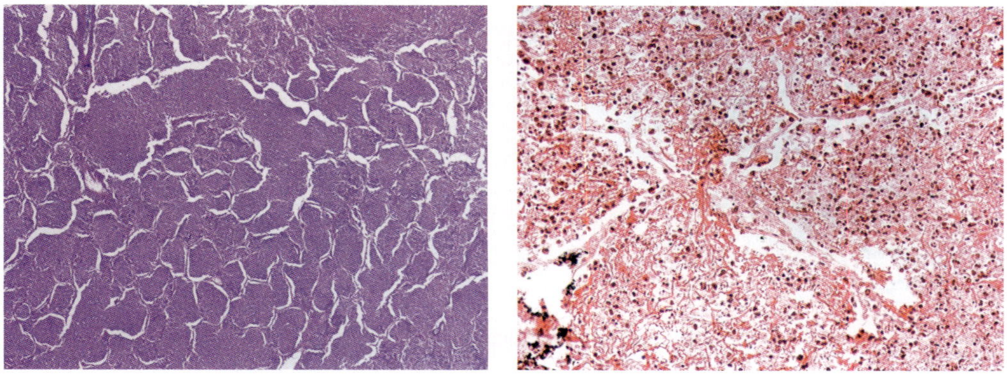

A　　　　　　　　　　B

图 6-31　大叶性肺炎镜下观

A. 肺泡腔内大量中性粒细胞和纤维素（HE 40×）；B. 肺泡腔内中性粒细胞和纤维素，渗出的纤维素通过肺泡间孔与相邻肺泡内的纤维素网相互连接，最终融合成片（HE 200×）。

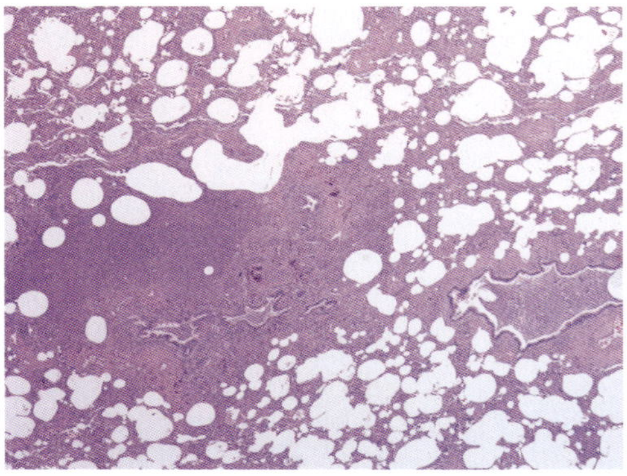

图 6-32　小叶性肺炎镜下观

肺组织内见以中性粒细胞为主的炎细胞聚集，病变以细支气管为中心（HE 40×）。

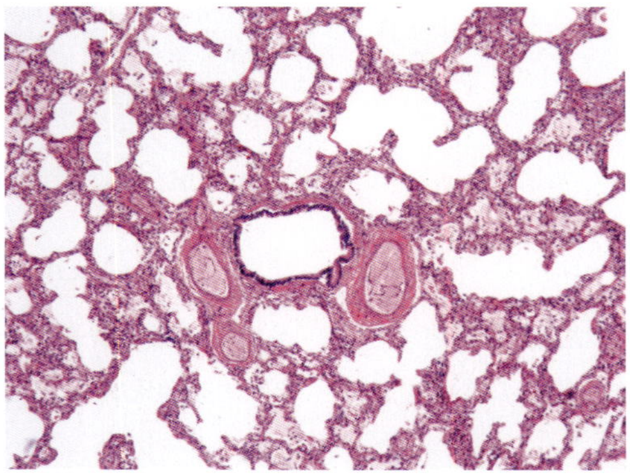

图 6-33　间质性肺炎镜下观

肺泡间隔增宽，肺间质单核、淋巴细胞浸润（HE 40×）。

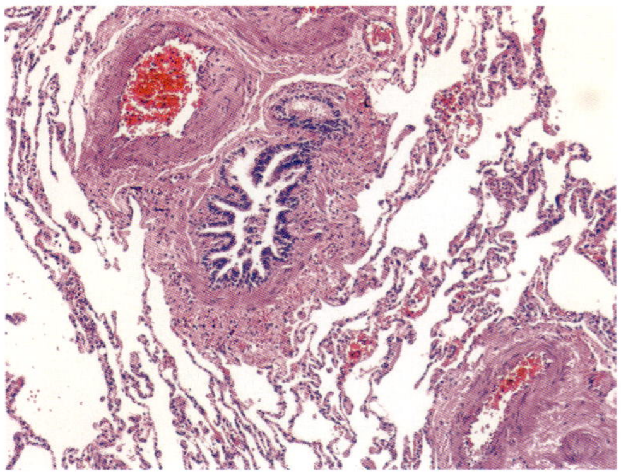

图 6-34　支气管哮喘镜下观

细小支气管平滑肌增生，管腔挛缩呈花边样，腔内见脱落的上皮细胞及渗出物（HE 40×）。

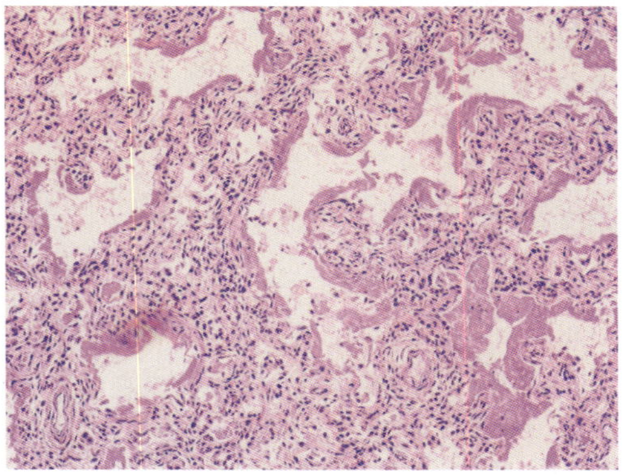

图 6-35　肺泡壁透明膜镜下观

肺泡壁透明膜形成，呈均匀粉染（HE 40×）。

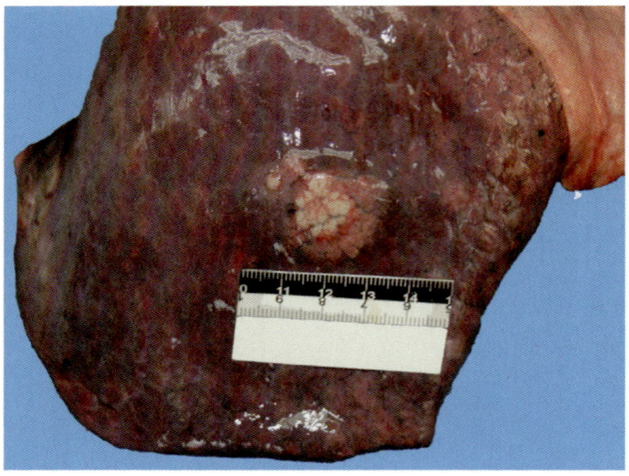

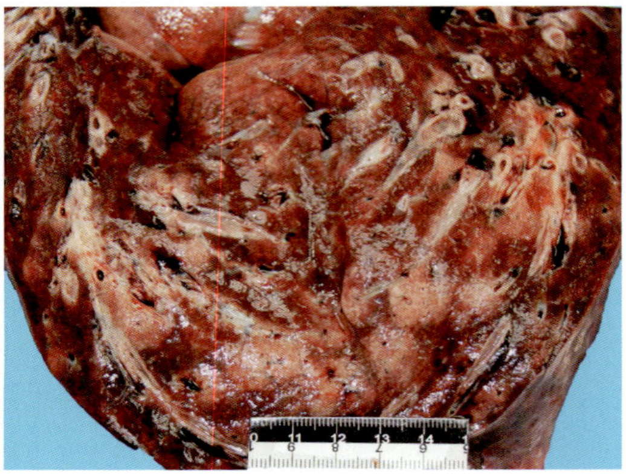

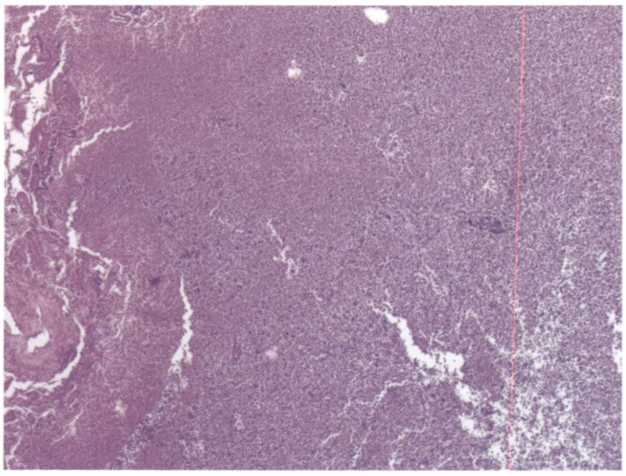

图 6-36　肺脓肿

A. 肺表面见灰白色、类圆形脓肿灶；B. 肺脓肿切面观，白色团块为脓肿灶；C. 显微镜下见肺组织结构崩解、消失，脓肿灶内见大量的炎细胞浸润（HE 40×）。

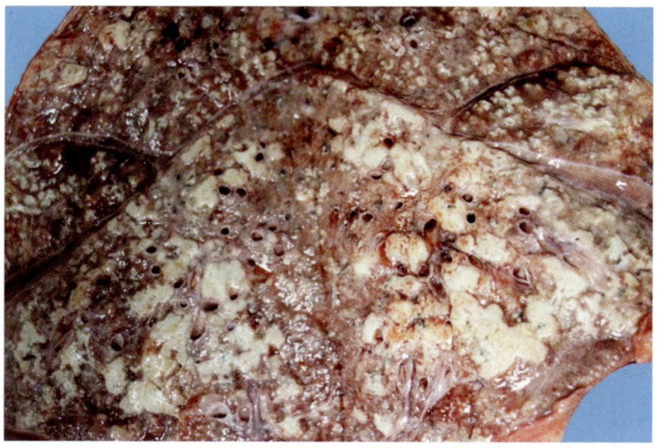

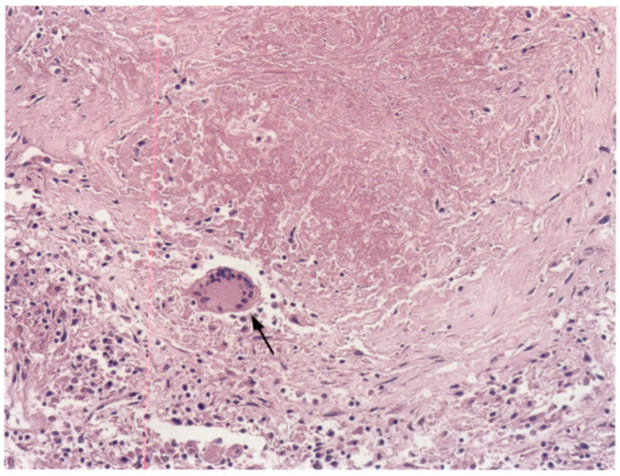

图 6-37　肺结核

A. 肺切面见弥漫性大小不等的白色结核灶；B. 显微镜下见肺内结核结节形成（↑），结节中央为干酪样坏死物质，结节周边见体积较大的多核细胞（朗汉斯巨细胞）和炎细胞、成纤维细胞围绕（HE 100×）。

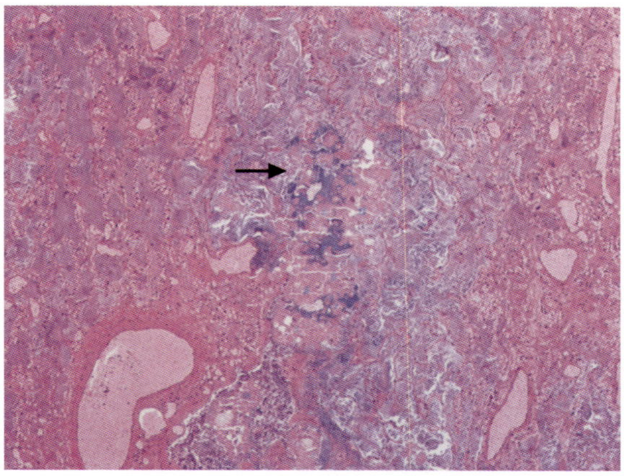

图 6-38 肺细菌性感染镜下观

肺泡腔见大量菌落（↑），肺泡壁坏死，细
支气管腔内大量菌落及坏死物（HE 40×）。

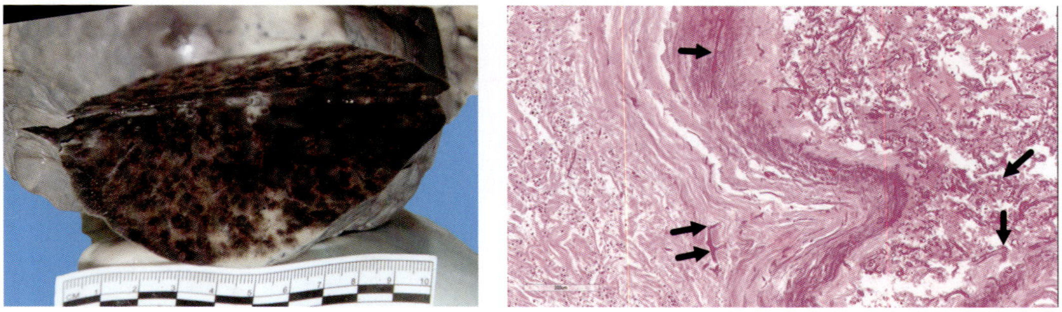

A　　　　B

图 6-39 肺毛霉菌感染

A. 切面见肺内弥漫性片状出血；B. 显微镜下，肺组织内见粗短的直角分支的毛霉菌（↑）和坏死物（HE 40×）。

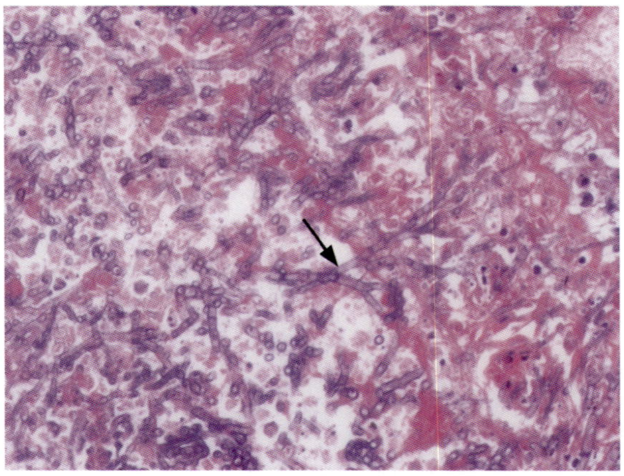

图 6-40 曲菌性肺炎镜下观

肺组织内见杆状的曲菌菌丝（↑）（HE 400×）。

（三）消化系统疾病

1. 肝脏相关疾病

肝硬化是各种原因所致的肝的终末性病变（图 6-41），其特点为弥散性全肝性的小叶结构的破坏、弥散的纤维组织增生、肝细胞再生形成不具有正常结构的假小叶。多囊肝是一种罕见的遗传性疾病，常被定义为肝脏弥漫性多发囊肿（图 6-42）。其他在实践中观察到的肝脏疾病有肝癌（图 6-43）、肝脓肿（图 6-44）、肝海绵状血管瘤（图 6-45）、肝内胆管结石（图 6-46）、肝内胆管炎症（图 6-47）等。

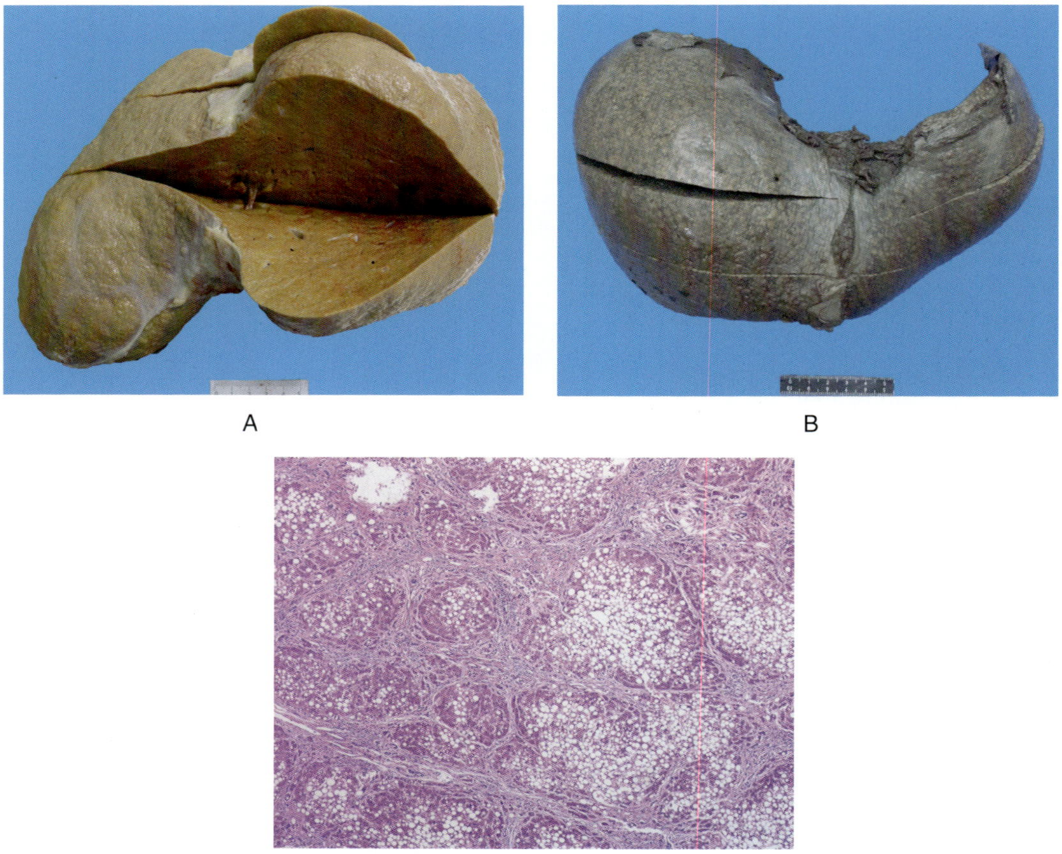

A　　B

C

图 6-41　肝硬化

A. 肝表面弥散性细小结节，肝表面及切面呈土黄色；B. 肝表面见弥散性细小结节；C. 显微镜下见肝细胞正常肝小叶结构破坏、消失，由弥漫性增生的纤维结缔组织将肝细胞包绕形成岛屿状假小叶，假小叶内大量肝细胞脂肪变性（HE 40×）。

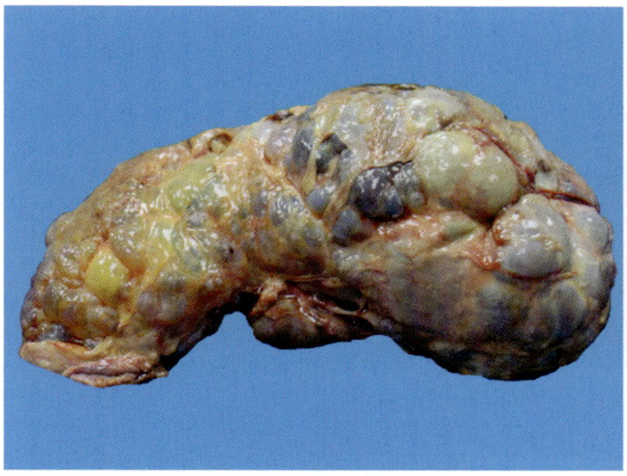
A
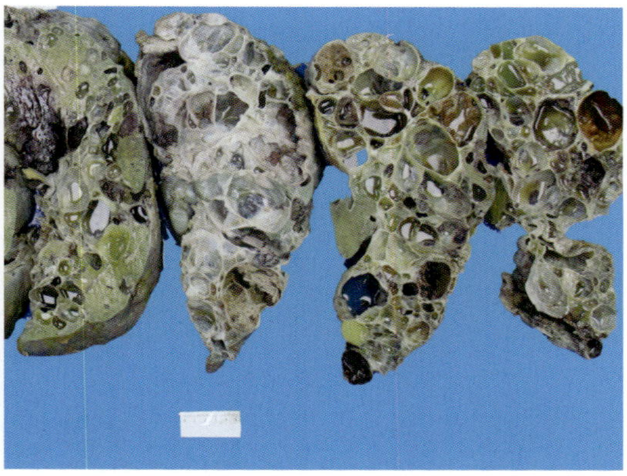
B

图 6-42　肝多发性囊肿

A.肝表面大量囊性凸起，大小不一，又称“多囊肝”；B.肝固定后切面见弥散性、多发性囊泡，正常肝组织减少。

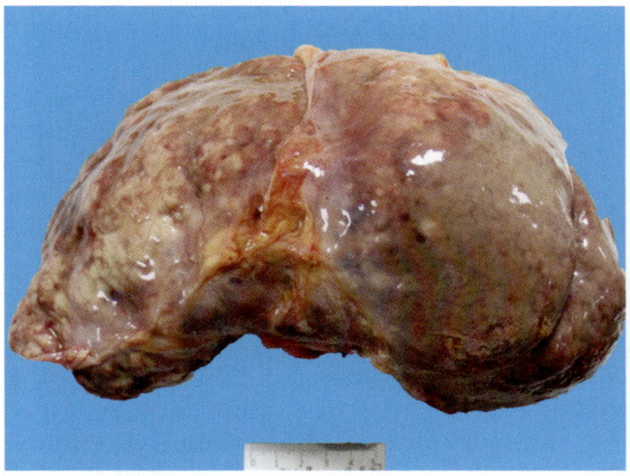
A
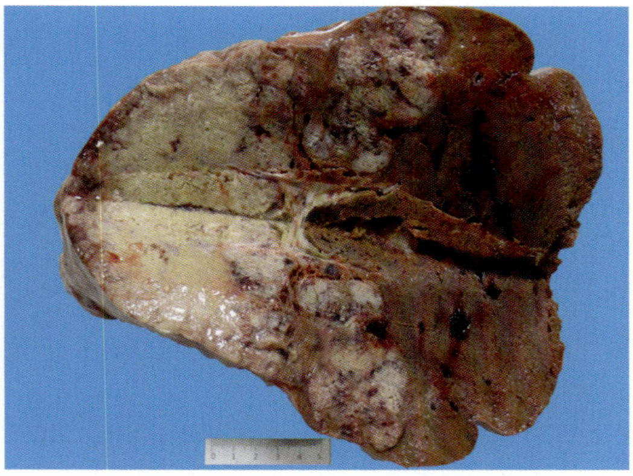
B
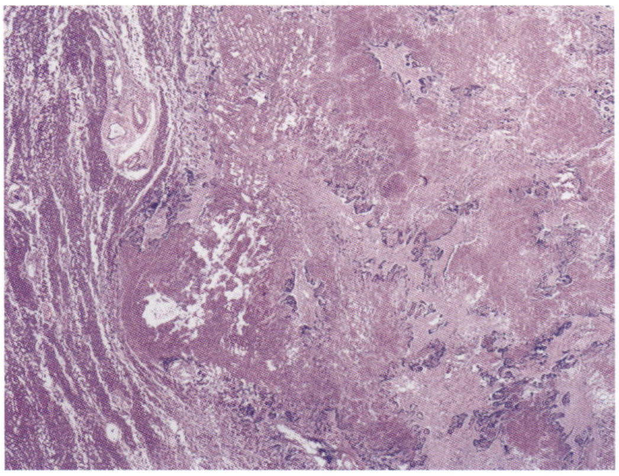
C
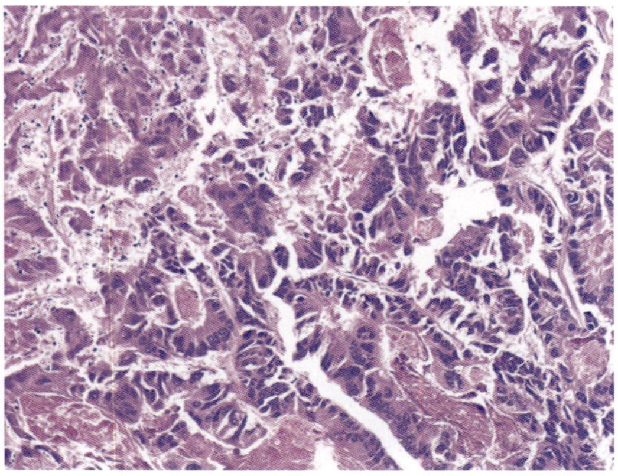
D

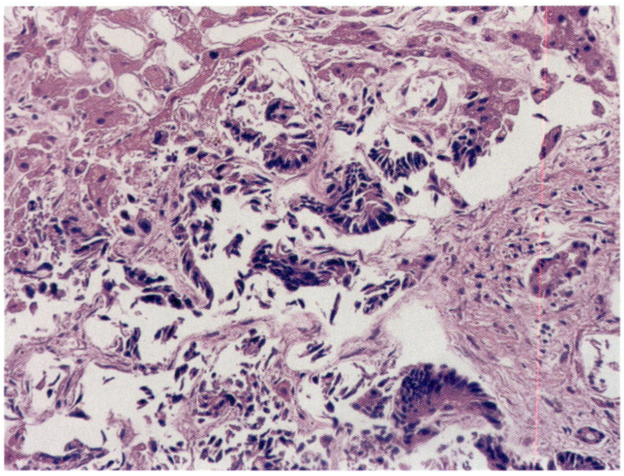

E

图 6-43　肝癌

A.肝表面见土黄色隆起灶；B.肝切面呈土黄色，散在椭圆形病变灶，大小不一，边界模糊；C.显微镜下见正常肝小叶结构消失，部分肝细胞核增大分裂，呈异型性，异形的细胞排列呈腺管样（HE 40×）；D.显微镜下见肝细胞核呈异形性，异形的细胞排列呈腺管样（HE 200×）；E.显微镜下见肝细胞核呈异形性，核大深染，周边肝细胞坏死，胞质深染（HE 200×）。

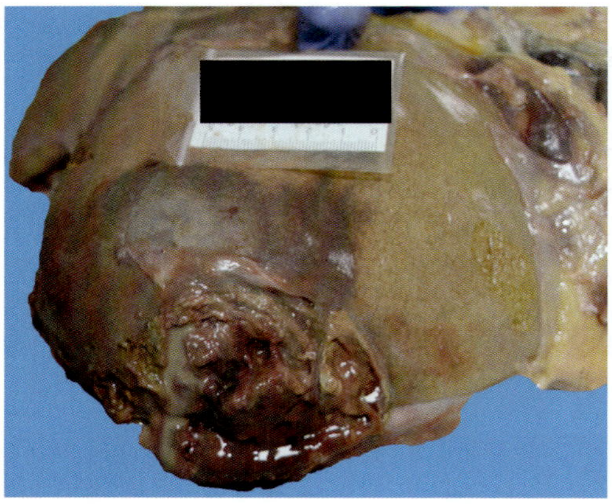

A

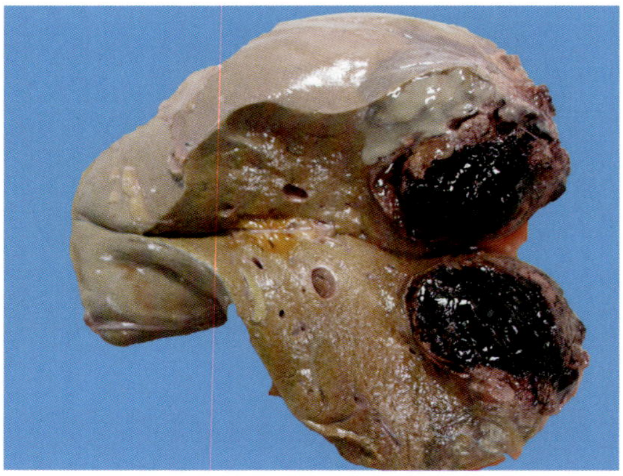

B

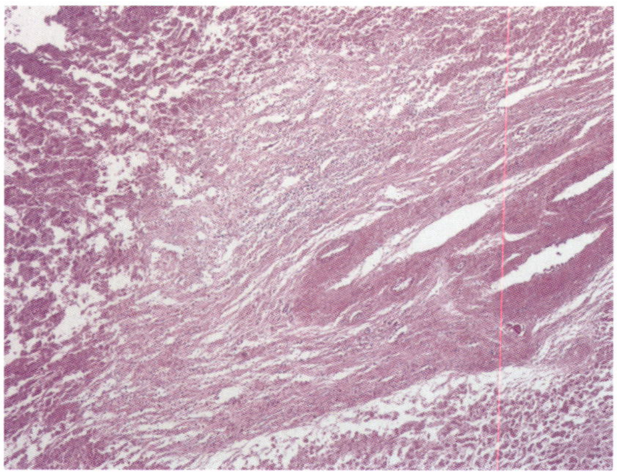

C

图 6-44　肝脓肿

A.肝右叶巨大暗红色坏死灶，脓性液体流出；B.肝切面见巨大暗红色血肿，其周围见脓腔，脓性液体流出；C.显微镜下见正常肝小叶结构消失，间质纤维结缔组织增生（HE 100×）。

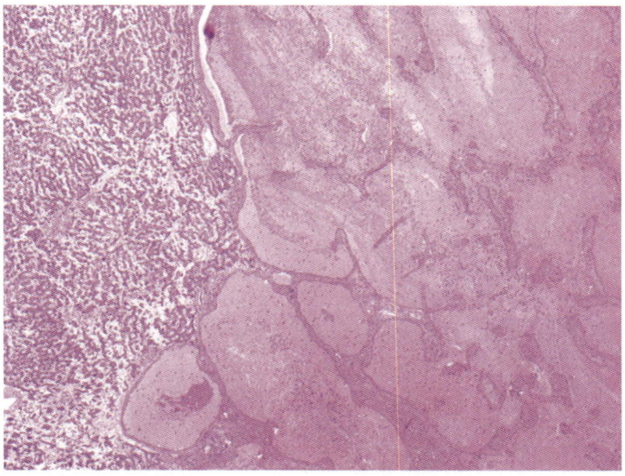

图 6-45　肝海绵状血管瘤镜下观

大小不一、扩张的囊状血窦，血窦壁内衬覆一层内皮细胞，血窦内充满红细胞，血窦之间被纤维结缔组织分隔（HE 40×）。

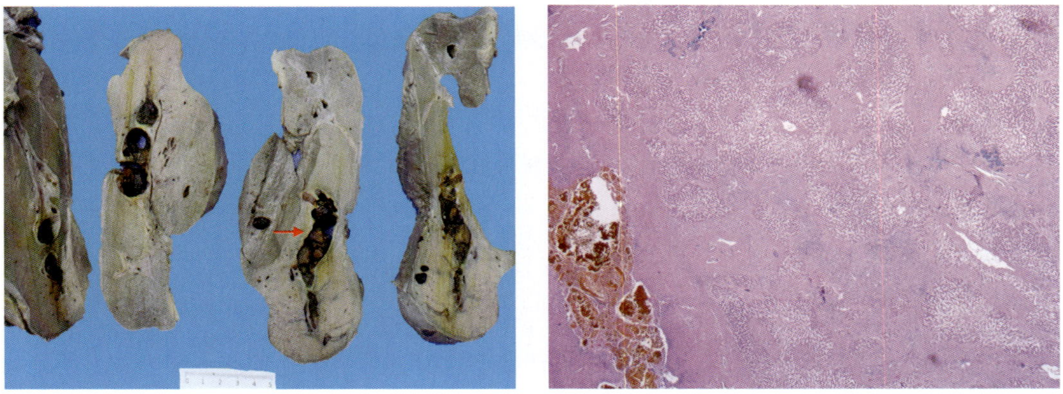

A

B

图 6-46　肝内胆管结石

A. 大体观可见胆管内结石；B. 显微镜下见肝细胞正常肝小叶结构破坏、消失，由弥漫性增生的纤维结缔组织将肝细胞包绕形成岛屿状假小叶，胆管内见结石（HE 40×）。

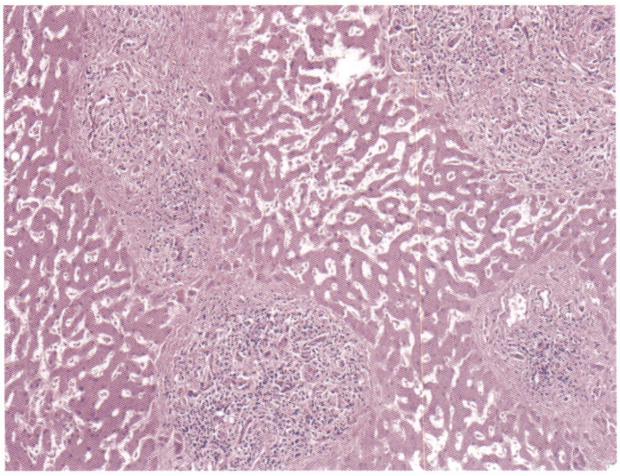

图 6-47　肝内胆管炎镜下观

汇管区胆小管周围见大量炎细胞浸润及纤维结缔组织增生（HE 100×）。

2. 胰腺相关疾病

急性出血性坏死性胰腺炎是猝死的常见原因之一，表现为上腹部剧烈疼痛，向腰背部扩散，病情常迅速恶化，出现休克而死亡。尸检可见胰腺体积增大肿胀，呈暗红色或暗紫红色，可见出血坏死，显微镜下可见胰腺组织有大片凝固性坏死，细胞结构模糊不清，坏死灶边缘有中性粒细胞和单核细胞浸润（图 6–48）。

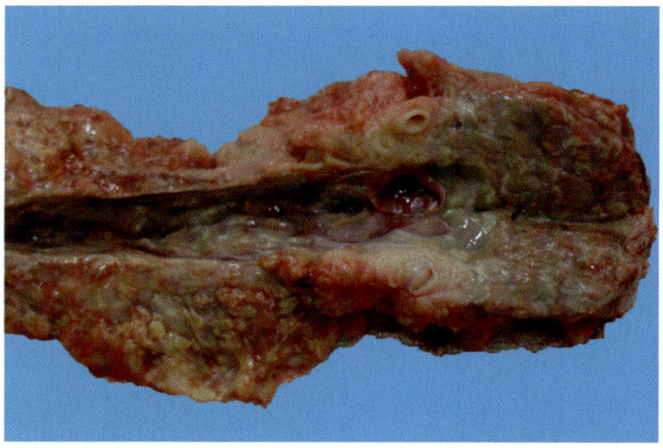

A

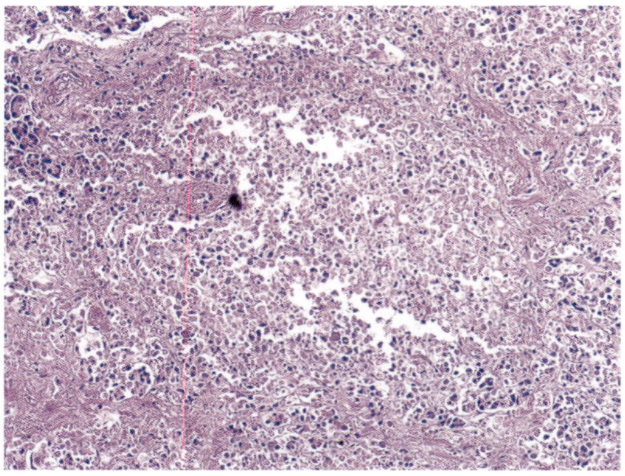

B

图 6–48　急性坏死性胰腺炎

A. 胰腺肿胀明显，切开见脓性液体；B. 显微镜下见胰腺组织大片状坏死、组织结构崩解，周边可见大量炎细胞浸润（HE 100×）。

3. 消化道相关疾病

胃部疾病引起的猝死有急性胃扩张与慢性胃溃疡急性穿孔等。急性胃扩张较少见（图 6–49），其临床起病急骤，病情发展迅速，严重者常可因胃极度扩张或自发性胃破裂而猝死。慢性胃溃疡急性穿孔破裂（图 6–50）可致弥漫性腹膜炎引起猝死。

小肠段疾病引起的死亡有各种原因导致的小肠完全性梗阻并肠坏死（图 6–51），如肠扭转（图 6–52）、肠系膜裂孔疝（图 6–53）等，急性细菌感染可引起小肠急性出血性坏死性肠炎（图 6–54），在部分尸检中可见回肠远端美克尔憩室（图 6–55）。

回盲部及结肠段引起的死亡有急性阑尾炎及结肠炎（图 6–56）、回盲部肠套叠（图 6–57）、先天性巨结肠并肠梗阻（图 6–58）等。

严重的急性化脓性腹膜炎（图 6–59）可发生猝死，而消化道的穿孔及坏死或其他原因引起的腹腔感染亦可致急性腹膜炎（图 6–60）。

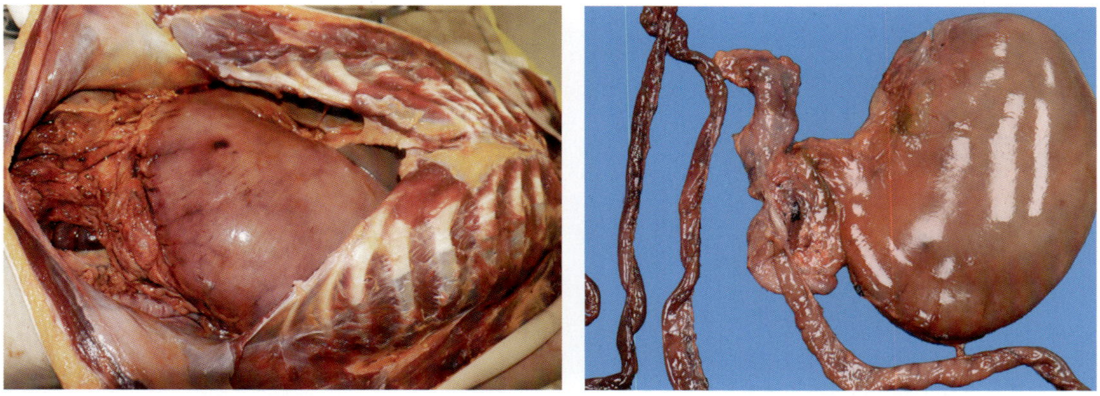

A B

图 6-49 急性胃扩张

A. 腹腔大体观，胃体积增大呈高度扩张状；B. 胃体积增大呈高度扩张状，胃及胃内容物重 800g，体积为 30cm×20cm×6.5cm。

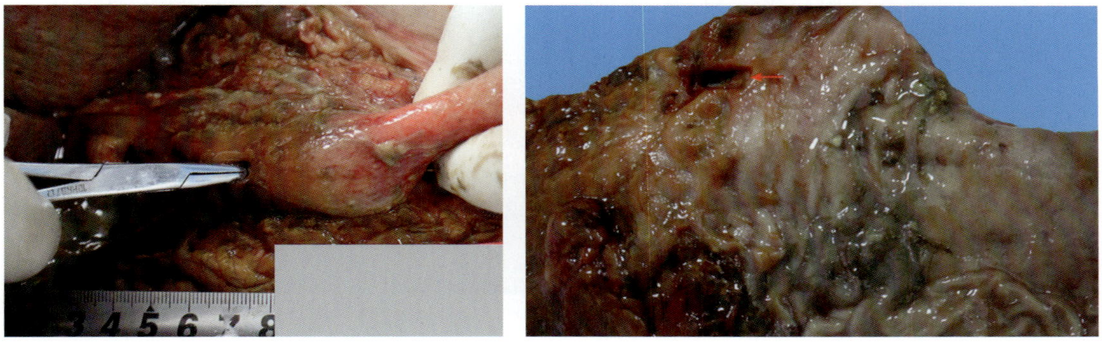

A B

图 6-50 慢性胃溃疡急性穿孔

A—B. 胃小弯侧幽门部见破口，探查证明贯通胃壁全层。

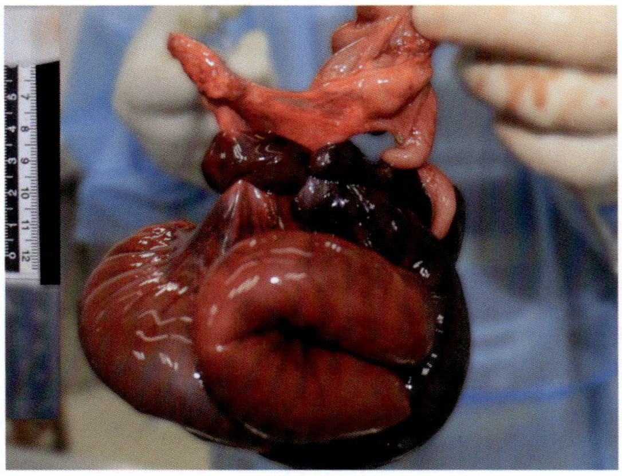

图 6-51 小肠完全性梗阻并肠坏死

小肠多袢样缠结，坏死肠管呈暗红色样改变。

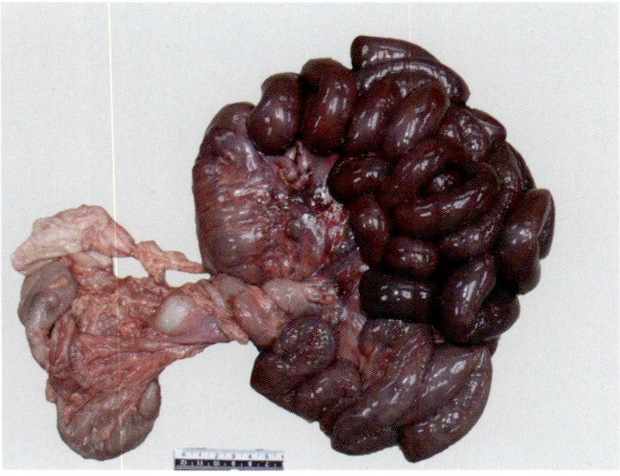

图 6-52 肠扭转并肠坏死

肠系膜扭转，坏死肠段呈暗红色改变。

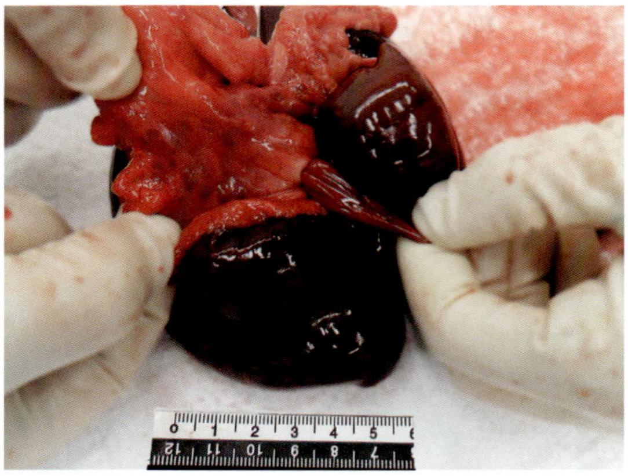

A

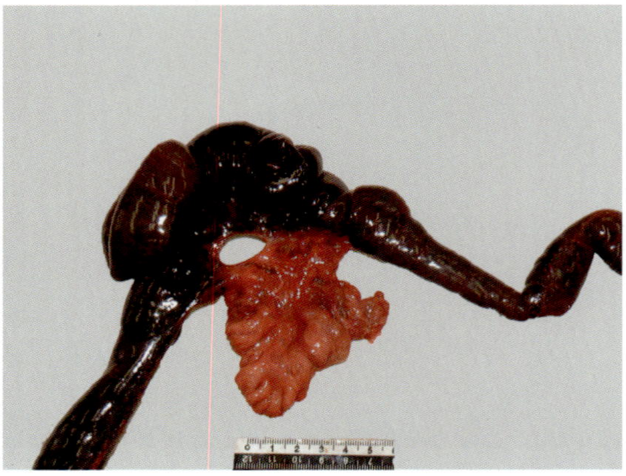

B

图 6-53 肠系膜裂孔疝

A. 部分肠管从嵌顿于肠系膜裂孔中；B. 肠管释压后，可见肠系膜裂孔，及坏死肠段呈暗红色改变。

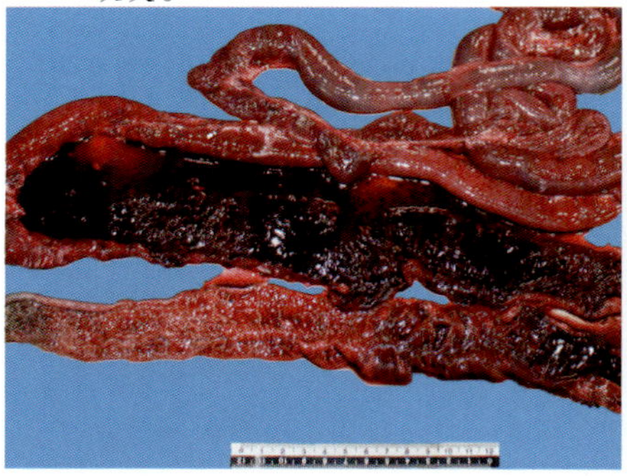

图 6-54 急性出血性坏死性肠炎

小肠壁呈深红色改变，肠腔充满血性液体。

图 6-55 美克尔憩室

末端回肠壁上的指状突出物，为卵黄肠管部分未闭所遗留下来。

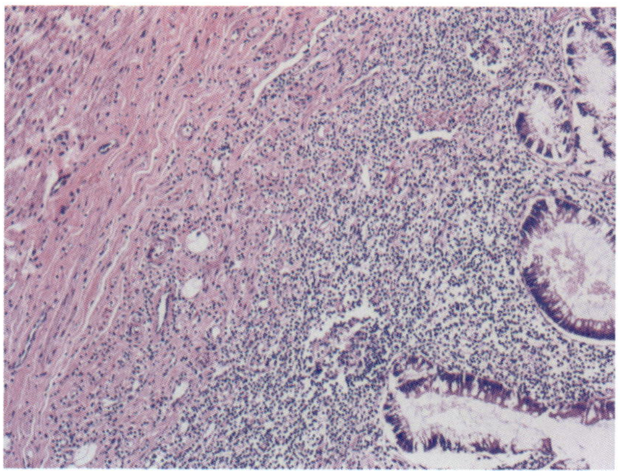

图 6-56 急性阑尾炎镜下观

阑尾黏膜及黏膜下层大量炎细胞浸润（HE 100×）。

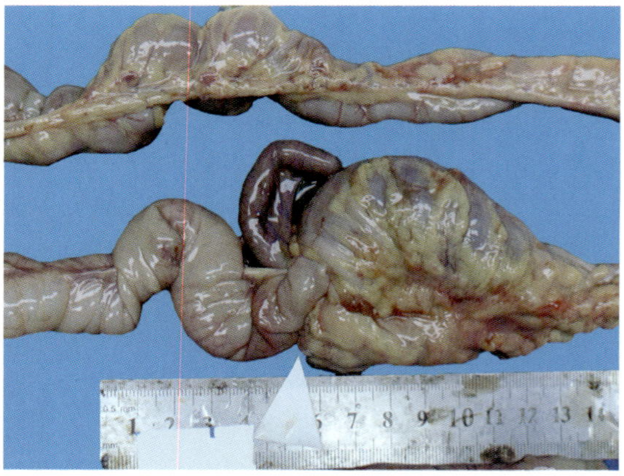

图 6-57 回盲部肠套叠

部分回肠及阑尾套叠嵌入结肠。

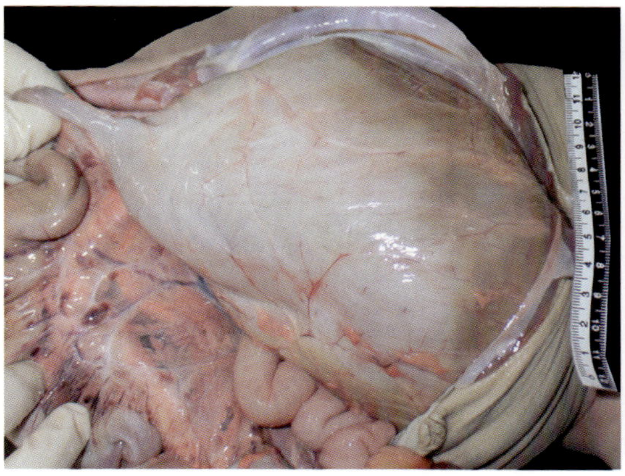

图 6-58　先天性巨结肠并肠梗阻

乙状结肠显著扩张，其内粪便淤积，并发肠梗阻。

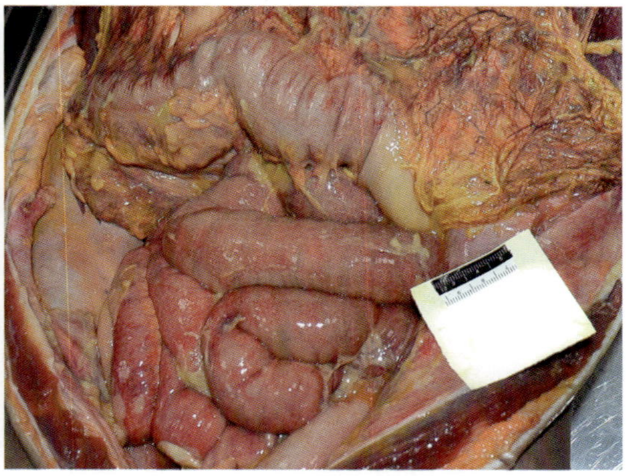

图 6-59　急性弥漫性化脓性腹膜炎

肠管表面及肠系膜见脓苔附着，肠管红肿。

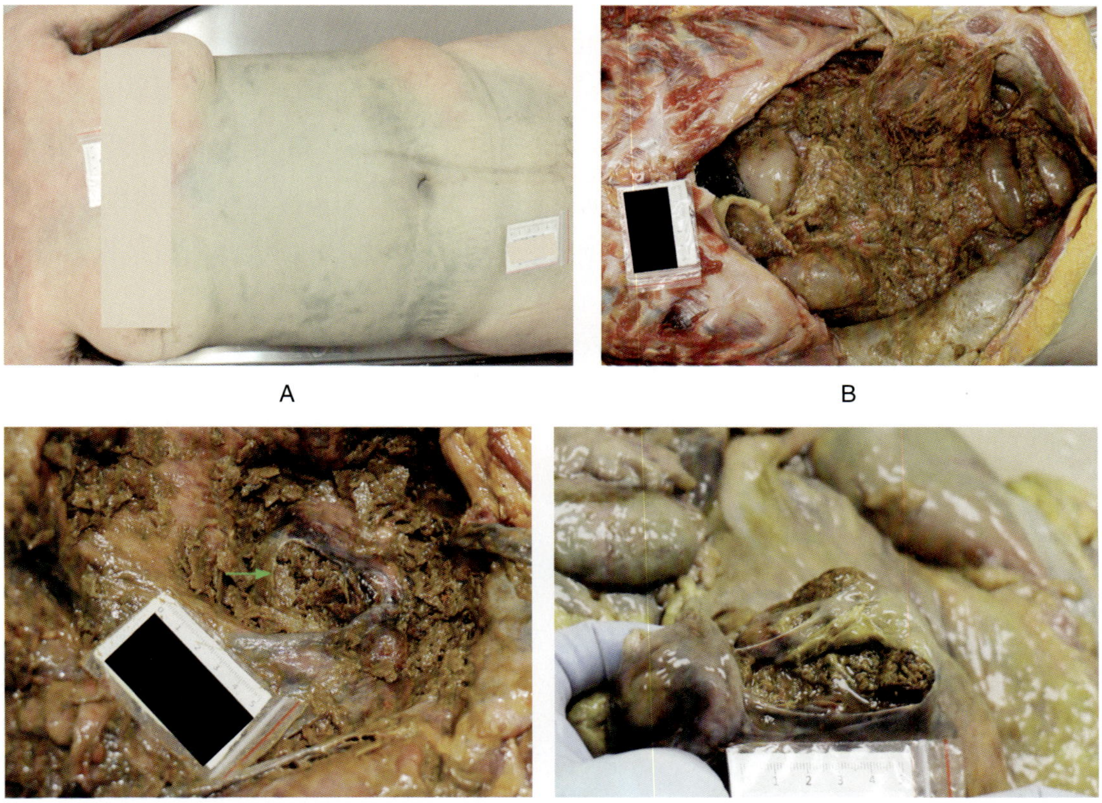

A　B　C　D

图 6-60　肠穿孔继发急性腹膜炎

A. 死后第 2 天，腹部皮肤呈“尸绿样”改变；B. 腹腔内见大量粪便，大网膜与腹膜粘连；C. 距肛门约 25cm 处，乙状结肠肠管前面偏右侧浆膜破裂口，肠壁水肿、充血及坏死，周围大量肠内容物附着；D. 乙状结肠见 5cm×2cm 破裂口，浆膜破裂口边缘光滑、水肿。

案例

案情简介： 老年男性，因偏瘫13年余一直口服中药，某日出现持续咳痰。3d后，因“呼吸困难3d，加重伴意识丧失10h”至医院抢救，一直处于深昏迷，7d后宣告死亡。

解剖检验： 营养较差，双侧胸廓膨隆呈桶状胸，舟状腹。

双肺胸膜广泛粘连、胸膜增厚，以右侧为重。食管中下段见7.0cm×6.0cm的巨大不规则溃疡面，边缘隆起，并凸向食管腔内（图6–61），中间凹凸不平、组织碎裂伴淡黄绿色胃内容物附着。钝性分离食管占位性病变至纵隔，见该占位性病变呈灰白色、形状不规则，大小为10.0cm×7.0cm×4.0cm，有包膜，与周围组织界限不清，并压迫肺、肺门周围组织、食管及气管等周围组织（图6–62）。纵隔不规则灰白色占位压迫右肺上、中叶，形成8.5cm×4.5cm×2.5cm肺段塌陷，压迫处肺被膜欠完整，分界不清，钝性分离占位性病变后，见右肺多发肺脓肿灶。

组织学检查： 食管–纵隔巨大灰白色占位性病变在镜下见大量核异型细胞聚集呈簇，形成大小不一珊瑚状的癌巢，簇内见多发类圆形层状角化珠形成，细胞核分裂象、异型性明显（图6–63），癌巢内见大量坏死物及中性粒细胞浸润，局部见崩解坏死的红细胞附着；癌巢周围间隙及周围近食管疏松结缔组织间散在成纤维细胞及大量单核、淋巴细胞浸润（图6–64），部分癌巢累及纵隔淋巴结，淋巴结多发坏死、间质纤维化。肺泡腔及细小支气管腔内见大量中性粒细胞及炎性渗出物（图6–65、图6–66），邻近的病灶相互融合成片，伴大量中性粒细胞、坏死液化组织，部分区域肺泡腔内见大量纤维素性坏死物渗出、沉积。

鉴定意见： 巨大食管癌伴周围组织压迫及侵犯，合并融合性支气管肺炎及肺脓肿，最终因多器官功能衰竭而死亡。

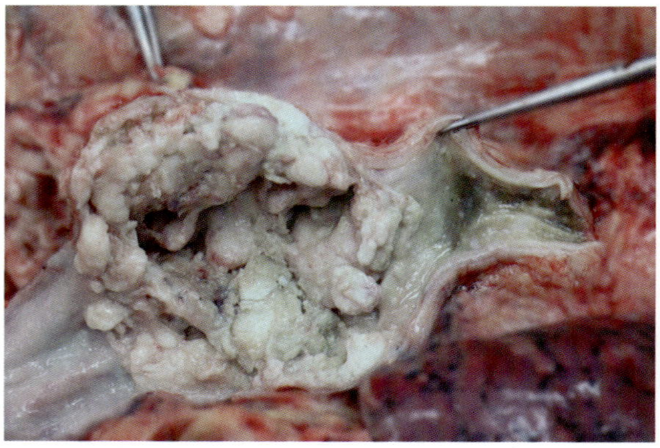

图6–61　食管–纵隔巨大食管癌，并形成溃疡

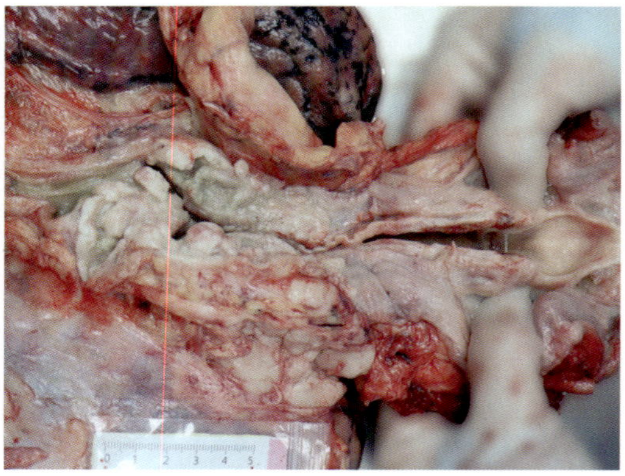

图6–62　食管癌占位、压迫、浸润右肺门

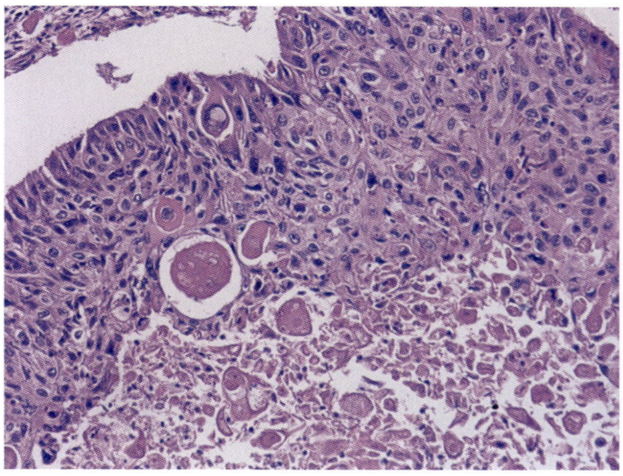
图 6-63 细胞核分裂象、异型性明显，簇内见多发类圆形层状角化珠形成（HE 200×）

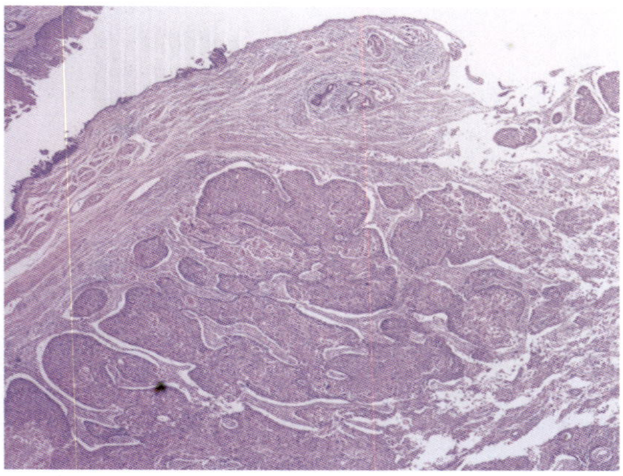
图 6-64 食管癌细胞广泛浸润伴大量炎细胞浸润（HE 20×）

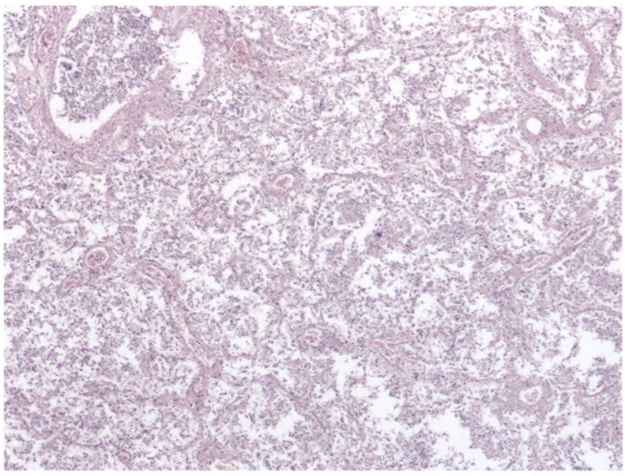
图 6-65 肺泡腔内大量炎细胞浸润（HE 40×）

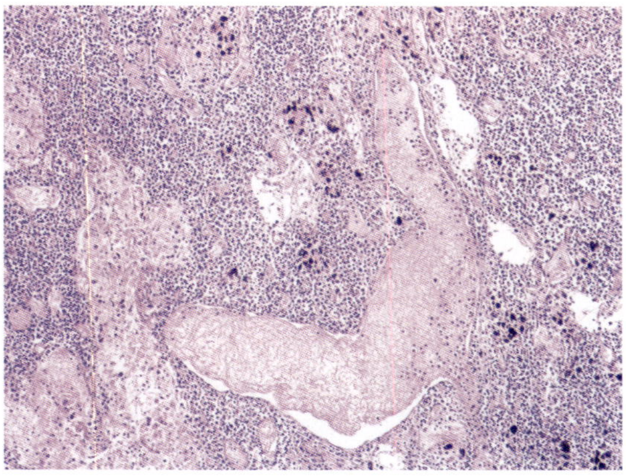
图 6-66 肺泡腔内大量炎细胞浸润（HE 100×）

（四）泌尿及生殖系统疾病

双肾融合会出现蹄铁形肾（图 6-67）、盘状肾、块状肾及“乙”形肾等。多囊肾（图 6-68）为常染色体显性遗传，初期保留大部分正常肾组织，随着囊肿增多、增大，继发感染加重，逐渐发展为肾衰竭。肾上腺疾病可见肾上腺炎症（图 6-69）和肾上腺肿瘤（图 6-70）。

结石可发生在肾盂（图 6-71）及输尿管（图 6-72）等处，导致出现一系列以泌尿系症状为主的疾病。

女性异位妊娠（图 6-73）导致输卵管破裂出血，临床表现为下腹部撕裂样疼痛，伴有恶心、呕吐，严重者发生失血性休克而死亡。黄体破裂（图 6-74）也是妇科常见的急腹症之一，好发于 14 ～ 30 岁的年轻女性。尸检偶见宫内死胎（图 6-75）。

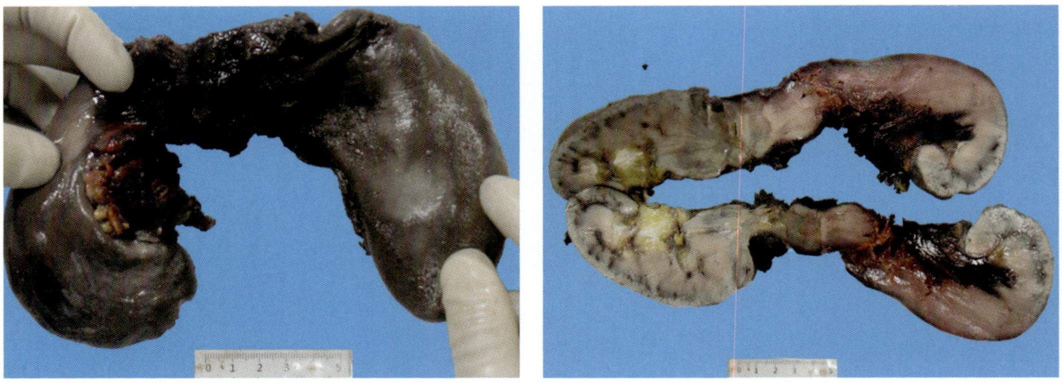

A　　　　　　　　　　　　　　　　　　　　B

图 6-67　马蹄肾

A. 两侧肾的上极或下极在脊柱大血管前相互融合在一起，形成“马蹄铁”形的先天性肾畸形；B. 两侧肾融合在一起，部分肾结构不清。

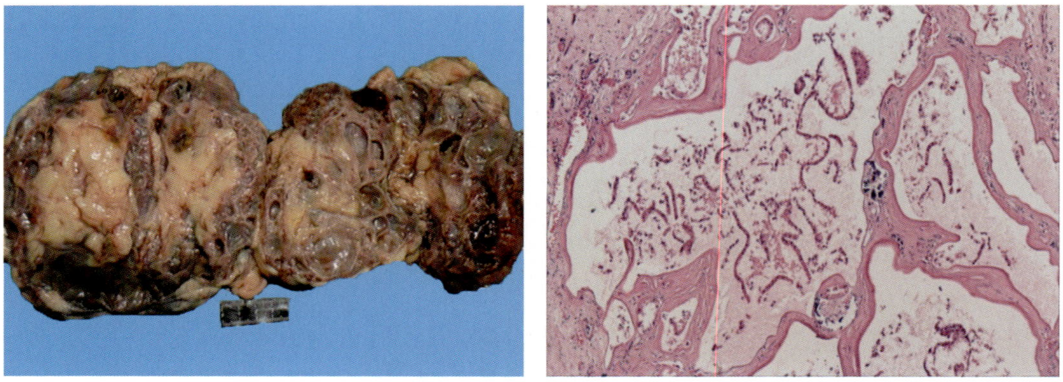

A　　　　　　　　　　　　　　　　　　　　B

图 6-68　多囊肾

A. 双肾切面，弥漫性多发性囊肿，囊腔大小不一，挤压并取代正常肾组织结构；B. 显微镜下见肾内多发性囊肿，囊腔内见脱落的上皮细胞和液体，正常肾组织被压缩、取代（HE 100×）。

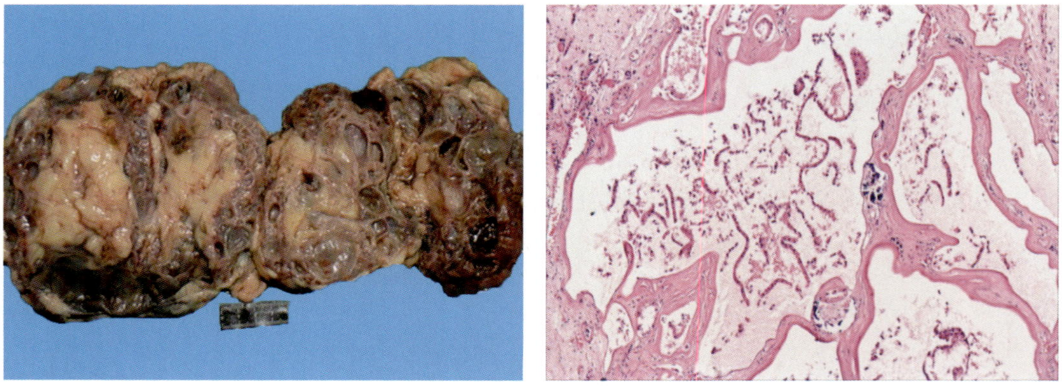

A　　　　　　　　　　　　　　　　　　　　B

图 6-68　多囊肾

A. 双肾切面，弥漫性多发性囊肿，囊腔大小不一，挤压并取代正常肾组织结构；B. 显微镜下见肾内多发性囊肿，囊腔内见脱落的上皮细胞和液体，正常肾组织被压缩、取代（HE 100×）。

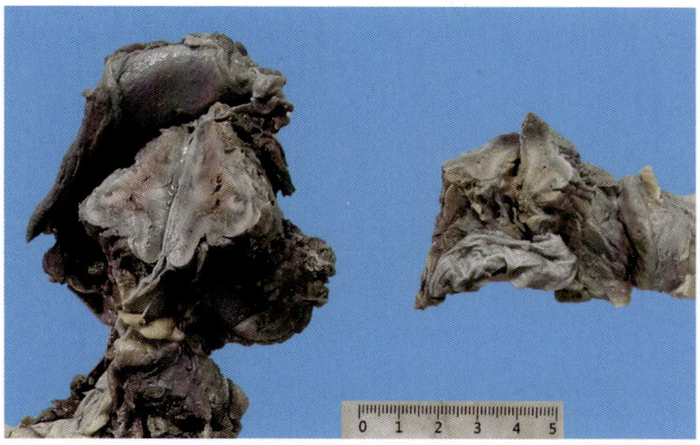

A

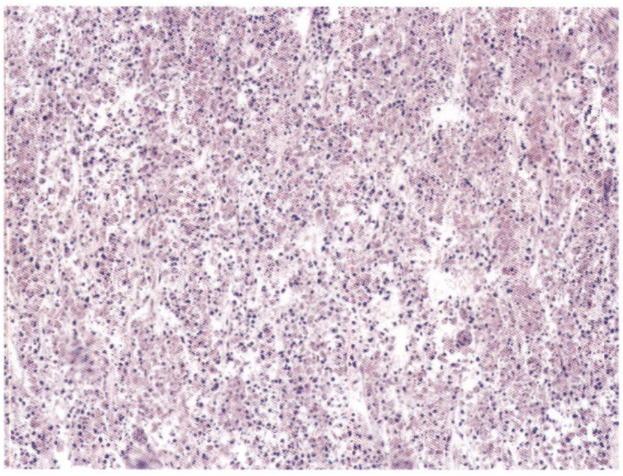

B

图 6-69 肾上腺炎症

A. 左侧肾上腺重 22.5g，右侧肾上腺重 13.2g，双侧肾上腺切面灰白；B. 显微镜下见双侧肾上腺广泛坏死，正常肾上腺结构消失，残存部分肾上腺细胞，肾上腺实质见弥漫性单核、淋巴细胞及少量中性粒细胞浸润（HE 40×）。

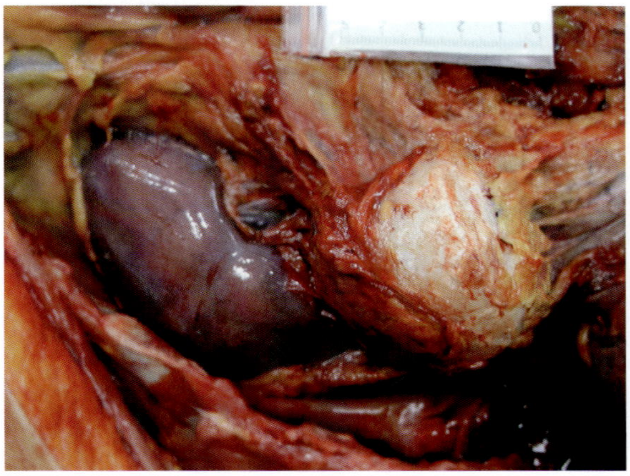

A

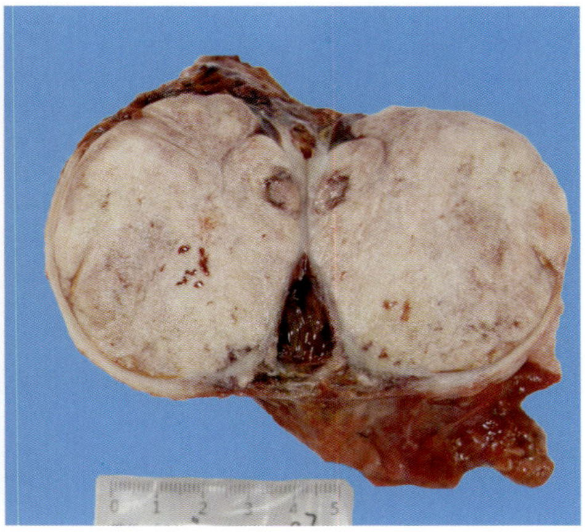

B

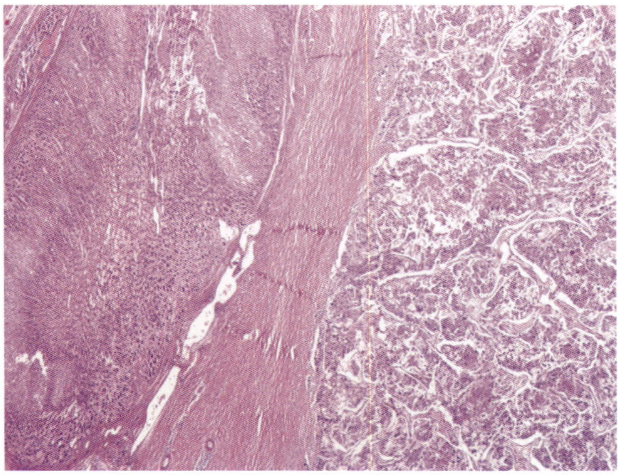

C

图 6-70 肾上腺肿瘤

A. 大体观见肾上腺肿大呈球形；B. 肾上腺切面观，肿瘤呈灰白色，外有包膜包裹；C. 显微镜下见肿瘤被致密纤维结缔组织构成的包膜包裹，其内肿瘤细胞呈腺管状排列，瘤细胞轻度多形性（HE 40×）。

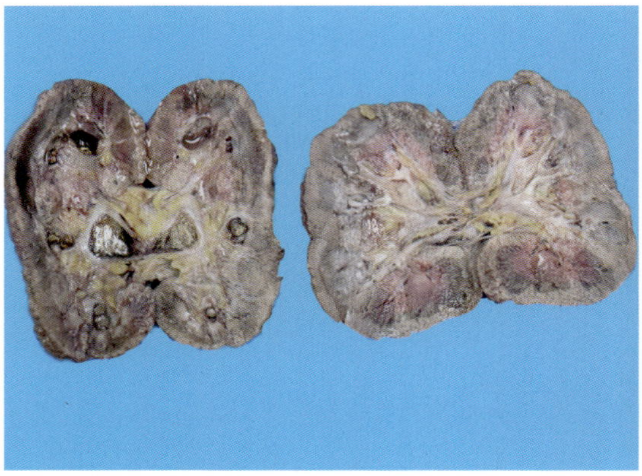

图 6-71　肾结石

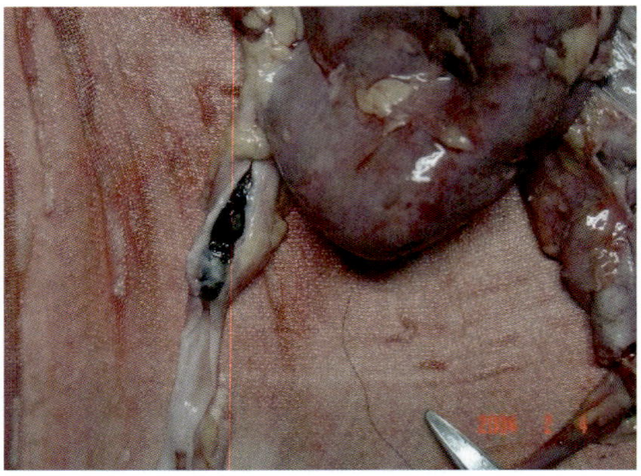

图 6-72　输尿管结石

输尿管局部扩张，切开见黑色结石。

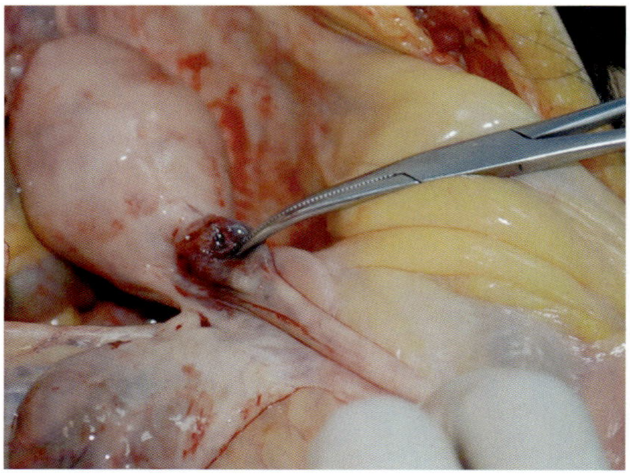

A

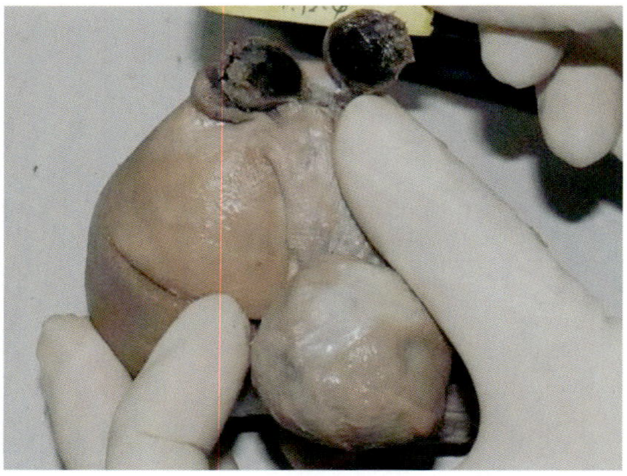

B

图 6-73　异位妊娠

A. 输卵管破裂，右侧输卵管峡部破口；B. 切开异位妊娠输卵管（固定后），可见孕囊。

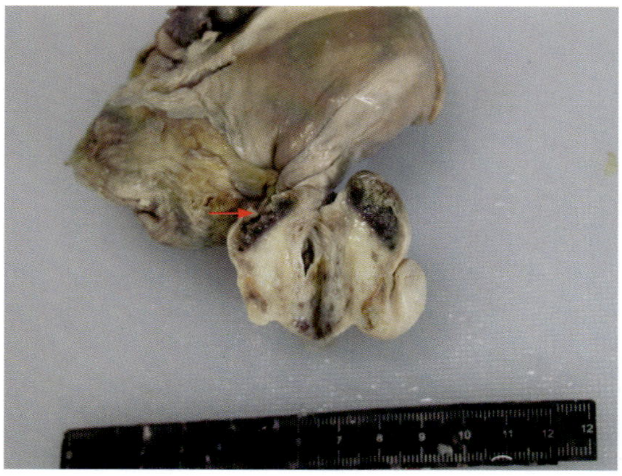

图 6-74　左侧卵巢黄体破裂

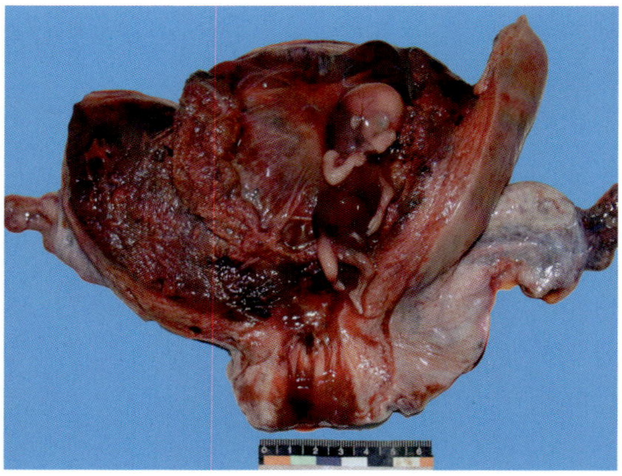

图 6-75　宫内死胎

切开子宫见孕囊内成形死胎。

（五）神经系统疾病

因中枢神经系统疾病猝死者占猝死总数的 12% ～ 18%，脑血管疾病是危害我国中老年人身体健康的主要疾病，可造成脑出血，由于血压骤然增高使病变血管破裂称为高血压脑出血（图 6–76），少部分自发性脑出血为其他原因所致，如脑血管畸形（图 6–77）、动脉瘤（图 6–78）、椎动脉夹层（图 6–79）等。

颅内肿瘤是神经系统中常见的疾病之一，发病率在肿瘤疾病中占比不高，但突然死亡的病例时有发生，如小脑星形细胞瘤（图 6–80）。

病毒性脑炎造成死亡的机制主要是病毒破坏脑神经细胞，引起神经细胞变性、坏死，引发脑水肿、颅内高压、脑疝等压迫脑干导致猝死（图 6–81）。化脓性脑膜炎多由脑膜炎双球菌引起脑、脊膜炎性疾病（图 6–82）。

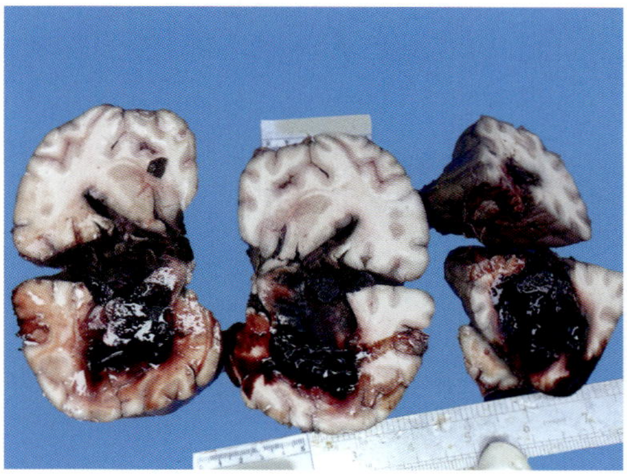

图 6–76 高血压性脑出血

切开见基底节区大量出血并破入脑室。

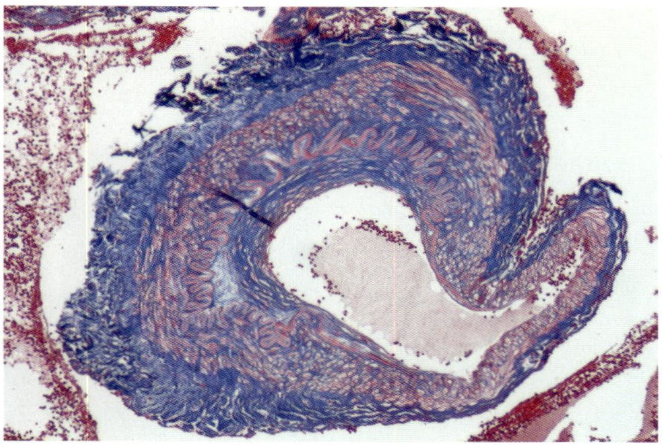

图 6–77 脑血管畸形镜下观

脑内小血管壁厚薄不均，部分区域血管壁平滑肌层显著减少（Masson 染色 400×）。

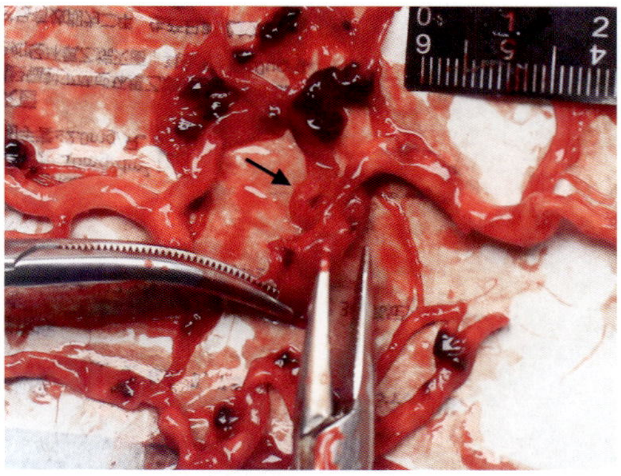

图 6–78 脑基底动脉瘤破裂

左侧后交通动脉局部膨大（↑）及破裂（止血钳所示）。

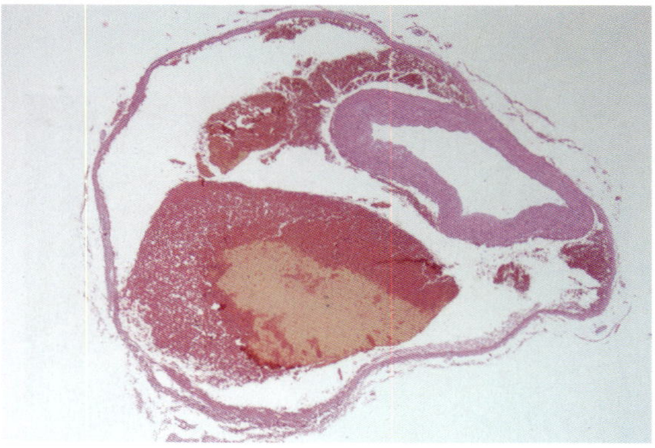

图 6–79 椎动脉夹层镜下观

动脉壁中膜层分离形成夹层，夹层内大量红细胞聚集（HE 20×）。

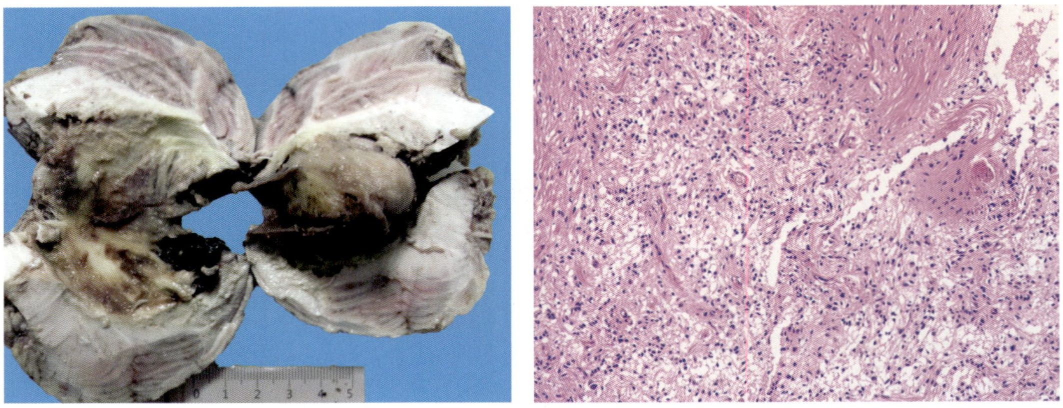

A　　　　B

图 6-80　小脑星形细胞瘤

A. 小脑切面，白质内灰黄色新生物，无包膜，与周围小脑白质分界不清，压迫第三、四脑室及双侧大脑脚；B. 显微镜下见间质较多大小不一的薄壁新生小血管，较多胶质纤维交错相连，其间有大量星形胶质细胞，胞浆少，可见核分裂象（HE 100×）。

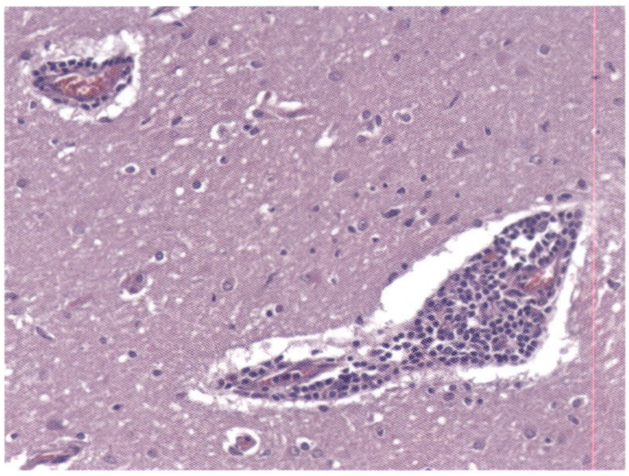

图 6-81　病毒性脑炎镜下观

小血管周围单核、淋巴细胞呈袖套状聚集（HE 400×）。

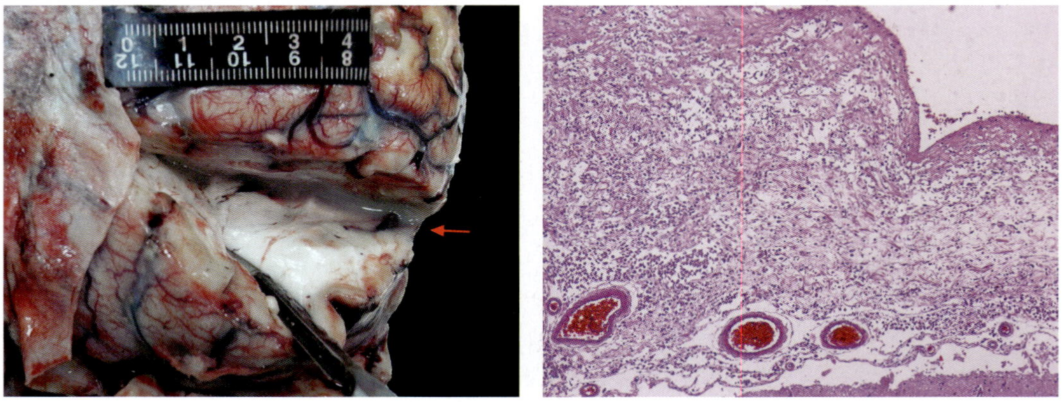

A　　　　B

图 6-82　化脓性脑膜炎

A. 脑表面见黄色脓性液体附着，切开左侧侧脑室，见黄绿色脓性液体流出（↑）；B. 显微镜下见蛛网膜增厚，其内见大量中性粒细胞（HE 100×）。

（六）血液、内分泌系统及感染性疾病

淋巴瘤有多种分型，仅从形态学不能反映淋巴瘤复杂的生物学类型，但可以反映不同的免疫学表型、生物学特性和功能，本书示例纵隔淋巴瘤（图 6–83）。

白血病是一类造血干祖细胞的恶性克隆性疾病，一般通过骨髓活检进行分型，在骨髓和其他造血系统中，白血病细胞大量增生累积，使正常造血受抑制并浸润其他器官组织，如侵犯脑组织可引起白血病脑病及蛛网膜下腔广泛出血（图 6–84）。

甲状腺毒症是指血液循环中甲状腺激素过多，引起以神经、循环、消化等系统兴奋性增高和代谢亢进为主要表现的一组临床综合征，甲亢（图 6–85）治疗不充分可引起甲亢危象。

坏死性筋膜炎为皮下深部感染导致的进行性筋膜和脂肪坏死，该病是以皮下小动脉栓塞为特征，并继发大片组织缺血、坏死、全身严重感染及败血症为主要病变特征的感染性疾病（图 6–86）。手足口病（图 6–87）是一种由肠道病毒感染引起的以腹泻为主要表现的病症，传染性较强，患儿的临床症状较显著，如手、足、口出现疱疹，显微镜下见病毒性脑干脑炎等病理改变。

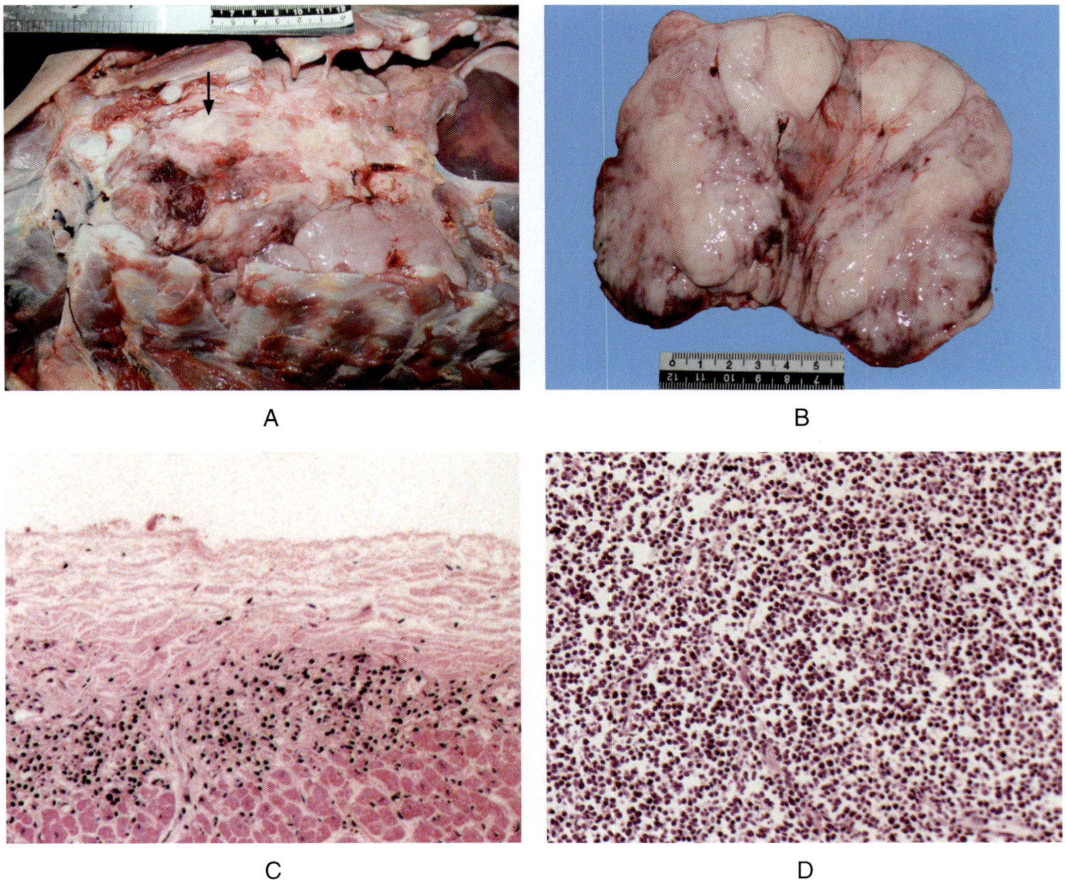

图 6–83　纵隔淋巴瘤

A. 纵隔区灰白色瘤样物（↑），质地硬；B. 切开纵隔淋巴瘤，切面呈鱼肉状，伴灶片状出血；C. 显微镜下见瘤细胞呈弥漫性浸润，瘤细胞核为类圆形，几乎看不到胞浆（HE 200×）；D. 显微镜下见瘤细胞呈弥漫性浸润，瘤细胞核为类圆形，胞浆极少（HE 200×）。

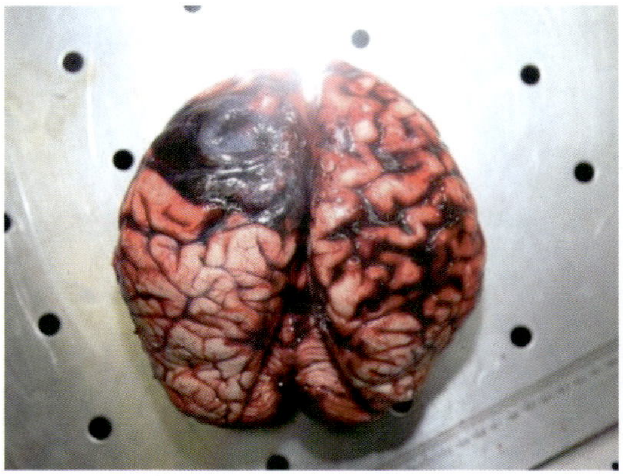

A

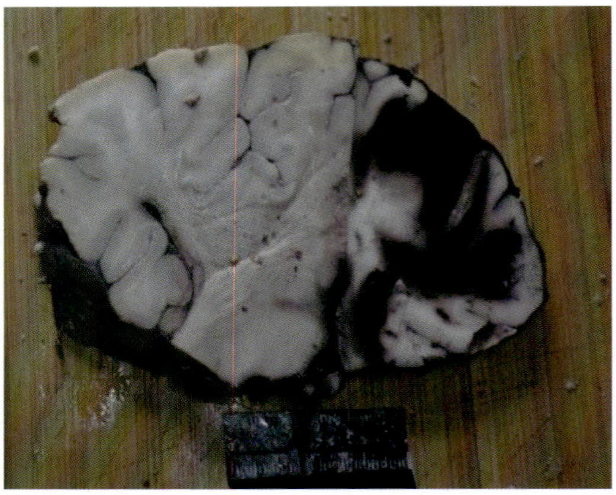

B

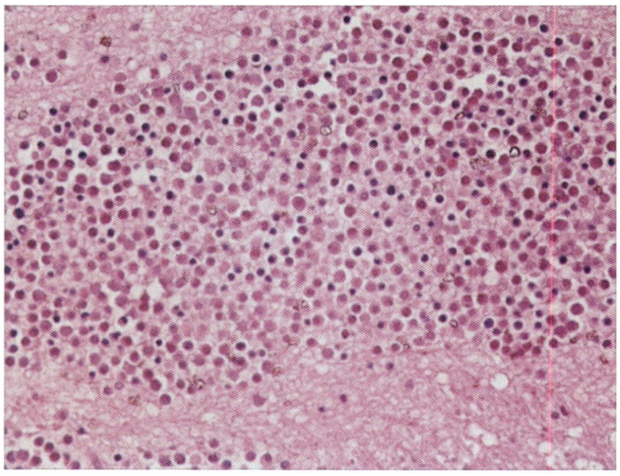

C

图 6-84　白血病侵犯脑组织

A. 大脑蛛网膜下腔片状出血；B. 大脑切面额顶叶实质内大片状出血；C. 显微镜下见大脑实质病灶内白血病细胞浸润聚集（HE 400×）。

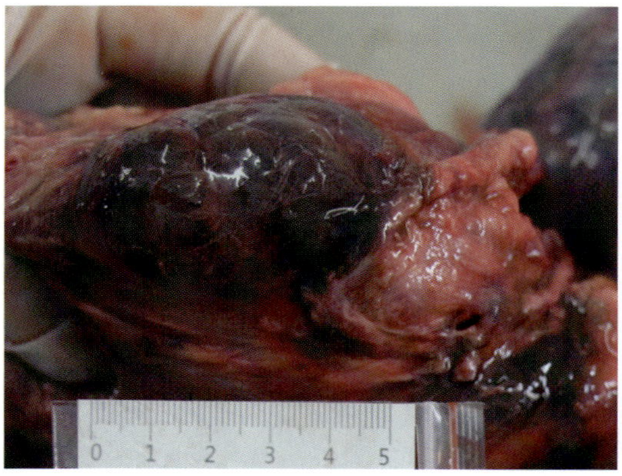

A

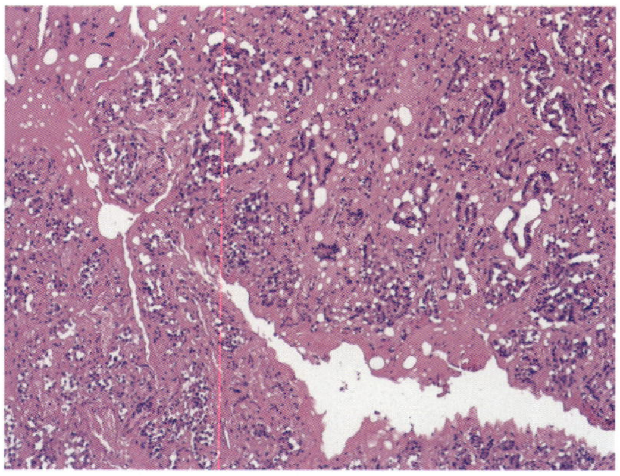

B

图 6-85　甲状腺功能亢进

左侧甲状腺肿大，重 40.6g（正常 15 ~ 30g）；B. 甲状腺滤泡大小不等，滤泡上皮增生，胶质显著减少（HE 100×）。

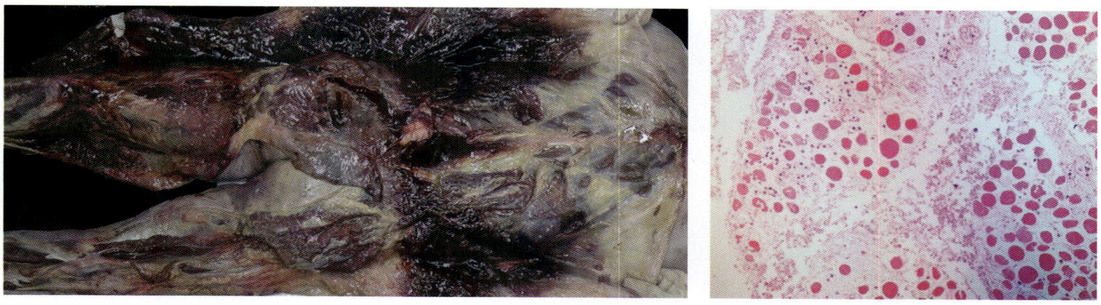

A　　　　B

图 6–86　感染性筋膜炎

A. 腰背、臀部及下肢切开见肌肉软组织大面积出血坏死；B. 显微镜下见肌束间炎细胞浸润（HE 100×）。

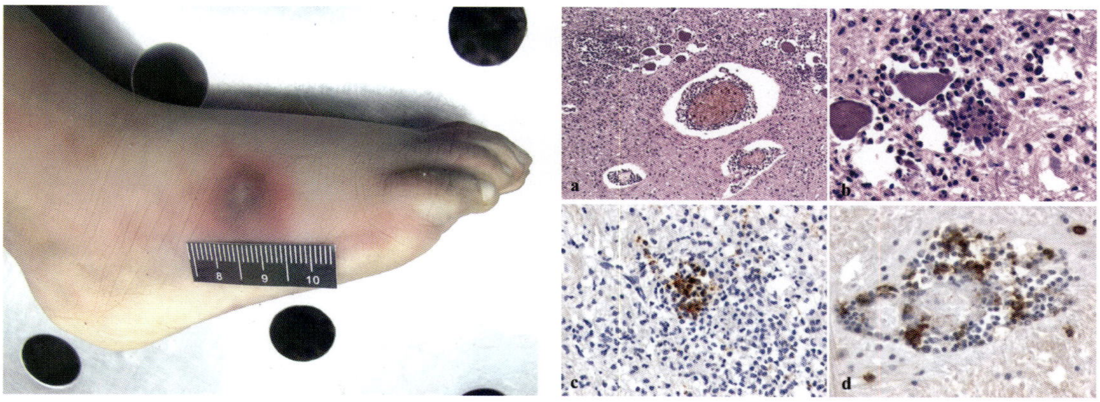

A　　　　B

图 6–87　手足口病（EV71 病毒性脑干脑炎）

A. 右足背外侧疱疹；B. 脑干脑炎镜下：a. 脑干淋巴袖套现象及胶质小结形成；b. 噬神经细胞现象；c. 胶质小结形成，抗 EV71 病毒 N 抗体免疫组化染色阳性；d. 血管袖套现象，CD3 免疫组化染色阳性（T 淋巴细胞）。

案例

案情简介：中年男性，某日突发晕厥，2d 后在医院死亡。

解剖检验：双手指甲轻度发绀，双足趾甲发绀。全身多发皮下出血（图 6–88）。双侧胸腔内分别见 240ml、320ml 暗红色液体。

双侧脑室出血，右侧近内囊处出血（图 6–89），双侧脑组织散在小片状血肿，最大者 1.0cm × 0.6cm × 0.4cm。腹壁上段浆膜层弥漫性出血，膈肌弥散性出血。

组织学检查：脑右侧内囊灶片状出血，血肿内大量白血病细胞聚集，脑小血肿周围组织部分坏死。脑、心、肺、肝、肾及膈肌、胸腹壁白血病细胞浸润（图 6–90 ～图 6–96），小血管腔内白血病细胞比例升高。脾小体结构不清，红髓大量白血病细胞浸润（图 6–97）。

鉴定意见：急性白血病继发多器官功能衰竭而死亡。

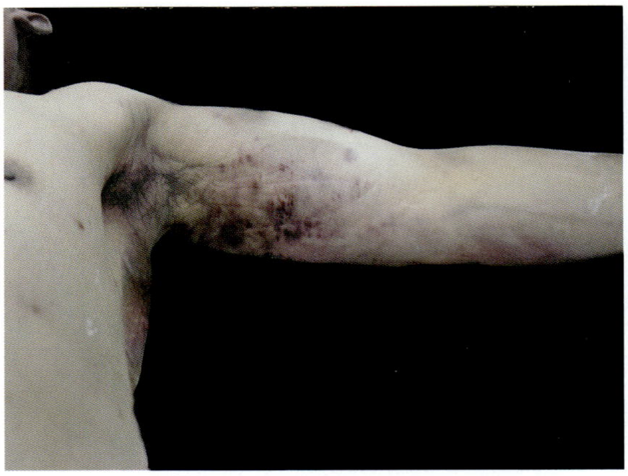

图 6-88　腋下多发皮下出血

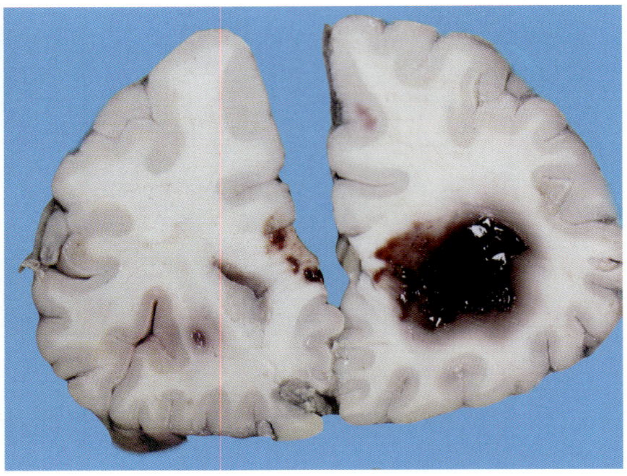

图 6-89　右脑近内囊处出血灶

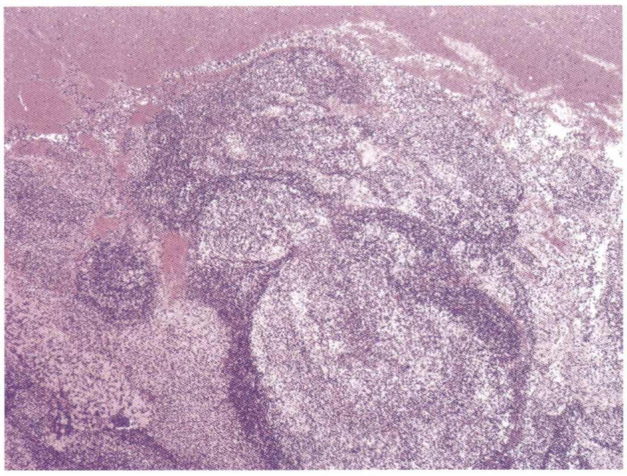

图 6-90　内囊大量白血病细胞浸润（HE 40×）

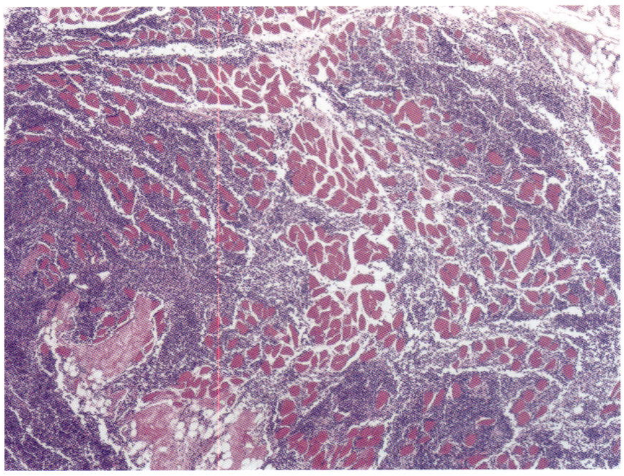

图 6-91　右胸后壁肌肉间质大量白血病细胞浸润（HE 40×）

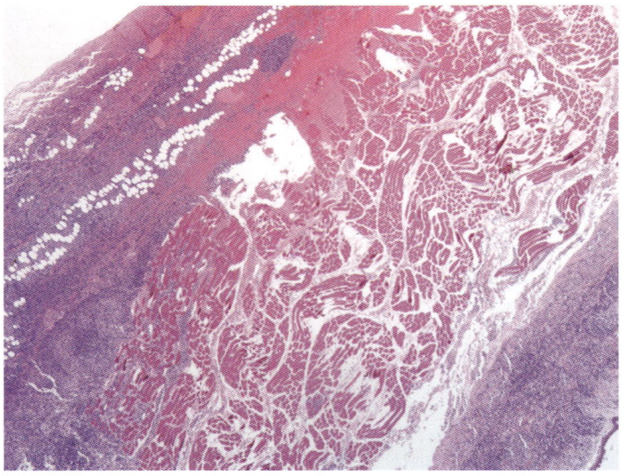

图 6-92　膈肌大量白血病细胞浸润（HE 40×）

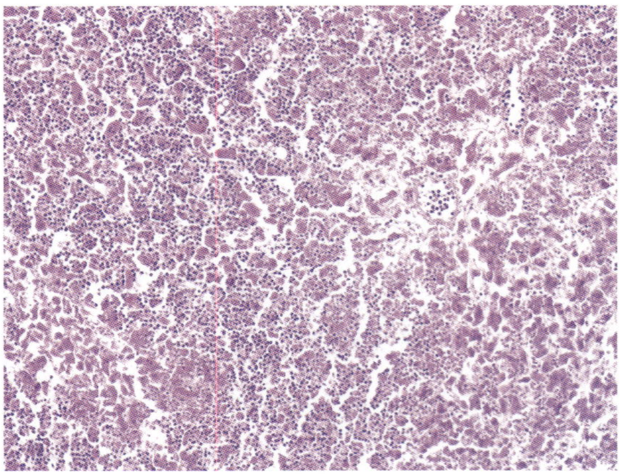

图 6-93　肝窦大量白血病细胞浸润（HE 40×）

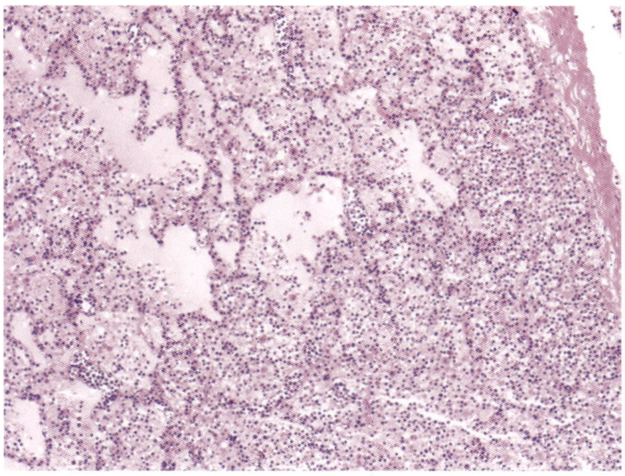
图 6-94　肺泡内大量白血病细胞浸润（HE 40×）

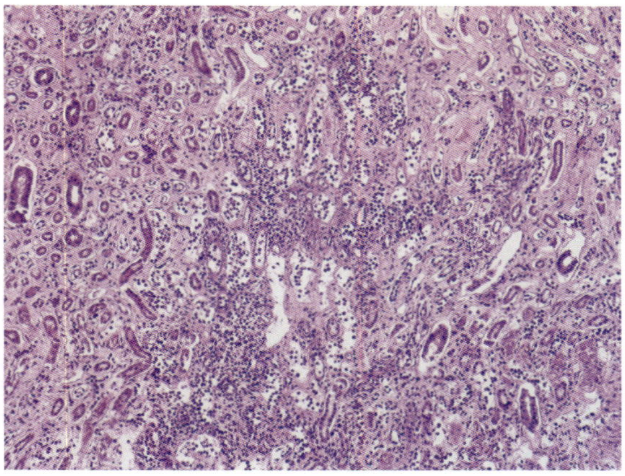
图 6-95　肾间质大量白血病细胞浸润（HE 40×）

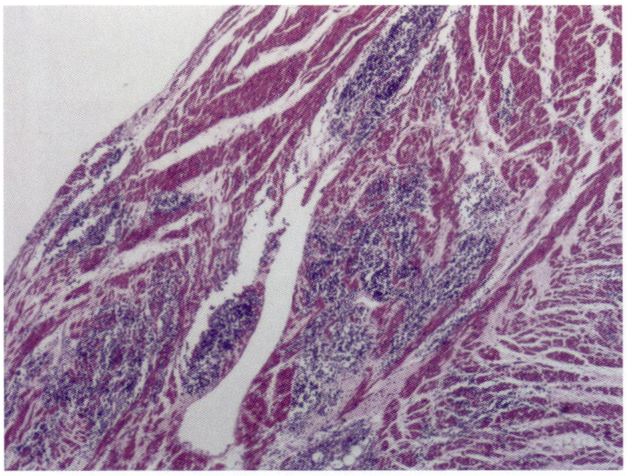
图 6-96　右心室壁心肌间质大量白血病细胞浸润（HE 40×）

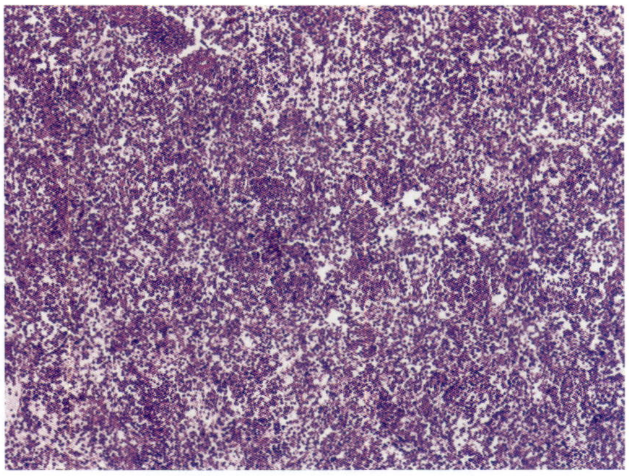
图 6-97　脾小体结构不清，红髓大量白血病细胞浸润（HE 40×）

（七）新生儿及婴儿猝死

新生儿及婴儿猝死可见于宫内原因和各类先天性疾病。胎儿可因产时窘迫或宫内窘迫，导致在宫内或分娩过程中吸入大量羊水，造成缺氧死亡（图 6-98）。先天性疾病可见先天性心脏病（图 6-99）、先天性膈疝（图 6-100）、新生儿小肠套叠（图 6-101）、先天性回肠狭窄（图 6-102）、新生儿瑞氏综合征（图 6-103）等，部分有遗传倾向，部分是由于接触环境有害因素，引起胎儿先天异常，但不属于遗传疾病。

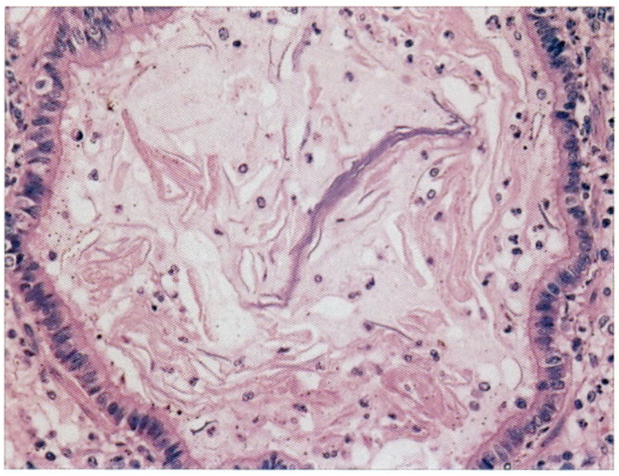

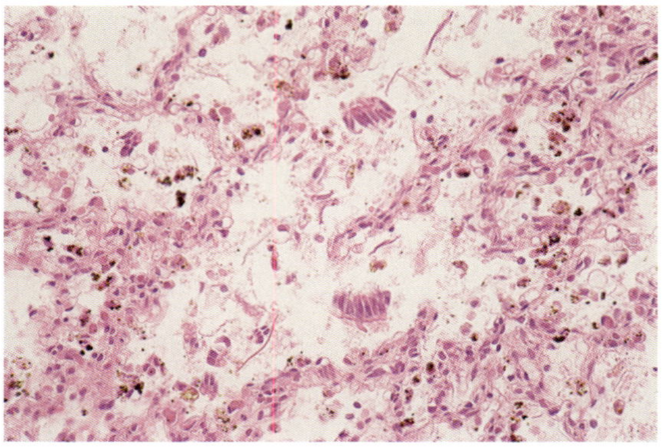

A　　B

图 6-98　胎儿宫内窘迫镜下观

A. 羊水吸入，肺小支气管腔内大量角化上皮（HE 200×）；B. 肺泡腔内可见毳毛、角化上皮及黄色颗粒状胎粪（HE 200×）。

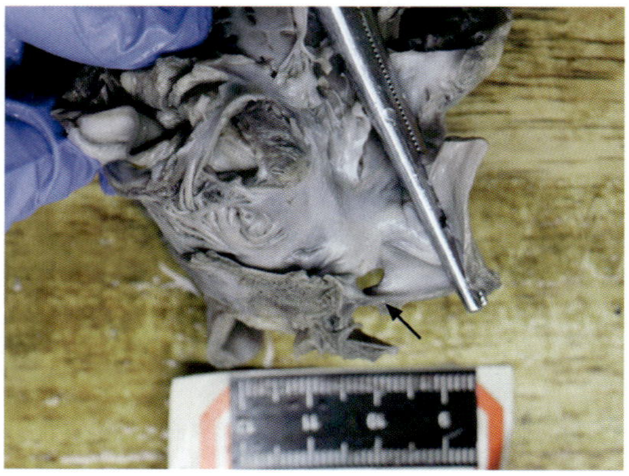

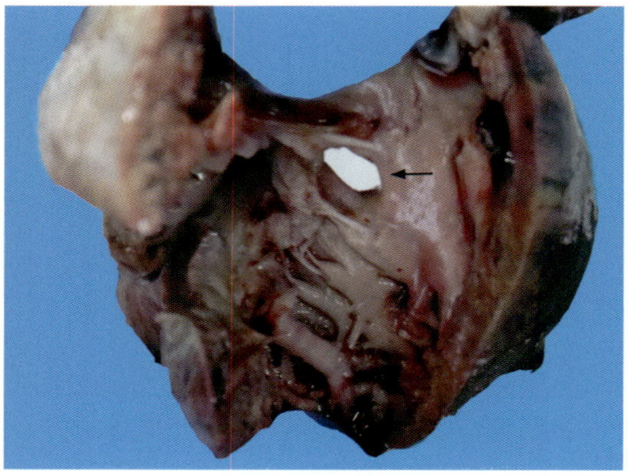

A　　B

图 6-99　先天性心脏病

A. 房间隔缺损（↑），大小为 0.4cm×0.3cm；B. 室间隔缺损（↑），大小为 0.7cm×0.4cm。

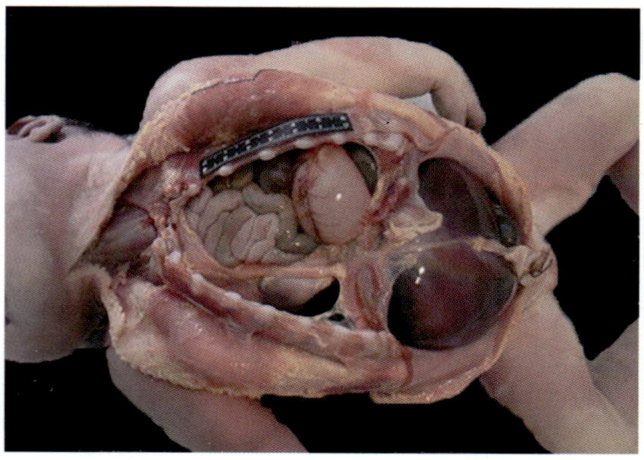

图 6-100　先天性膈疝

腹腔内组织器官（胃肠）通过疝孔到达胸腔。

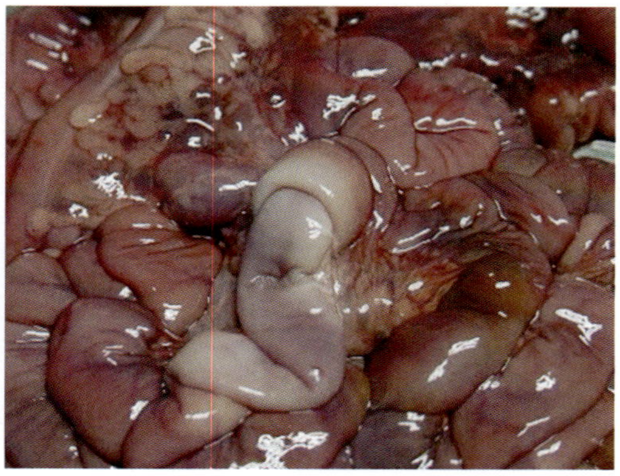

图 6-101　新生儿小肠套叠

部分肠管套叠，套叠区肠管呈贫血状。

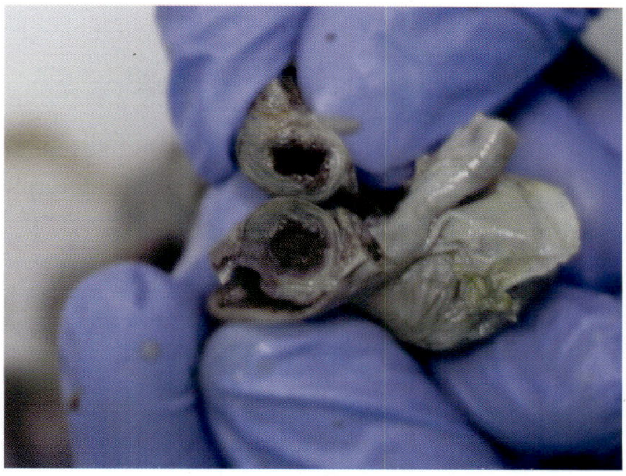

图 6-102　先天性回肠狭窄

肠壁增厚，肠腔狭窄，最窄处直径 0.4cm。

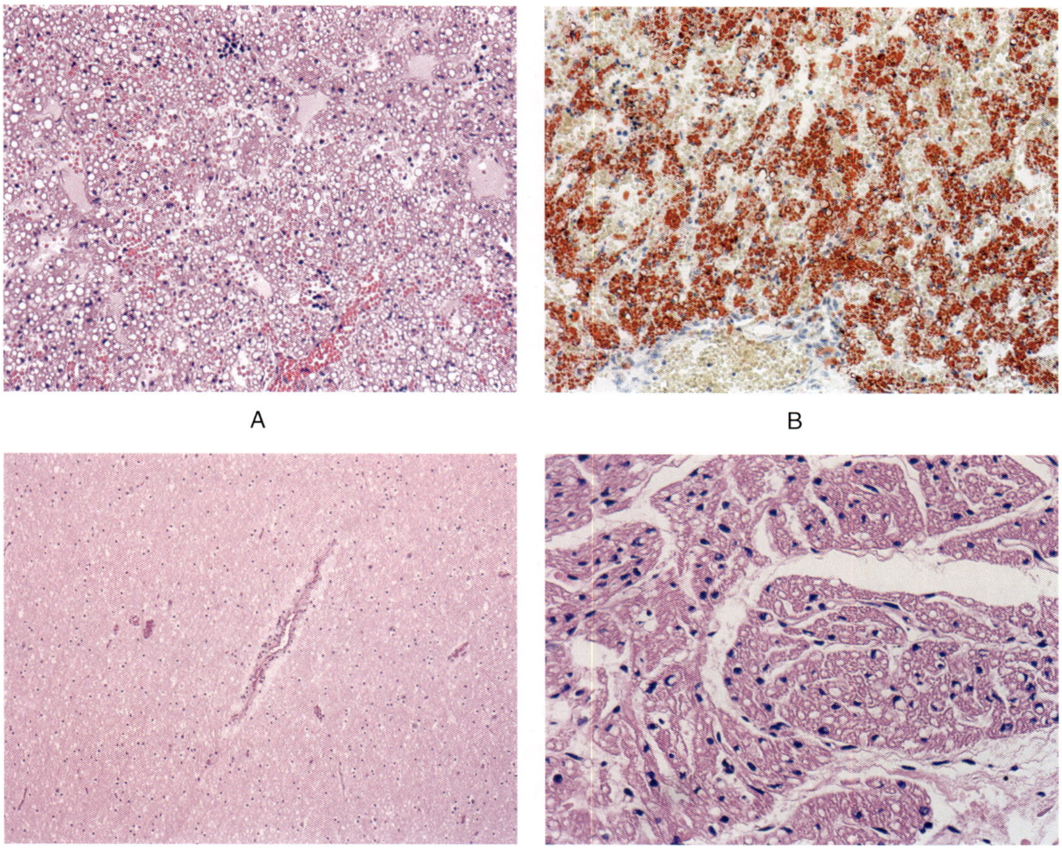

A　B　C　D

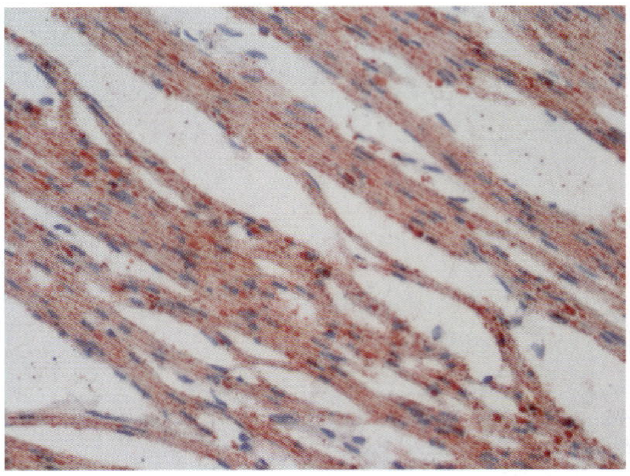

E

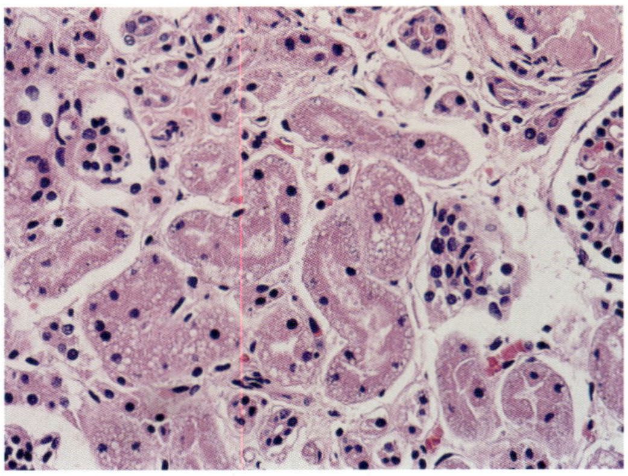

F

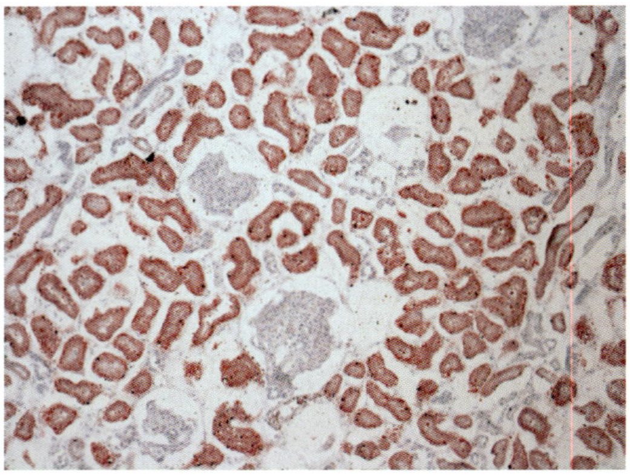

G

图 6-103 新生儿瑞氏综合征镜下观

A. 重度肝细胞脂肪变性（HE 40×）；B. 重度肝细胞大量被染红的脂滴（油红染色 40×）；C. 大脑广泛水肿（HE 40×）；D. 心肌细胞脂肪变性（HE 400×）；E. 心肌细胞脂肪变性（油红染色 100×）；F. 肾小管上皮细胞脂肪变性（HE 400×）；G. 肾小管脂肪变性（油红染色 40×）。

案例

案情简介： 8 个月男婴，其双亲共生育 5 个子女，其中 2 个孩子因不明原因死亡。该男婴生前诊断为支气管炎，反复发作，住院数次，体温最高达 39.3℃。临床外显 PLUS 检测到 SLC22A5 基因纯合变异 c.865C > T(p.R289*)。同时测序显示这个变异遗传来自送检的父亲和母亲（均为杂合状态）。

解剖检验： 胸腺重 6g，发育不良。心钝圆、切面见心室壁肥厚（图 6-104）。肝重 482g，包膜光滑，表面呈暗红色。

组织学检查： 胸腺皮质淋巴细胞缺乏、消失，髓质内淋巴细胞数量减少，部分胸腺小体钙化，间质淤血。局部心肌间质纤维增生（图 6-105）；肝小叶结构尚可辨认，弥散性肝细胞脂肪变性（图 6-106），肝窦淤血，汇管区炎细胞浸润。

死因分析： 该病例出现心脏及骨骼肌病变，表现为心脏肥大、心肌间质纤维化，心内膜增厚，心肌水肿、弥散性肝细胞脂肪变性、胸腺发育不全等，并以心脏病变最为显著。

鉴定意见： 因 SLC22A5 基因纯合变异 c.865C > T(p.R289*)，致原发性肉碱缺乏症而死于多器官功能衰竭。

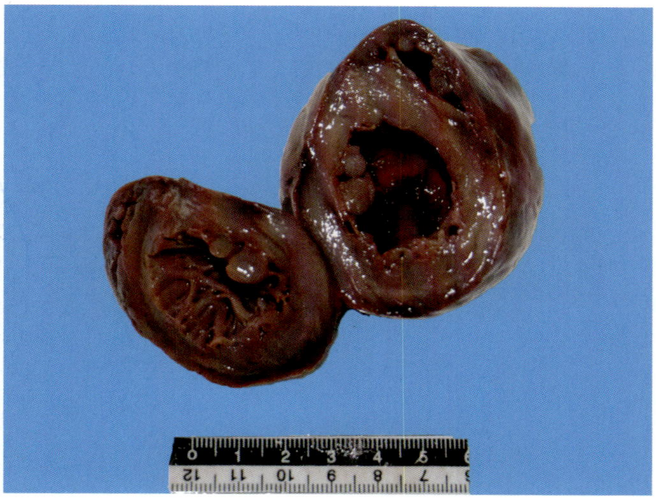

图 6-104　心脏大体观

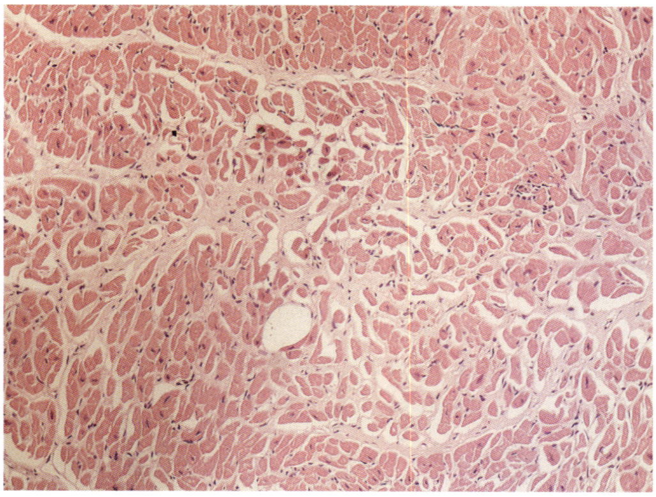

图 6-105　心肌镜下观（HE 40×）

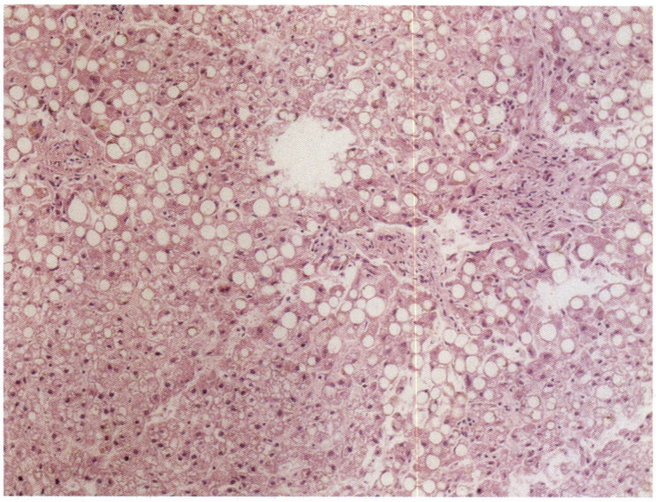

图 6-106　肝脏镜下观（HE 40×）

第七章 中毒致死

机体由于毒物的作用，器官、组织、细胞代谢、功能和（或）形态结构遭受损害而出现的疾病状态称为中毒，因中毒而导致的死亡称为中毒死。

（一）农药、杀鼠剂中毒

农药（包括有机磷类、氨基甲酸酯类、除草剂类等）、杀鼠剂（包括毒鼠强、氟乙酰胺、抗凝血杀鼠剂等）引起的中毒案件时常发生，如误食敌敌畏引起中毒（图 7–1），尸检可见尸斑显著，呈暗紫红色，有时可见胃黏膜有腐蚀性坏死；百草枯中毒者（图 7–2），可出现双肺质地实变，显微镜下见肺泡腔内渗出物机化，存活时间长者肺泡及肺泡壁间隔纤维化，最终双肺纤维实变，导致呼吸衰竭而死；氟乙酰胺中毒者（图 7–3）各内脏器官淤血、水肿、浆膜面点状出血，肾小管上皮细胞水肿伴轻度坏死，肝细胞脂肪变性及小叶中央区轻度坏死；抗凝血类杀鼠剂中毒主要影响凝血机制，如溴敌隆中毒可引起机体不同程度的出血倾向，如鼻出血、牙龈出血、散在皮下出血等。溴敌隆中毒者（图 7–4）可出现眼睑结膜出血，喉头多发点状出血，小肠肠管外壁多发点状、片状出血，显微镜下可见肾间质大量出血，灶性炎细胞浸润，小肠黏膜坏死脱落，黏膜下层大量炎细胞浸润，肌层灶性坏死。

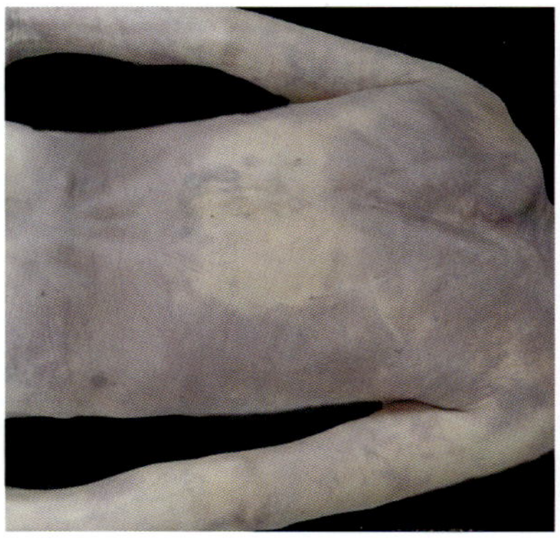

A

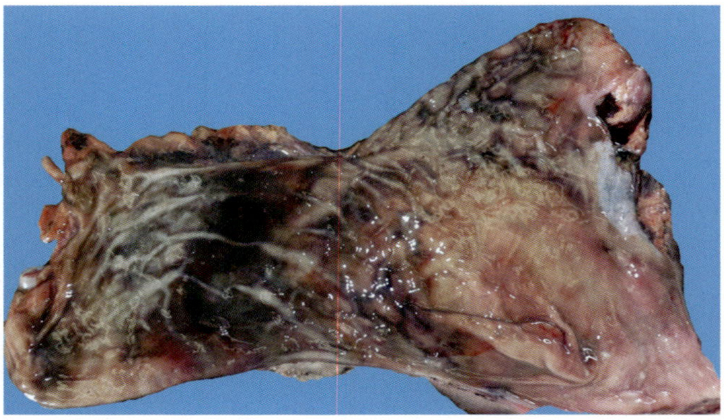

B

图 7–1 敌敌畏中毒

A. 尸斑呈暗紫红色；B. 黄色油状农药原液浮于胃表面，胃黏膜呈灰褐色样坏死（腐蚀性）。

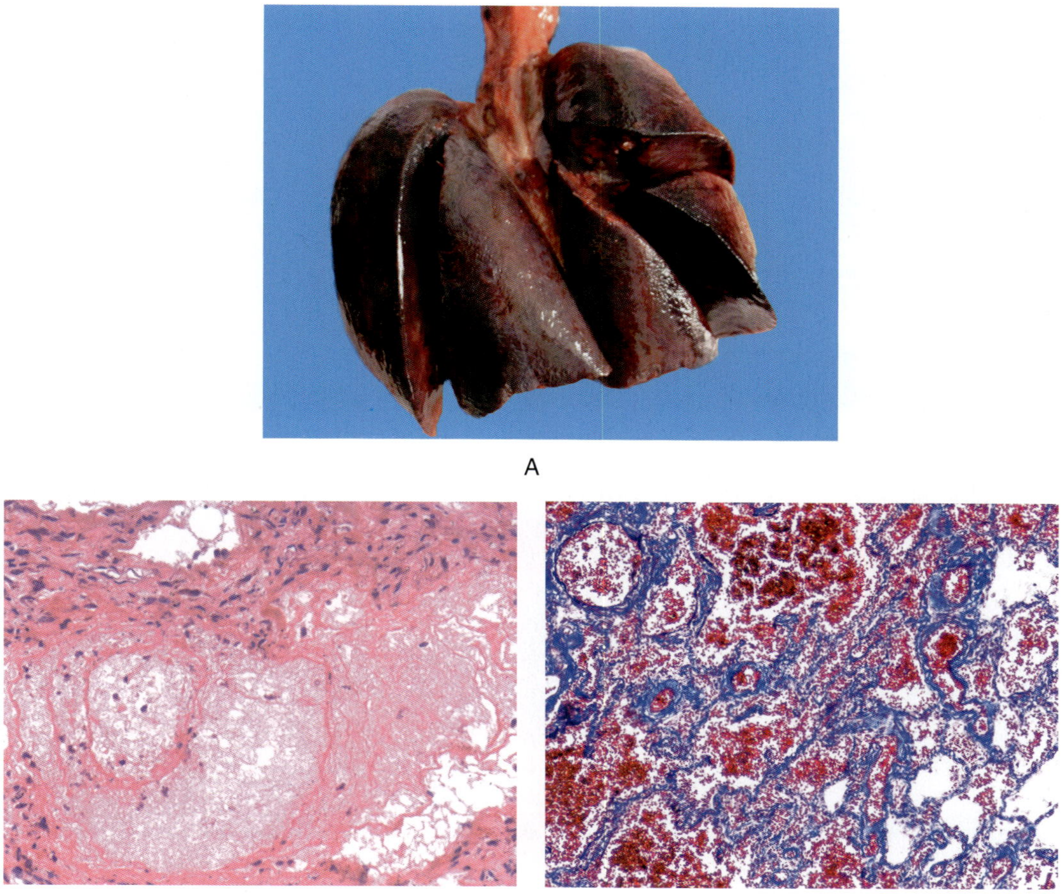

A

B　　C

图 7-2　百草枯中毒

A. 双肺质地实，呈深红色样改变；B. 显微镜下见肺泡腔内均质红染纤维蛋白渗出伴局灶性纤维化（HE 100×）；C. 显微镜下见肺泡出血，肺泡间隔轻度纤维化（Masson 染色 100×）。

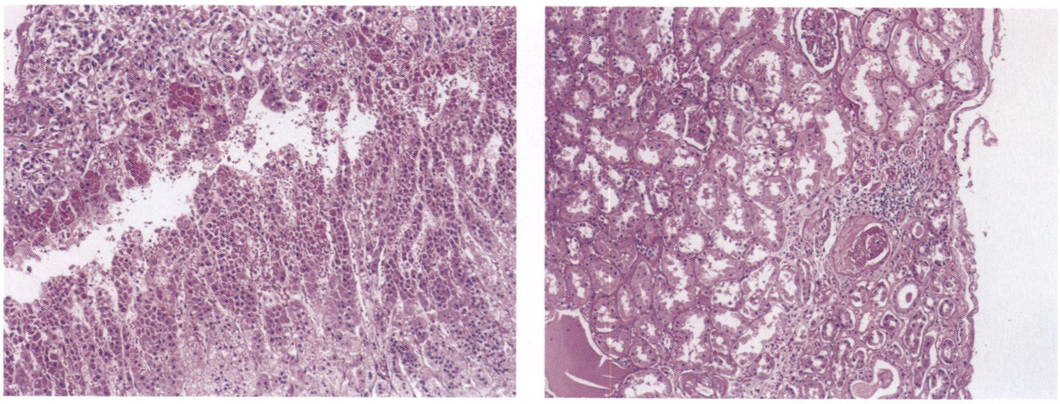

A　　B

图 7-3　氟乙酰胺中毒镜下观

A. 肾上腺间质出血（HE 100×）；B. 肾小管上皮细胞水肿，肾小管管型形成，肾小球硬化，间质炎细胞浸润（HE 100×）。

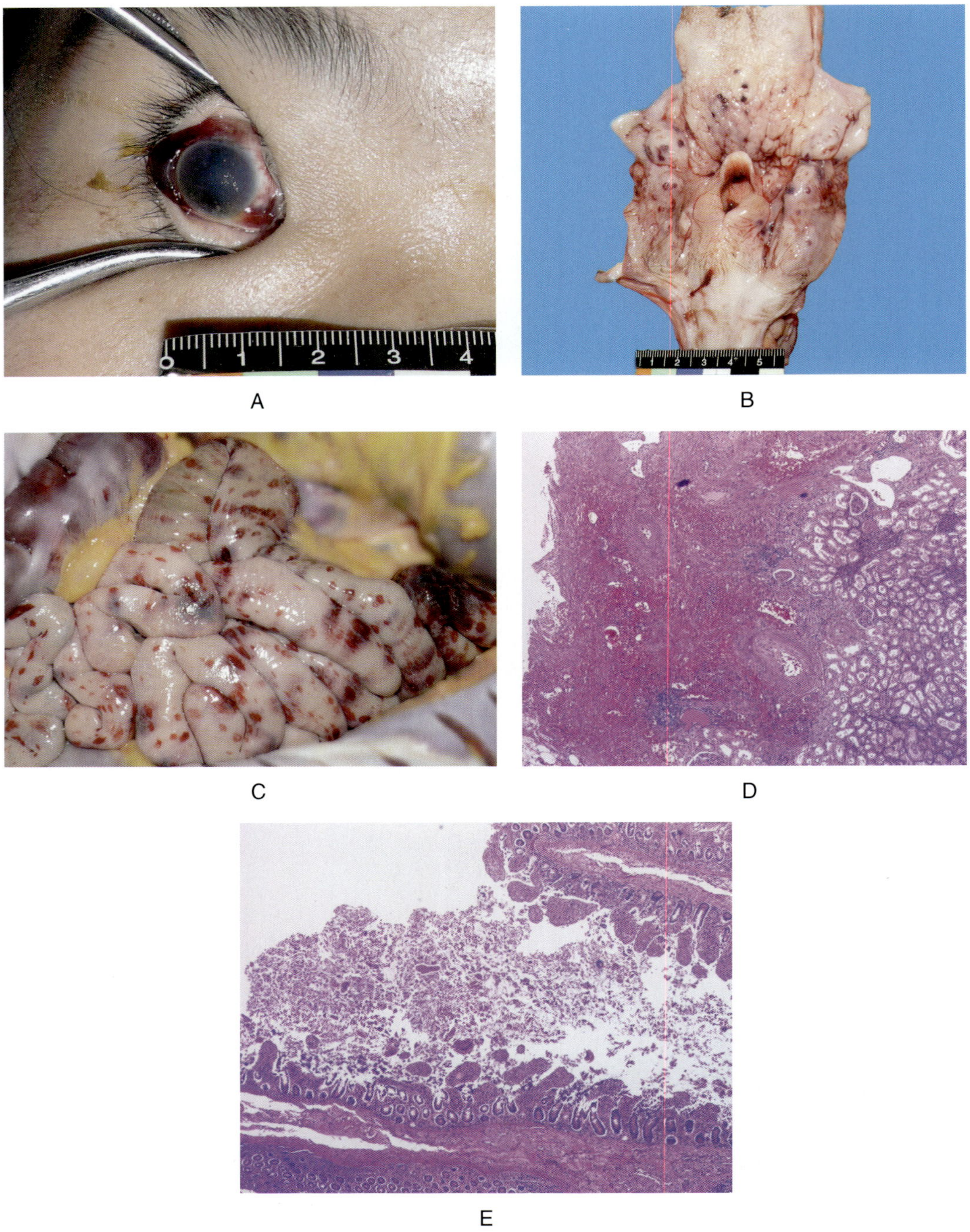

图 7-4　溴敌隆中毒

A. 眼睑结膜出血；B. 喉头多发点状出血；C. 小肠肠管外壁多发点状、片状出血；D. 显微镜下见肾间质大量出血，灶性炎细胞浸润，肾小管上皮细胞脱落；E. 显微镜下见小肠黏膜坏死脱落，黏膜下层大量炎细胞浸润，肌层灶性坏死。

（二）呼吸功能障碍性毒物

呼吸功能障碍性毒物是指进入机体直接妨碍氧的供给、摄取、运输和利用，造成机体缺氧，导致呼吸功能障碍，甚至死亡的毒物。一氧化碳中毒者（图 7-5）可见典型的樱桃红色尸斑，除体表外，各器官也呈樱桃红色，特别是肌肉组织、肺组织同样呈现樱桃红色；硫化氢中毒者（图 7–6）由于硫化氢与血红蛋白结合形成硫化血红蛋白，尸斑呈紫 / 暗绿色，颜面、胸腹部皮肤也呈紫 / 暗绿色，颜色酷似腐败尸绿，眼睑结膜充血、水肿，喉头黏膜充血、水肿及点状、片状出血，肠壁充血、水肿及散在出血点；亚硝酸盐中毒者（图 7–7）血液中含高铁血红蛋白，缺氧明显，口唇、面部、指甲显著青紫，血液呈暗褐色，透过皮肤黏膜，使尸斑呈蓝褐色样改变。血液不凝，呈流动状，因此内部器官如脑、心也呈蓝褐色样改变。

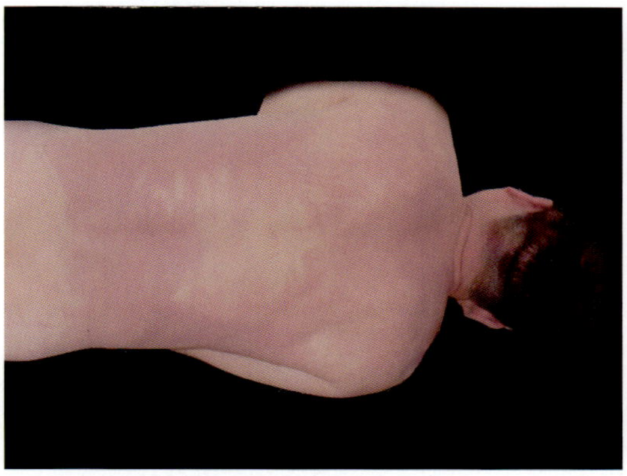

A

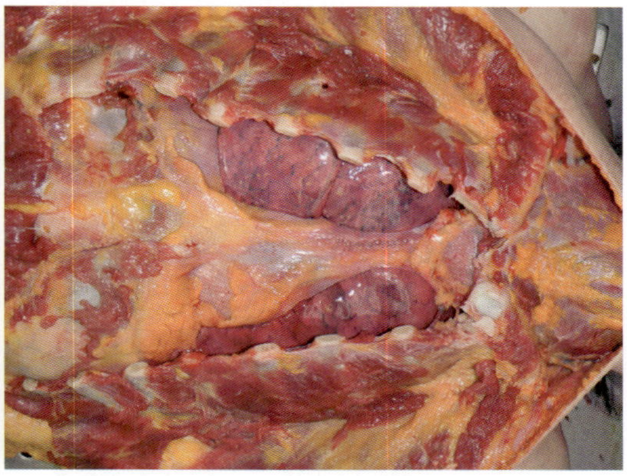

B

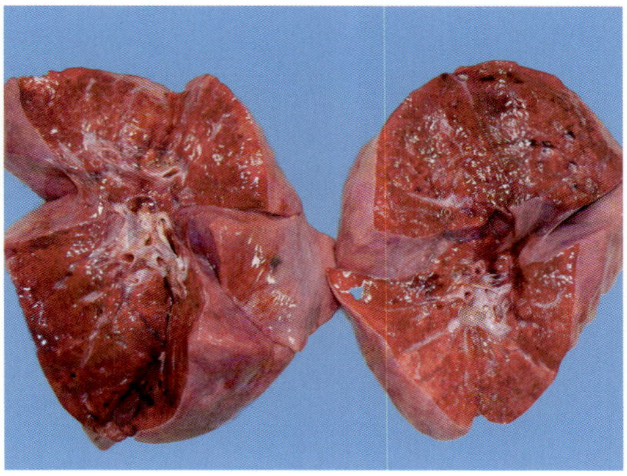

C

图 7–5　一氧化碳中毒

A. 尸斑呈樱桃红色；B. 胸部肌肉呈樱桃红色；C. 双肺切面呈樱桃红色。

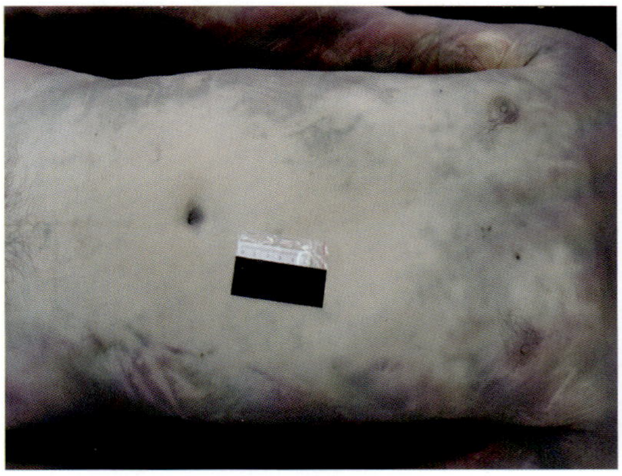

A

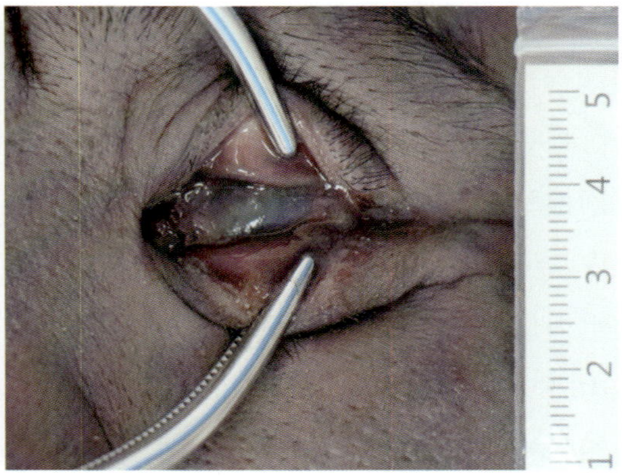

B

C

图 7–6　硫化氢中毒

A. 全身皮肤呈紫 / 暗绿色；B. 睑结膜高度充血、水肿；C. 肠壁充血、水肿及散在出血点。

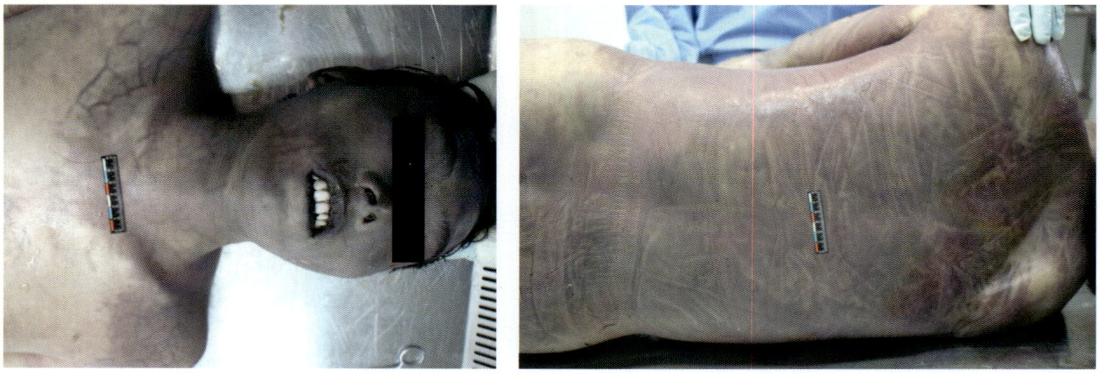

A　　B

图 7–7　亚硝酸盐中毒

A. 面部及颈部呈蓝褐色样改变；B. 背部尸斑呈蓝褐色样改变。

案例

案情简介：某中年男性，在某化工厂生产亚硝酸甲酯车间内死亡。

临床资料：工友诉约 1h 前在工作车间发现患者躺于地上，意识丧失，呼之不应，遂由工友立即驱车送入医院，紧急进入急诊抢救室，查体：脉搏 0 次 /min，呼吸 0 次 /min，血压 0/0mmHg，意识丧失，颜面青紫，双侧瞳孔直径约 5mm。立即给予持续心肺复苏、简易呼吸气囊辅助呼吸、心电除颤等抢救措施，同时予 10% 葡萄糖 40ml+ 亚甲蓝 100mg 静脉注射，气管插管成功后改为经气管插管呼吸气囊辅助呼吸。持续抢救 1h 余，患者仍无自主心跳及呼吸，后宣布临床死亡。

解剖检验：尸斑呈暗紫色，位于腰背部未受压处，指压不褪色。双手指甲及双足趾甲均发绀。左上肢皮肤可见散在蓝灰色改变(图 7–8)；左手背见 1 处注射针痕；颈部皮肤呈蓝灰色改变(图 7–9)，颈部软组织呈蓝灰色改变，脑底硬脑膜血管呈蓝灰色改变，双侧颞枕叶及小脑表面呈蓝灰色样改变（图 7–10），心脏表面见散在蓝灰色改变（图 7–11）。

组织学检查：脑水肿，脑桥灶性围管性出血，左、右心室壁心肌间质灶性出血，肺水肿，灶性肺出血、肺气肿，多器官淤血。

分析说明：根据毒化检验结果，血液中检出亚硝酸根离子成分，含量为0.83mg/L（对照正常人样品平均浓度0.62mg/L），肺脏组织中检出亚硝酸根离子成分，含量为0.29mg/kg（对照正常人样品平均浓度0.18mg/kg），结合病理改变，其脑水肿、肺水肿、多器官淤血等呈急死样改变。其体表蓝灰色样改变不能排除为医用治疗亚硝酸盐中毒所用的亚甲蓝和高铁血红蛋白叠加效应。

鉴定意见：亚硝酸盐中毒致急性呼吸循环功能衰竭而死亡。

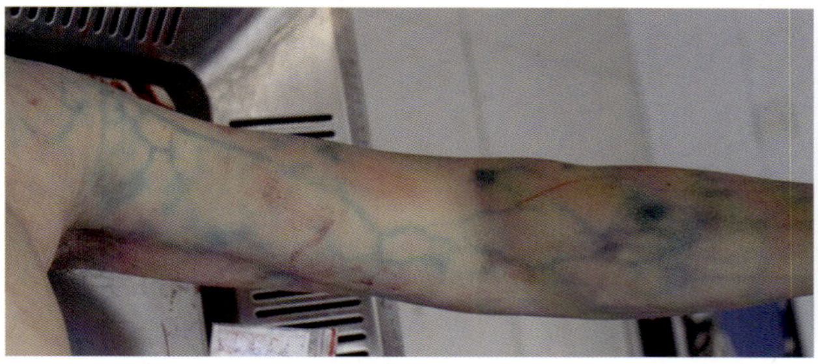

图 7-8　上肢树枝状血管网（亚甲蓝改变）

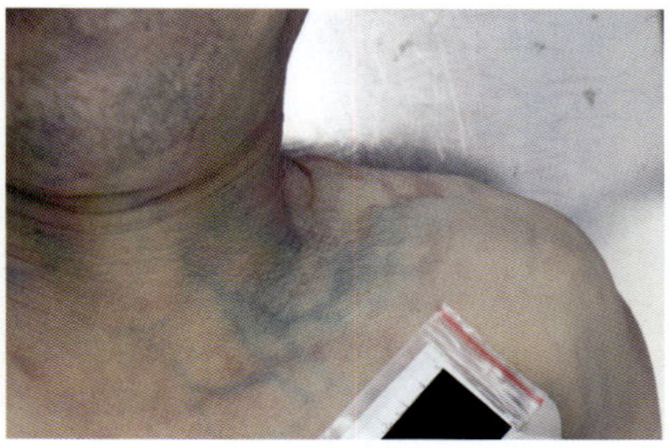

图 7-9　颈部皮肤呈蓝灰色改变

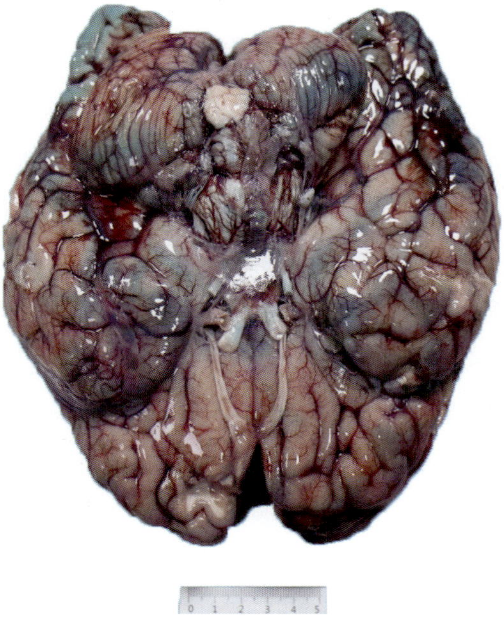

图 7-10　脑表面呈蓝灰色改变

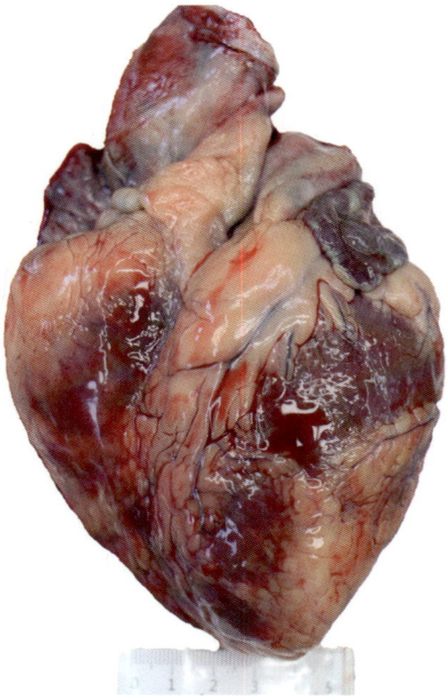

图 7-11　心脏表面散在蓝灰色改变

（三）中枢功能障碍性毒物

中枢功能障碍性毒物主要是引起神经系统，特别是脑脊髓的结构和功能损害，包括大脑各种精神活动紊乱，甚至死亡的毒物。在法医实践中常见的有：①毒品；②醇类；③催眠镇静安定药；④麻醉药物；⑤生物碱；⑥其他。醇类中毒在生活中比较常见，如乙醇和甲醇，甲醇急性中毒者（图 7-12）可见胃黏膜充血、点状出血。病程迁延者，病变主要在脑及脑膜，可见脑及脑膜淤血、水肿和点状、片状出血等，还可能有软化灶的形成。另外还可出现肺淤血、水肿，心、肝、肾等实质细胞变性等。

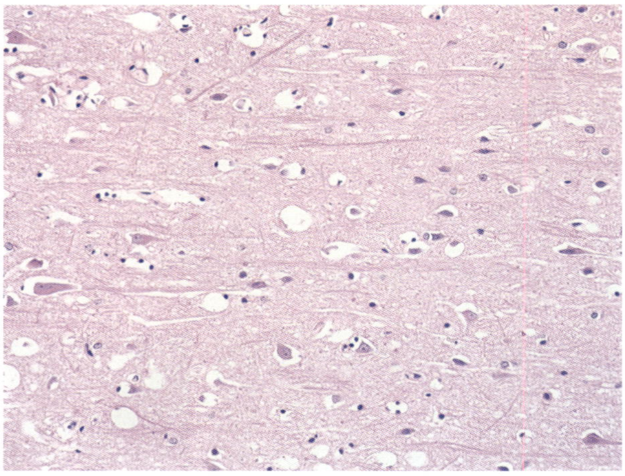

图 7-12　甲醇中毒镜下观

脑细胞水肿，部分神经元坏死（HE 200×）。

（四）金属、工业生产性毒物

金属毒物是指具有毒性的金属、类金属及化合物。金属是人类迄今应用最早的药物和毒物，某些金属是人体生理活动所必需的，如钙、钠、镁、锌等，缺之则引起人体生理活动异常或发生疾病，过量摄入则可能造成中毒甚至死亡；而某些金属及类金属，如汞、镉、砷等，对生物具有显著毒性作用。金属毒物中毒在法医学实践中并不少见，中毒的原因有自杀、他杀及意外事故等，急性中毒尤以砷、汞等较多见。镉及其化合物均有一定的毒性，可以引起骨质疏松、软骨症和骨折，还可以损伤骨细胞和软骨细胞。慢性镉中毒（图 7-13）可见眼睑结膜黄染，可引起中毒性肝病，肝切面黄染。显微镜下可见部分肝细胞坏死，结构崩解，肝窦扩张，其间见炎细胞浸润，肾小球血管襻肿胀，肾小球毛细血管内小血栓形成；慢性汞中毒（图 7-14）主要是因为长期接触低浓度汞蒸气导致，中毒者手指甲及脚指甲出现棕褐色条纹；慢性砷中毒（图 7-15）可见皮肤色素沉着，在掌跖、手背、足背及躯干等处可见角质增生，呈点状、疣状突起、鸡眼状或出现上皮角化。外敷者可见皮肤色素沉着并溃烂。

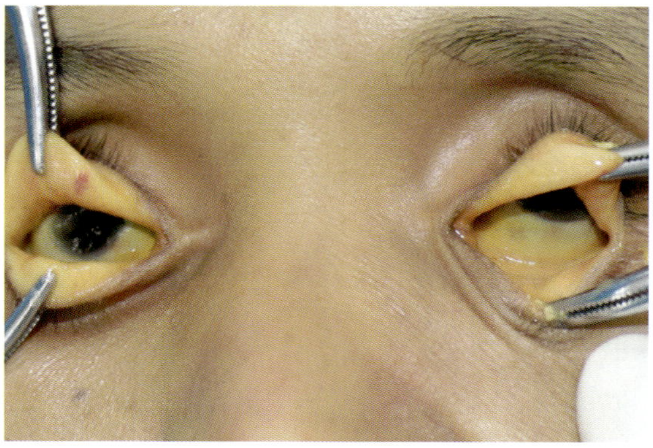

A

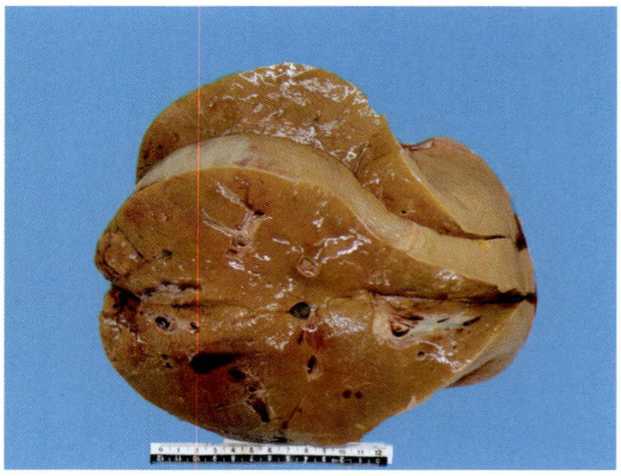

B

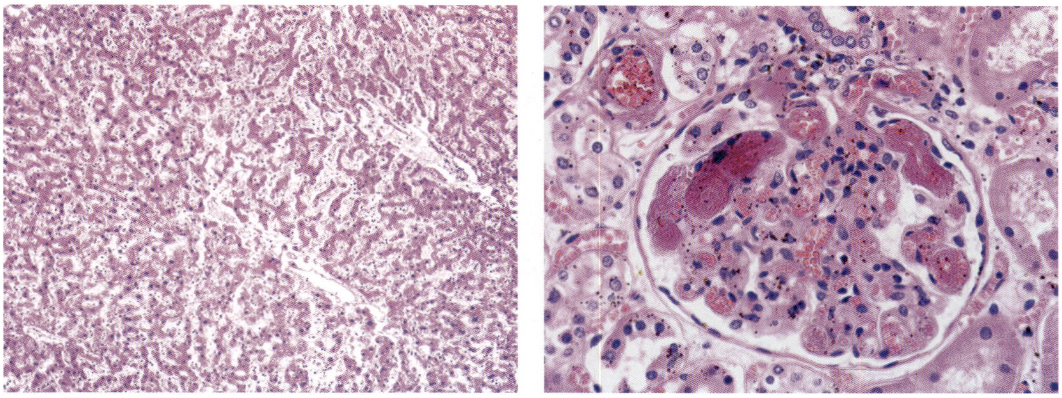

C　　D

图 7-13　慢性镉中毒

A.眼睑结膜黄染；B.中毒性肝病，肝切面黄染；C.显微镜下见部分肝细胞坏死，结构崩解，肝窦扩张，其间见炎细胞浸润，间质纤维结缔组织增生（HE 100×）；D.中毒性肾病，显微镜下见肾小球血管襻肿胀，系膜细胞增生，肾小球毛细血管内小血栓形成，肾小球内炎细胞增多（HE 400×）。

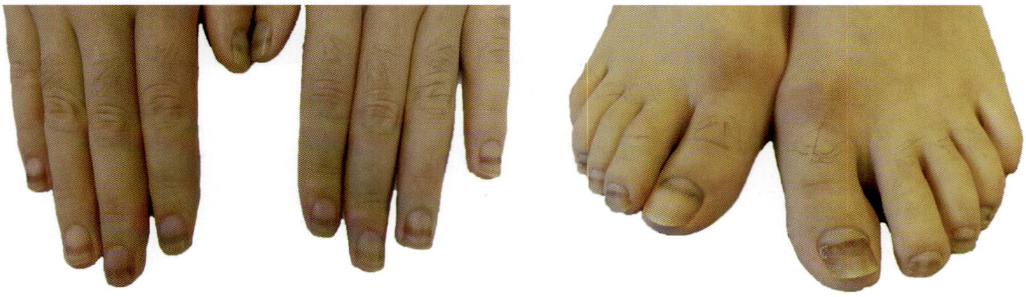

A　　B

图 7-14　慢性汞中毒

手指甲及脚指甲出现棕褐色条纹。

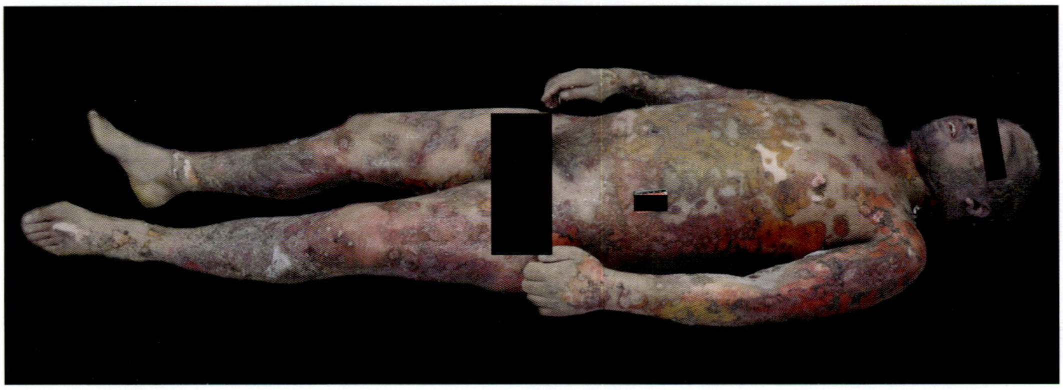

图 7-15　慢性砷中毒

外贴含砷敷贴且用保鲜膜包裹后，皮肤色素沉着并溃烂。

工业中毒是指在工业生产过程中，由于接触生产性毒物而引起的中毒。生产过程中使用或产生的有毒物质，称为生产性毒物或工业毒物，其种类很多，且几种毒物经常同时存在。这些有毒物质在空气中的浓度达到或超过规定的浓度时，可使长期接触这些毒物的人们中毒，严重时造成死亡。二甘醇中毒（图 7–16）死亡者全身尸表皮肤深度黄染，脑切开见出血伴灶性黄染，中毒性肝病，肺表面黄染伴白色颗粒状斑块（非特异性）。显微镜下见心肌纤维肿胀，大部分横纹消失，均质变，心肌纤维波浪变，肺水肿，肾小管坏死，灶性钙化等，肝小叶结构不清，排列紊乱，肝细胞肿胀。松油醇中毒者（图 7–17）尸检可见胃内油状内容物，显微镜下见胃黏膜层片状坏死。

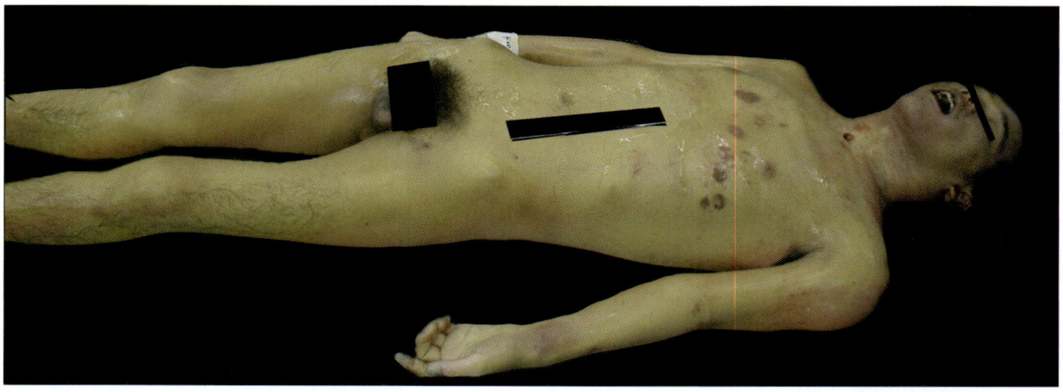

A

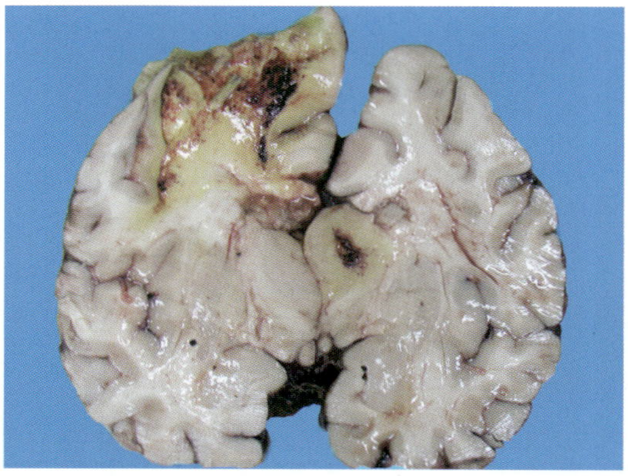

B

C

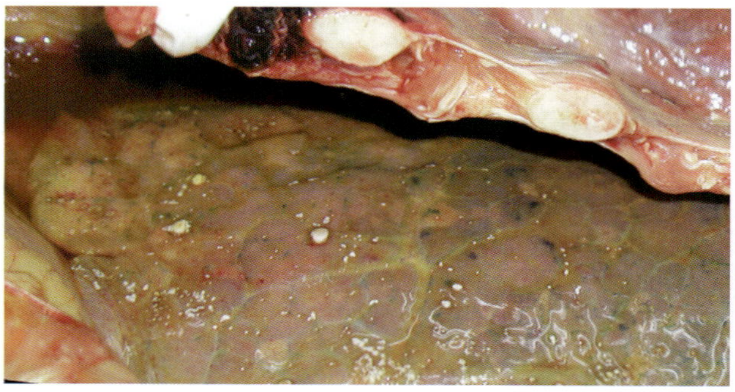

D

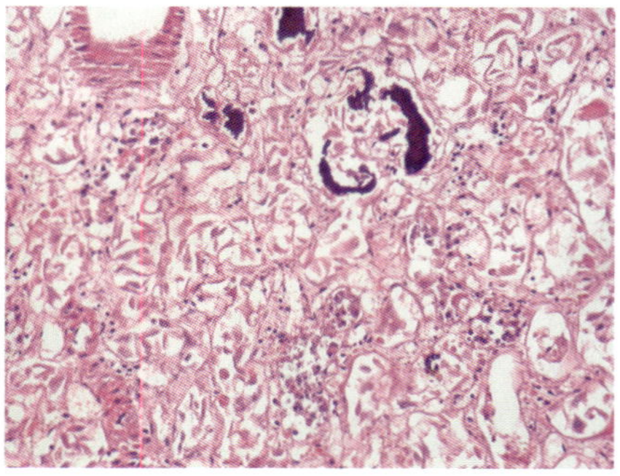

E

图 7–16　二甘醇中毒

A. 全身皮肤深度黄染；B. 脑切面观；C. 中毒性肝病，切面黄绿色，弥漫性细小结节；D. 肺表面黄染伴白色颗粒状斑块（非特异性）；E. 肾小管坏死，肾小管上皮细胞脱落，灶性钙化，部分肾小管再生（HE 100×）。

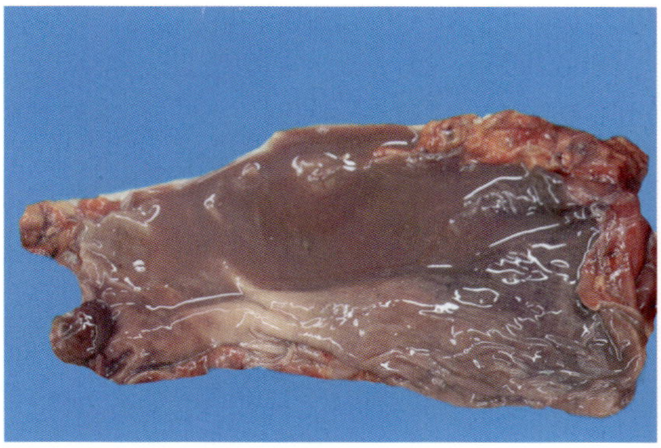

A

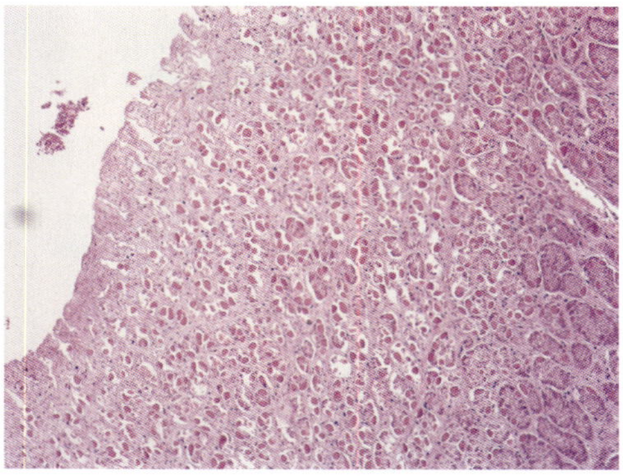

B

图 7-17 松油醇中毒

A. 胃内见油状内容物；B. 显微镜下见胃黏膜层片状坏死。

案例

案情简介：某中年女性，在误服“电镀水”后，经救治无效于次日死亡。

解剖检验：尸斑呈暗红色。口唇、十指发绀。腹部尸绿形成，右前臂可见静脉血管棕绿色改变（图 7-18）。气管见管壁呈棕绿色，伴少量出血（图 7-19）。心包表面呈棕绿色（图 7-20）。胃内容物为灰褐色液状物（图 7-21）。

组织学检查：小脑组织内围管性出血。喉头黏膜下大量炎细胞浸润（图 7-22）。局部小支气管腔内见大量红细胞、中性粒细胞及炎性渗出物。灶性肾小球纤维化、玻璃样变，肾小管内均质红染的管型形成，部分肾小管坏死（图 7-23）。

毒物分析：心、尿液、胃内容物均检测出铬。

鉴定意见：因铬（铬酸酐）中毒而死亡。

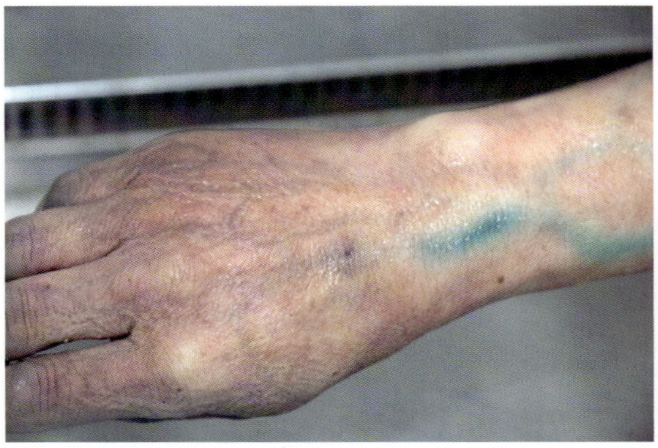

图 7-18 前臂静脉血管棕绿色改变

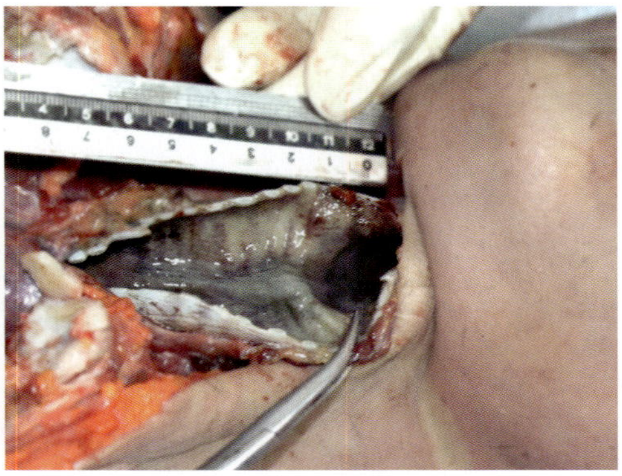

图 7-19 气管管壁出血

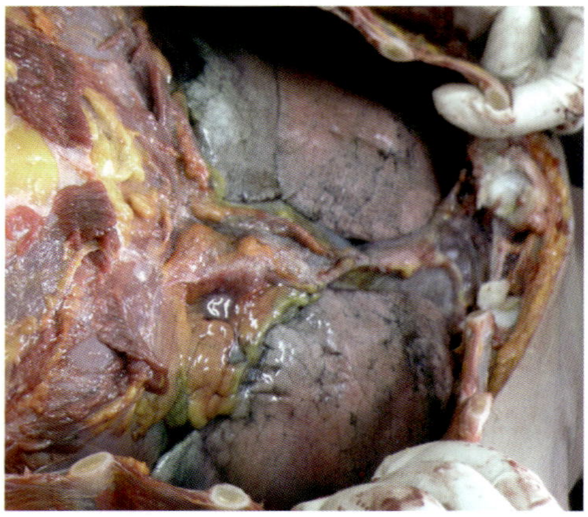

图 7-20　心包表面呈棕绿色改变

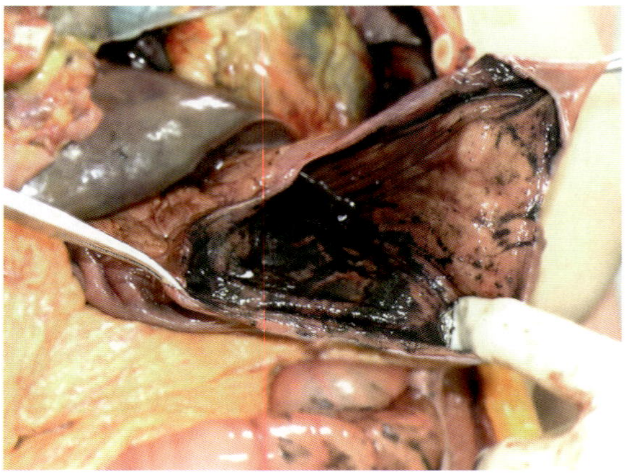

图 7-21　灰褐色液状胃内容物

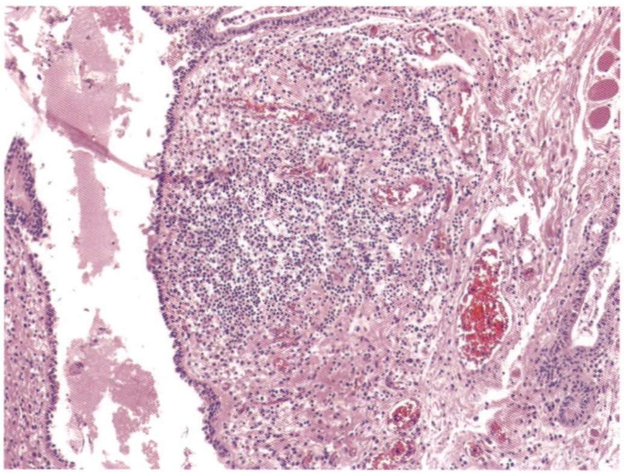

图 7-22　喉头黏膜下大量炎细胞浸润

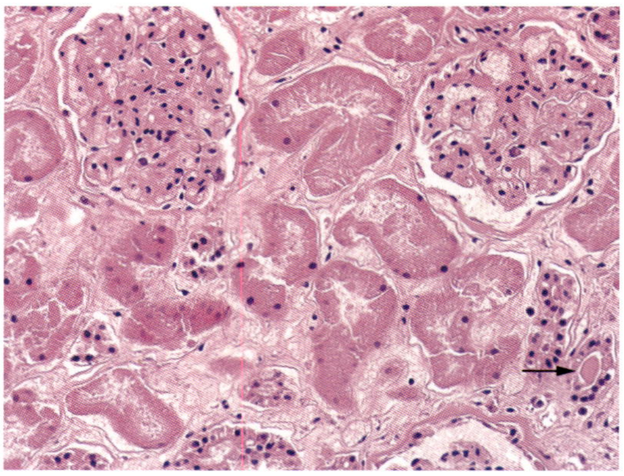

图 7-23　部分肾小管坏死，肾小管内均质红染的管型形成（↑）

（五）腐蚀性毒物

腐蚀性毒物是指与身体接触后迅速和局部组织或器官发生化学作用，引起局部组织器官损伤、全身反应，甚至死亡的一类毒物。主要中毒途径是局部皮肤的直接接触、口服或呼吸道吸入。根据毒物的种类、浓度、剂量和接触时间的不同，可分别引起局部组织红肿、水疱形成、溃烂、坏死，导致剧烈的烧灼痛，口服可造成上消化道的广泛腐蚀坏死，易发生穿孔；严重中毒则引起明显的全身反应，可发生休克，甚至死亡。如浓盐酸（图 7-24）接触者，接触部位有强烈烧灼感，外观由潮红转为暗褐色，继而腐蚀坏死，皮肤形成黑褐色腐蚀斑及溃疡，溃疡边界清楚，可见表皮腐蚀剥脱，吸入浓盐酸可引起喉头充血，有明显腐蚀现象，并有重度肺水肿、支气管炎。呼吸道吸入氢氟酸中毒（图 7-25）可有上呼吸道灼伤，喉头水肿，气管内见白色泡沫，氢氟酸中毒时咽入可引起出血性胃炎、胃黏膜脱落或溃疡形成等。

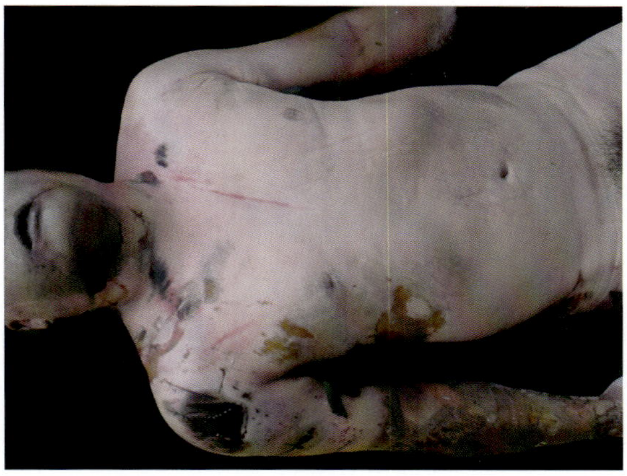

A

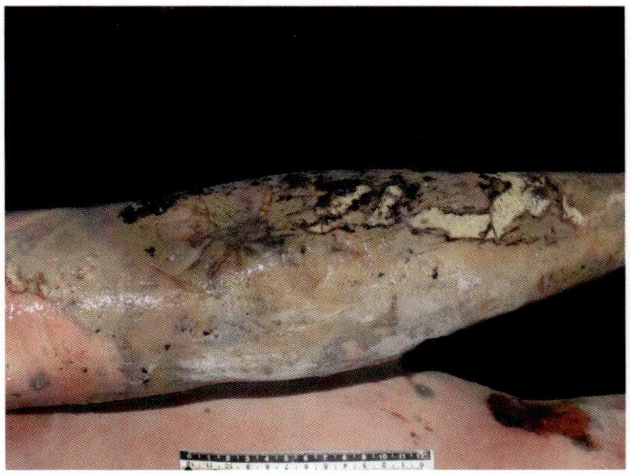

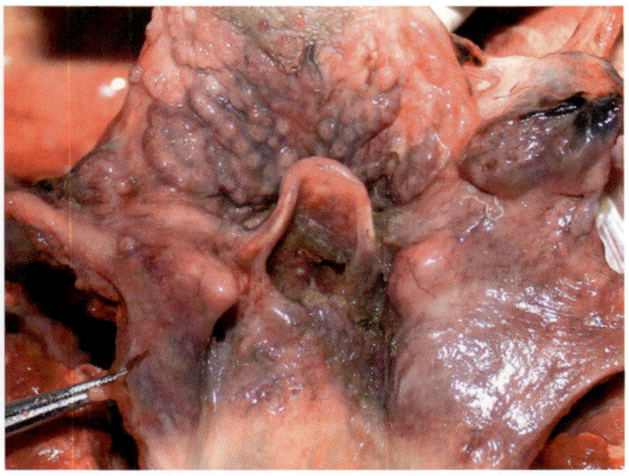

B　　C

图 7-24　浓盐酸腐蚀

A. 皮肤黑褐色腐蚀斑；B. 右上肢皮肤化学性灼烧伤，边界清楚，表皮腐蚀剥脱；C. 浓盐酸吸入，咽部及喉头充血、水肿。

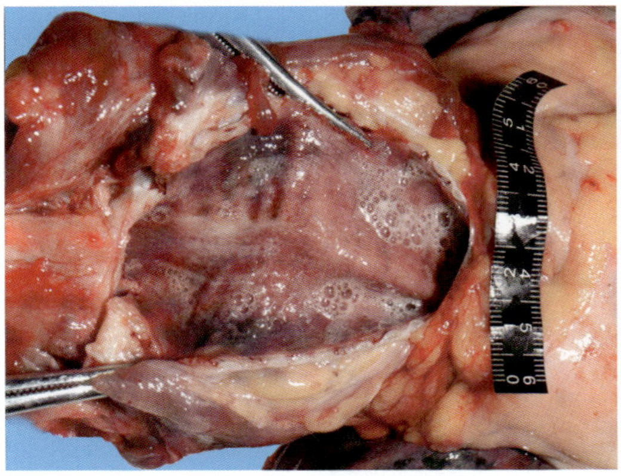

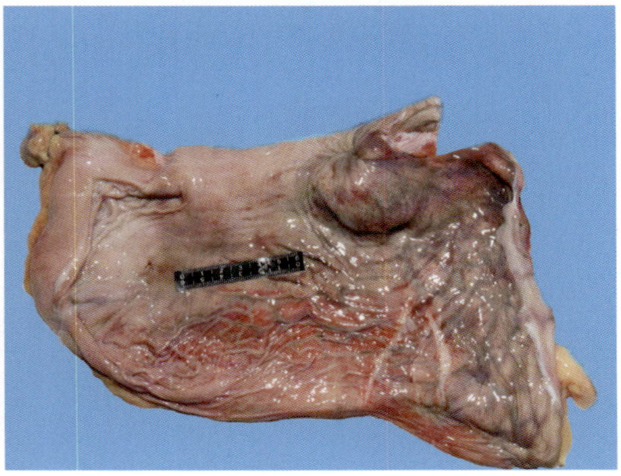

A　　B

图 7-25　氢氟酸中毒

A. 气管内见白色泡沫；B. 胃黏膜片状出血。

案例

案情简介：某日某竹浆加工厂一工人被发现在排污井内（图 7–26）死亡。

解剖检验：死者口唇及双手甲床及周围皮肤呈黄绿色（图 7–27），胸部肌肉呈暗红色（图 7–28）。

组织学检查：急性肺淤血、显著水肿（图 7–29），肝细胞灶性水样变（图 7–30），多器官淤血、水肿。

毒物分析：死者血液中检出硫离子 1.3μg/ml，碳氧血红蛋白饱和度为 2.7%，未检出甲硫醇、甲硫醚、二甲二硫醚及氰化物；肺组织检出硫离子 1.6μg/ml，甲硫醚 0.5mg/ml，二甲二硫醚 4.1mg/ml，未检出甲硫醇；肝组织中检出硫离子 1.6μg/ml，二甲二硫醚 6.5mg/ml，未检出甲硫醇、甲硫醚。血液、肺组织、肝组织、尿液、胃内容物未检出其他常见毒物。

分析说明：据文献报道，尸体低于 20℃保存时，血液及肺组织中难以检出硫离子，而本例死者血液、肺组织及肝组织中检出硫离子，浓度分别为 1.3μg/ml、1.6μg/ml、1.6μg/ml，表明死者生前曾有与含硫化合物接触史，结合现场硫化氢（H_2S）浓度为 120PPM，考虑其存在硫化氢（H_2S）气体吸入。此外，肺组织中检出甲硫醚、肺及肝组织中均检出二甲二硫醚，此两种有机硫化合物均可在竹浆生产加工过程中产生。

鉴定意见：符合含硫化合物（如硫化氢、甲硫醚、二甲二硫醚等）吸入中毒致死。

图 7–26　现场排污井

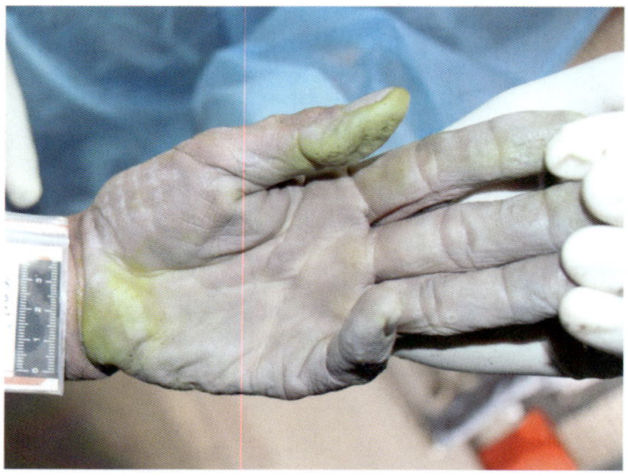

图 7–27　手掌黄绿色样改变
（非硫化氢中毒特异性改变）

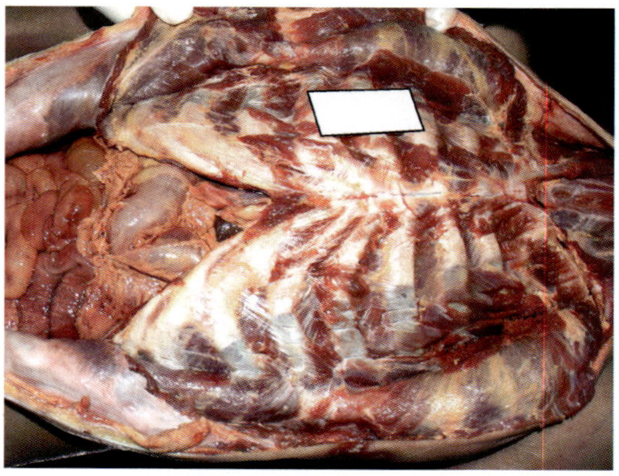

图 7–28　胸部肌肉暗红色样改变

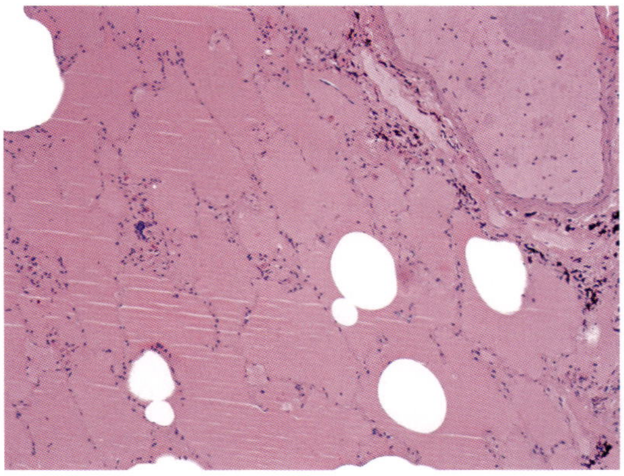

图 7-29　肺显著水肿

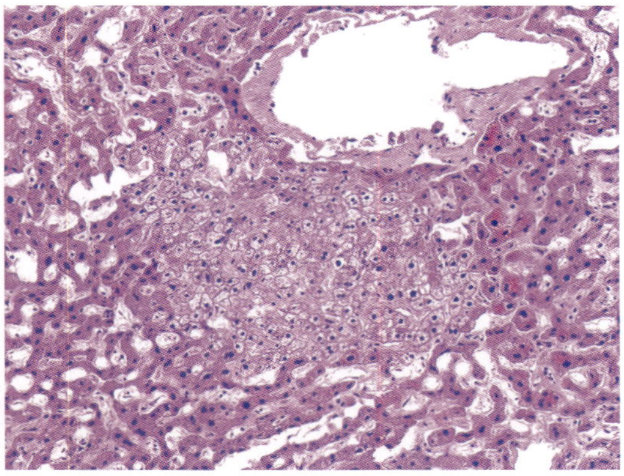

图 7-30　肝细胞灶性水样变

（六）药物中毒

药物中毒指用药剂量超过极量而引起的中毒。误服或服药过量以及药物滥用均可引起药物中毒。地芬尼多中毒者（图 7-31）可出现抽搐、呼吸困难、意识模糊、颜面青紫，死亡者四肢、指甲青紫，显微镜下可见肺淤血、水肿，间质少量炎细胞浸润。

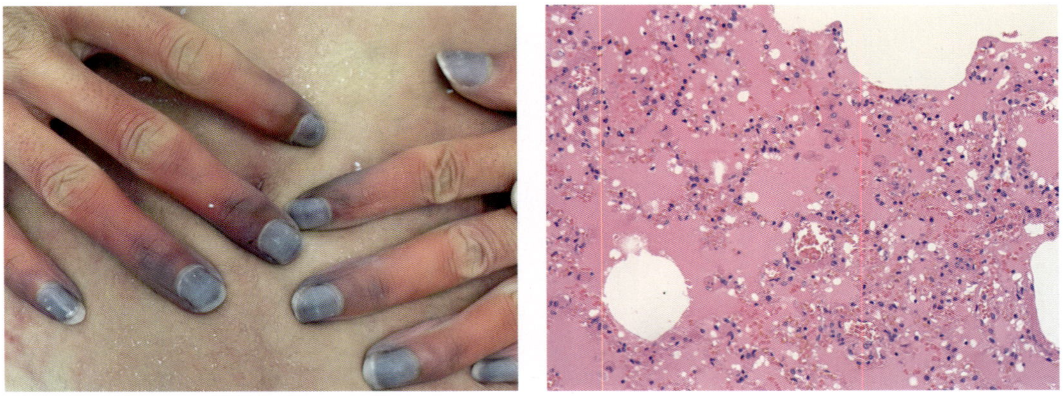

A　　B

图 7-31　地芬尼多（强效晕车药）中毒

A. 双手指甲重度发绀；B. 显微镜下见肺淤血、水肿，间质少量炎细胞浸润（HE 200×）。

（七）有毒植物、动物

有毒植物是指含有生物碱、多肽、胺、糖苷、植物毒素等有毒物质的植物，有毒物质被人或动物吸收后可引起过敏、皮炎、组织破坏、功能紊乱等，严重时甚至可致人死亡，常见的有毒植物有夹竹桃、水仙、含羞草、钩吻、曼陀罗等。有毒动物是指含有蛋白质多肽、甾体及其衍生物、生物碱和其他如烷基酚衍生物等有毒物质的动物。有毒动物既可通过动物噬、咬、蜇等行为主动输入人体，也可因被当作食物或药物进入人体，引起人体中毒，甚至导致死亡。常见的有毒植物中毒如毒蕈（图 7-32），中毒死亡者可见胃肠系膜弥漫性出血，肝肾损害型中毒较多，主要病理变化是中毒性肝坏死，显微镜下见肝小叶内大部分肝细胞变性坏死，外围带残存的肝细胞脂肪变性，汇管区有较多的中性粒细胞浸润。其他器官病理变化可见中毒性肾病，心肌细胞水样变性、脂肪变性，神经细胞变性、脑水肿，肺淤血、水肿，淋巴小结出血、坏死等。有毒动物中毒在农村地区较常见，如被毒蜂蜇伤中毒（图 7–33）的死者可见肺淤血、水肿，显微镜下可见肺组织内肥大细胞脱颗粒现象。此外，蛇咬伤中毒也较为常见，毒蛇咬伤（图 7–34）的伤口多位于身体暴露部位，如肢体末端，被咬伤的肢体呈肿胀表现，切开肿胀组织可见软组织及肌肉呈暗红色改变，见暗红色血性液体流出。显微镜下见咬伤局部从表皮到皮下组织发生广泛性坏死，伴有出血、水肿和大量中性粒细胞浸润，免疫组化可见皮下组织骨骼肌纤维胞浆内小团片状黄褐色颗粒。

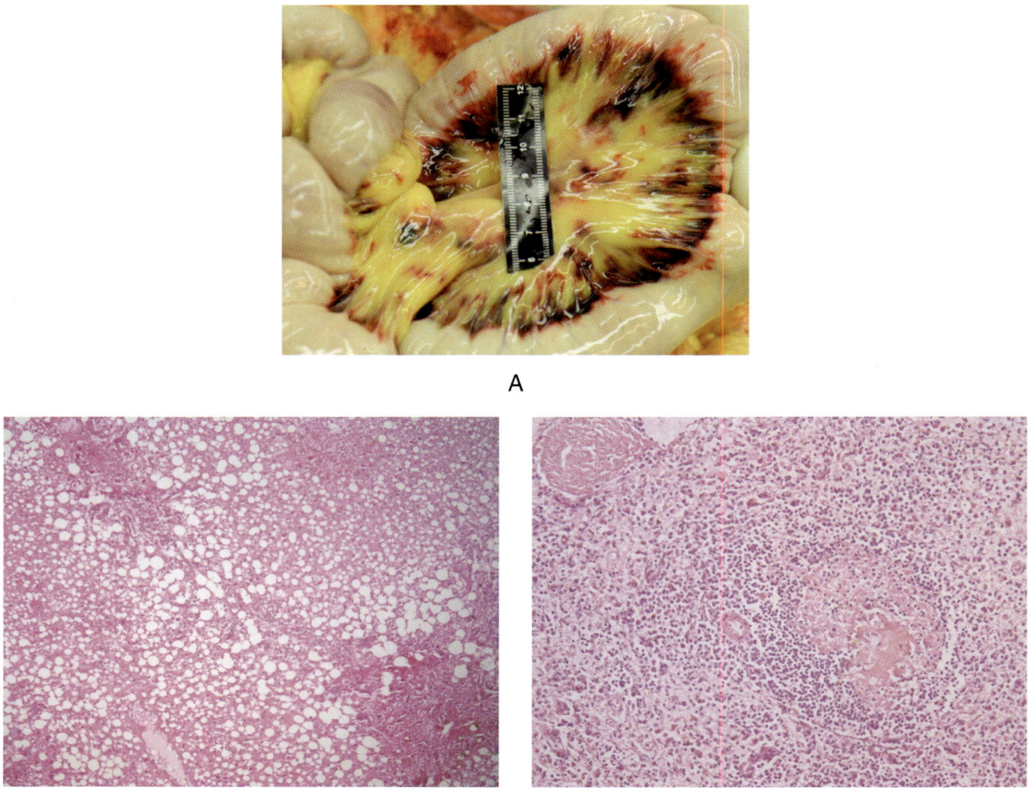

A

B　　C

图 7–32　毒蕈中毒

A. 肠系膜弥漫性出血；B. 显微镜下见肝小叶中央区肝细胞广泛坏死，周围肝细胞弥漫性脂肪变性（HE 40×）；C. 显微镜下见淋巴小结出血、坏死（HE 100×）。

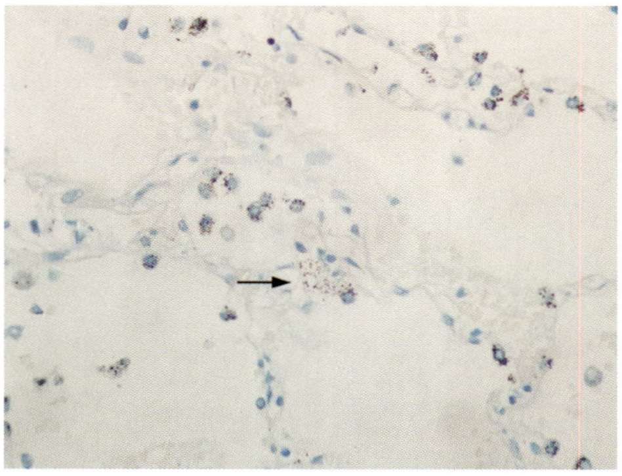

图 7–33　蜂毒中毒肺组织镜下观

肥大细胞脱颗粒（↑）（甲苯胺蓝染色 200×）。

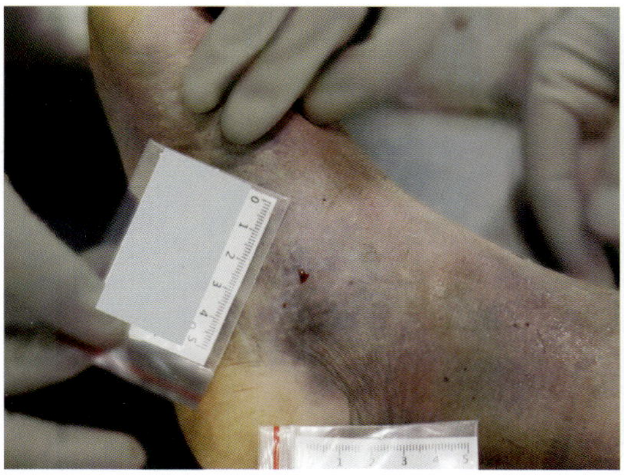

A

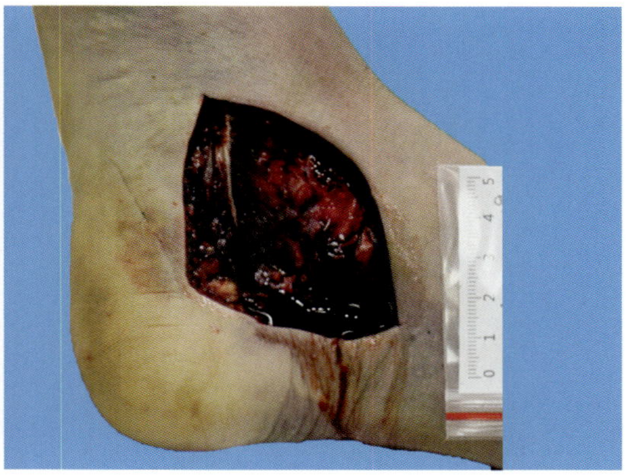

B

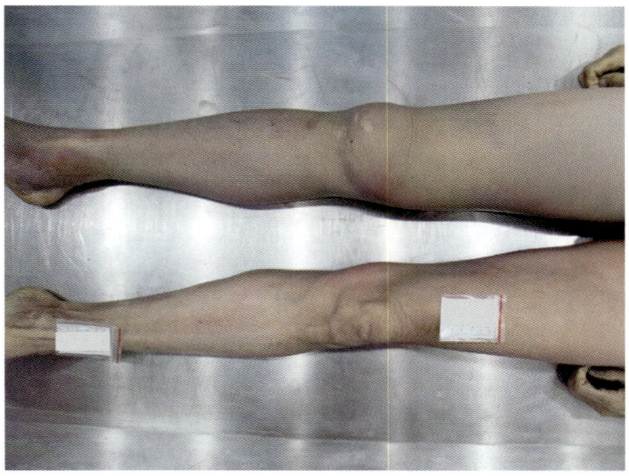

C

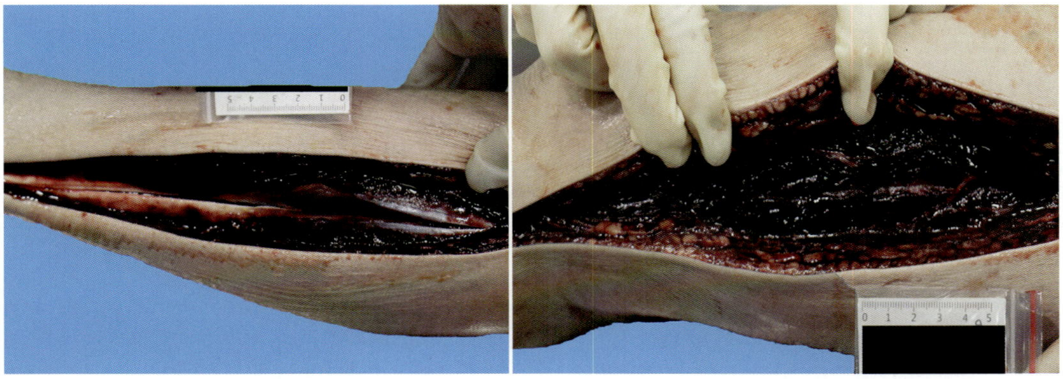

D

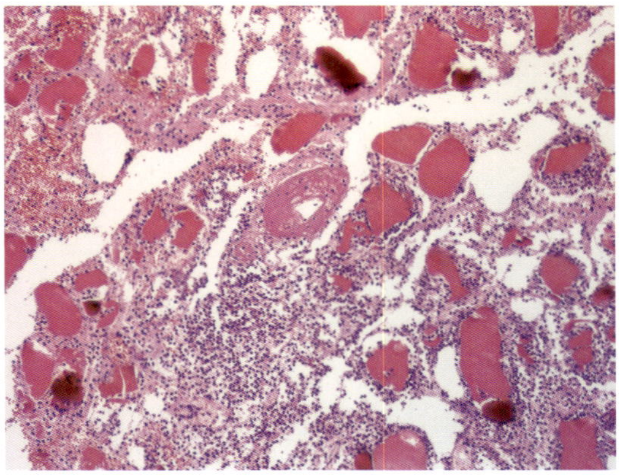

E

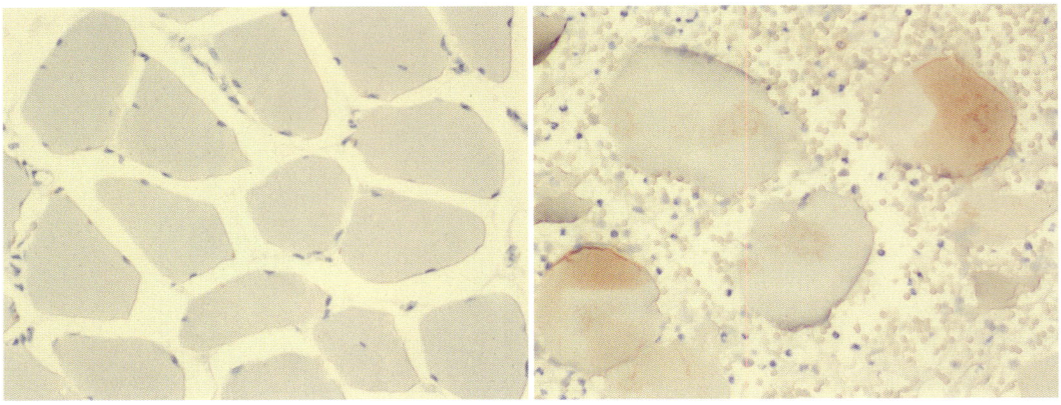

F

图 7-34　蝮蛇蛇毒中毒

A.右脚内踝咬痕及出血；B.切开右内踝，软组织及肌肉呈暗红色改变，暗红色血性液体流出；C.双下肢粗细不等，右侧下肢青紫、明显肿胀；D.切开右下肢，软组织及肌肉呈暗红色改变，大量暗红色血性液体流出；E.显微镜下见内踝肌层弥漫性出血及大量以中性粒细胞为主的炎细胞浸润（HE 100×）；F.兔抗蝮蛇蛇毒抗体免疫组化，显微镜下见受伤右内踝（左侧图片）皮下组织骨骼肌纤维胞浆内见小团片状黄褐色颗粒，反应呈阳性，左内踝（右侧图片）为对照，未见小团片状黄褐色颗粒，反应呈阴性（HE 400×）。

（八）毒品滥用

毒品滥用是指反复大量使用国际禁毒公约和有关法律法规规定管制的能够使人形成瘾癖的麻醉药品和精神活性药物。毒品滥用者为了获取毒品，常从国外购买，通过体内藏毒方式（图 7-35），运输至国内进行贩卖。吸毒者长期吸入或一次大量摄入常会导致死亡，中毒死亡者脑水肿、肺淤血、水肿，其他器官也呈淤血、水肿表现。显微镜下见神经细胞变性、坏死和胶质细胞反应，心肌细胞水肿，收缩带坏死，心肌间质出血（图 7-36），坏死组织周围可见中性粒细胞和巨噬细胞浸润，肝细胞脂肪变性及点状、灶状坏死，汇管区淋巴细胞和浆细胞浸润，肾小管上皮细胞坏死等。

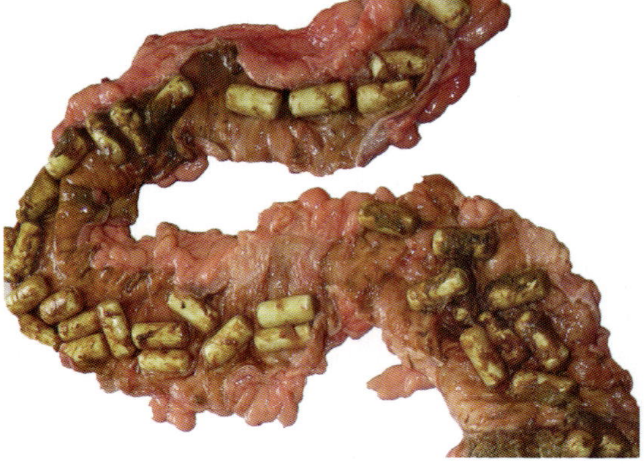

图 7-35　体内藏毒

大肠内大量的被包裹的条状分装毒品。

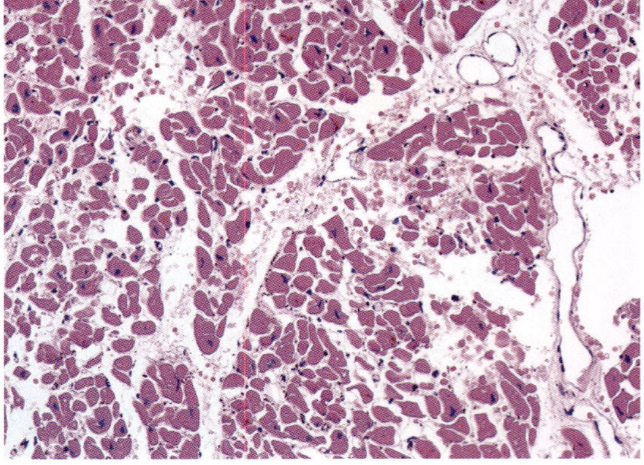

图 7-36　苯丙胺类中毒镜下观

心肌间质出血（HE 100×）。

第八章 医疗损害

医疗损害是指医疗机构及其医务人员在诊疗护理过程中因过错对患者所产生的不利的事实。

（一）治疗相关性医疗损害

1. 针灸致肺动脉破裂、心包填塞

某男，× 岁，因脑梗死后遗症行针灸治疗后死亡（图 8–1 ～图 8–3）。

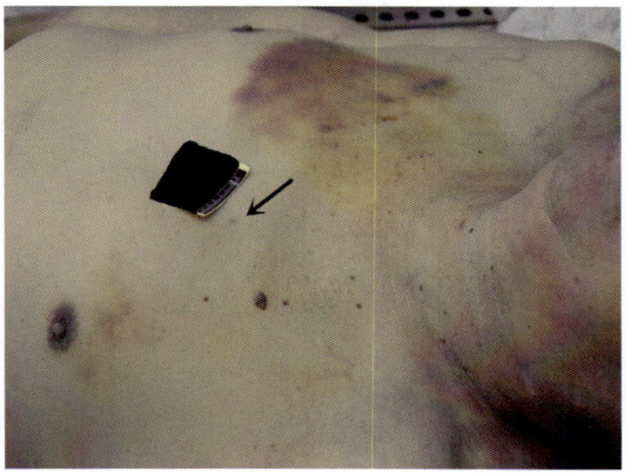

图 8–1　胸部针痕

前胸部两侧多发片状皮下出血，右侧明显，左侧胸部见针痕（↑）。

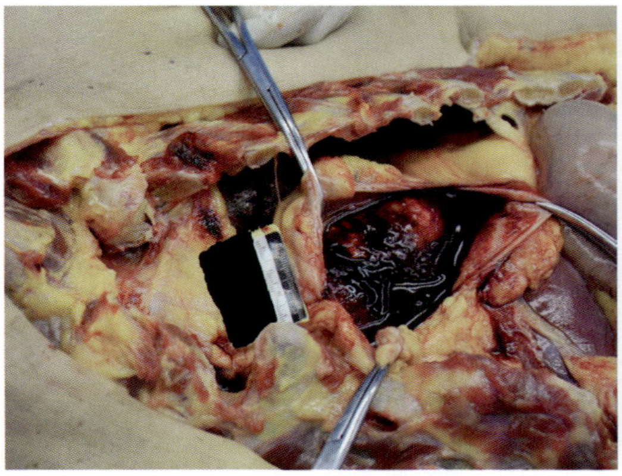

图 8–2　心包腔积血

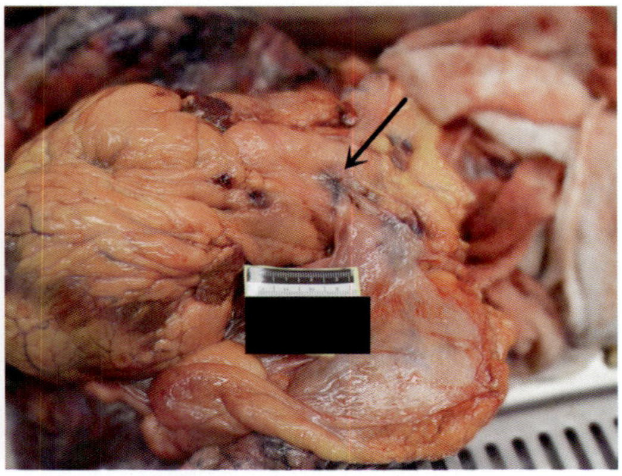

图 8–3　肺动脉根部刺创

肺动脉根部见小孔状刺创（↑）。

2. 针灸致肺破裂、气胸

某老年男性，针灸、拔罐治疗后突感呼吸困难，转送医院抢救无效死亡。针灸位置位于左前胸、右前胸、剑突处、剑突下、右侧胸壁及后背（图 8-4 ～图 8-7）。

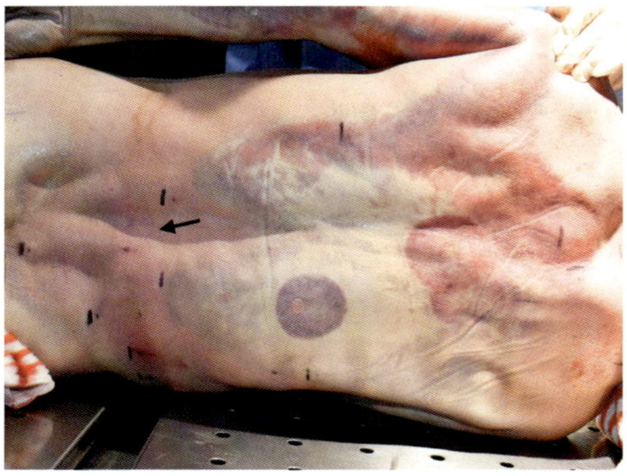

图 8-4 背部针痕

背部针刺痕伴周围片状皮下出血（↑）。

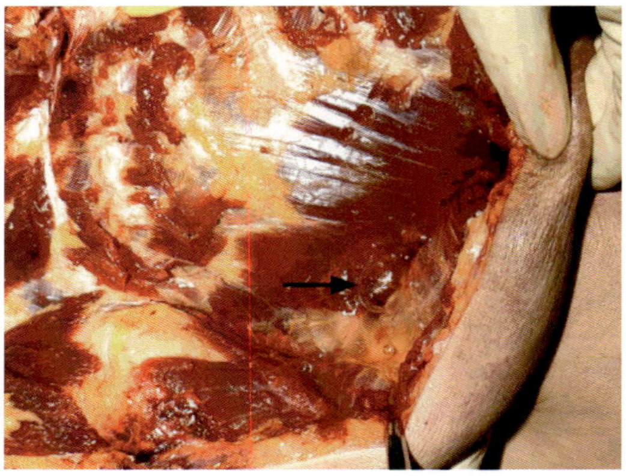

图 8-5 左侧胸腔气胸试验

左侧胸腔气胸试验阳性，见大量气泡涌出（↑）。

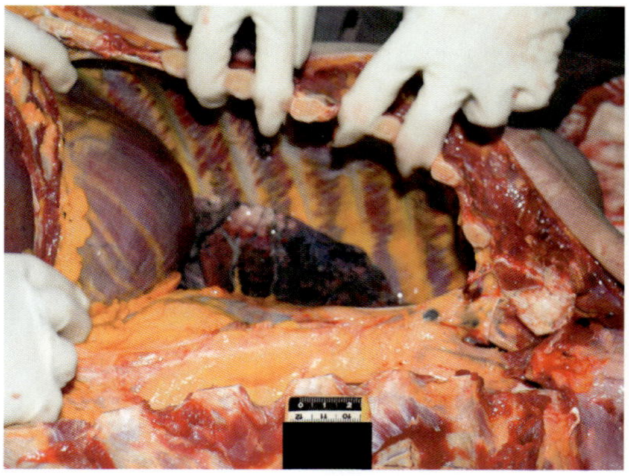

图 8-6 右肺出血、萎陷

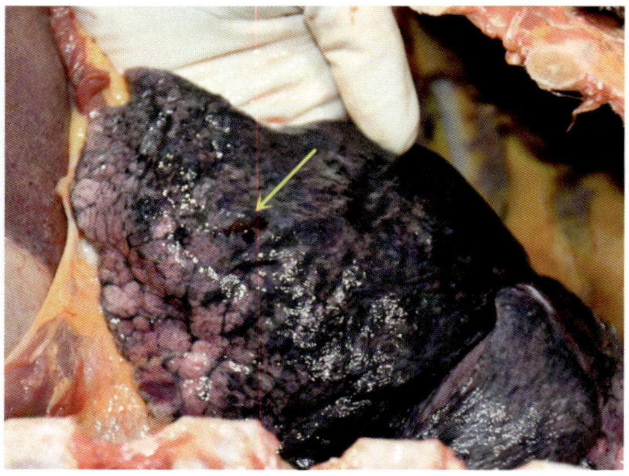

图 8-7 右下肺背侧针刺创口（↑）

3. 血液透析致肺动脉空气栓塞

某中年女性，在医院行血液透析时突发昏迷，经抢救无效死亡（图 8-8）。

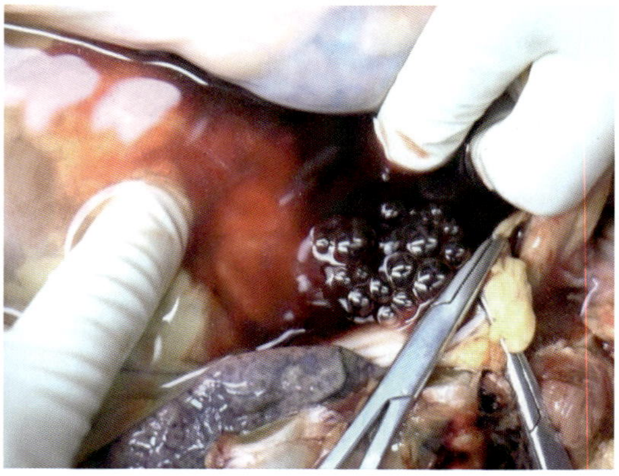

图 8-8 肺动脉根部大体观

肺动脉根部外围注水，水下剪开肺动脉，大量气泡涌出。

4. 行清宫术后子宫破裂

某青年女性，清宫术后子宫破裂（图 8-9、图 8-10）。

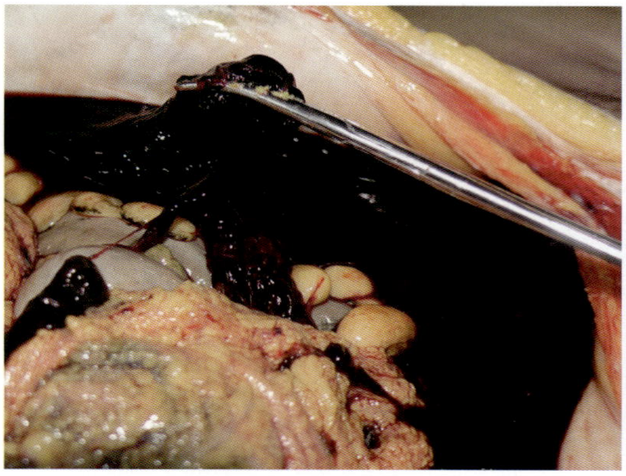

图 8-9　盆腔内大量积血及血凝块

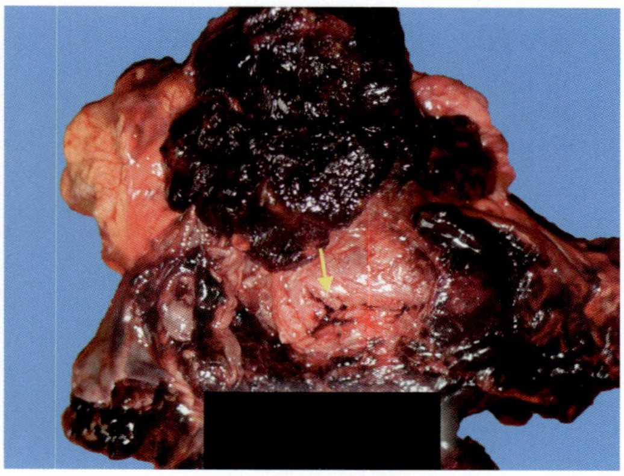

图 8-10　子宫左后壁破裂口

子宫左后壁见破裂口（↑）伴周围血肿形成。

5. 胆囊手术误伤胃

中年男性，因行胆囊手术误伤胃。术后 10d 发生严重腹腔感染等情况，经抢救无效死亡（图 8-11、图 8-12）。

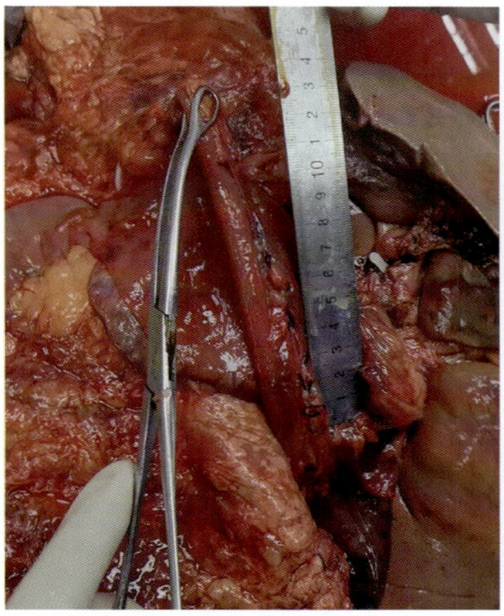

图 8-11　胃缝合处

胃部见长约 7cm 的带缝合线破口（手术所致）。

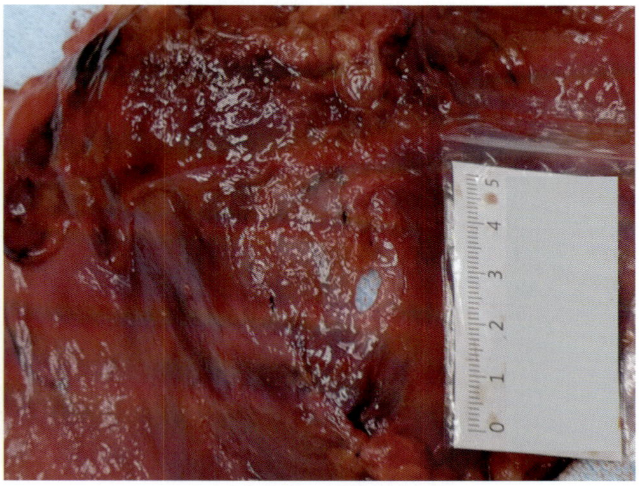

图 8-12　胃破裂口

上述缝合破口附近见一未缝合的破口。

6. 肾结石碎石术后致肺动脉栓塞

某中年女性，因双肾结石行“右输尿管镜检 + 钬激光碎石取石术 + 输尿管支架置入术”，结束阶段留置导尿管时突发呼吸困难，经抢救无效死亡（图 8-13、图 8-14）。

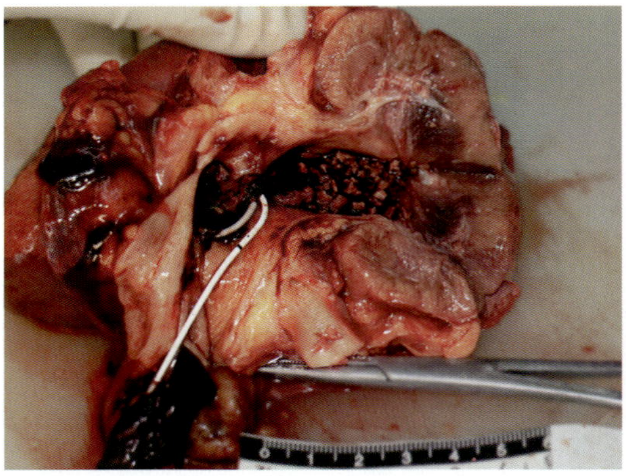

图 8-13　右肾结石

右肾大量粉碎后结石块，肾盂黏膜局部破溃。

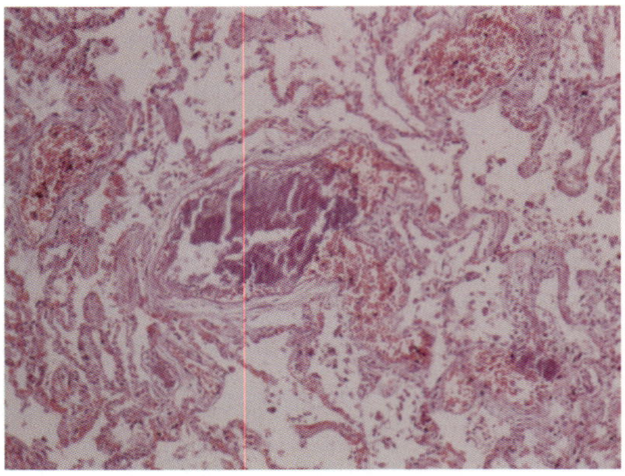

图 8-14　肺镜下观

肺小血管钙盐样异物颗粒栓塞（HE 400×）。

7. 输尿管镜 + 钬激光碎石术后肾破裂致失血性休克

中年男性，有泌尿结石及多次体外碎石治疗史，以“右侧腰部不适 10 余年、腰痛 6d”入院就诊，行尿道右侧输尿管镜 + 钬激光碎石取石术。术后第 3 天右侧腰部突发间断性绞痛，CT 示右肾正常形态消失，呈高低混杂密度影；右肾周模糊，见大量渗出性改变，肾周筋膜完整。术后第 5 天出现抽搐、点头呼吸，血压 56/36mmHg，心率 90 次 /min，经抢救无效后死亡（图 8-15、图 8-16）。

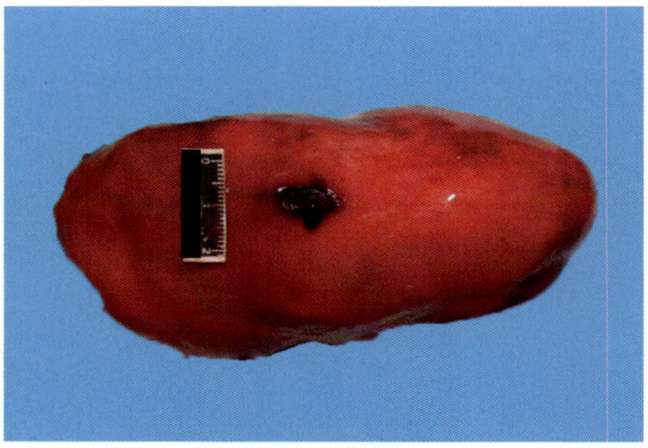

图 8-15　右肾破裂口

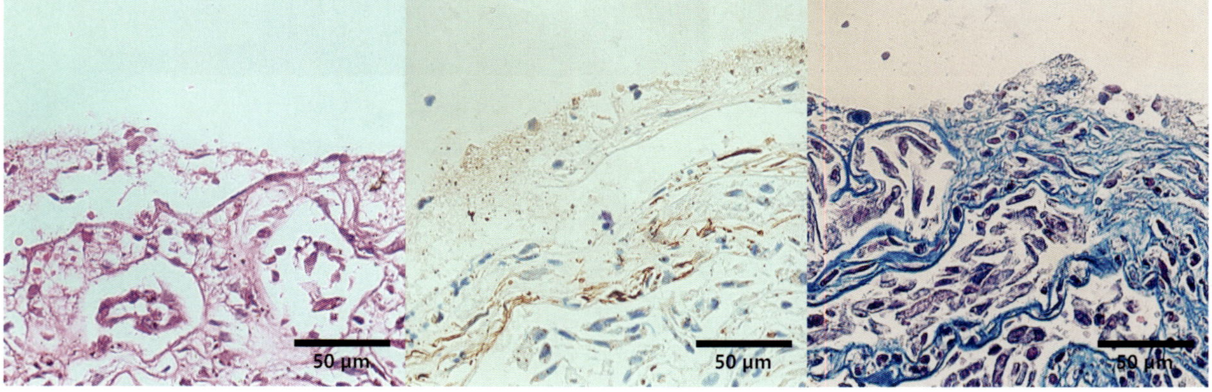

图 8-16　肾实质破裂处边缘区肾组织免疫染色

A. HE 染色；B. α-SMA 免疫组织化学染色，呈阳性为成纤维细胞；C. Masson 染色见肾组织内纤维组织增生。

8. 下腔静脉滤器刺破下腔静脉

老年女性，因“双下肢深静脉血栓”入院治疗，隔日行“下腔静脉滤器置入术”，术后9d突发抽搐，经抢救无效死亡。尸检后鉴定意见：锚定主支撑杆尖端刺破下腔静脉致失血性休克死亡（图8–17、图8–18）。

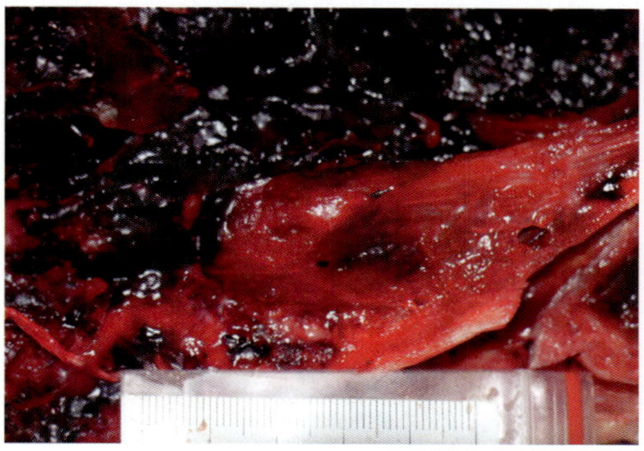

图8–17　下腔静脉破裂

下腔静脉见滤器刺针穿出，周边大量出血。

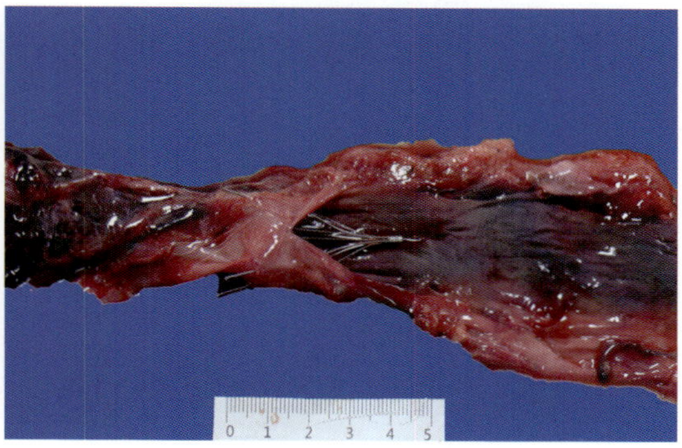

图8–18　下腔静脉滤器

4个锚定主支撑杆尖端均刺破下腔静脉。

案例

案例简介：男婴，因“患儿头部、颌面部、颈部、躯干等多处肿物，部分明显突出皮面，质软，无压痛”就诊。诊断：多发静脉畸形。入院予全麻下行“多发静脉畸形影像引导经皮硬化术”，在DSA透视监视下经皮注射聚桂醇+二氧化碳泡沫硬化剂进行硬化治疗，术中顺利，进入复苏室后患儿突发心跳、呼吸骤停，经抢救无效死亡。

解剖检验：左面、左下颌、左颈项部、枕部、左胸腹部、左侧季肋部、左侧肢体见广泛性紫色畸形静脉血管分布（图8–19），触之质感软。胸、腹壁肌群未见出血，皮下见增生畸形静脉网（图8–20）；膈肌、左侧胸壁见大面积畸形静脉网（图8–21）。

组织学检查：肺间质高度淤血，局部肺水肿，间质血管腔内可见大量墨绿色无结构样物分布(图8–22)。

鉴定意见：硬化剂注入致肺栓塞而死亡。

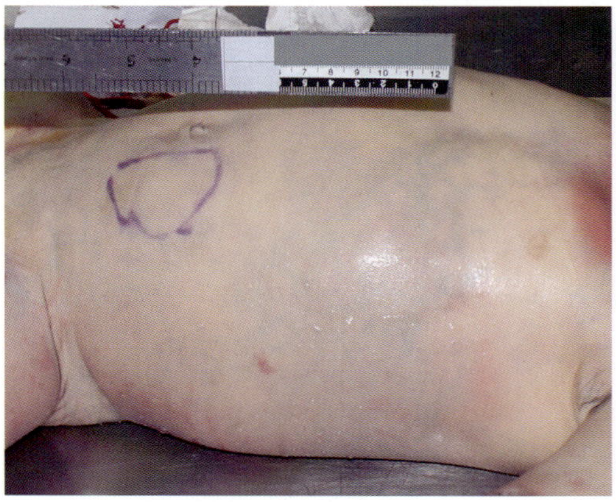

图8–19　左胸腹部大体观

左胸腹部紫色畸形静脉血管。

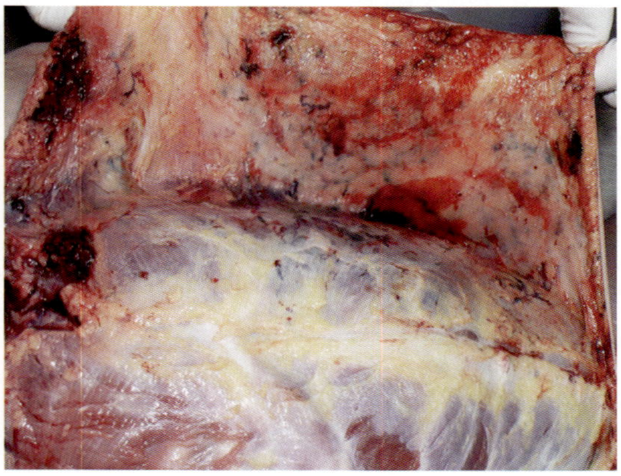

图8–20　胸、腹壁大体观

胸、腹壁皮下增生畸形静脉网。

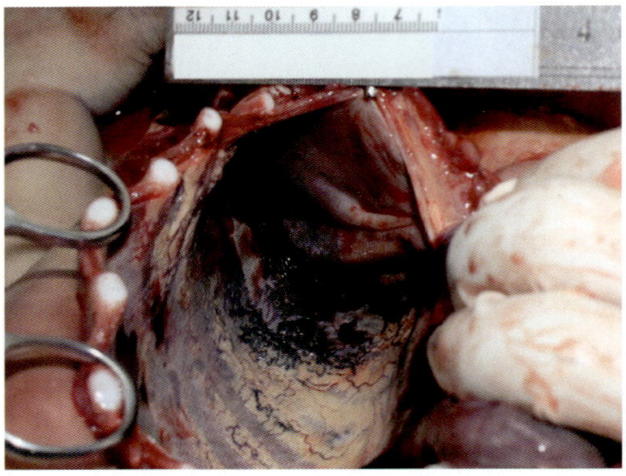

图 8-21　左侧胸壁大体观

左侧胸壁大面积畸形静脉网。

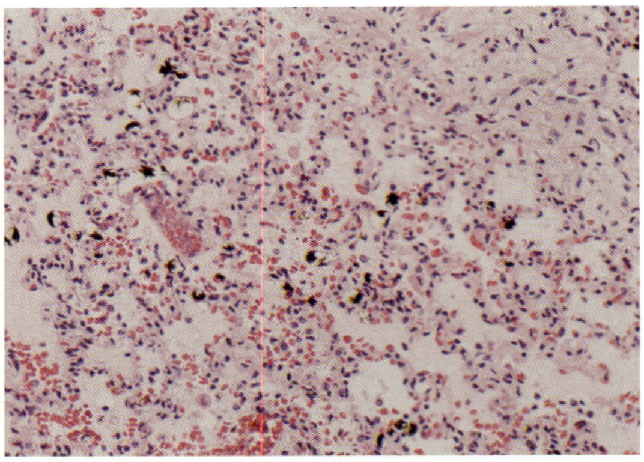

图 8-22　肺镜下观

肺间质血管腔内大量墨绿色无结构样物。

（二）麻醉相关性医疗损害

某男，交通事故致高位脊髓损伤，第 7 天在硬膜外麻醉手术过程中突然死亡。尸检见对应穿刺针眼的硬脊膜破裂，脊髓损伤出血。诊断：硬膜外麻醉致硬脊膜穿孔，麻醉剂进入硬膜下腔导致全脊髓麻醉死亡（图 8-23）。

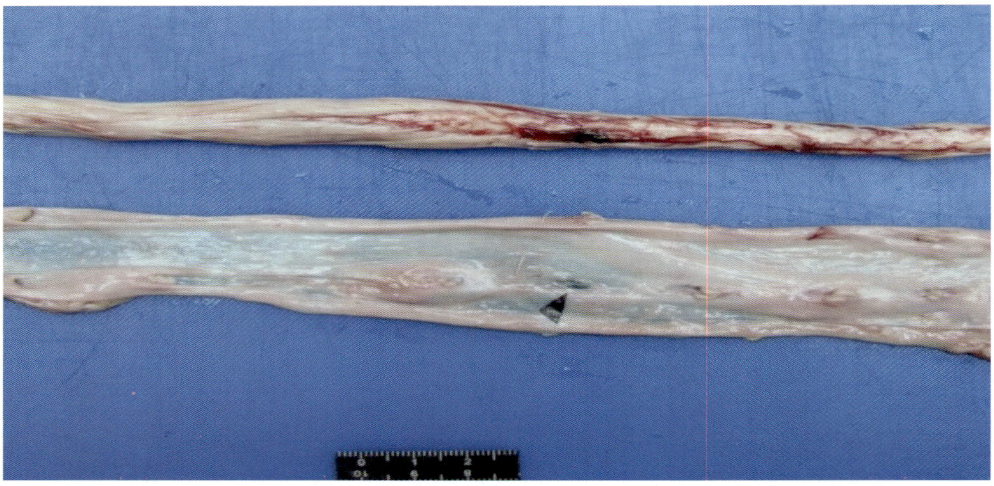

图 8-23　硬脊膜针刺创口

腰椎间隙麻醉穿刺对应处硬脊膜见针刺创口（▲），腰段脊髓见出血及脊髓水肿。

（三）药物过敏性损害

青年男性，在医院输注头孢哌酮舒巴坦钠后出现身体不适，后感呼吸困难，经抢救无效死亡。尸检没有发现致死性疾病（图 8-24 ～图 8-28）。

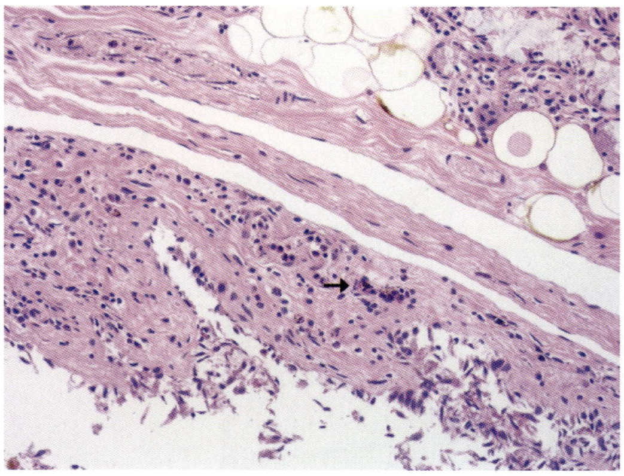

图 8-24　喉头镜下观

较多嗜酸性粒细胞浸润（↑）（HE 200×）。

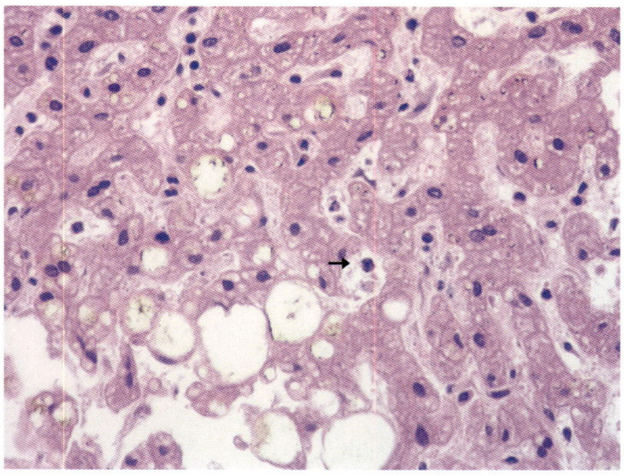

图 8-25　肝镜下观

肝窦内见嗜酸性粒细胞（↑）（HE 400×）。

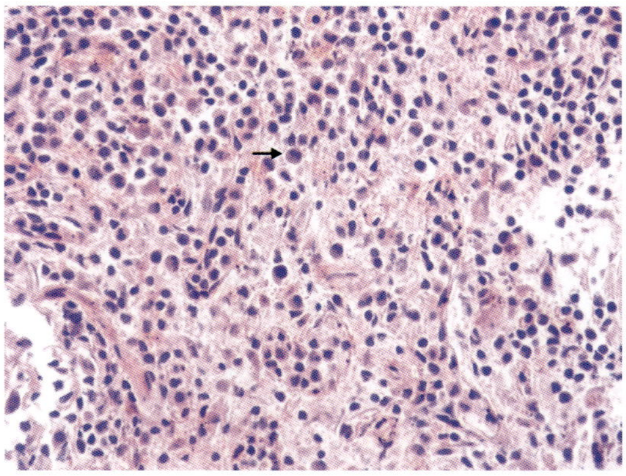

图 8-26　脾镜下观

脾窦内嗜酸性粒细胞增多（↑）（HE 400×）。

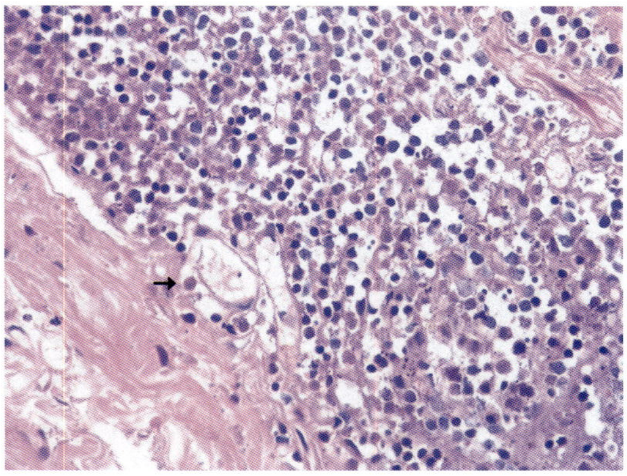

图 8-27　小肠镜下观

小肠黏膜层嗜酸性粒细胞浸润（↑）（HE 400×）。

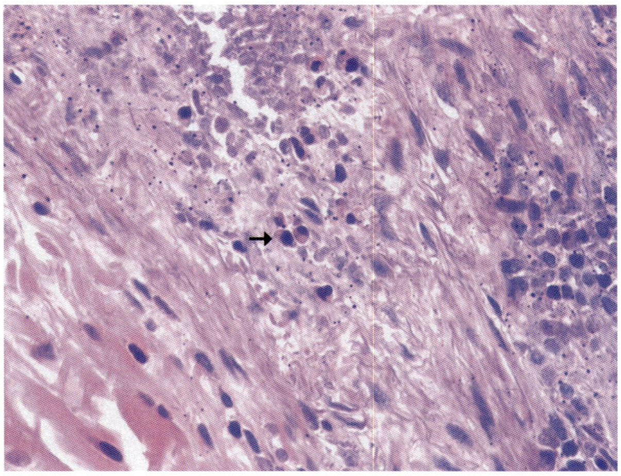

图 8-28　大肠镜下观

黏膜下层嗜酸性粒细胞浸润（↑）（HE 400×）。

某女，37 岁，被发现用某品牌“水光嫩肤液”后死亡。尸检没有发现致死性疾病（图 8–29 ～图 8–31）。

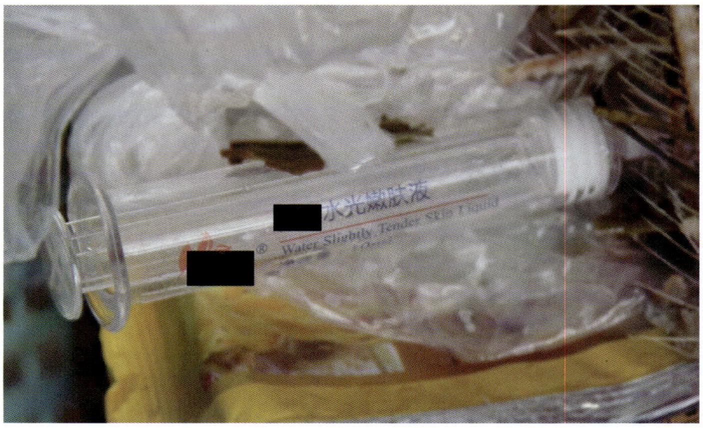

图 8–29　现场照

现场垃圾桶中发现水光嫩肤液空管。

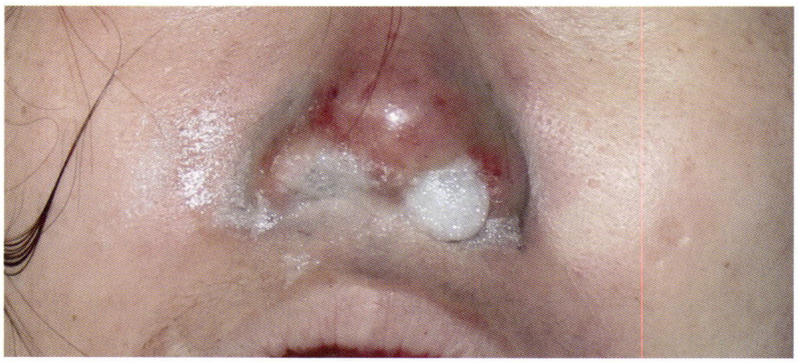

图 8–30　鼻唇部大体观

鼻部暗红肿胀，鼻腔周围见较多白色泡沫附着。

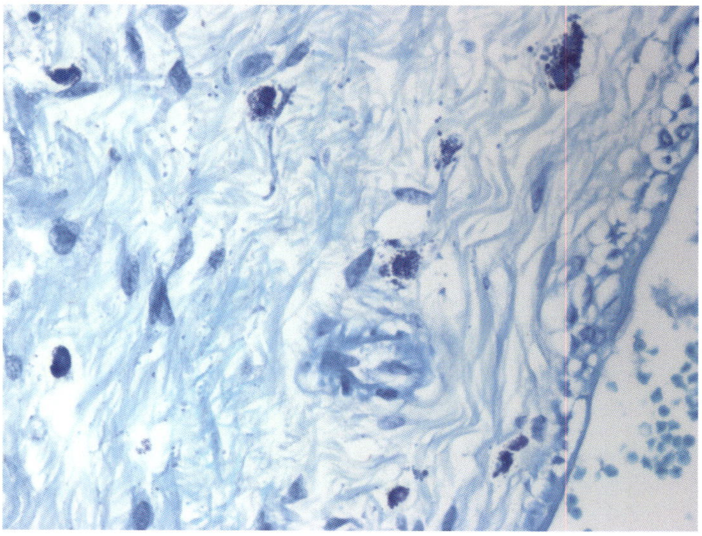

图 8–31　喉头镜下观

散在分布的肥大细胞，部分肥大细胞脱颗粒（甲苯胺蓝染色，400×）。

（四）药物不良性反应

某男，因“强直性脊柱炎”至私人诊所注射氨甲蝶呤后引起白细胞和血小板显著减少以及药物性肝损伤（图 8-32 ～图 8-35）。

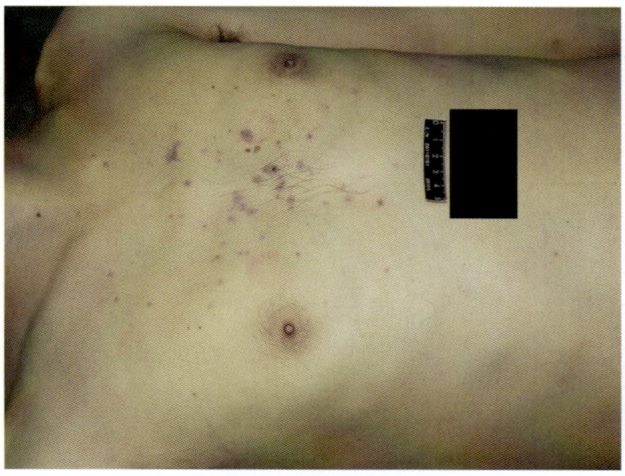

图 8-32　胸腹部大体观

皮肤黄染及多发性小片状出血。

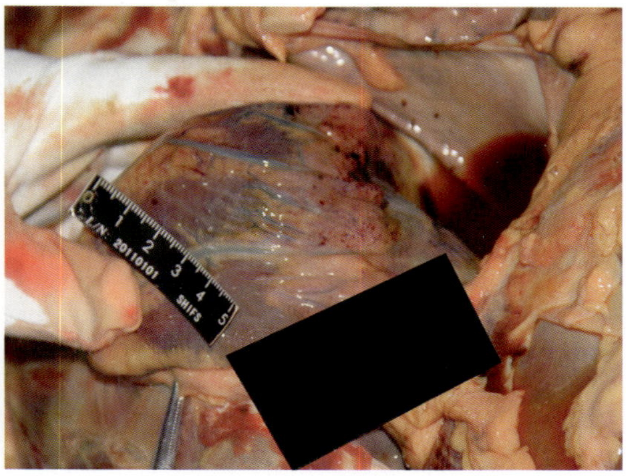

图 8-33　心外膜出血点

心外膜密集出血点，少量血性心包积液。

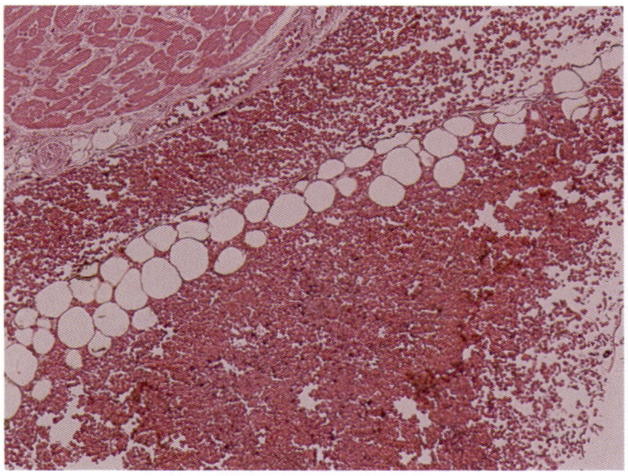

图 8-34　心外膜镜下观

心外膜点状、片状出血（HE 100×）。

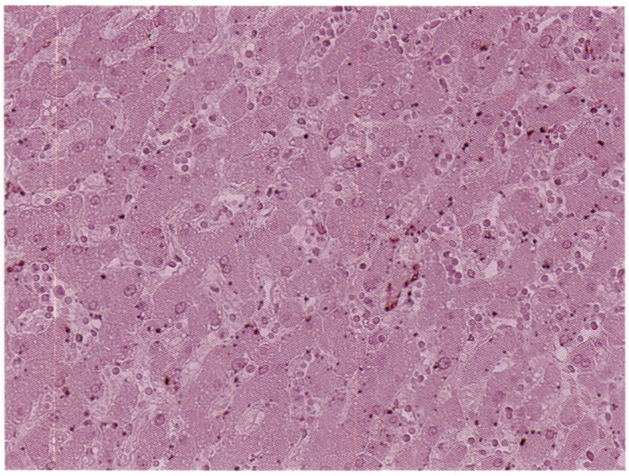

图 8-35　肝镜下观

肝细胞肿胀、坏死，肝窦少量炎细胞浸润（HE 200×）。

第九章 烈性传染病

2019年年底，当全国人民都在翘首期盼农历新年之时，“不明原因肺炎”疫情突然发生，这一高传染性、高死亡率的未知疾病，让原本沉浸在春节气氛中的热闹城市一度陷入绝望的沉寂。作为风暴眼中的我们，经历了肉体和心理上的双重创伤，但是我们并没有屈服，而是咬着牙，手挽着手，向着困难砥砺前行。在与病毒的斗争中，是广大的医务工作者、志愿者等，用他们的血肉之躯，构筑了中华民族的伟大脊梁。而这其中新冠肺炎的部分死者和他们的亲属深明大义，为了人类命运共同体的健康，为了科学战胜新冠疫情，他们无私奉献出自己或亲属的遗体，才有了2020年2月16日凌晨，华中科技大学同济医学院法医学系刘良教授与他的团队完成了世界首例新冠肺炎逝者遗体捐赠者解剖的可能。通过随后与全国病理学及临床专家联手开展的深入研究，相关成果分别写入我国《新冠肺炎诊疗指南（试行第7版）》（2022年3月4日发布）、《新冠肺炎诊疗指南（试行第8版）》、《新冠肺炎诊疗指南（试行第9版）》。是遗体捐赠者及其亲属给了我们直接探究新冠肺炎导致器官损伤和死亡机制的机会，给临床救治新冠肺炎、挽救生命带来一束引路的塔光。谨以此章献给所有的遗体捐赠者及其家属！

2019年年底在武汉发现不明原因肺炎疫情，2020年1月12日世界卫生组织将其暂命名为2019新型冠状病毒（2019–nCoV），2020年2月8日国家卫健委将其引发的疾病暂命名为新型冠状病毒肺炎（简称新冠肺炎，novel coronavirus pneumonia，NCP）；2020年2月11日，国际病毒分类委员会将其命名为SARS–CoV–2，由此引发的疾病正式命名为2019新型冠状病毒病（corona virus disease 2019，COVID–19）。

遗体解剖及病理学研究是疑难疾病和新发疾病诊断与研究的最关键和最重要的方法，可明确系统器官组织病变、致病及死亡机制。对于传染性疾病，还可以通过病毒分布及载量分析传播途径，为疫情防控提供科学参考。本团队在2020年2月16日首次进行世界首例SARS–CoV–2原型株逝者的尸检，随后的1周内进行10例尸检，通过病理学研究发现，病变主要累及肺、免疫系统（脾为重），其他多器官呈现程度不同的血管炎、微血栓和/或梗死。

肺部损伤：①病变先累及肺边缘，随后向肺门延伸，故在重症患者（长期病变）多表现为肺边缘增生性病变，而肺门处为渗透性病变；②病理学特点为弥漫性肺泡上皮细胞、细小支气管上皮细胞及血管内皮细胞损伤，肺泡腔及气道内弥漫性渗出性病变，肺泡腔内弥漫性透明膜形成，部分小气管内见黏液栓，肺（弥漫性）纤维化和/或肺肉质变，伴出血、坏死；③以单核或多核巨噬细胞为主的炎细胞渗出，散在淋巴细胞及中性粒细胞浸润，病程迁延者可合并其他病原体感染；④部分肺内血栓形成，以微血栓为主。

脾、肺门淋巴结等免疫系统损伤：淋巴细胞消减，白髓体积缩小，甚至呈现“一片荒芜”，红髓散在少量淋巴细胞，可见巨噬细胞增多。

其他器官组织，主要是血管紧张素转化酶2（ACE-2）或跨膜丝氨酸蛋白酶2（TMPRSS2）受体丰富的器官和组织，如心、肝、肾、脑、肾上腺、食管、胃肠道、睾丸、卵巢等，可见不同程度的细胞变性、坏死和组织梗死及微血栓。

（一）新冠肺炎（原型株感染）病理学改变

根据系统尸检及组织病理学检查，结合上述诊疗指南及国内外相关研究，对SARS-CoV-2原型株的系统器官组织病理学发现描述如下。

1. 呼吸系统（非对应个体）

（1）大体观

肺病变以边缘区和近肺门处存在差异，病程迁延者在肺边缘区多以增生性病变为主，近肺门处以渗透性病变多见。尸检可见双肺淤血、肿胀（图9–1、图9–2）、纤维素渗出（图9–3），部分患者肺片状出血（图9–4）、纤维化（图9–5），肺表面多发肺大疱（图9–6），并发自发性气胸（图9–7），支气管内见黏液栓（图9–8），肺切面可见大量黏液状物（图9–9）、淡黄色泡沫性液体溢出（图9–10），肺肉质变（图9–11），部分患者肺切面出现梗死灶（图9–12）。临床上对患者行纤维支气管镜探查，发现黏液状物（图9–13）。

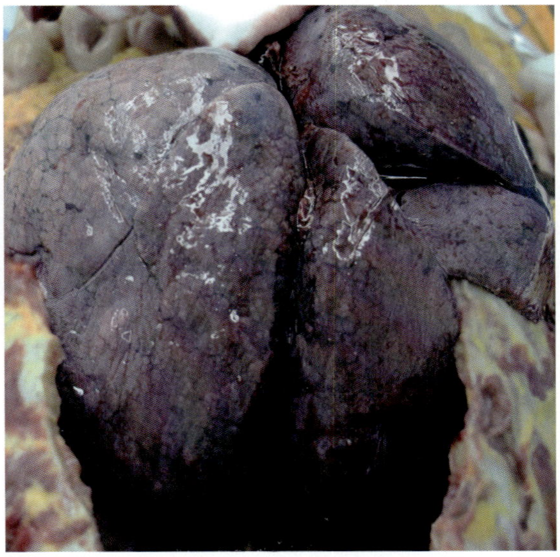

图9–1 双肺淤血、肿胀

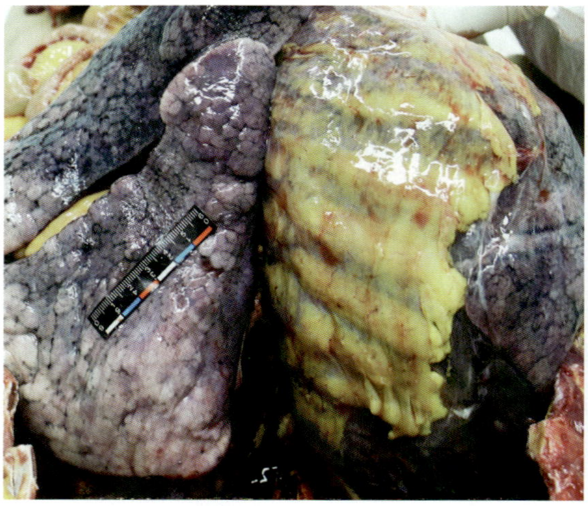

图 9-2　肺部肿胀

右肺背侧表面见明显肋骨压痕。

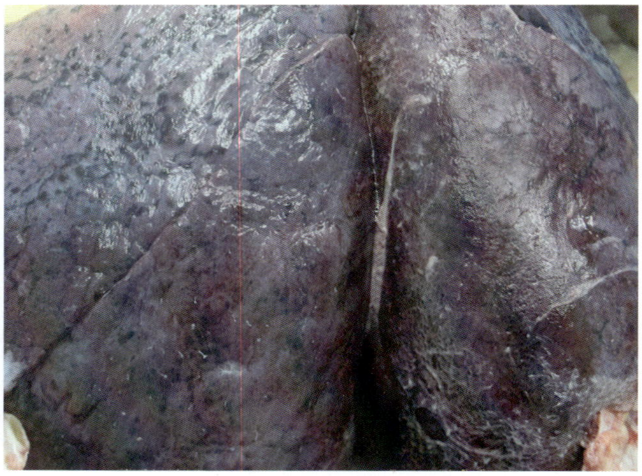

图 9-3　肺部纤维素渗出

肺部肿胀，表面呈暗红色，局部粗糙，较多纤维素渗出。

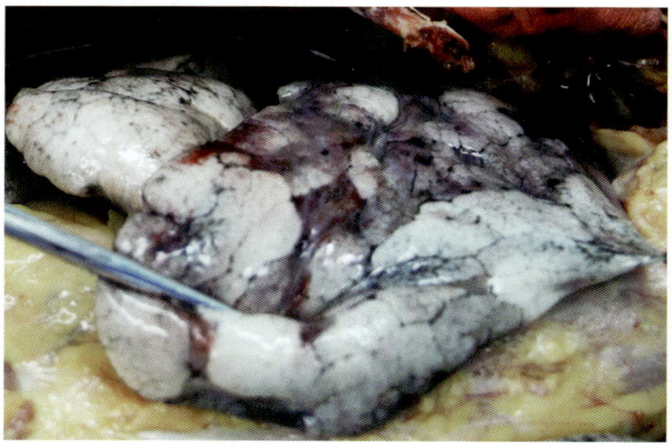

图 9-4　肺片状出血

部分患者肺片状出血，表面灰红相间。

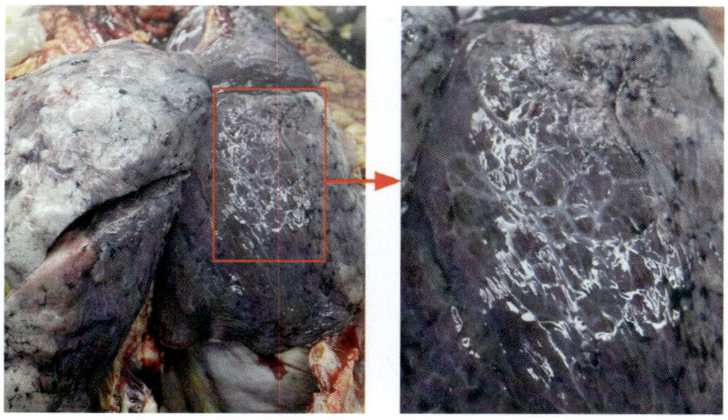

图 9-5　肺纤维化

肺表面“网格纹”纤维化，表面灰红相间。

图 9-6　肺大疱

肺表面多发性肺大疱（↑）。

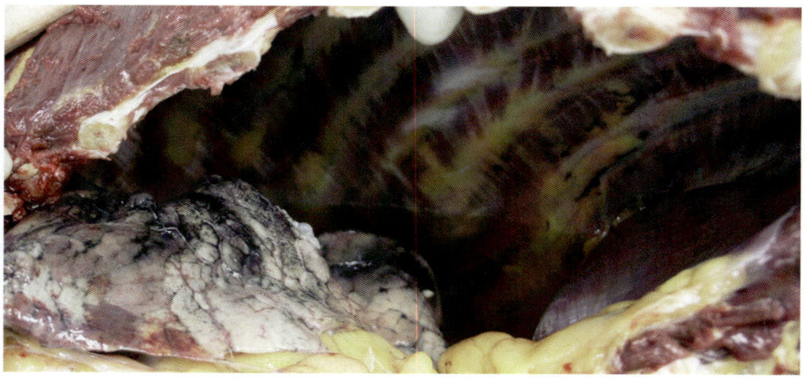

图 9-7　气胸

患者并发自发性气胸，伴肺萎陷。

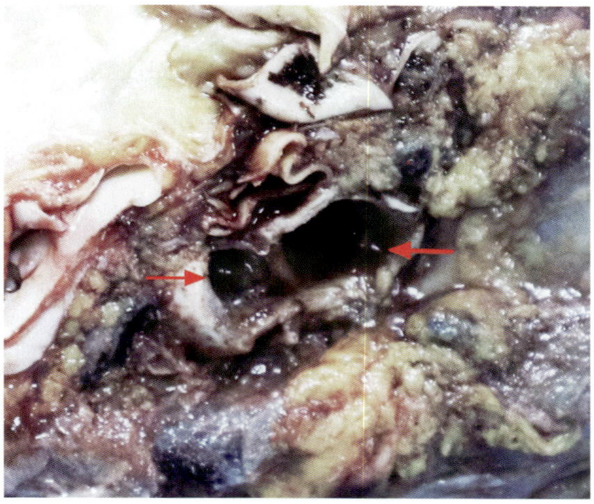

图 9-8　黏液栓

支气管内见胶冻样黏液性分泌物（↑）。

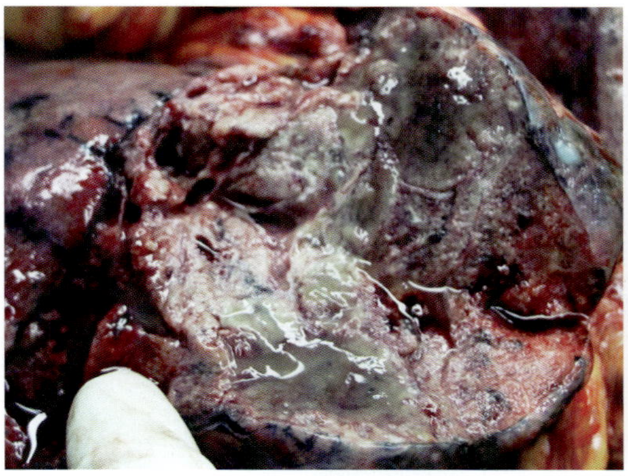

图 9-9　肺切面黏液状物

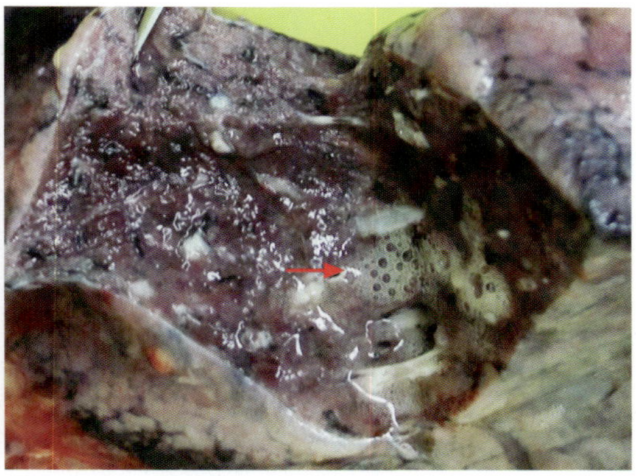

图 9-10　肺切面泡沫性液体

肺切面见淡黄色泡沫性液体溢出（↑）。

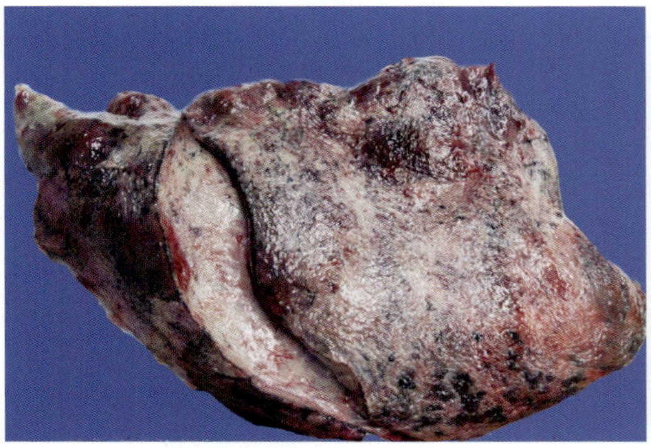

A

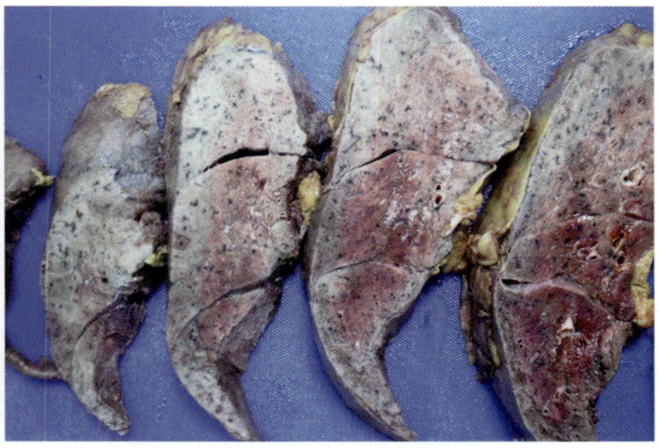

B

C

图 9-11　肺肉质变

A. 肺部肉质变，表面多发点状、片状出血坏死；B. 肺切面见广泛实变、肉质变；C. 肺切面见广泛肉质变。

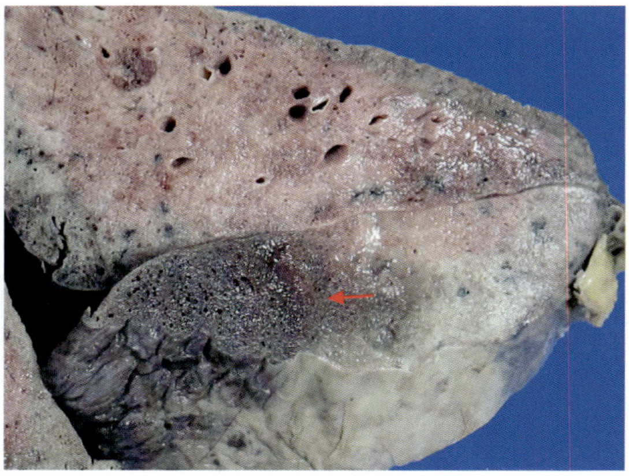

图 9-12　肺梗死灶

肺切面见出血梗死灶（↑）。

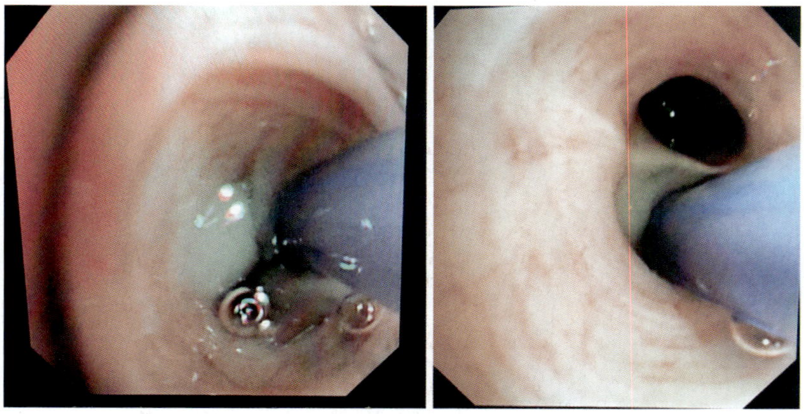

图 9-13　肺部纤维支气管镜探查

临床对 1 例高龄重症患者（胸闷、喘憋，大白肺，不咳、无痰）行纤维支气管镜探查，发现深部细小支气管内有黏稠的浓痰样物，与尸检所见深部气道内黏液栓形成的现象相符。

（2）镜下观

显微镜下，喉头黏膜部分上皮细胞脱落，黏膜下层水肿伴大量炎细胞浸润（图 9-14）。肺渗透性病变主要表现为肺泡腔内浆液、纤维蛋白渗出以及透明膜形成（图 9-15、图 9-16），炎细胞以单核细胞和淋巴细胞为主；肺泡壁毛细血管充血（图 9-17）。随病变进展，大量单核细胞 / 巨噬细胞（图 9-18）和纤维蛋白充满肺泡腔；Ⅱ型肺泡上皮细胞增生，部分细胞脱落（图 9-19），可见多核巨细胞（图 9-20），偶见红染病毒包涵体（图 9-21）。易见肺血管炎、血栓形成（微血栓多见，白色血栓及混合血栓亦可见）（图 9-22）。肺内各级支气管黏膜部分上皮细胞脱落，腔内可见渗出物和黏液。小支气管和细支气管易见黏液栓形成（图 9-23）。肺组织易见灶性出血、小脓肿灶形成（图 9-24），可见出血性梗死、细菌和（或）真菌感染（图 9-25）。部分肺泡过度充气、肺泡壁断裂或囊腔形成（图 9-26）。病程迁延的病例，见肺纤维化甚至肺肉质变（图 9-27、图 9-28）。

电镜下，支气管黏膜上皮和Ⅱ型肺泡上皮细胞胞质内可见冠状病毒颗粒及肺纤维化（图 9-29）。肺部分细胞 ACE-2 及 RBD 阳性表达（图 9-30）。部分支气管黏膜上皮、肺泡上皮细胞和巨噬细胞呈 SARS-CoV-2 抗原免疫染色和核酸检测阳性。鼻咽可检测到 SARS-CoV-2。

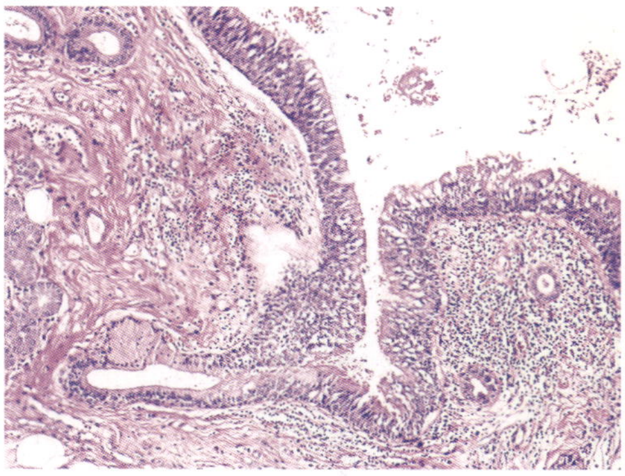

图 9-14　喉头镜下观

喉头黏膜部分上皮细胞脱落，黏膜下层水肿伴大量炎细胞浸润。

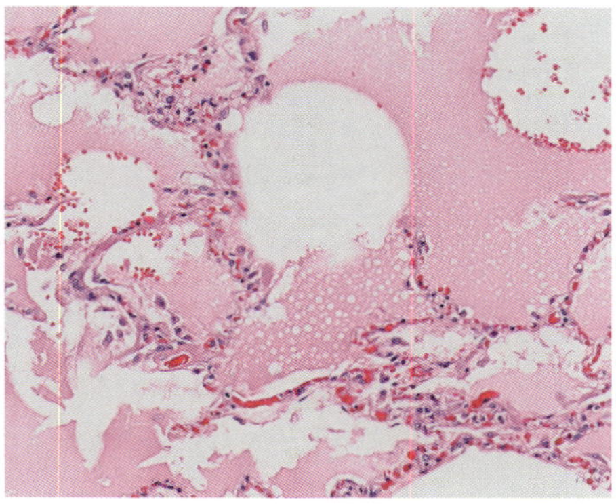

图 9-15　肺镜下观

肺泡腔内见大量均质红染的蛋白样水肿液。

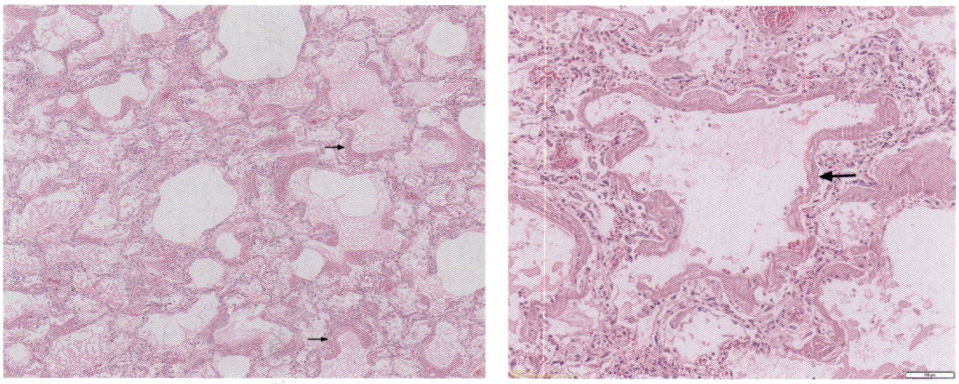

A　B

图 9-16　肺透明膜镜下观

A. 肺泡壁增厚、纤维化，肺泡腔内见纤维素渗出，广泛性肺透明膜形成（↑）；
B. 肺泡腔内透明膜形成（↑），部分区域可见肺泡上皮增生。

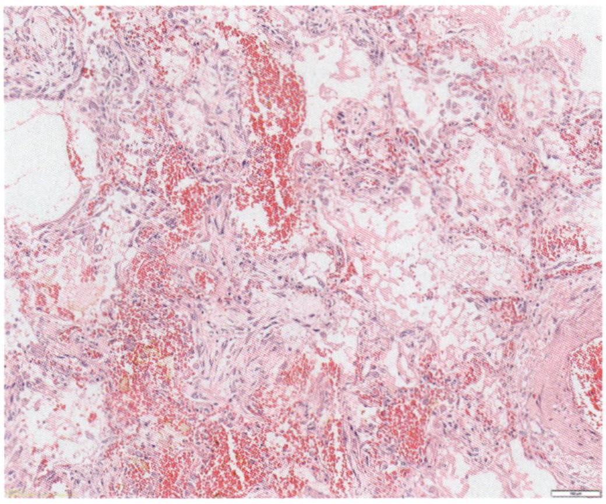

图 9-17　肺泡镜下观

肺泡壁小血管广泛充血 / 淤血，肺泡腔及肺泡壁片状出血伴均质红染的蛋白样物渗出。

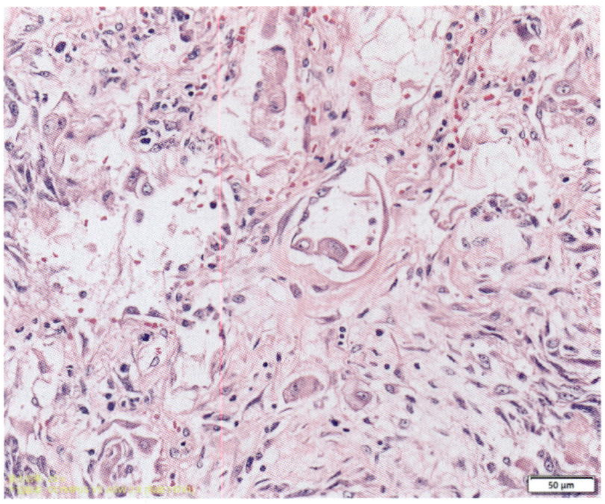

图 9-18　多核巨细胞及巨噬细胞镜下观

肺泡腔内见较多多核巨细胞及巨噬细胞，成纤维细胞增生明显。

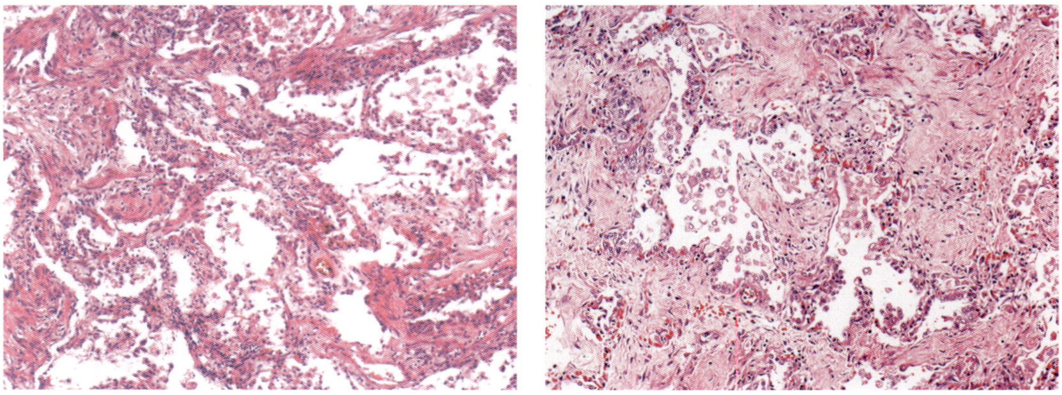

A　B

图 9-19　肺泡上皮细胞镜下观

A. 部分肺泡上皮细胞脱落，肺泡间隔纤维组织增生；B. 肺泡上皮细胞脱落伴肺泡腔内大量Ⅱ型肺泡上皮细胞，肺泡壁显著纤维化、增厚。

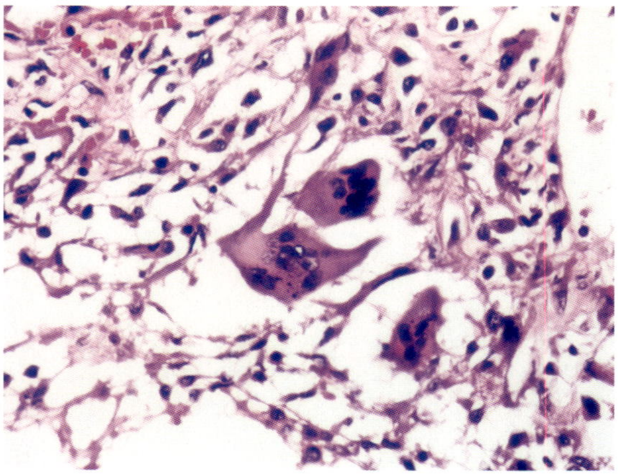

图 9-20　多核巨细胞镜下观

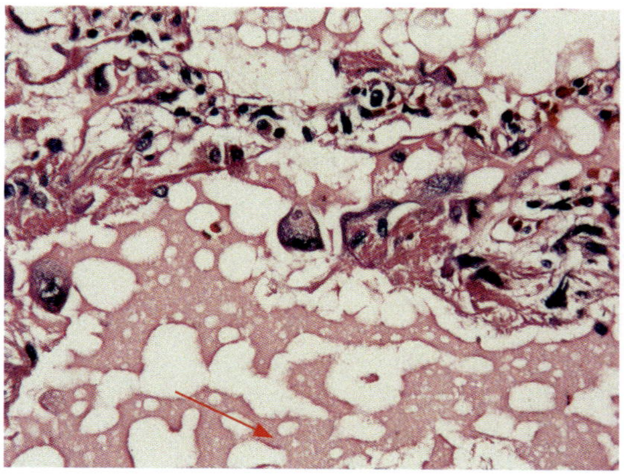

图 9-21　病毒包涵体镜下观

偶见巨噬细胞内病毒包涵体（↑）。

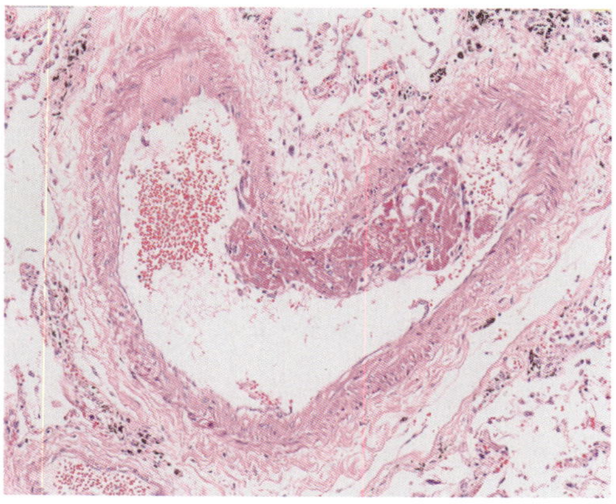

图 9-22　肺血管内血栓镜下观

肺血管内血小板聚集，血栓形成。

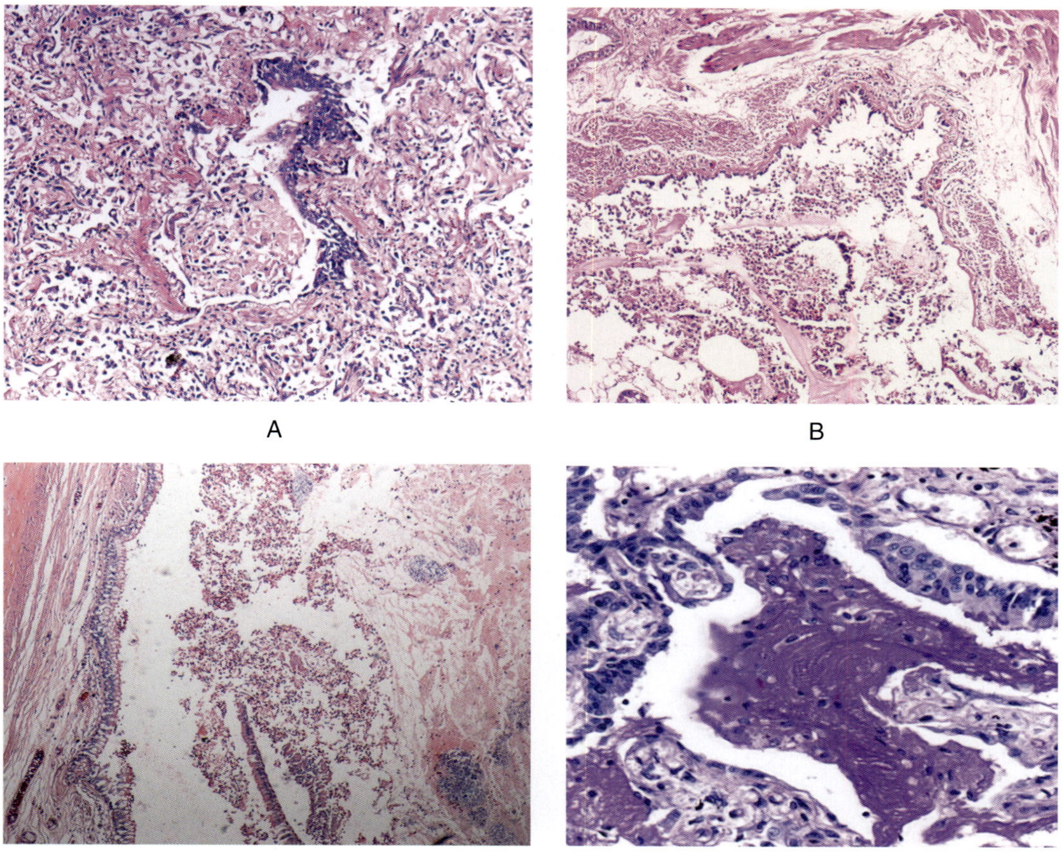

A　B　C　D

图 9-23　小支气管和细支气管内黏液栓镜下观

A. 细支气管内黏液栓伴黏膜上皮化生；B. 细支气管腔内黏液栓；C. 小支气管腔内黏液栓；
D. 细小支气管内黏液栓，上皮细胞化生（PAS 染色 400×）。

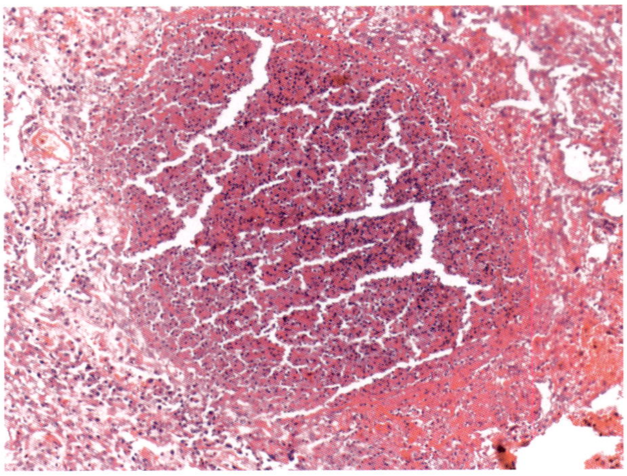

图 9-24　肺小脓肿镜下观

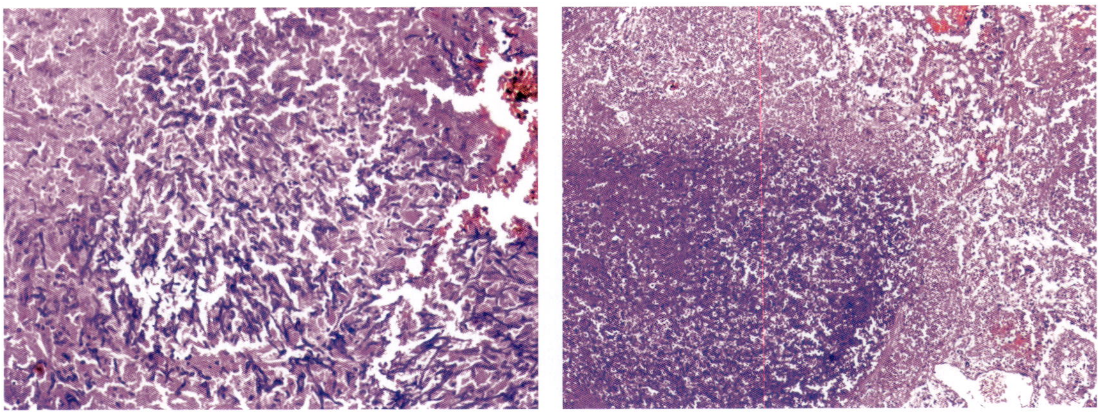

A　　B

图 9-25　真菌感染镜下观

A. 合并肺真菌感染，肺内见真菌菌丝；B. 肺内见真菌性脓肿。

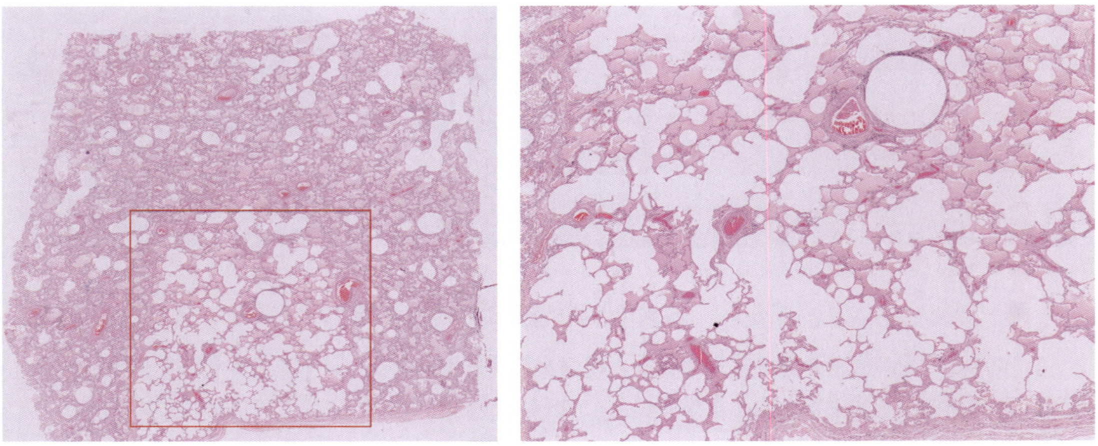

A　　B

图 9-26　肺水肿、肺气肿镜下观

A. 弥散性肺水肿，部分区域呈代偿性肺气肿（方框内）；B. 肺水肿、肺气肿。

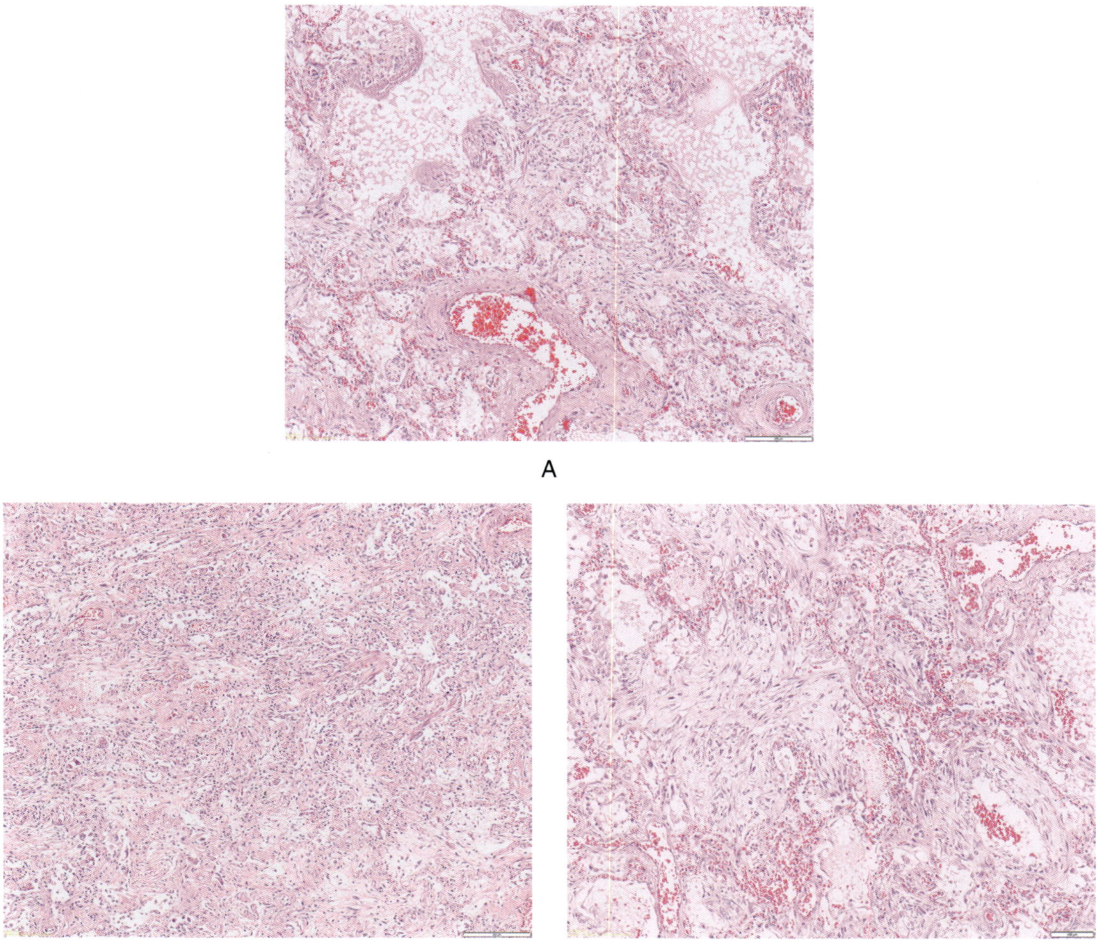

A

B　　C

图 9-27　肺纤维化镜下观

A. 肺组织灶片状纤维化伴少量炎细胞浸润，肺泡腔内见纤维素渗出；B. 肺重度纤维化伴巨噬细胞增生，增生的纤维组织填充肺泡腔，形成肺肉质变；C. 肺弥散性纤维化，见成纤维细胞增生取代正常肺组织。

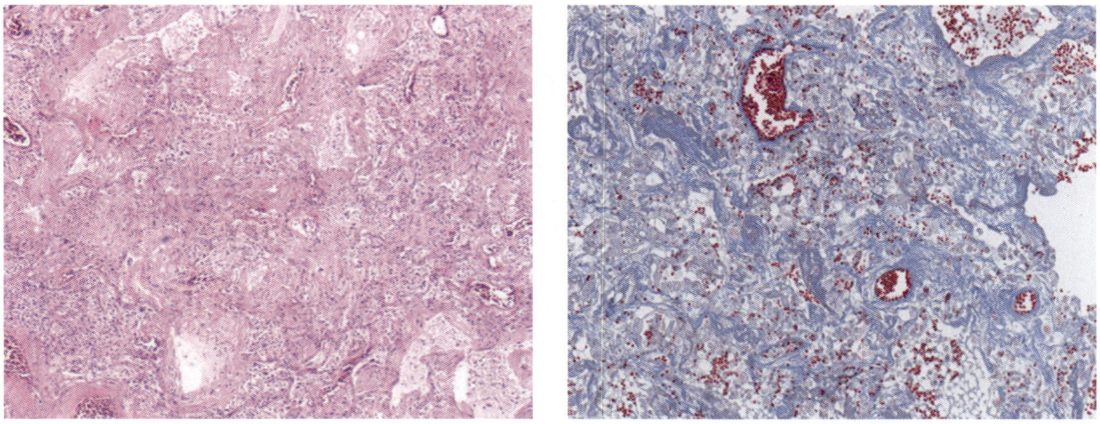

A　　B

图 9-28　肺组织镜下观

A. 肺广泛纤维化伴炎细胞浸润（HE 染色）；B. 肺广泛纤维化（Masson 染色）。

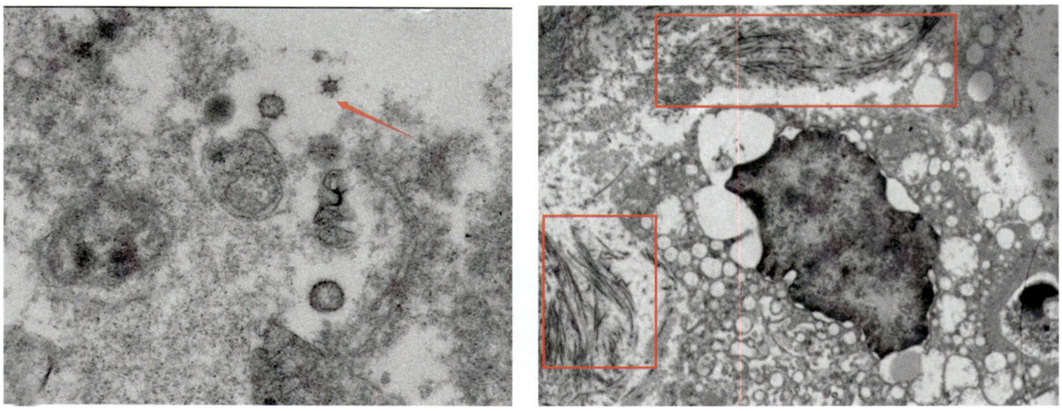

A　　B

图 9-29　透射电镜镜下观

A. 冠状病毒颗粒（↑）；B. 肺纤维化（方框内）。

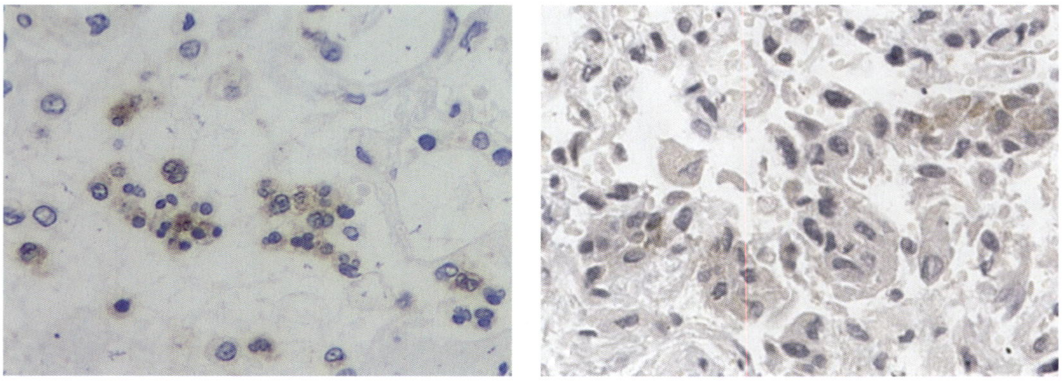

A　　B

图 9-30　免疫组化

A. 肺 ACE-2 阳性表达细胞（200×）；B. 肺 RBD 表达阳性细胞（200×）。

2. 脾、肺门淋巴结和骨髓

（1）脾大体观

脾体积缩小（图 9-31），脾表面及切面可见出血梗死区（图 9-32）。

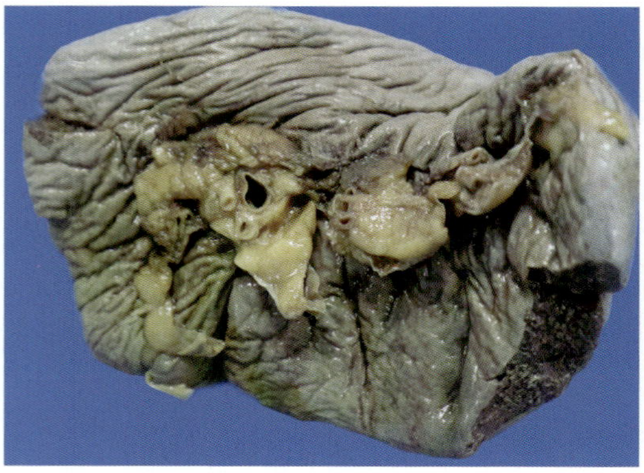

图 9-31　脾体积缩小

脾表面见包膜皱缩、体积缩小。

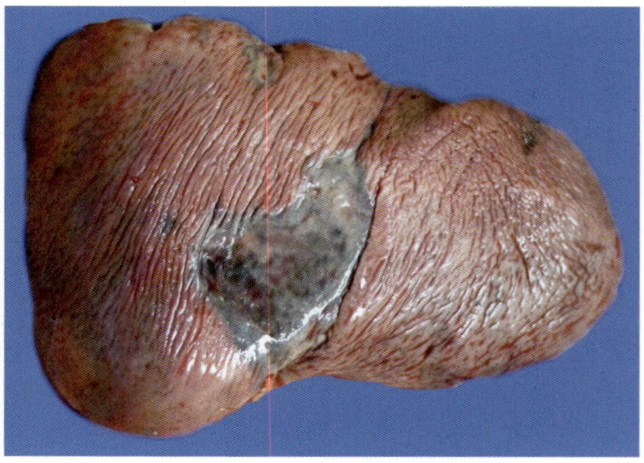

图 9-32　脾表面梗死灶

（2）脾镜下观

脾白髓萎缩，红髓充血（图 9-33），淋巴小结数量减少、生发中心缩小（图 9-34），部分淋巴小结坏死；脾内巨噬细胞增生并可见吞噬现象；易见脾梗死灶。

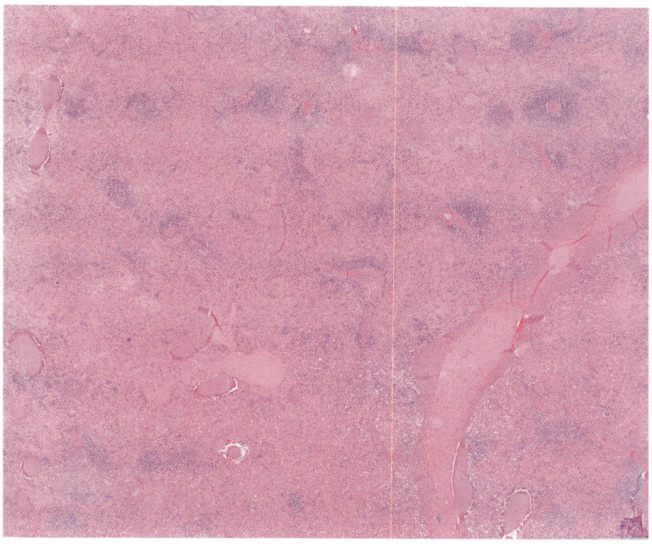

图 9-33　脾镜下观

脾白髓萎缩，红髓充血。

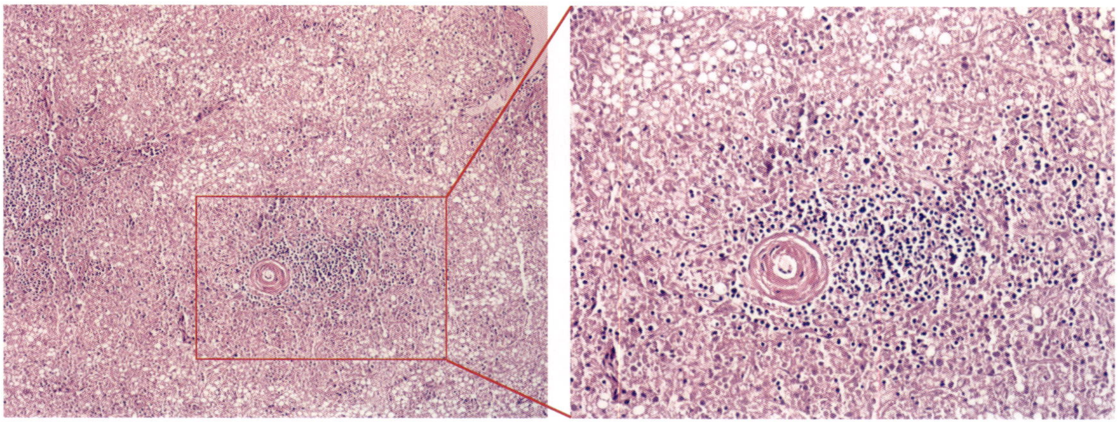

图 9-34　脾淋巴小结镜下观

淋巴小结萎缩，淋巴细胞数量减少。

（3）淋巴结病变

肺门淋巴结淋巴细胞数量减少（图 9-35），可见坏死。免疫组化染色显示肺门淋巴小结内 PD-1 显著减少（图 9-36），CD_3^+B 细胞在淋巴结中均匀分散（图 9-37），脾和淋巴结内 CD_4^+T 细胞、CD_{20}^+T 细胞和 CD_{38}^+B 细胞均减少且均匀分散（图 9-38 ～图 9-40）。淋巴结组织 SARS-CoV-2 核酸检测可呈阳性，巨噬细胞 SARS-CoV-2 抗原免疫染色可见阳性。骨髓造血细胞或增生或数量减少，粒红比例增高；偶见噬红细胞现象。

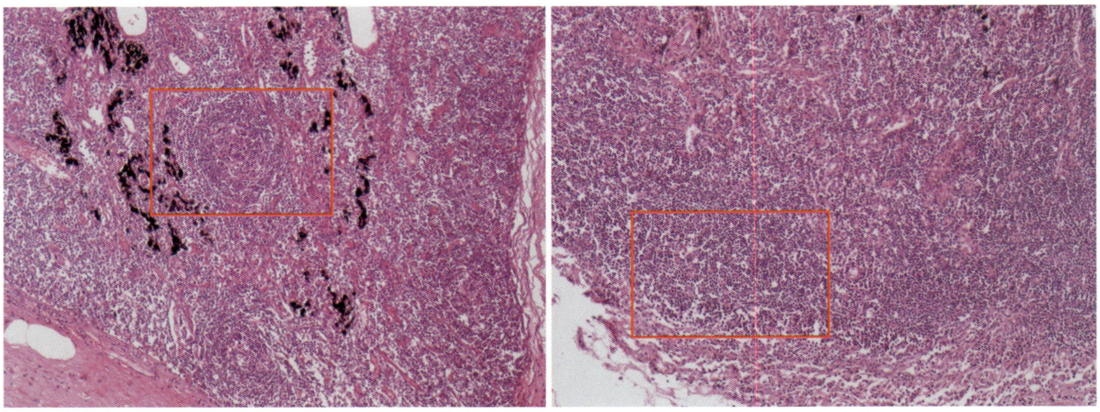

A　　　　B

图 9-35　肺门淋巴小结镜下观

A. 对照患者（非新冠死亡者）肺门淋巴结内可见淋巴小结（方框内）；B.COVID-19 患者的肺门淋巴结内淋巴小结消失（方框内）。

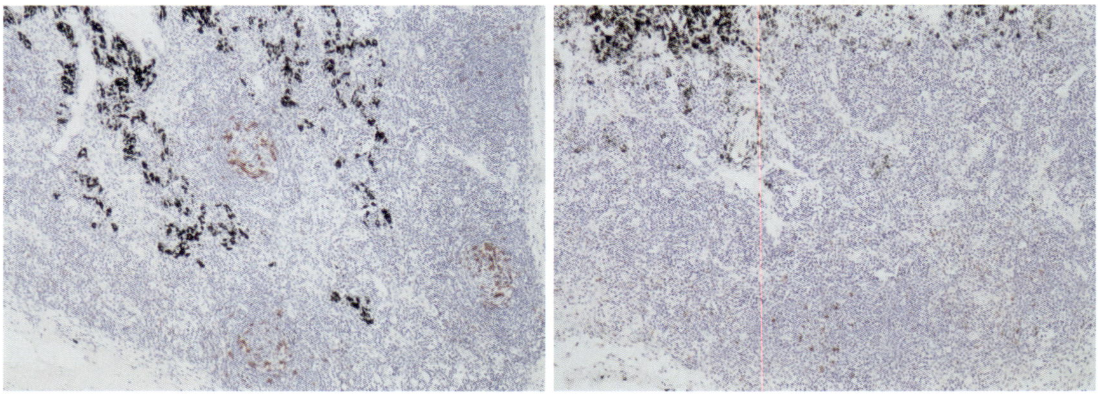

A　　　　B

图 9-36　肺门淋巴小结镜下观（免疫组化）

A. 对照患者（非新冠死亡者）肺门淋巴小结内可见 PD-1 阳性细胞；B.COVID-19 患者的肺门淋巴小结内 PD-1 阳性细胞显著减少。

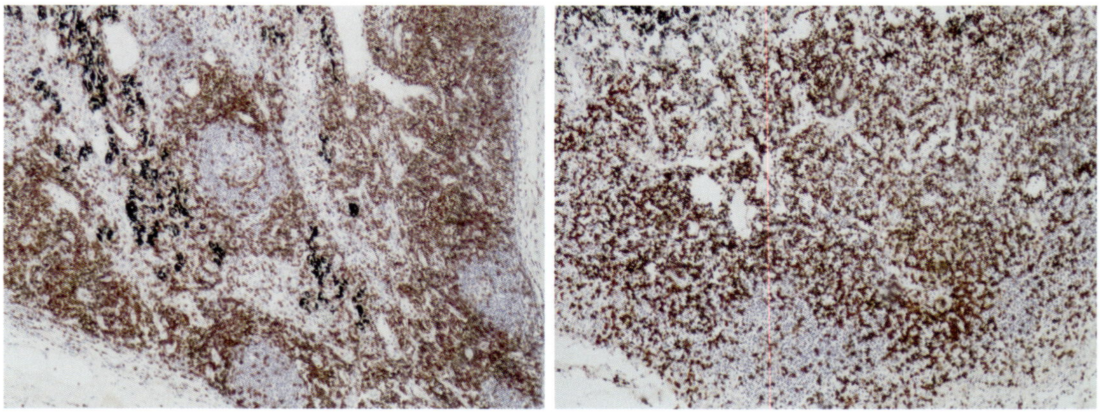

A　　　　B

图 9-37　淋巴结 CD_3^+B 细胞镜下观

A. 在对照患者（非新冠死亡者）中，CD_3^+B 细胞聚集；B.COVID-19 患者淋巴结中 CD_3^+B 细胞均匀分散。

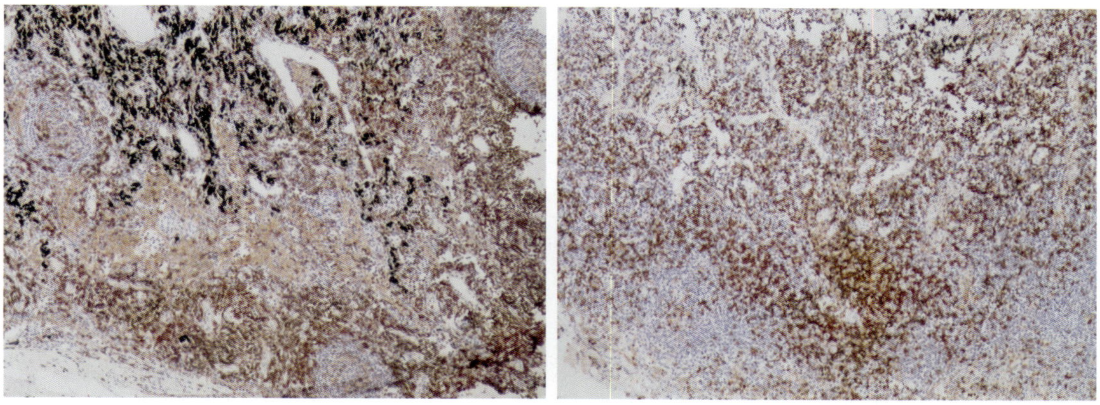

A　　　　　　　　　　B

图 9-38　淋巴结 CD_4^+B 细胞镜下观

A.对照患者（非新冠死亡者）CD_4^+B 细胞聚集；B.COVID-19 患者淋巴结中 CD_4^+B 细胞均匀分散。

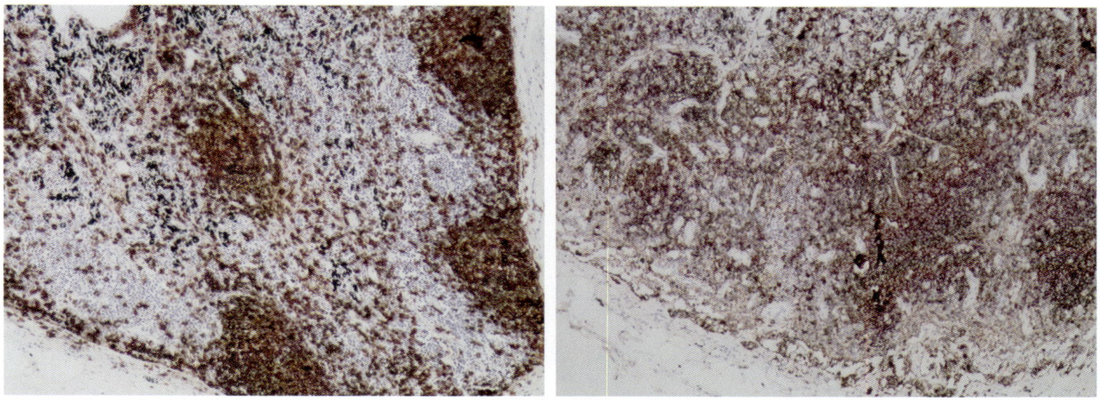

A　　　　　　　　　　B

图 9-39　淋巴结 CD_{20}^+B 细胞镜下观

A.对照患者（非新冠死亡者）CD_{20}^+B 细胞聚集；B.COVID-19 患者淋巴结中 CD_{20}^+B 细胞均匀分散。

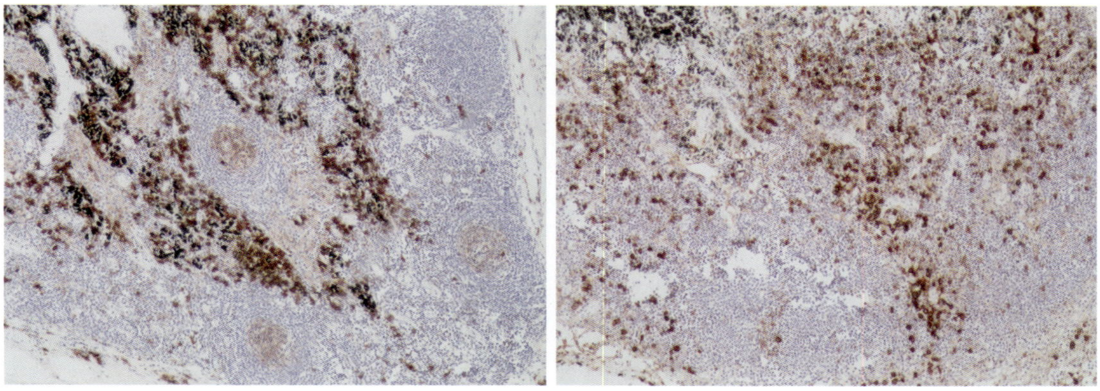

A　　　　　　　　　　B

图 9-40　淋巴结 CD_{38}^+B 细胞镜下观

A.对照患者（非新冠死亡者）CD_{38}^+B 细胞聚集；B.COVID-19 患者淋巴结中 CD_{38}^+B 细胞均匀分散。

注：以上图片引自 Duan Y Q, Xia M H, Ren L, etal. Deficiency of Tfh Cells and Germinal Center in Deceased COVID-19 Patients[J]. Curr Med Sci, 2020, 40(4): 618-624.

3. 心和血管

（1）大体观

心外膜见点状、片状出血（图 9–41），心肌切面呈暗红色（图 9–42）。

图 9–41　心外膜点状、片状出血

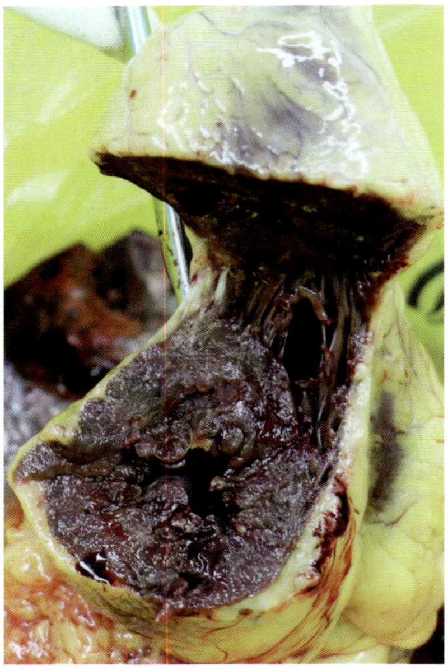

图 9–42　心肌切面呈暗红色

（2）镜下观

心肌细胞灶片状收缩带坏死（图 9–43），心肌细胞可见变性、坏死，心肌间质水肿、灶片状出血（图 9–44），可见少数单核细胞、淋巴细胞和（或）中性粒细胞浸润（图 9–45），左心房附壁血栓形成（图 9–46）。心肌组织 SARS–CoV–2 核酸检测偶见阳性。

全身多器官组织内小血管可见内皮细胞脱落，血管内膜或全层炎症；多见小血管内混合血栓形成、血栓栓塞及相应部位的出血、梗死（图 9–47）。

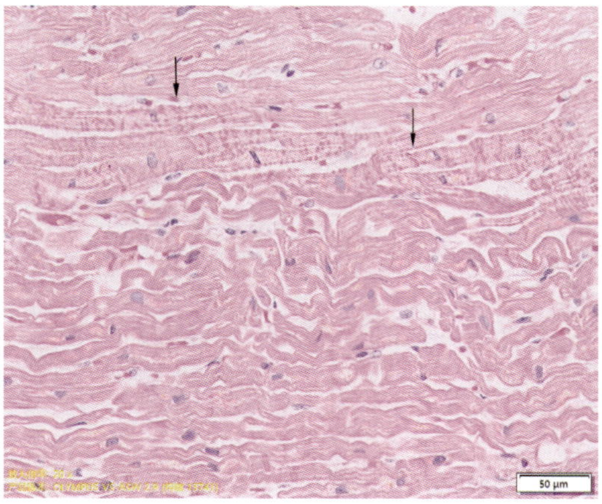

图 9–43　心肌细胞镜下观

心肌细胞灶片状收缩带坏死（↑）。

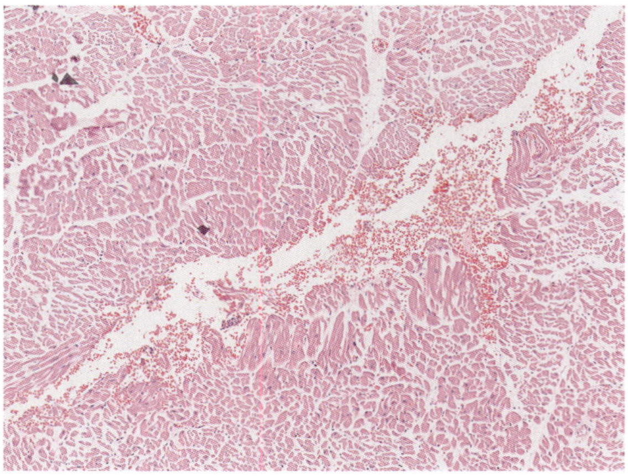

图 9–44　心肌间质镜下观

心肌间质灶片状出血。

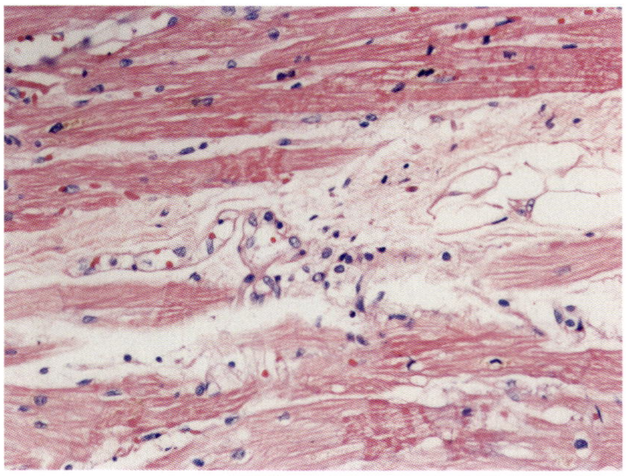

图 9-45 心肌组织镜下观

点灶性心肌细胞收缩带坏死，伴以单核细胞、淋巴细胞为主的炎细胞浸润，间质水肿。

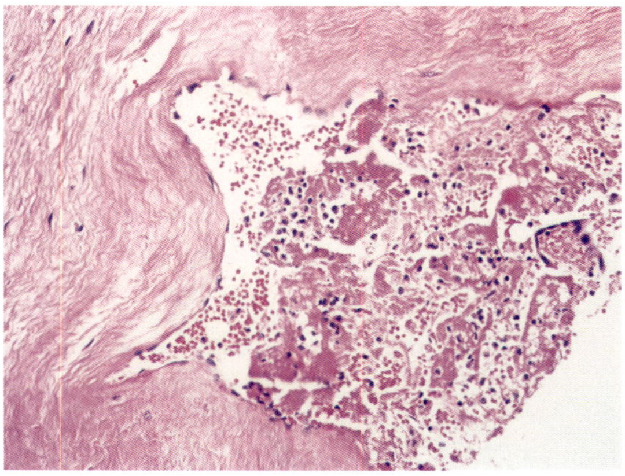

图 9-46 左心房附壁血栓镜下观

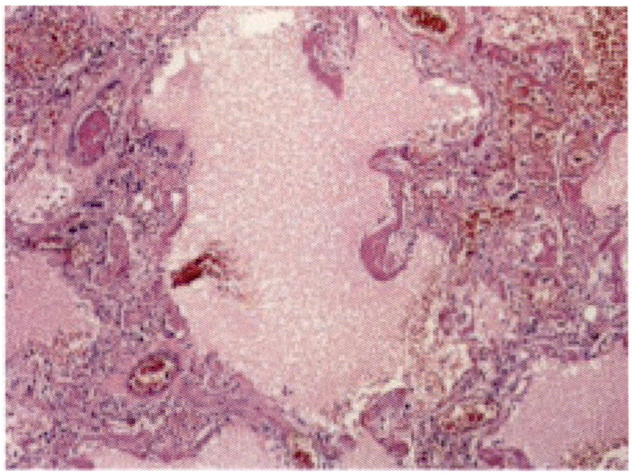

A

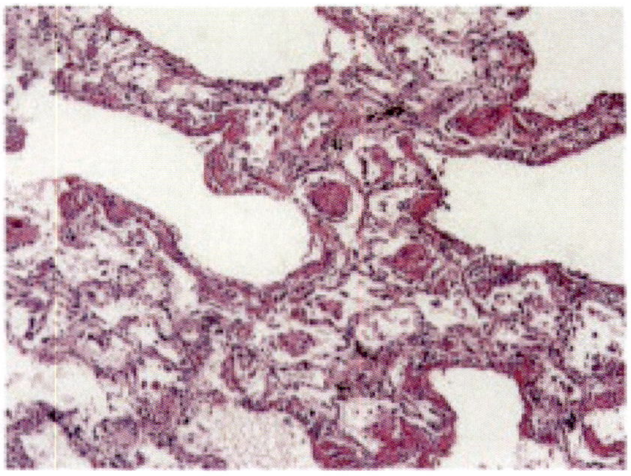

B

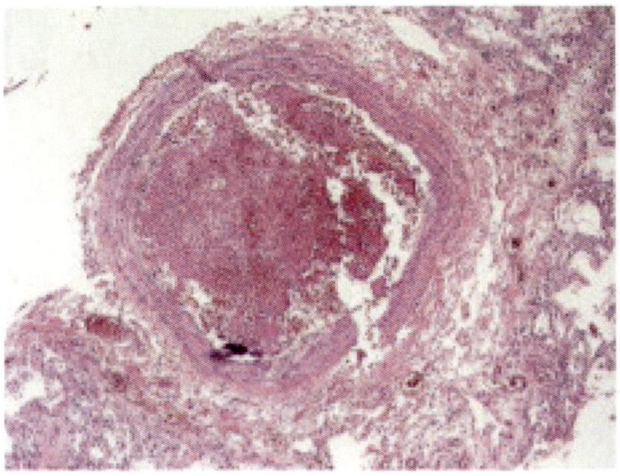

C

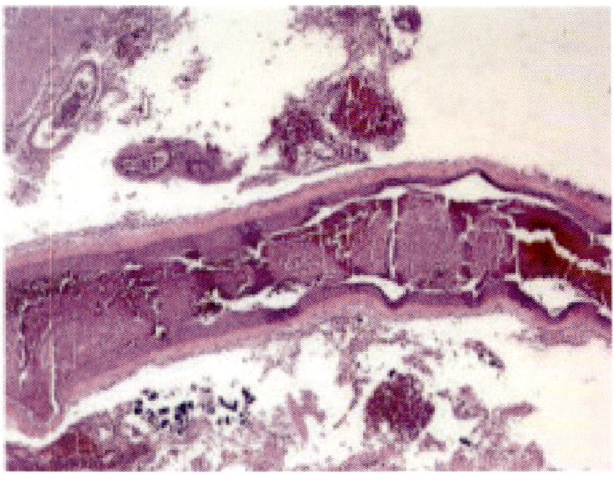

D

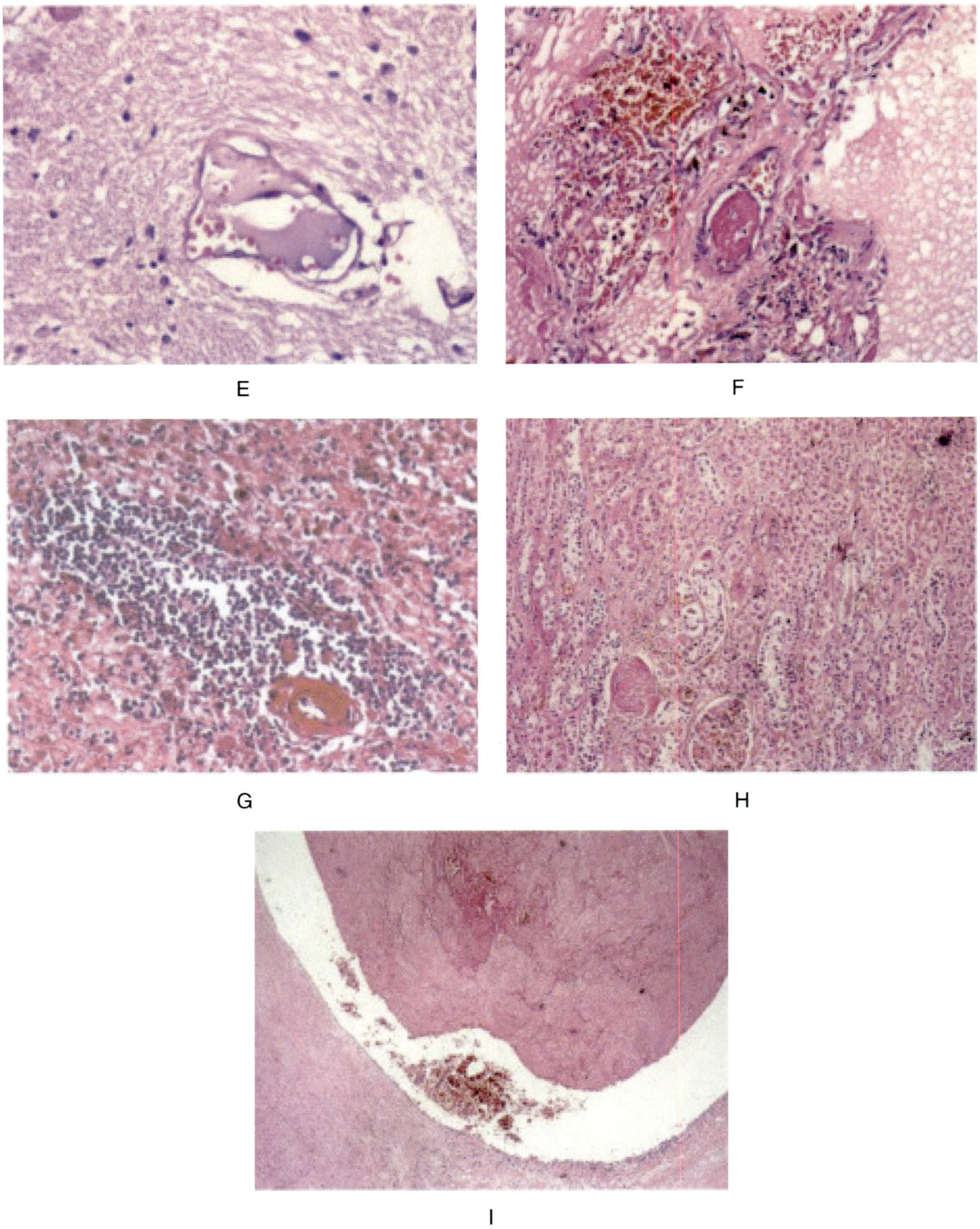

图 9-47 多器官小血管内血栓形成

A. 肺泡毛细血管微血栓；B—C. 近右肺门处小动脉内血栓；D. 右顶叶蛛网膜下腔血管内微血栓；E. 脑实质内小血管内微血栓；F—G. 脾内微血栓；H. 肾小动脉内血栓；I. 冠状动脉血栓伴出血。

注：以上图片引自 Jiang T, Lv B, Liu H, et al. Autopsy and statistical evidence of disturbed hemostasis progress in COVID-19: medical records from 407 patients[J]. Thromb J, 2021, 19(1): 8.

4. 肝和胆囊

（1）大体观

肝表面及切面呈黄红相间状（图 9-48），肝表面呈褐色，胆囊壁水肿、高度充盈（图 9-49）。

图 9-48　肝脏表面及切面观

肝脏表面及切面呈黄红相间状。

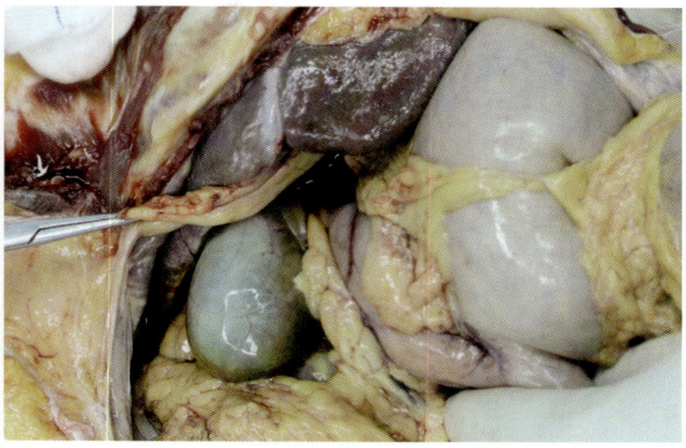

图 9-49　腹腔大体观

肝表面呈褐色，胆囊壁水肿、高度充盈。

（2）镜下观

肝细胞变性、灶性坏死伴中性粒细胞浸润（图 9-50）；肝窦充血，汇管区见淋巴细胞和单核细胞浸润及微血栓形成。胆囊高度充盈，胆囊黏膜上皮细胞脱落。肝和胆囊 SARS-CoV-2 核酸检测可见阳性。

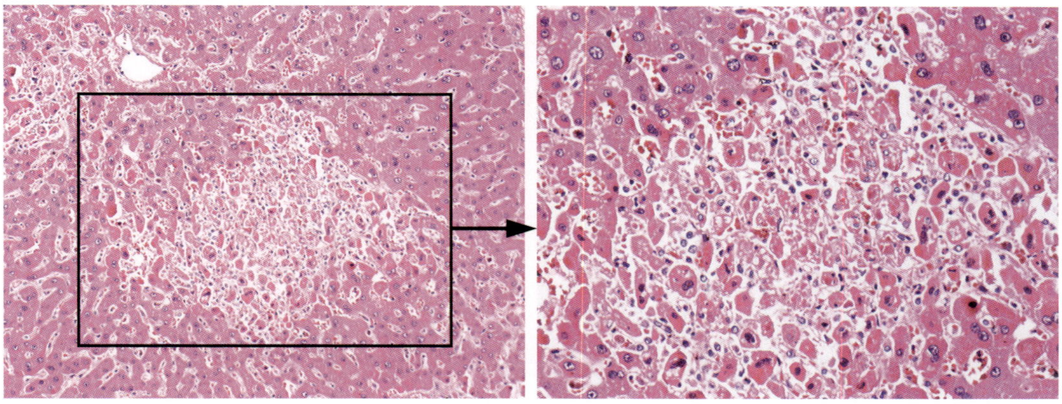

图 9-50　小片状肝细胞坏死

5. 肾

（1）大体观

肾切面多发楔形梗死灶（图 9-51）。

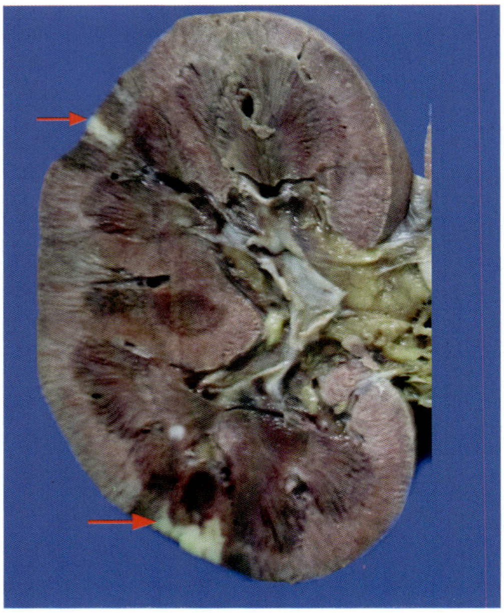

图 9-51　肾梗死

肾切面皮质、髓质分界清，多发楔形梗死灶（↑）。

（2）镜下观

肾小球囊腔内见红染絮状物（图 9-52），肾小管上皮细胞肿胀、水变性（图 9-53、图 9-54），偶见节段性纤维素样坏死。肾近曲小管上皮变性，部分坏死、脱落，远曲小管管腔内易见管型，部分肾小球纤维化（图 9-55）。肾间质小血管及肾小球毛细血管充血，可见微血栓形成。肾间质灶性炎细胞浸润（图 9-56）。肾组织 SARS-CoV-2 核酸检测偶见阳性。

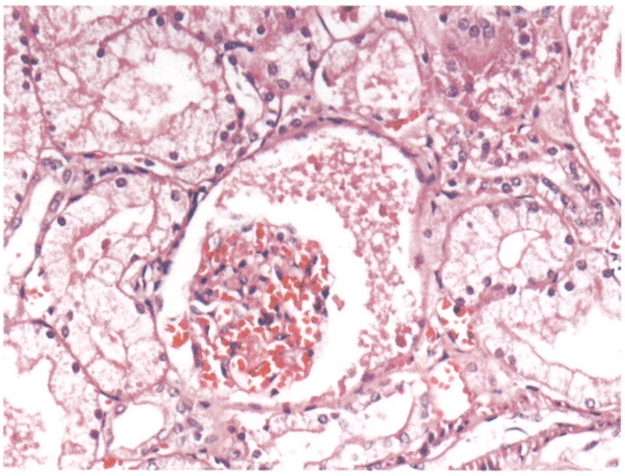

图 9-52　肾小球镜下观

肾小球内见红染絮状物，肾小管上皮细胞肿胀、水变性。

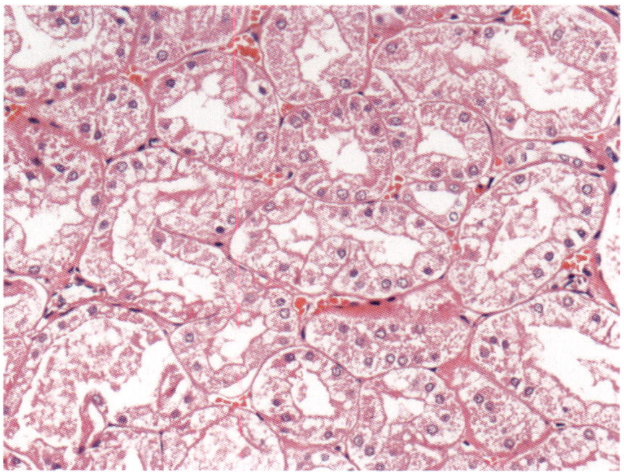

图 9-53　肾小管镜下观

肾小管上皮细胞肿胀、水变性。

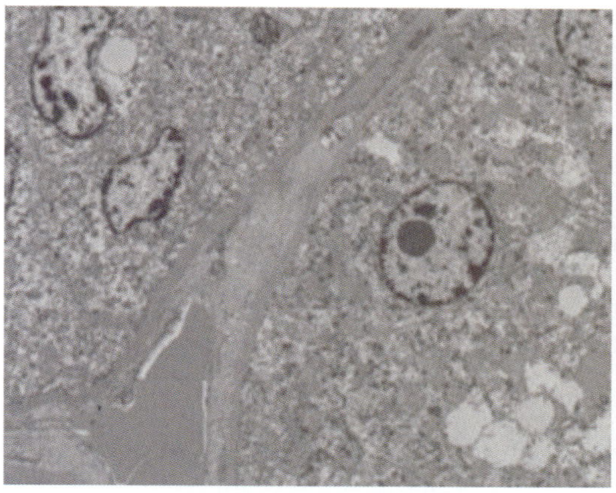

图 9-54　肾小管电镜镜下观

肾小管上皮细胞水变性。

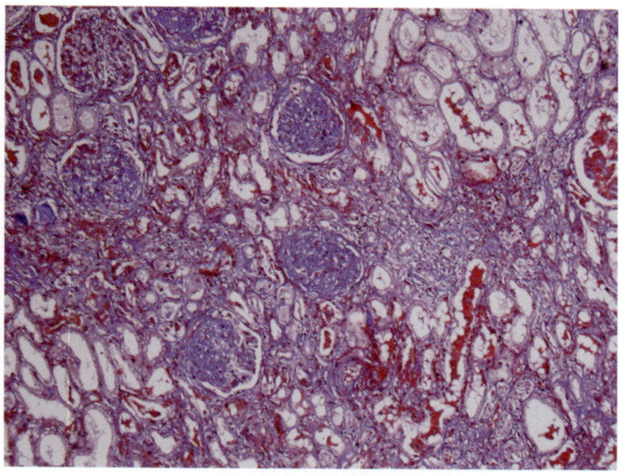

图 9-55　肾组织镜下观

肾小球及小动脉硬化伴局灶性淋巴单核细胞浸润，部分肾小管上皮细胞坏死，肾小管管腔内管型形成。

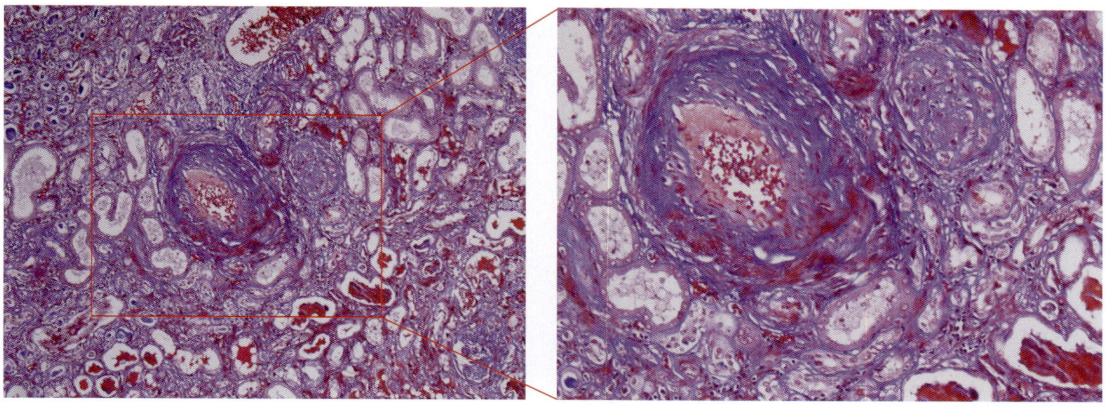

图 9-56　肾间质镜下观

肾小球纤维化，部分肾小管管腔内絮状物增多。

注：以上图片引自 Diao B, Wang C, Wang R, et al. Human kidney is a target for novel severe acute respiratory syndrome coronavirus 2 infection[J]. Nat Commun, 2021, 12(1): 2506.

6. 其他器官

（1）中枢神经系统病变

脑表面散在蛛网膜下腔出血（图 9-57），脑组织肿胀（图 9-58），部分神经元变性、坏死，多见噬神经现象和卫星现象；少数小血管周围间隙单核细胞和淋巴细胞浸润（图 9-59）。

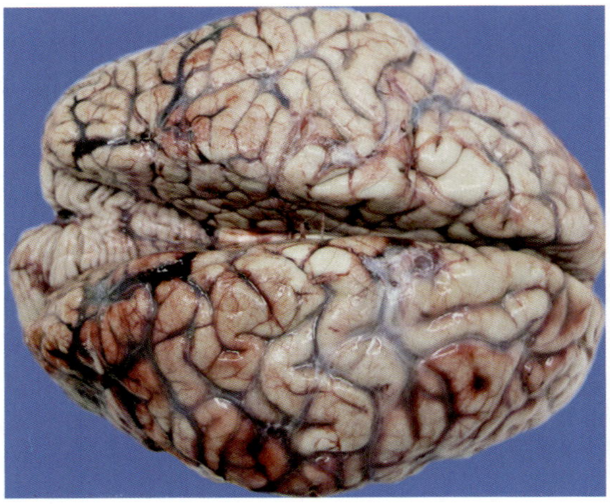

图 9–57　脑表面大体观

脑表面蛛网膜下腔出血。

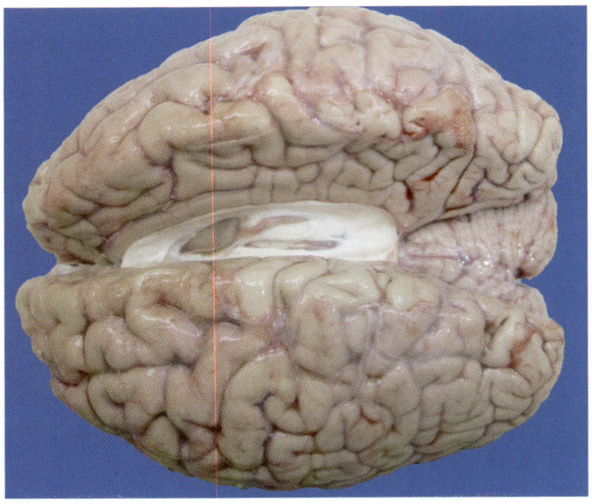

图 9–58　脑大体观

脑组织肿胀，脑回增宽，脑沟变浅，颜色苍白。

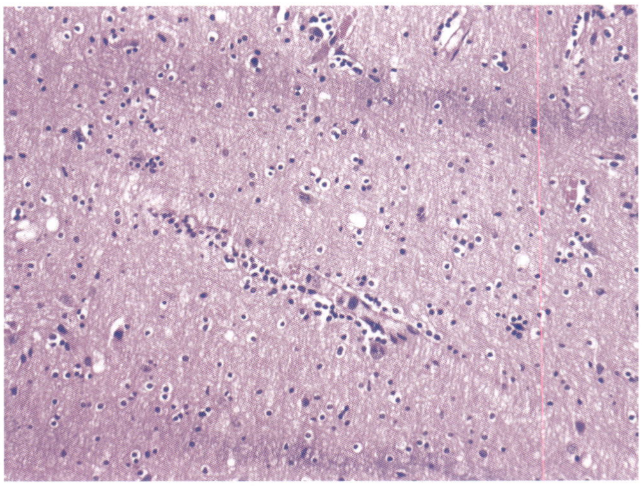

图 9–59　脑组织镜下观

脑实质内血管袖套样变。

（2）生殖系统病变

睾丸见不同程度的生精细胞数量减少（图 9–60）。CD_3^+T 淋巴细胞、CD_{20}^+B 淋巴细胞和 CD_{68}^+ 巨噬细胞在 COVID–19 患者的睾丸间质中分散浸润，生殖细胞中广泛的 IgG 沉淀（图 9–61）。睾丸中 SARS–CoV–2 刺突蛋白阳性（图 9–62），代表性的 ACE–2 和 TMPRSS2 蛋白表达水平升高（图 9–63），DDX4（一种生殖细胞标志物）阳性细胞的数量显著减少，而 SOX9(支持细胞标记物) 阳性细胞几乎没有变化，TUNEL 检测显示，COVID–19 睾丸中的凋亡细胞数量明显高于对照组（图 9–64）。电子显微镜下，睾丸中见冠状病毒样颗粒（图 9–65）。

食管、胃和肠黏膜上皮不同程度变性、坏死、脱落，固有层和黏膜下层内可见单核细胞、淋巴细胞浸润。

肾上腺可见皮质细胞变性、灶性出血和坏死。

胃肠黏膜、睾丸和唾液腺等器官可检测到 SARS-CoV-2。

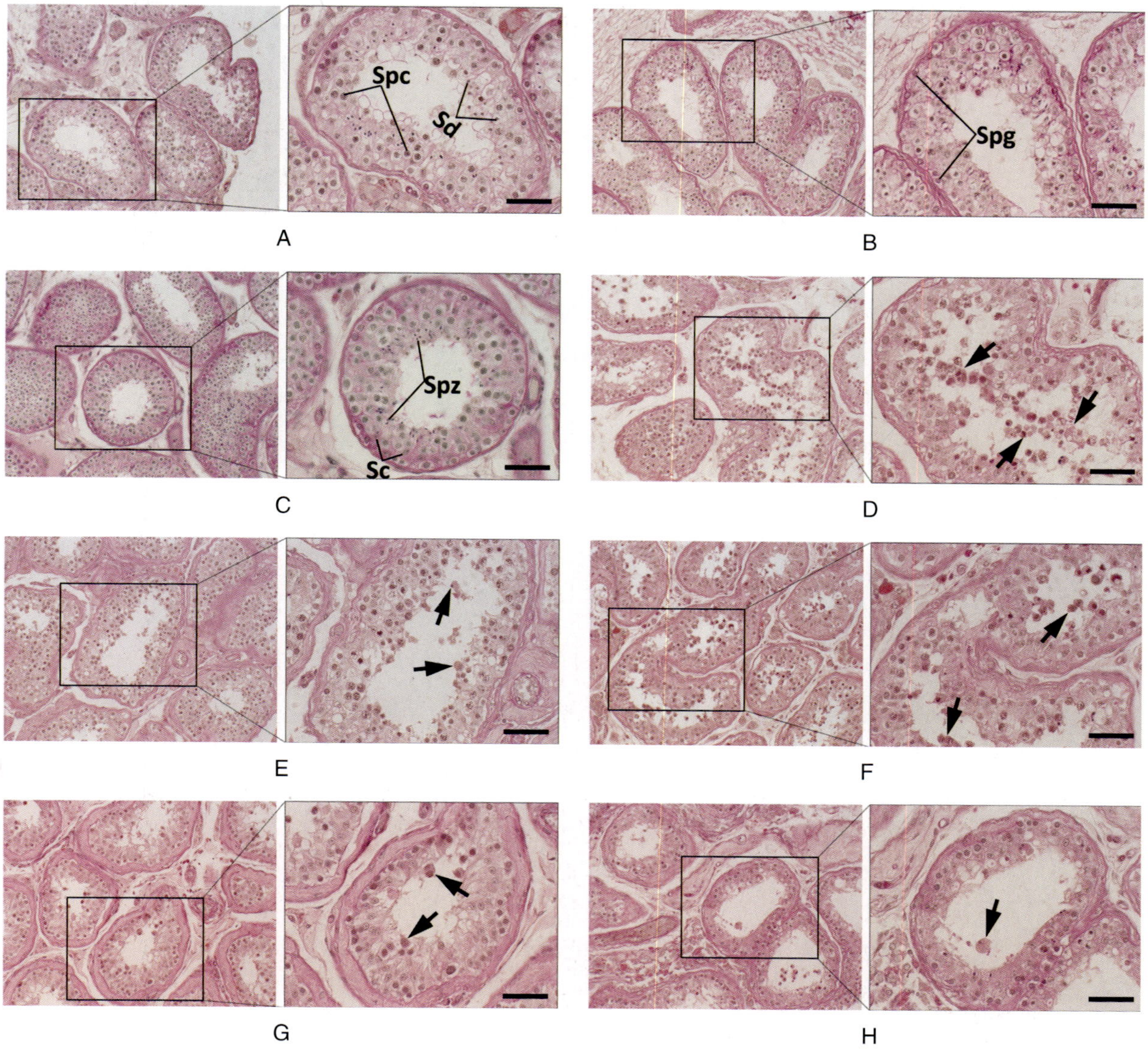

图 9-60　睾丸镜下观

A—C. 对照组睾丸中生殖细胞形态和位置正常，其中 Spc 为精原干细胞，Sc 为支持细胞，Spg 为精原细胞，Spz 为精子，Sd 为精细胞；D—H. 与对照组相比，COVID-19 患者睾丸中退化的生殖细胞（↑）脱落到生精小管的管腔中，尤其 G 和 H 中，生殖细胞显著减少，只有少量生殖细胞附着在生精小管上。

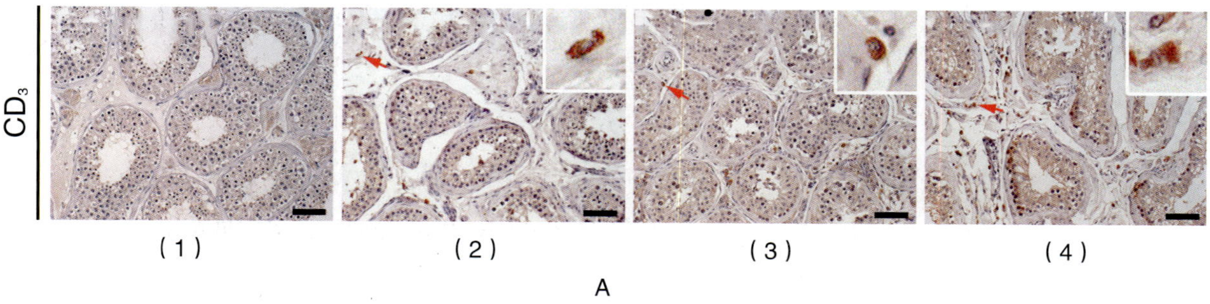

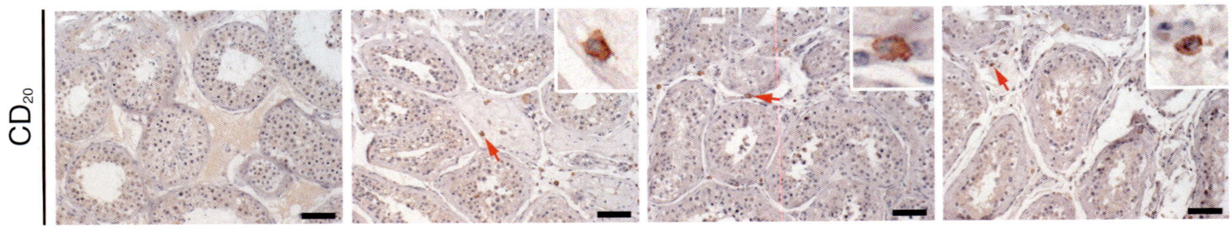

(1) (2) (3) (4)

B

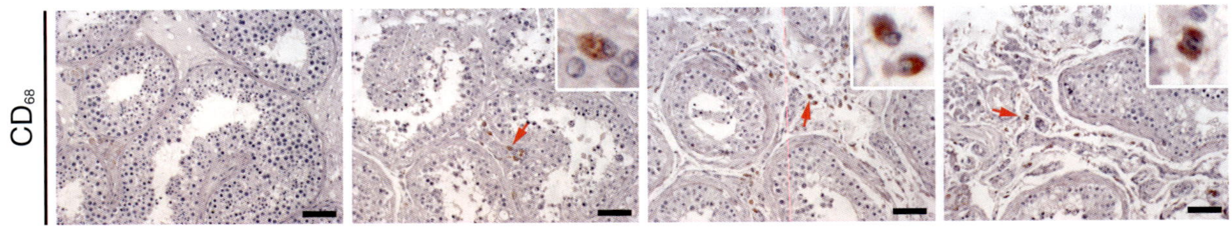

(1) (2) (3) (4)

C

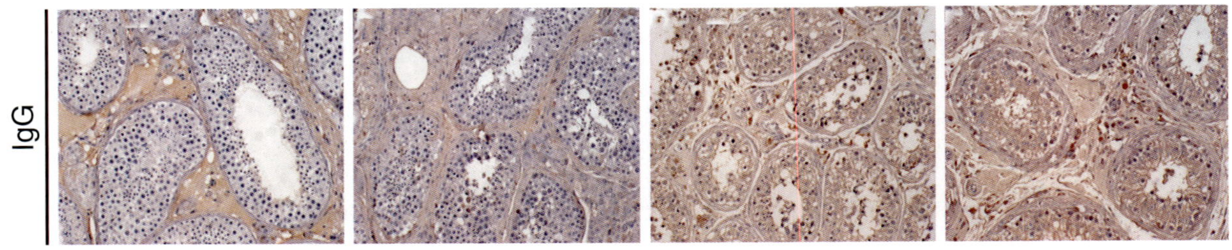

(1) (2) (3) (4)

D

图 9-61 CD_3、CD_{20}、CD_{68}、IgG 免疫组织化学染色镜下观

A. CD_3^+T 淋巴细胞免疫组织化学（IHC）染色显示：对照组（A_1）睾丸间质中未见 CD_3^+T 淋巴细胞，而在 COVID-19 患者(A_2-A_4)的睾丸间质中分散浸润(↑)(右上图代表每个阳性细胞染色的放大插图)；B.CD_{20}^+B 淋巴细胞免疫组织化学（IHC）染色显示：对照组（B_1）睾丸间质中未见 CD_{20}^+B 淋巴细胞，在 COVID-19 患者（B_2-B_4）的睾丸间质中分散浸润（↑）（右上图代表每个阳性细胞染色的放大插图）；C.CD_{68} 巨噬细胞免疫组织化学（IHC）染色显示：对照组（C_1）睾丸间质中未见 CD_{68} 巨噬细胞，而在 COVID-19 患者（C_2-C_4）的睾丸间质中分散浸润（↑）（右上图代表每个阳性细胞染色的放大插图）；D.IgG 免疫组织化学（IHC）染色显示：与对照组（D_1）对比，在 COVID-19 患者（D_2-D_4）的生精上皮、间质和一些退化的生殖细胞中观察到广泛的 IgG 沉淀。

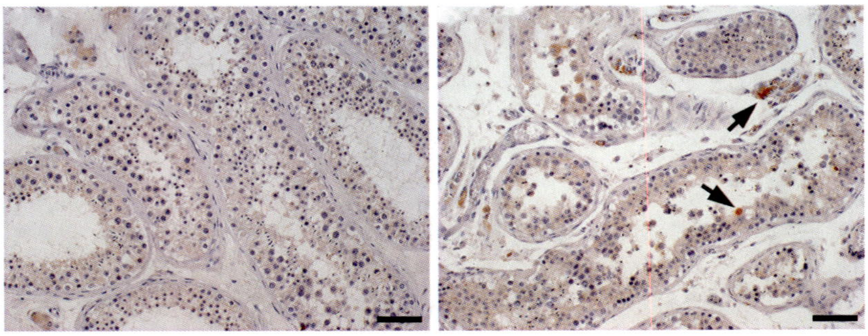

A B

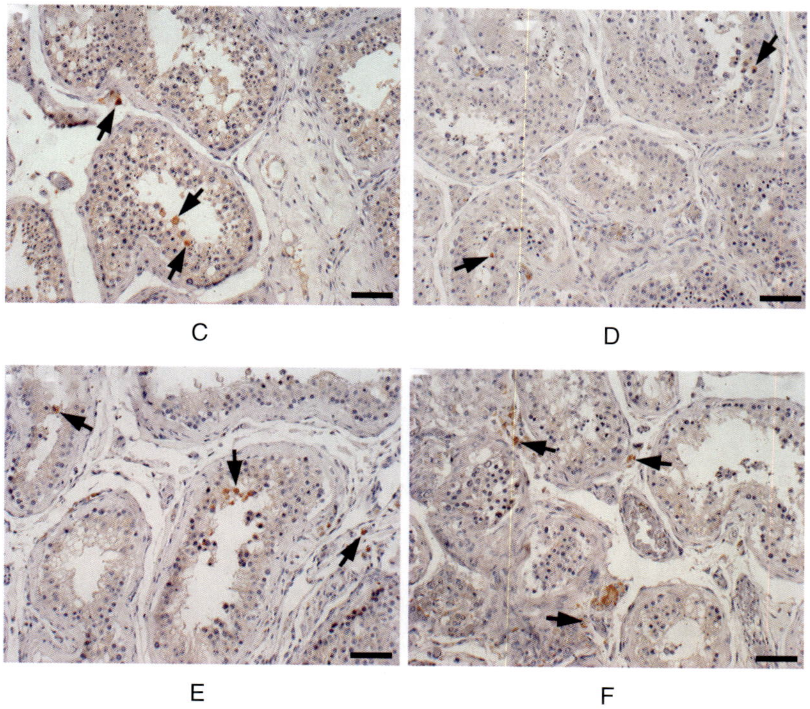

图 9-62　SARS-CoV-2 刺突蛋白免疫组织化学染色镜下观

SARS-CoV-2 刺突蛋白免疫组织化学(IHC)染色显示：与对照组(A)相比，COVID-19 患者（B—F）睾丸切片中的 SARS-CoV-2 刺突蛋白阳性（↑）。

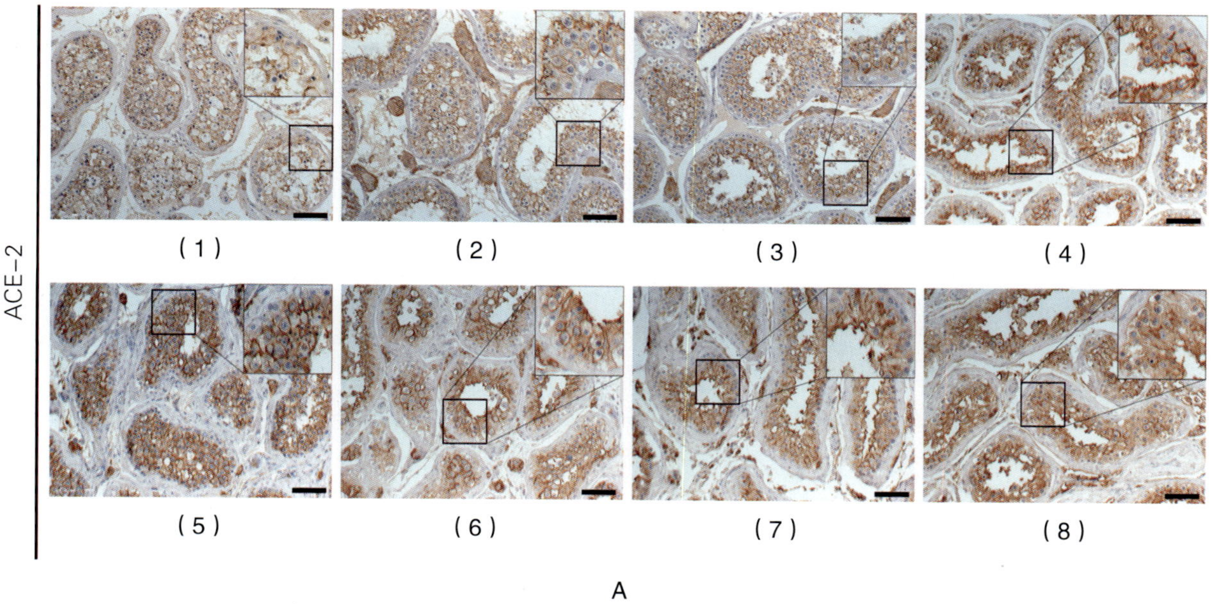

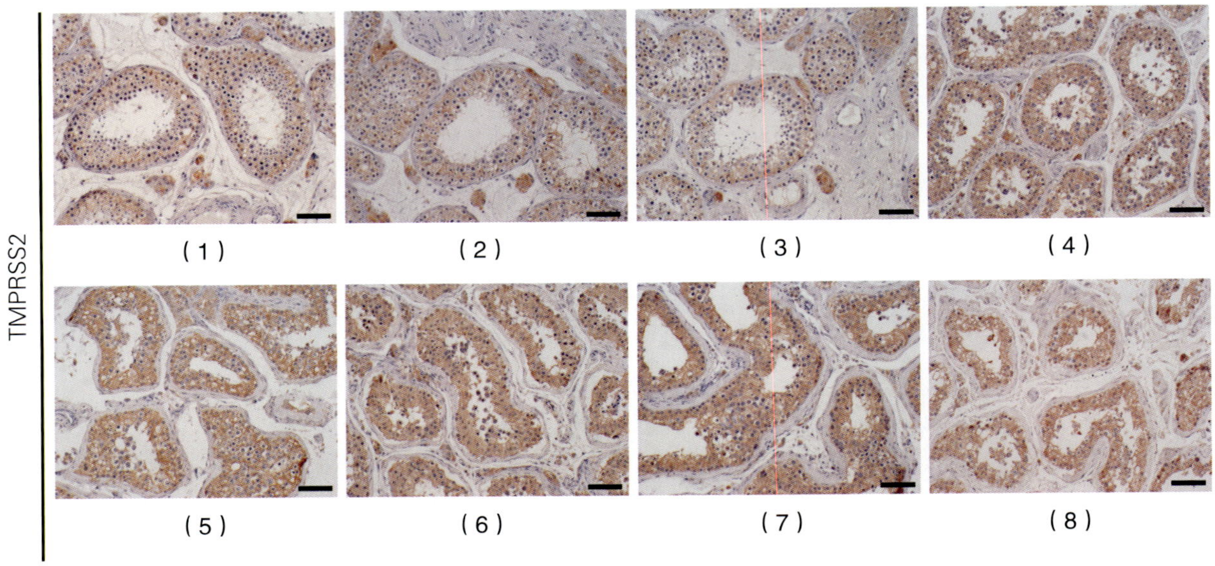

B

图 9-63 ACE-2 和 TMPRSS2 蛋白免疫组织化学染色镜下观

A.ACE-2 免疫组织化学（IHC）染色显示：相比于对照组（A_1–A_3），COVID-19 患者（A_4–A_8）睾丸切片中的 ACE-2 蛋白表达水平升高；B.TMPRSS2 蛋白免疫组织化学（IHC）染色显示：相比于对照组（B_1–B_3），COVID-19 患者（B_4–B_8）睾丸切片中的 TMPRSS2 蛋白表达水平升高。

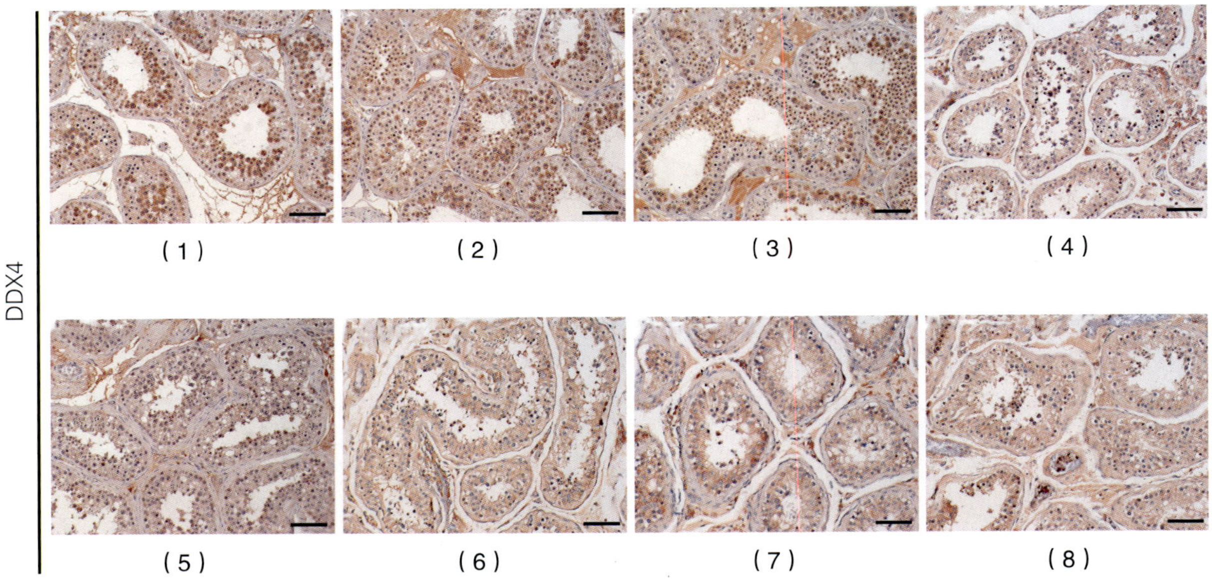

A

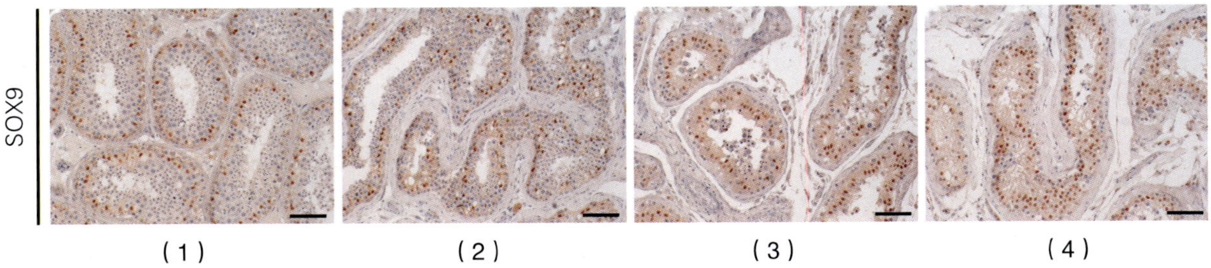

B

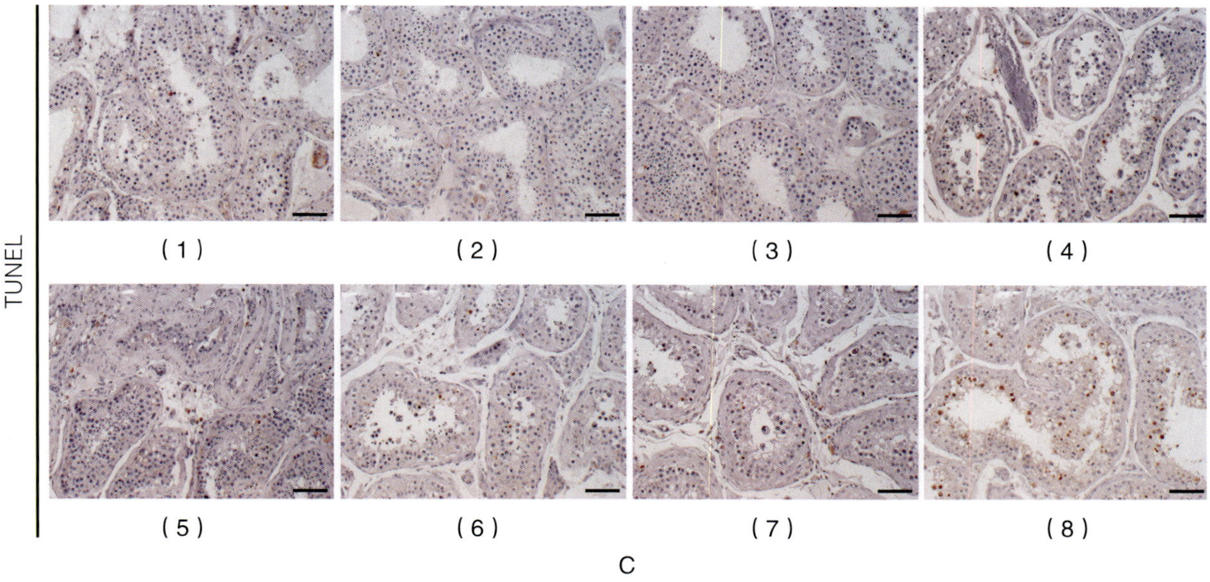

图 9-64 DDX4、SOX9、TUNEL 免疫组织化学染色镜下观

A.DDX4 免疫组织化学（IHC）染色显示：相比于对照组（A_1-A_3），COVID-19 患者（A_4-A_8）睾丸切片中 DDX4（一种生殖细胞标志物）阳性细胞的数量显著减少；B.SOX9 免疫组织化学（IHC）染色显示：相比于对照组（B_1-B_3），COVID-19 患者（B_4-B_8）睾丸切片中 SOX9（支持细胞标记物）阳性细胞没有变化；C.TUNEL 检测显示：相比于对照组（C_1-C_3），COVID-19 患者（C_4-C_8）睾丸中的凋亡细胞数量明显高于对照组。

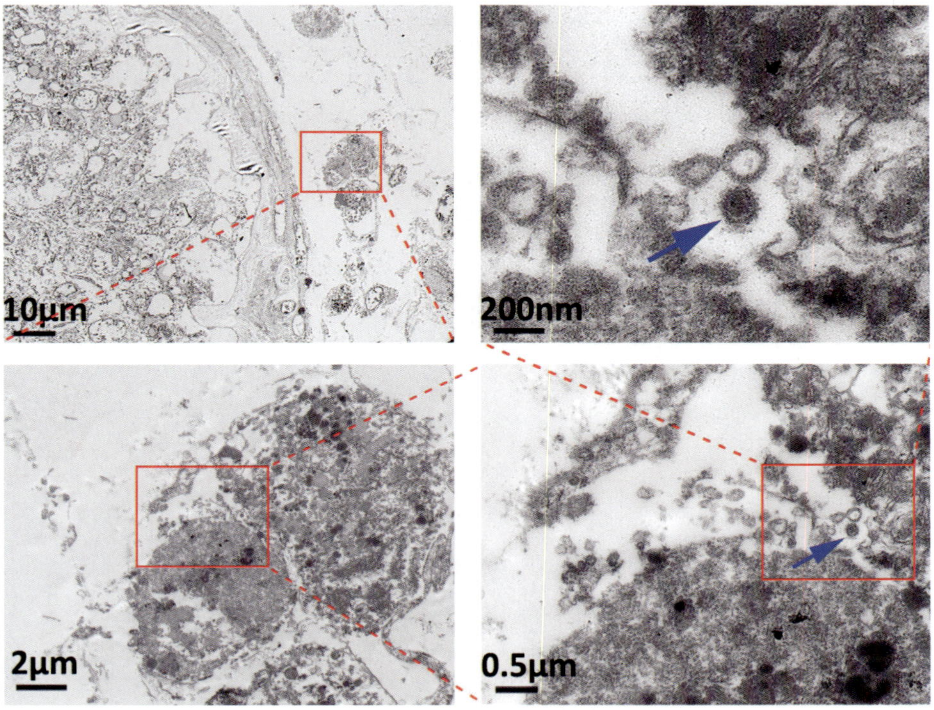

图 9-65 睾丸电子显微镜镜下观

COVID-19 患者睾丸组织中的冠状病毒样颗粒（↑）。

注：上述图片引自 Ma X, Guan C, Chen R, et al. Pathological and molecular examinations of postmortem testis biopsies reveal SARS-CoV-2 infection in the testis and spermatogenesis damage in COVID-19 patients[J]. Cell Mol Immunol, 2021, 18(2): 487-489.

（3）消化系统病变。

消化系统病变见图 9-66、图 9-67。

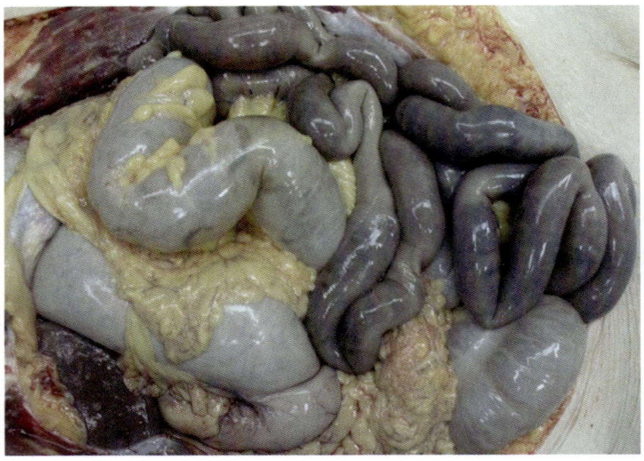

图 9-66　腹部大体观

结肠胀气、扩张，部分节段呈蓝灰色改变。

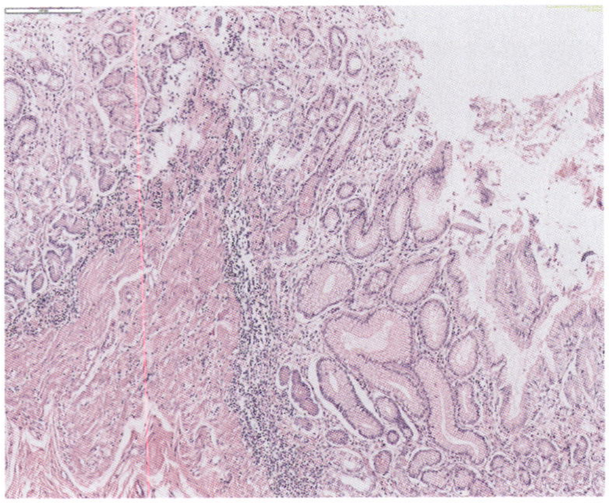

图 9-67　小肠镜下观

小肠黏膜层及黏膜下层见较多以淋巴细胞为主的炎细胞浸润。

（4）肾上腺病变

肾上腺病变见图 9-68、图 9-69。

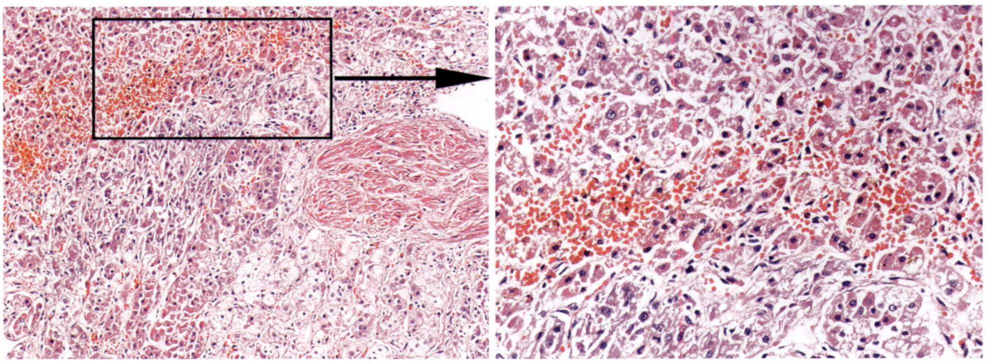

图 9-68　肾上腺出血镜下观

肾上腺灶性出血、坏死。

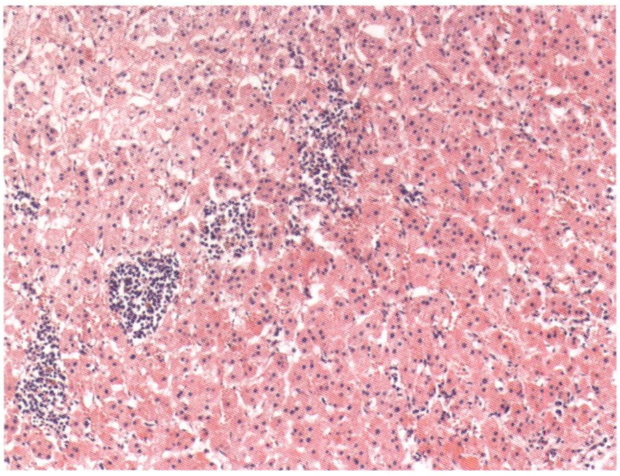

图 9-69　肾上腺坏死镜下观

肾上腺灶性坏死伴淋巴细胞聚集。

原型株感染案例一

◎基本信息

遗体捐赠者，女，60 余岁。

◎病历资料

2020 年 2 月某日，因“无明显诱因下发热（38℃）、乏力 3d 伴胸闷、呼吸困难 2d”入院，外院急诊测指脉氧 25%、神志不清，胸部 CT 示两肺炎症，2019-nCoV 核酸检测阳性。体格检查：体温 36.3℃，心率 115 次 /min，呼吸 30 次 /min，血压 145/75mmHg，神志模糊，不能对答，口唇紫绀，两肺呼吸音粗，可闻及湿啰音。入院次日，胸闷气促，行无创呼吸机治疗，氧饱和度在 75% 左右，吸氧浓度为 100%。入院 5d 持续昏迷，氧饱和度在 80% 左右，合并有心、肝、肾等多器官功能不全。入院 8d 意识模糊，病情危重，氧饱和度在 80% ～ 90%，出现高热，白细胞明显升高。入院 10d，呼吸浅慢，昏迷中，氧饱和度下降至 45%，心率 34 次 /min，血压测不出，经抢救无效宣告临床死亡。

◎尸检发现

头皮下水肿明显，大脑轻度水肿，脑回增宽，脑沟变浅。

双侧胸腔内见中等量暗红色积液。双肺表面呈花斑状（图 9–70），切面见灰白色病灶及暗红色出血区相间，肺背侧呈黑色斑片状，触之质韧。心体积增大，右冠开口 1cm 处见 Ⅰ ～ Ⅲ 级粥样硬化斑块（长 3.5cm），左前降支见长 2.5cm 的 Ⅰ ～ Ⅱ 级粥样硬化斑块。

腹腔少量淡黄色清亮腹水。肝脏肿大，色灰黄（图 9–71）；胆囊充盈。肠道扩张，呈墨绿色，伴暗黑色斑点（图 9–72）。脾缩小，被膜皱缩。双肾切面见皮质稍萎缩。

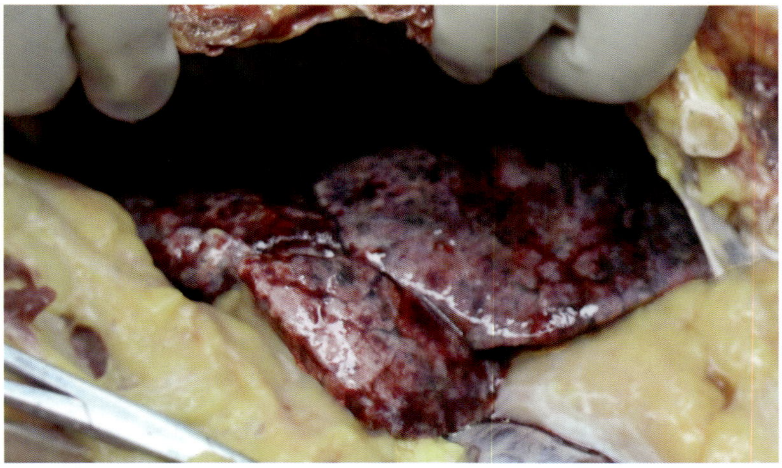

图 9–70 肺淤血、水肿及实变，表面呈花斑状

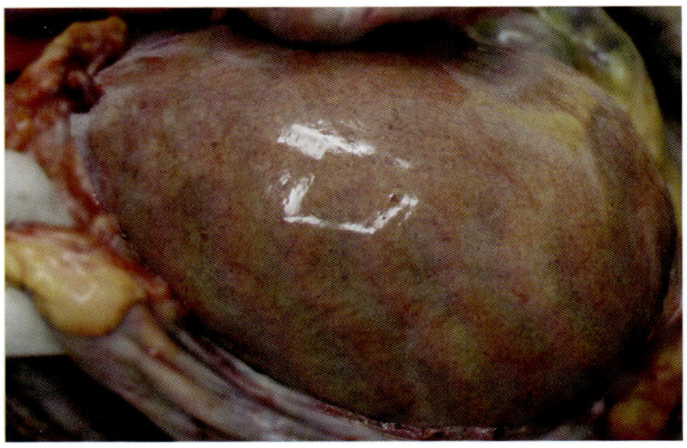

图 9-71　肝表面呈灰黄色

图 9-72　肠管扩张，呈墨绿色，伴暗黑色斑点

◎组织学检查

脑：脑组织水肿，脑实质灶性出血，局部围管性出血（图 9-73），大脑小动脉管腔内可见血栓形成并机化（图 9-74），淋巴细胞围管现象和噬神经细胞现象（图 9-75），脑软化灶形成（图 9-76）。

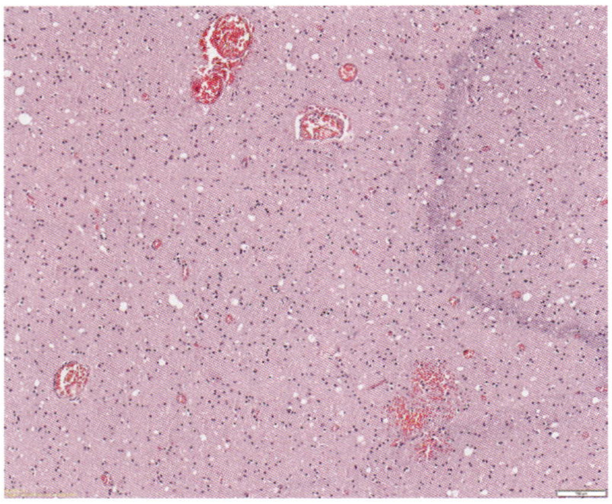

图 9-73　脑实质灶性出血，局部围管性出血

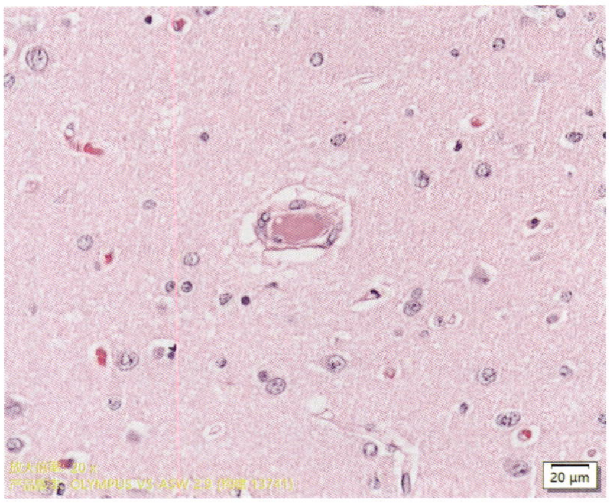

图 9-74　脑小血管内微血栓形成

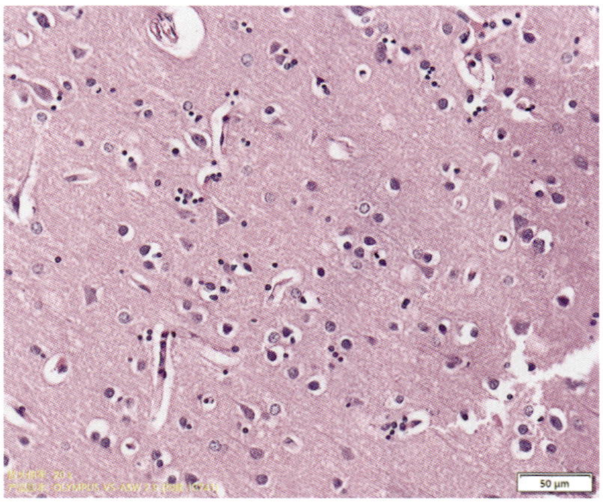

图 9-75　噬神经现象和卫星现象

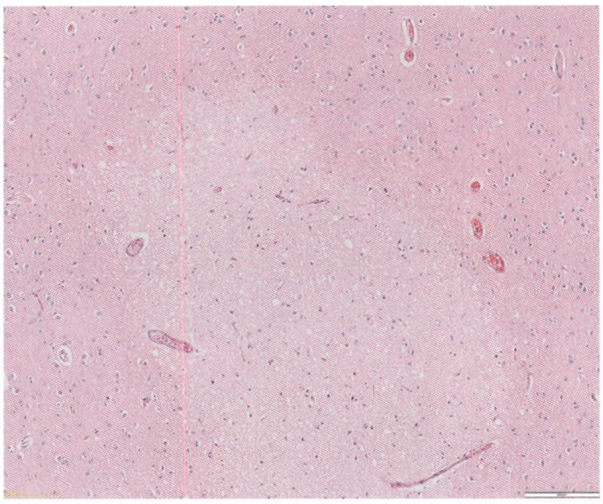

图 9-76　海马区软化灶形成

呼吸系统：喉头黏膜及黏膜下散在炎细胞浸润（图 9-77），肺水肿（图 9-78），肺泡腔内大量蛋白性渗出物（图 9-79），肺泡腔内广泛透明膜形成（图 9-80），可见灶性出血（图 9-81、图

9-82），肺弥漫性纤维化伴随大量炎细胞浸润（图 9-83），细小支气管内痰栓及黏液栓形成（图 9-84、图 9-85），部分细小支气管上皮鳞状上皮化生（图 9-86），肺泡腔见鳞状上皮化生（图 9-87），毛细血管腔内透明血栓形成（图 9-88、图 9-89）。

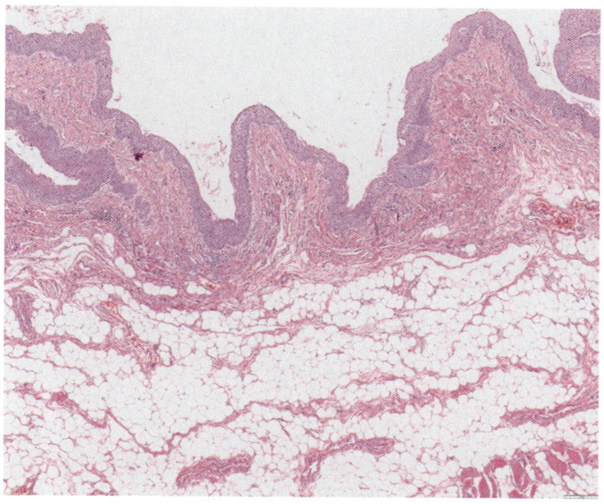

图 9-77　喉头黏膜及黏膜下散在炎细胞浸润

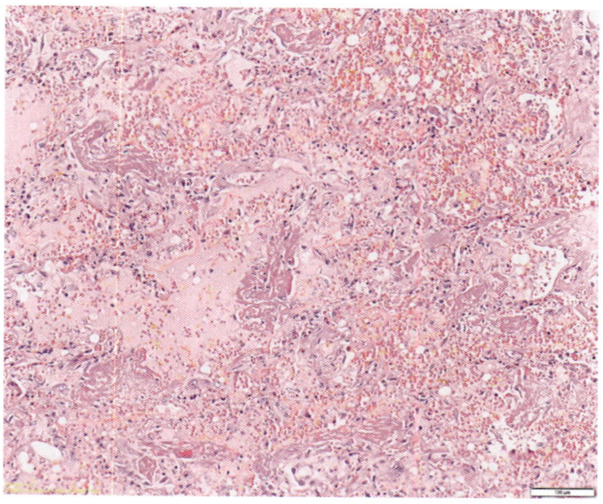

图 9-78　肺水肿伴透明膜形成，肺内大片状出血

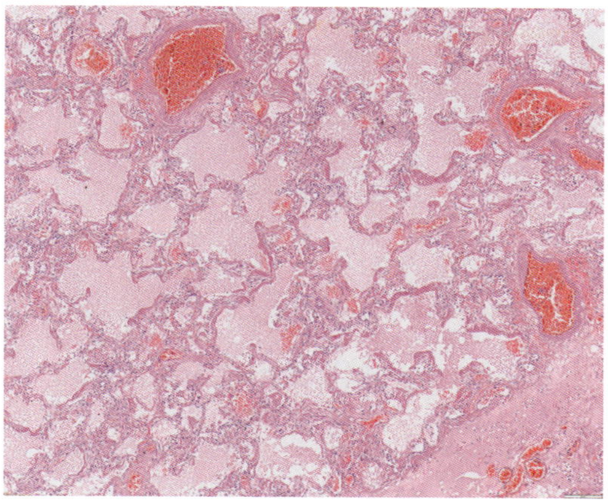

图 9-79　肺泡腔内大量蛋白性渗出物，肺泡壁纤维化伴炎细胞浸润

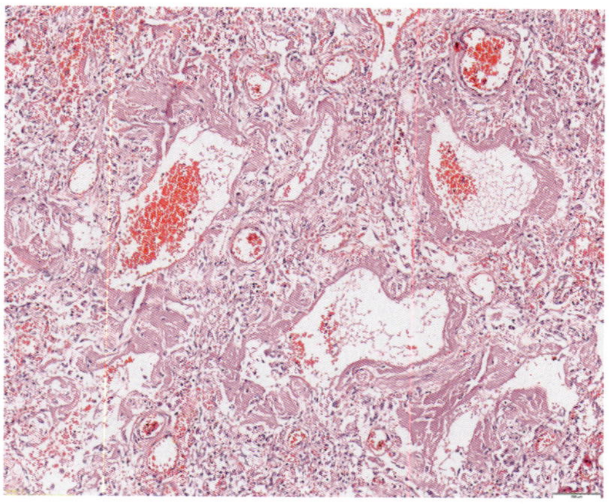

图 9-80　肺泡壁纤维化伴炎细胞浸润，肺泡腔内大量肺透明膜形成

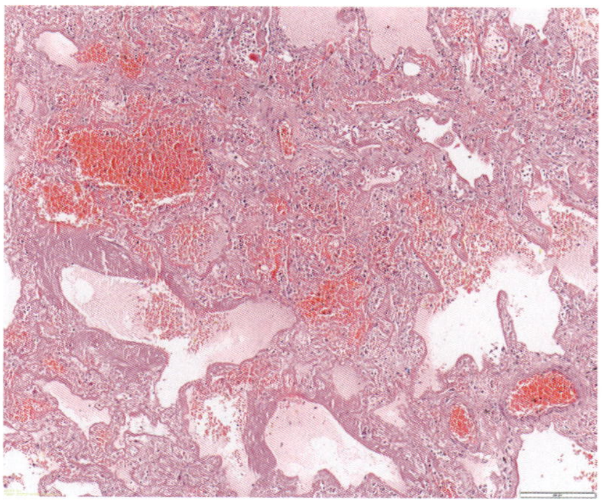

图 9-81　肺组织纤维化伴灶片状出血，肺泡腔内透明膜形成

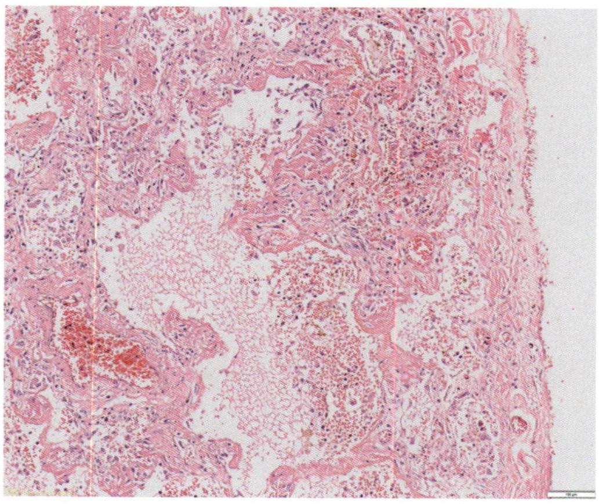

图 9-82　肺被膜下纤维化伴灶性出血

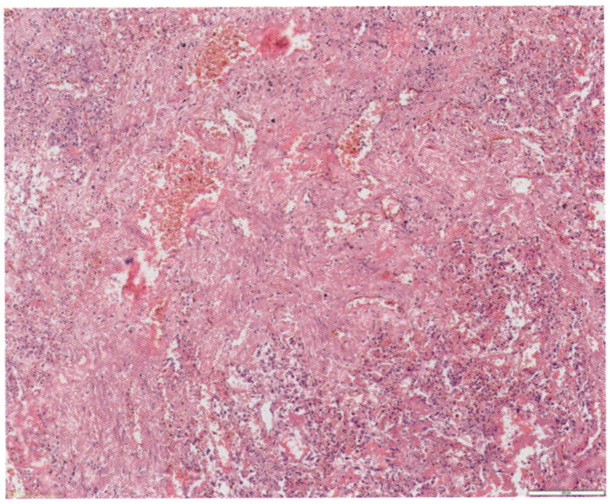

图 9-83　肺组织广泛纤维化并肺肉质变，周围灶性出血及炎细胞浸润

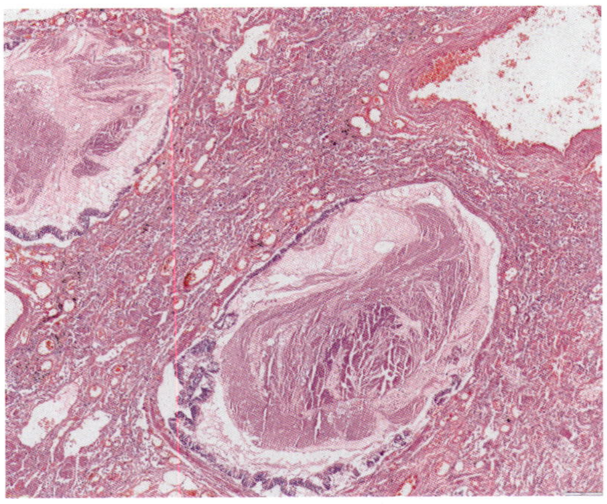

图 9-84　细小支气管黏液栓形成，部分上皮细胞脱落

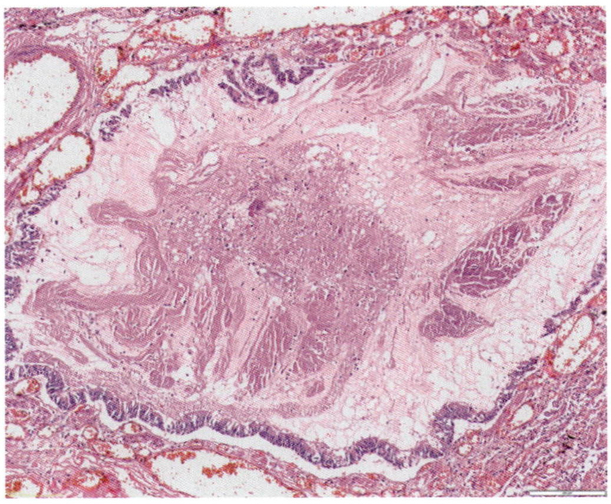

图 9-85　细小支气管腔内黏液栓，内见大量炎细胞（中性粒细胞、单核淋巴细胞）、巨噬细胞及脱落的上皮细胞

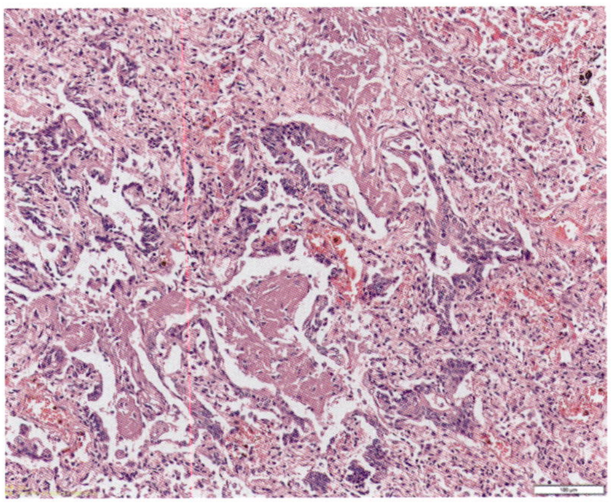

图 9-86　细小支气管上皮鳞状上皮化生

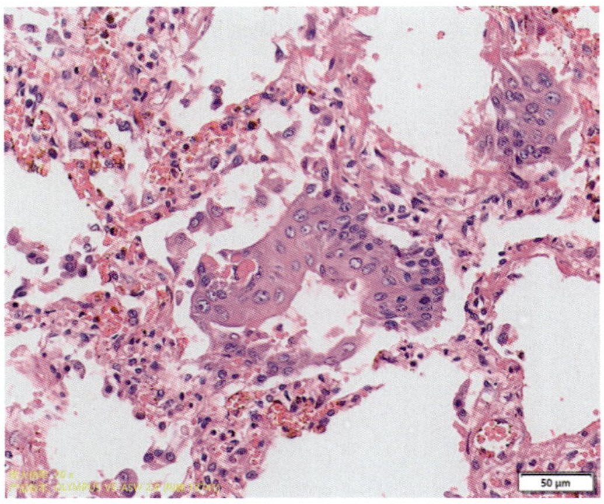

图 9-87　肺泡腔鳞状上皮化生

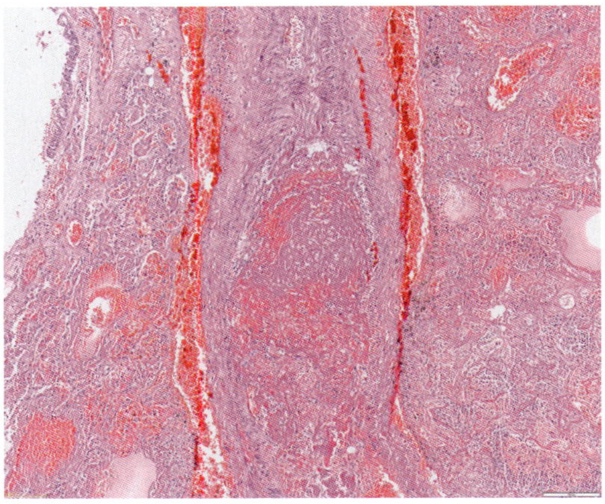

图 9-88　小血管内血栓形成

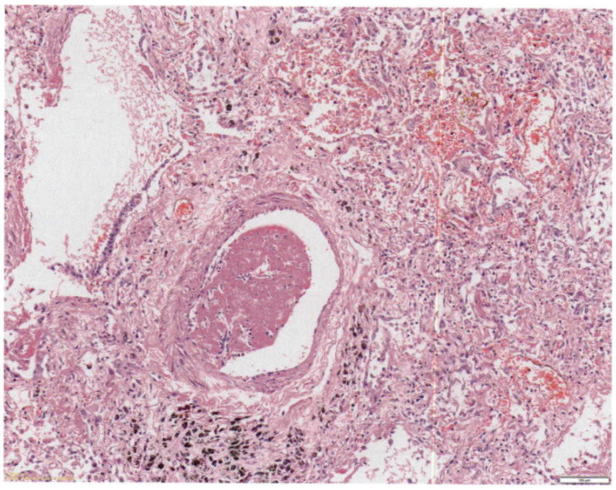

图 9-89　细小血管内血栓形成伴机化

心：心肌细胞水肿，可见小灶性心肌细胞坏死。

肝：灶性肝细胞坏死，部分肝细胞脂肪变性（图 9-90）。胆囊自溶。

脾：弥漫性病变，正常结构消失，淋巴小结萎缩、消失（图 9-91），淋巴细胞坏死。

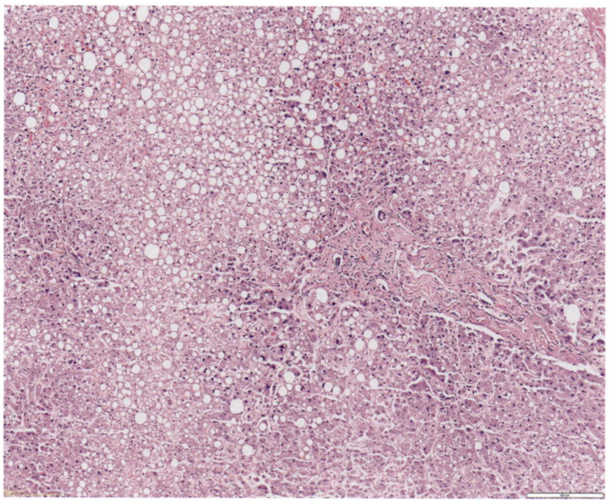

图 9-90　灶性肝细胞坏死，部分肝细胞脂肪变性

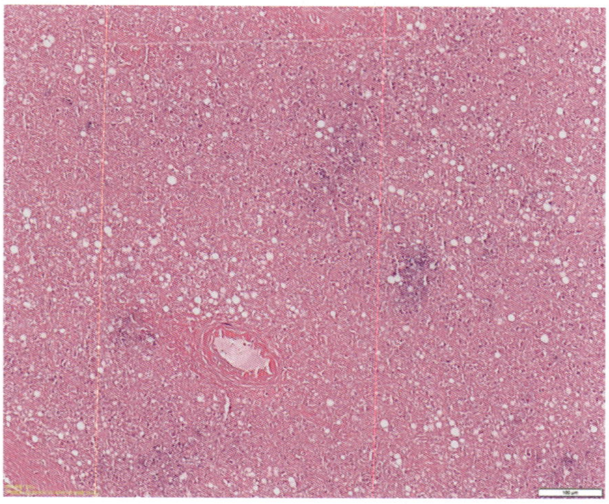

图 9-91　脾淋巴小结萎缩，淋巴细胞数量显著减少

肾：肾小血管淤血（图 9-92），肾间质局灶性出血（图 9-93），肾小球微血栓形成，近曲小管广泛变性坏死（图 9-94），肾小管管型形成（图 9-95），肾小管上皮细胞水样变。

胃壁黏膜坏死。肠肌层、黏膜坏死。

◎死亡原因

患者因新冠肺炎致以呼吸系统功能衰竭为主的多器官功能衰竭死亡。

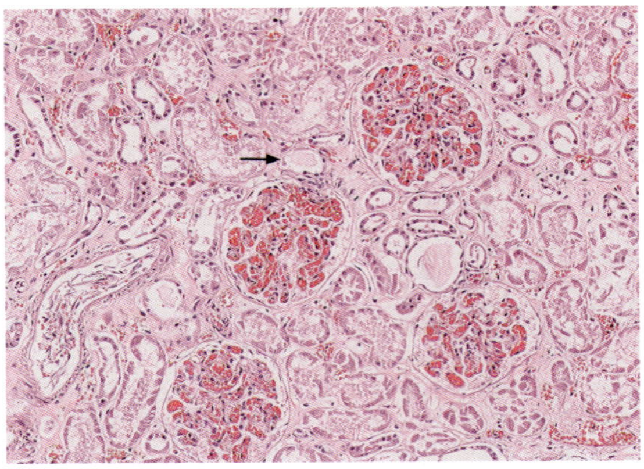

图 9-92　肾小球毛细血管丛扩张、淤血，远曲小管蛋白管型形成（↑）

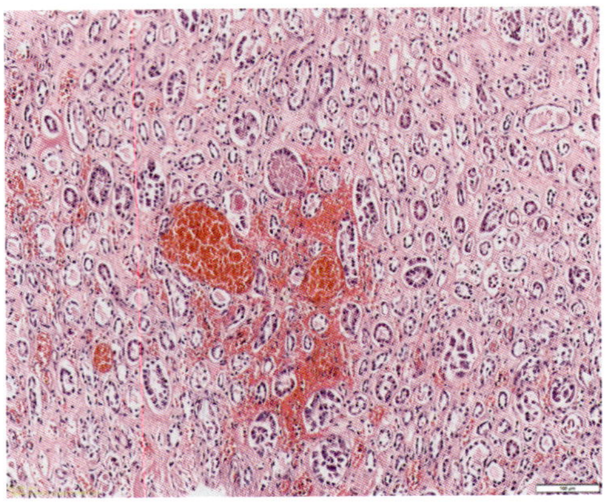

图 9-93　肾小管上皮细胞坏死，间质小片状出血

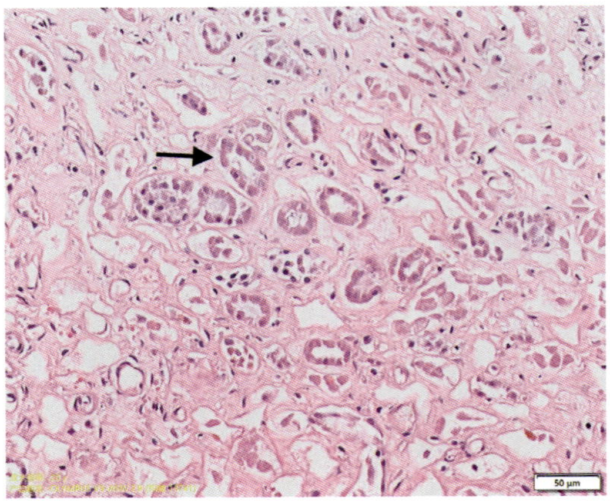

图 9-94　肾小管上皮细胞坏死、脱落（↑）

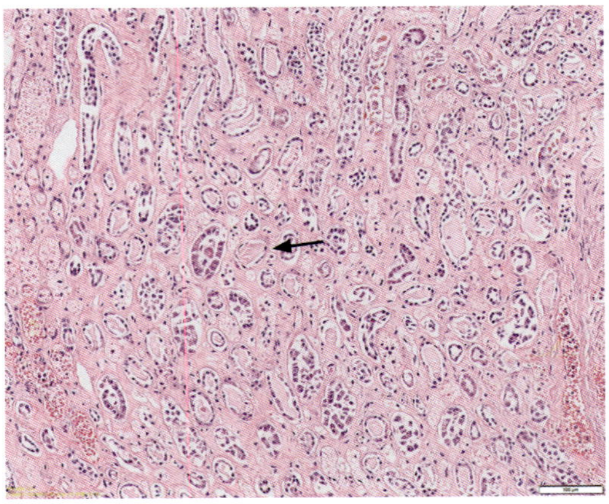

图 9-95　远曲小管上皮细胞坏死、脱落，部分肾小管内见管型形成（↑）

原型株感染案例二

◎基本信息

遗体捐赠者，男，80 余岁，既往高血压病 10 年。

◎病历资料

2020 年 1 月某日，以“多发性脑梗死”收入院，入院 9d 后有咽痛，入院 11d 检测 2019 新型冠状病毒核酸（+），入院 13d 出现发热（最高 38.1℃），CT 检查示双肺散在少许小斑片状感染病灶，有气管内分泌物的可能；入院 29d 复查 CT 示双肺散在斑片状感染病灶，较前进展，考虑病毒性肺炎；当日 20 时许突发神志不清、呼之不应，经抢救无效宣布临床死亡。

◎尸检发现

脑水肿，双侧轻度小脑扁桃体疝形成（图 9–96）。

双侧胸腔积液各约 150ml，呈淡黄色清亮液体。气管腔内见白色泡沫状黏液状分泌物（图 9–97），右肺支气管腔内见胶冻状黏液附着。右侧胸膜与右肺呈广泛性粘连（图 9–98），双肺见部分肺小叶充盈扩张、变白（图 9–99），与暗红色淤血出血区域夹杂，以肺边缘带为重，切面可见大量灰白色黏稠液体溢出，肺背侧呈暗黑色斑片状，触之质韧，肺组织纤维化（图 9–100）。

心包腔内见中等量淡黄色清亮液体，心脏体积略大。右冠状动脉节段性Ⅰ～Ⅲ级粥样硬化斑块，左前降支见长 0.5cm 的Ⅱ～Ⅲ级粥样硬化斑块。

腹腔少量淡黄色清亮液体。肝色灰暗（图 9–101），胆囊充盈、增大。双肾表面呈细颗粒状，体积缩小。胃内空虚。脾大体观未见异常。

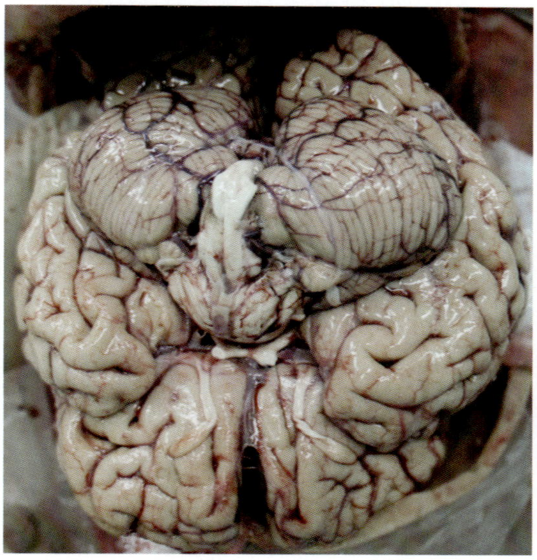

图 9–96　大脑肿胀，双侧小脑扁桃体疝形成

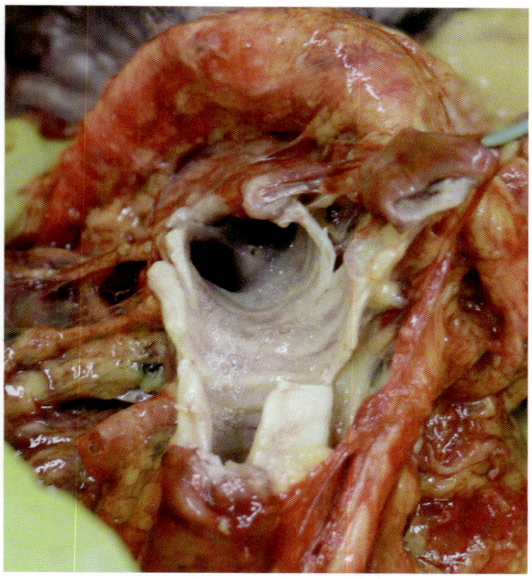

图 9–97　气管腔内白色泡沫状黏液状分泌物

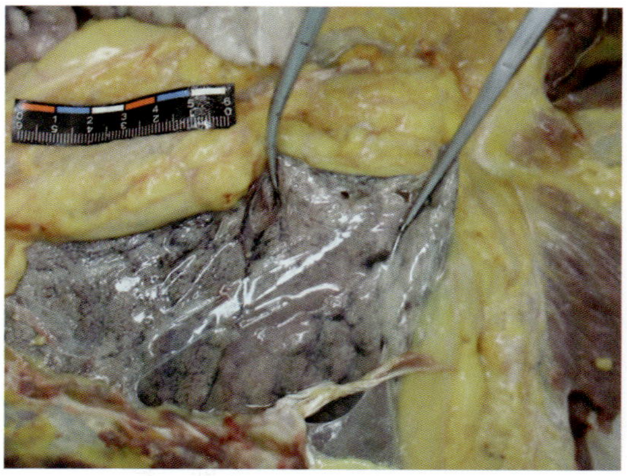

图 9–98　右侧胸膜与右肺呈广泛性粘连

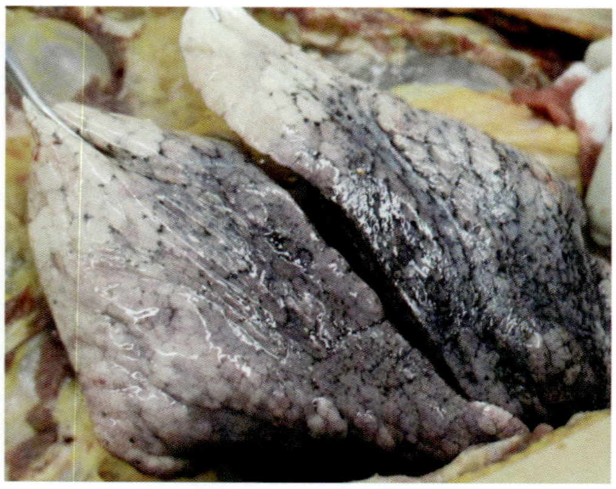

图 9–99　双肺部分区域苍白，以肺边缘带为重

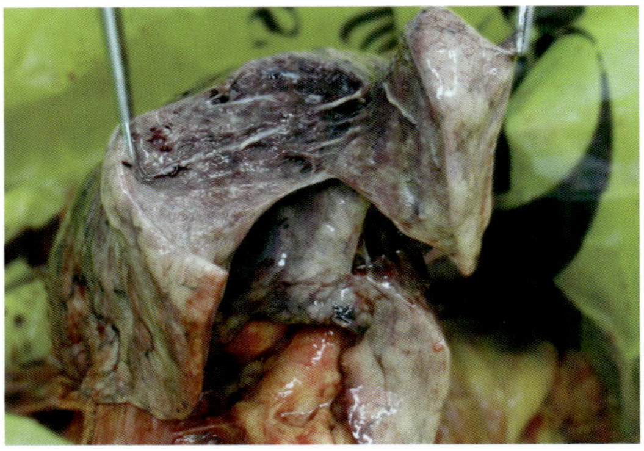
图 9-100　肺组织纤维化

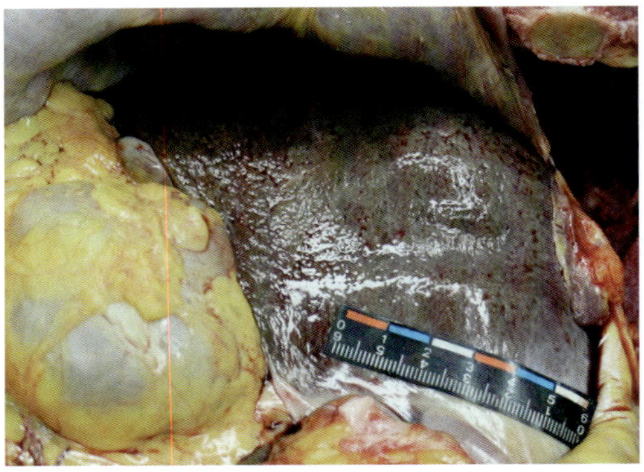
图 9-101　肝表面呈暗灰褐色

◎组织学检查

脑：灶性大脑皮质围管性出血（图 9-102）、水肿，脑实质内见多发脑软化灶（图 9-103），脑内胶质细胞增生，小血管可见透明血栓（图 9-104），部分小血管周围见以淋巴细胞为主的炎细胞浸润，小血管腔内可见中性粒细胞比例增高。

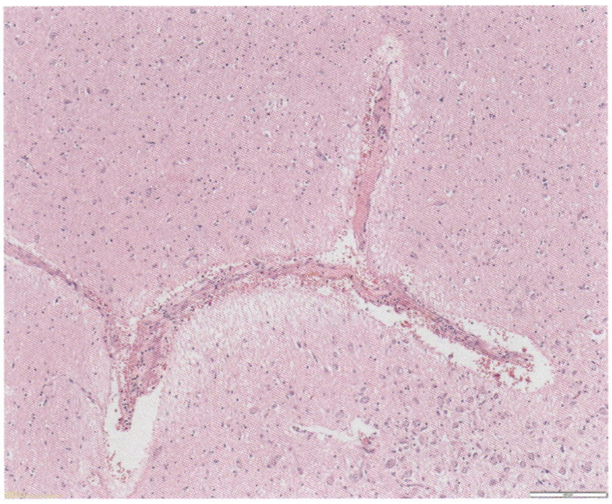
图 9-102　大脑小血管见围管性出血

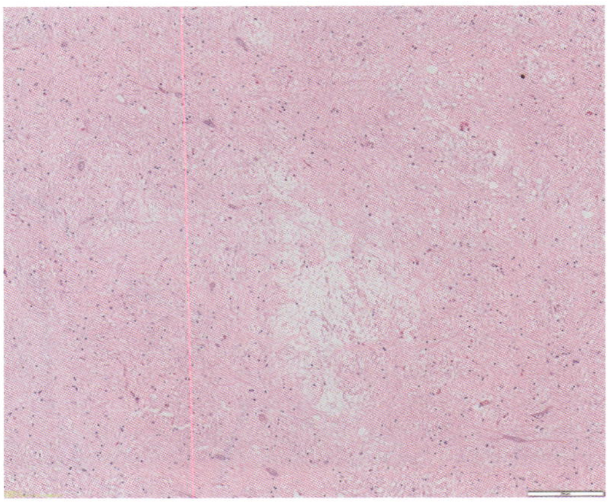
图 9-103　脑内软化灶，灶内组织结构崩解

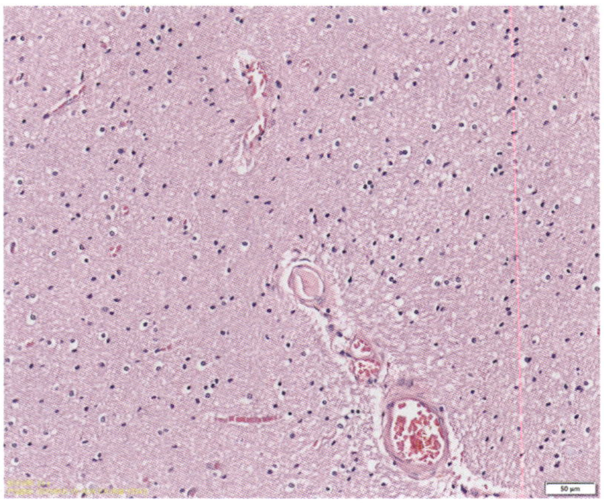
图 9-104　脑内胶质细胞增生，小血管可见透明血栓

呼吸系统：左、右支气管及段支气管腔内见大量黏液性物、上皮细胞脱落及少量炎细胞渗出。肺泡腔内大量均质红染的水肿液（图 9–105），多数细小血管腔内见微血栓形成可伴机化（图 9–106、图 9–107），肺组织内多核巨细胞（图 9–108）及成纤维细胞增生（图 9–109），肺泡间隔明显增宽伴纤维结缔组织增生（图 9–110），双肺中外 1/3 区域肺泡腔纤维结缔包裹、弥散实变，局部呈机化期改变（图 9–111），肺泡腔内见上皮细胞脱落，透明膜形成、丝网状蛋白性物渗出及出血，可见合体细胞，部分区域大片状出血（图 9–112），可见散在Ⅱ型肺泡上皮增生，部分区域肺组织可见鳞状化生。

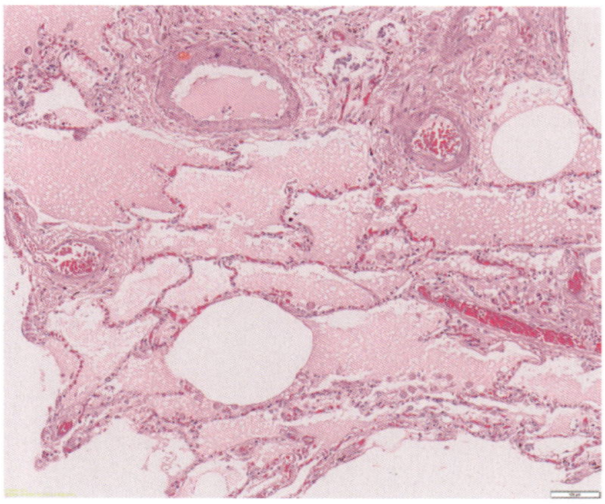

图 9–105　肺泡腔内大量均质红染的水肿液

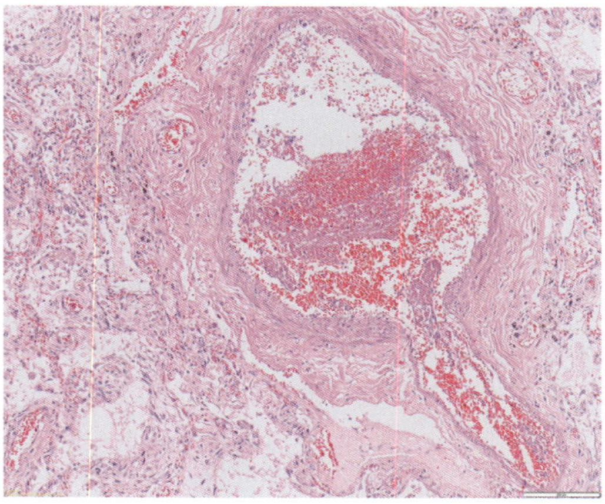

图 9–106　肺内小动脉内见血栓栓子

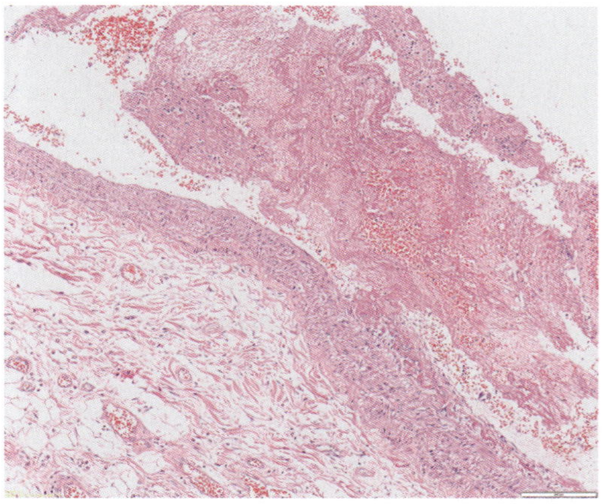

图 9–107　肺段动脉见混合血栓

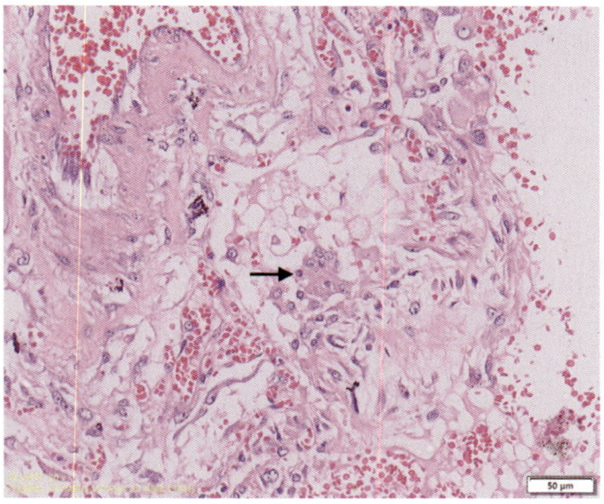

图 9–108　肺组织内多核巨细胞（↑）及成纤维细胞增生

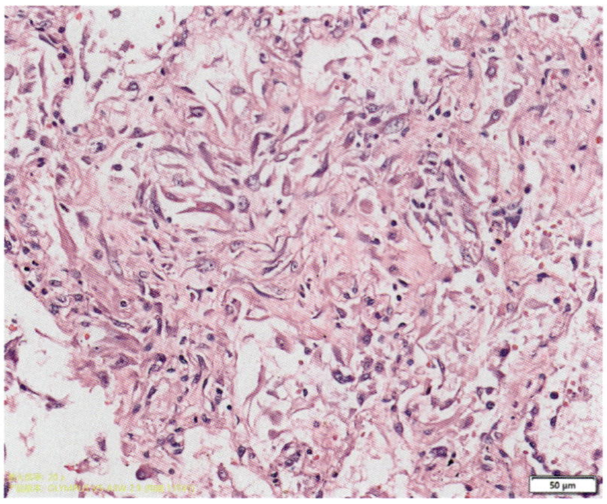

图 9-109　肺组织纤维化，内见大量成纤维细胞

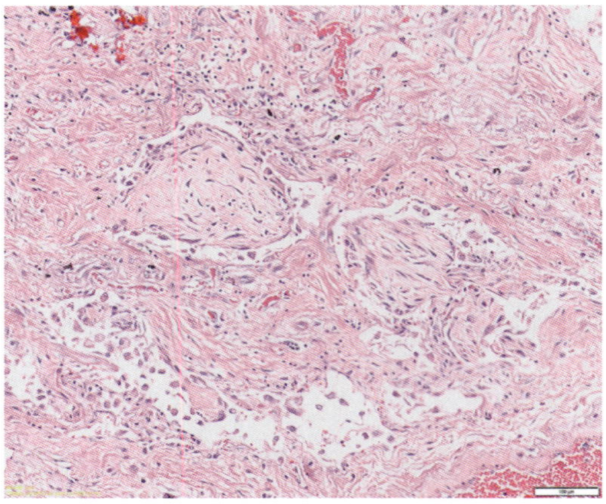

图 9-110　肺组织纤维化伴肉质变，内见大量成纤维细胞增生伴机化

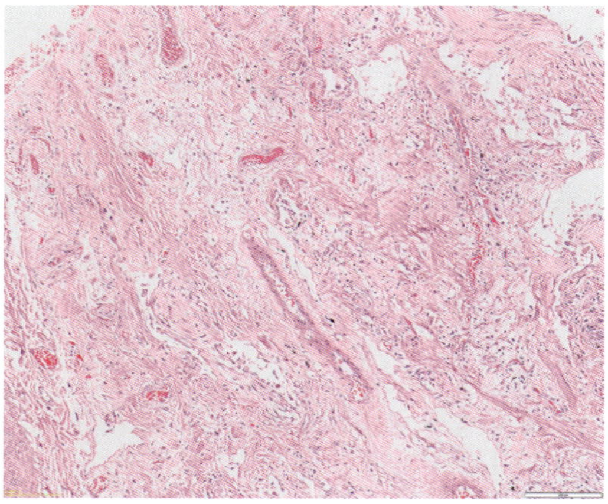

图 9-111　肺组织广泛纤维化伴肉质变，内见大量成纤维细胞增生伴机化

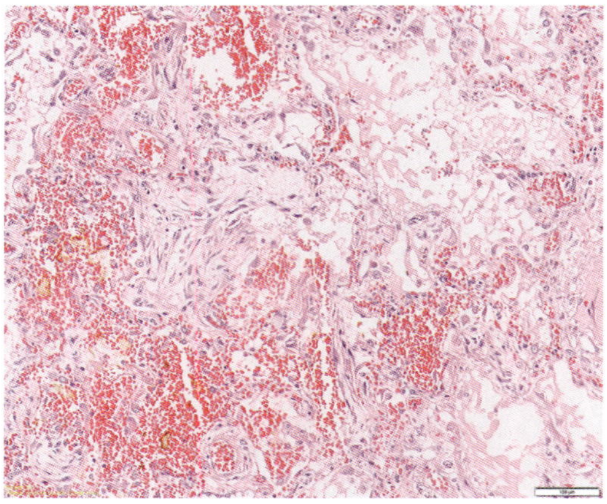

图 9-112　肺组织片状出血、纤维化，残存肺泡腔内见均质红染的蛋白样渗出物

心：心肌纤维肥大、断裂及排列紊乱（图 9-113），部分区域可见脂褐素沉积，心肌间质灶片状出血及纤维组织增生。右冠状动脉镜下见Ⅲ级动脉粥样硬化斑块伴斑块内出血。

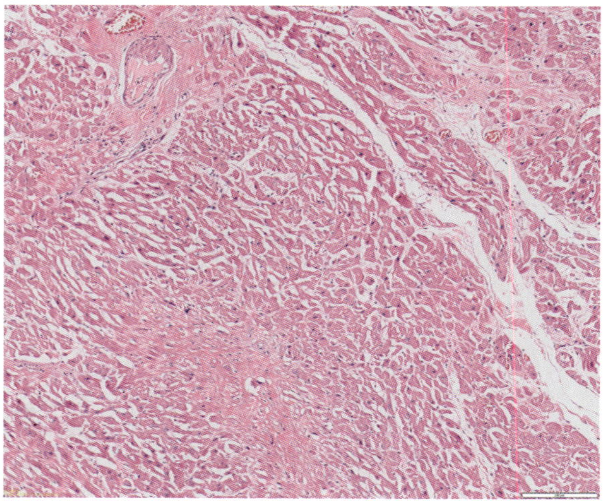

图 9-113　心肌细胞肥大

部分心肌细胞肌浆凝聚伴嗜酸性染色加深，间质纤维结缔组织增生。

肝：肝淤血、水肿，散在肝细胞脂肪变性和水变性，淤血。胆囊自溶。

脾：脾小体萎缩，淋巴细胞减少，红髓淤血（图 9–114、图 9–115）。

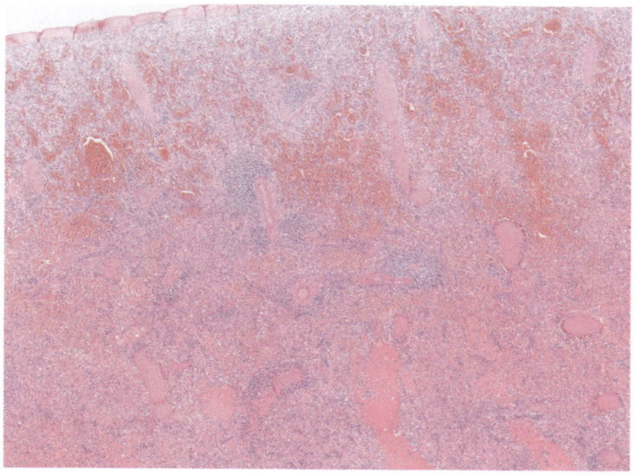

图 9–114　脾淤血，淋巴小结萎缩

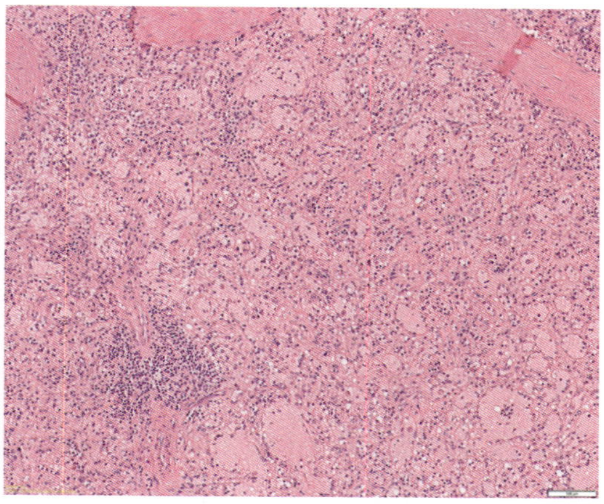

图 9–115　淋巴小结萎缩，数量减少，红髓高度扩张、淤血

肾：灶性肾小球玻璃样变，部分肾小球毛细血管丛见少量以淋巴细胞为主的炎症细胞浸润，近曲小管上皮细胞水变性，远曲小管腔内可见蛋白管型，局部间质纤维化伴少量淋巴细胞为主的炎细胞浸润（图 9–116）。

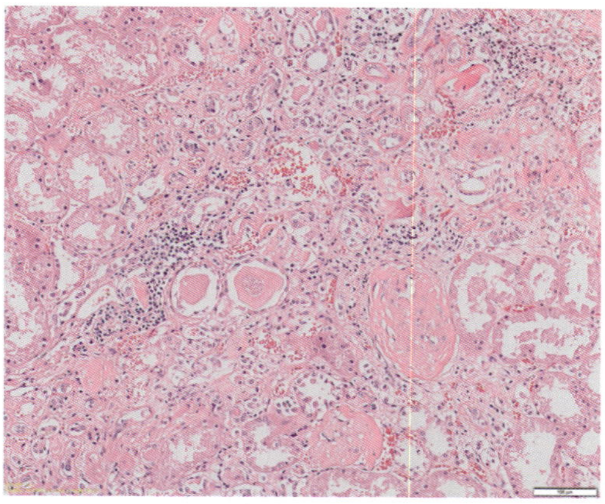

图 9–116　肾小球玻璃样变

肾小管内见管型形成，间质炎细胞浸润。

胰：轻度自溶。

睾丸：曲细精管内生精细胞减少显著。

会厌、喉头及甲状腺：未见异常。

肾上腺：束状带灶片状出血，部分区域可见较多淋巴细胞浸润。

胃、空回肠、结肠黏膜层及黏膜下层见较多以淋巴细胞为主的炎细胞浸润。

◎死亡原因

符合在新冠肺炎基础上，因冠心病急性发作致急性呼吸循环功能衰竭而死亡。

原型株感染案例三

◎基本信息

遗体捐赠者，男，70余岁，既往慢性乙肝病史10余年，肝硬化病史3余年，脾功能亢进，高血压，2型糖尿病，头孢过敏史。

◎病历资料

2020年1月某日，8d前无明显诱因出现畏寒、发热，最高体温39.0℃，有咳嗽、咳痰，痰液呈少许血性黏液，易咳出，有胸闷、喘气，发病前1周有华南海鲜市场购物史。体格检查：体温37.2℃，心率82次/min，呼吸20次/min，血压149/82mmHg，SpO_2 97%，神志清楚，精神差，呼吸急促，岩部充血，双侧扁桃体I度肿大，双肺呼吸音粗，右肺可闻及散在湿啰音，以“可疑病毒性肺炎，发热待查”收入院，入院完善检查后予以抗感染、抗病毒、雾化止咳平喘等对症治疗措施。入院4d，仍有发热（最高39.2℃）、阵发性咳嗽及咳痰，对比入院肺部CT，见较前进展。8d后办理出院居家管理，无明显呼吸道症状。

22d后22时以“呕血、上消化道出血”急诊入院，经抢救无效于当日死亡。

◎尸检发现

脑苍白呈贫血貌，双侧胸腔内见少量约10ml淡黄色液体，双肺苍白呈贫血貌，切面局部呈灰红色，挤压可见泡沫状液体流出。心体积增大。肝体积缩小，表面及切面呈弥漫性结节状改变，呈土黄色改变。脾体积增大。胃内见少量血性液体（图9-117），胃上部近胃大弯处见黏膜破口。肠内见血性液体。

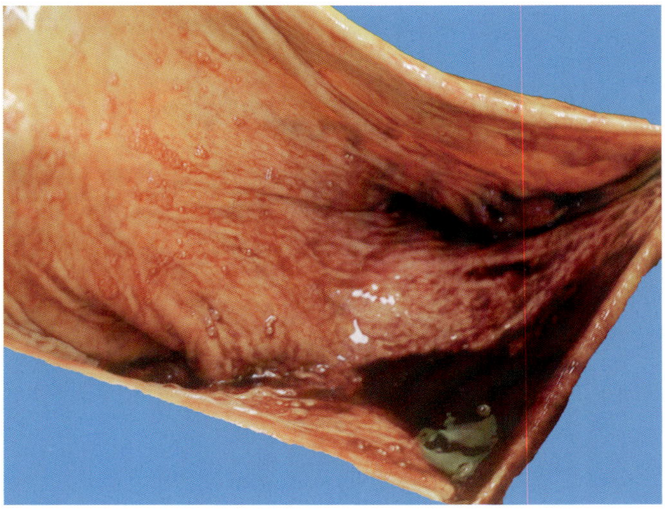

图9-117　胃内积血

◎组织学检查

脑：脑组织贫血，轻度水肿，伴部分细小动脉管壁硬化。

心：灶性心肌细胞肥大，间质小血管空虚。

肺：肺水肿（图9–118），肺部分小血管空虚，部分肺泡腔内见透明膜形成伴肺泡上皮细胞增生，肺泡壁增宽伴纤维化（图9–119），部分区域纤维结缔组织增生，以肺边缘为重（图9–120、图9–121），间质少量单核细胞、淋巴细胞浸润，部分细小支气管黏膜上皮细胞脱落伴少量黏液。

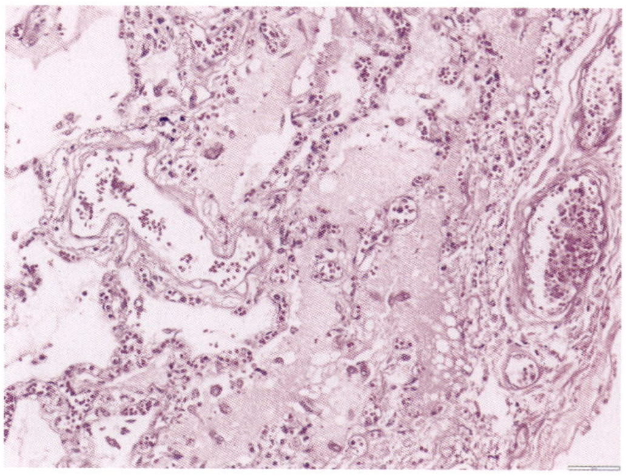

图9–118 肺水肿

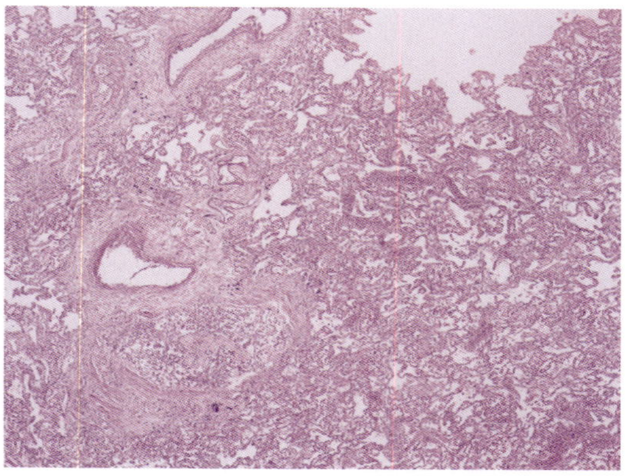

图9–119 肺泡壁增宽伴纤维化，细小支气管上皮细胞脱落伴炎性渗出物

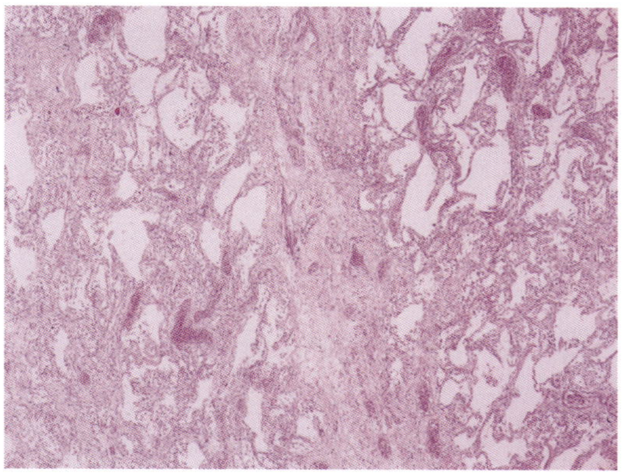

图9–120 肺组织纤维化

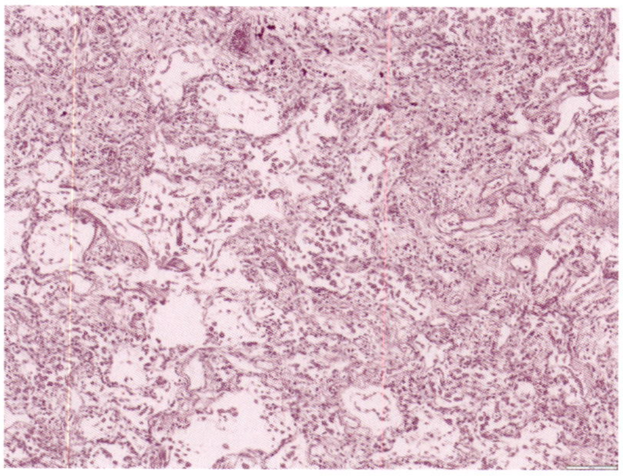

图9–121 肺组织片状纤维化，肺泡腔内见巨噬细胞及成纤维细胞

肝：弥漫性纤维结缔组织增生伴淋巴细胞、单核细胞浸润（图9–122、图9–123），假小叶形成，灶性肝细胞坏死，肝窦空虚汇管区大量炎细胞浸润（图9–124）。

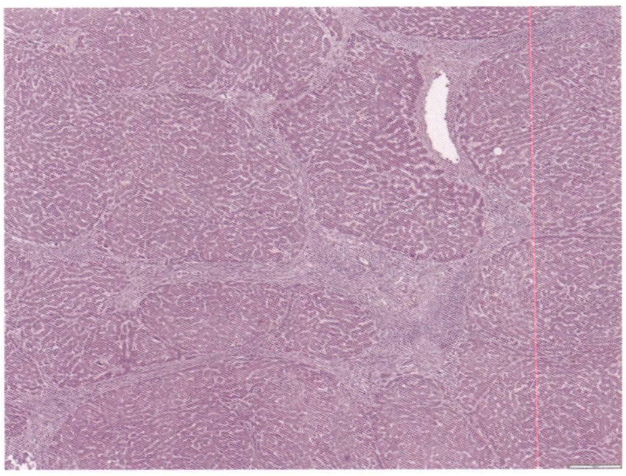

图 9-122　多发假小叶形成，肝窦空虚

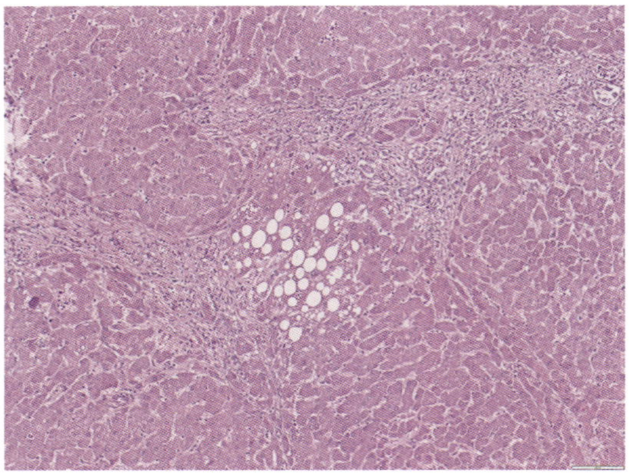

图 9-123　肝细胞脂肪变性，大片状坏死及间质纤维结缔组织增生，肝窦空虚

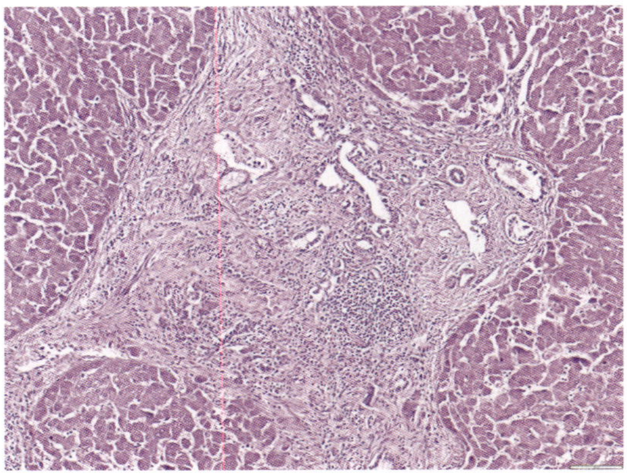

图 9-124　肝汇管区纤维结缔组织增生伴大量炎细胞浸润、小胆管增生，肝窦空虚

脾：脾纤维结缔组织增生，脾淋巴小结未见明显变化，脾窦空虚。

◎实验室检查

肺部检出一定载量的新冠病毒，新冠肺炎抗体检测：IgG 阳性，IgM 弱阳性。

◎死亡原因

因门脉性肝硬化继发胃底血管破裂致失血性休克死亡。

（二）SARS-CoV-2 Omicron 株感染相关死亡案例尸检及组织病理学改变

与 SARS-CoV-2 原型株相比，Omicron 株感染患者呈现多样化的临床表现，病理学改变及致病机制与原型株的异同不详。故自 2022 年 12 月中旬始至 2023 年 1 月，本团队在日常司法鉴定中收集了 11 例 SARS-CoV-2 抗原阳性（Omicron 株）死者尸检的相关病理学改变，综合分析并呈现如下。

1. 上呼吸道及肺部病变

（1）大体观

Omicron 株感染后最重要的病变仍在呼吸系统，但是与原型株所不同的是，其病变集中于上呼吸道，可见咽部、喉头、气管管壁黏膜点状、片状出血（图 9–125），支气管内白色黏液栓堵塞气道（图 9–126），双肺明显肿胀（图 9–127），重度淤血（图 9–128），挤压肺组织可见大量的黏稠液体流出（图 9–129）。

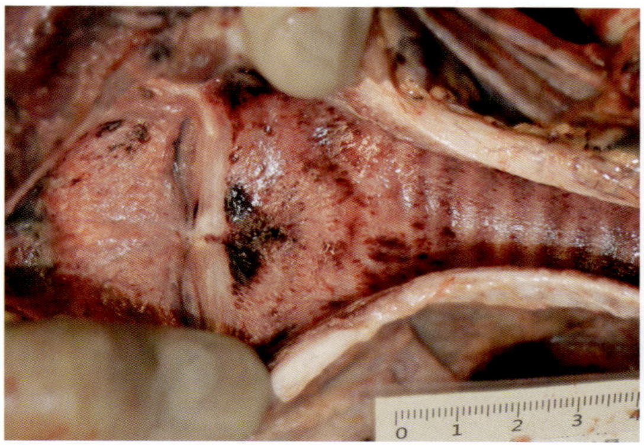

图 9–125　上呼吸道大体观

咽部、喉头、气管管壁黏膜点状、片状出血。

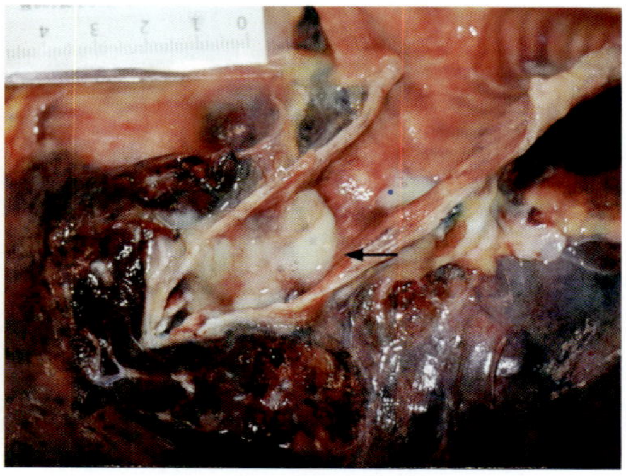

图 9–126　右支气管内痰栓

右支气管内白色痰栓堵塞气道（↑）。

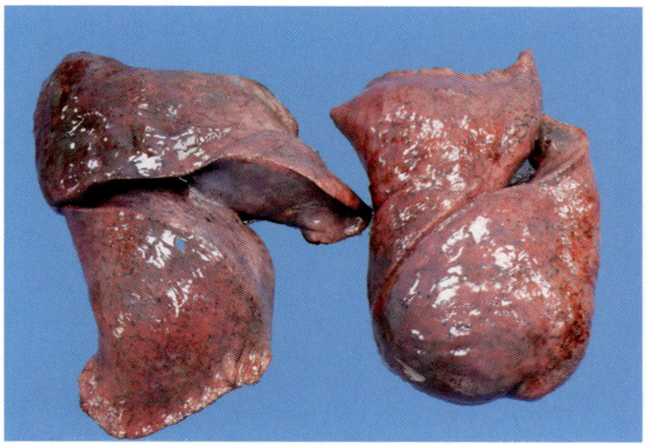

图 9–127　肺大体观

双肺明显肿胀，表面红白相间。

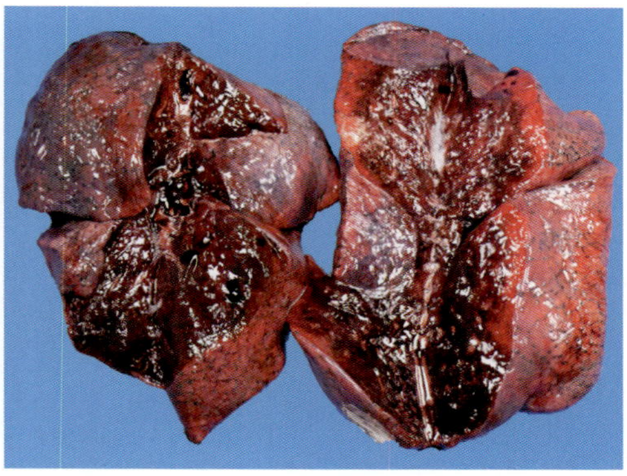

图 9–128　肺切面观

肺切面重度淤血呈暗红色。

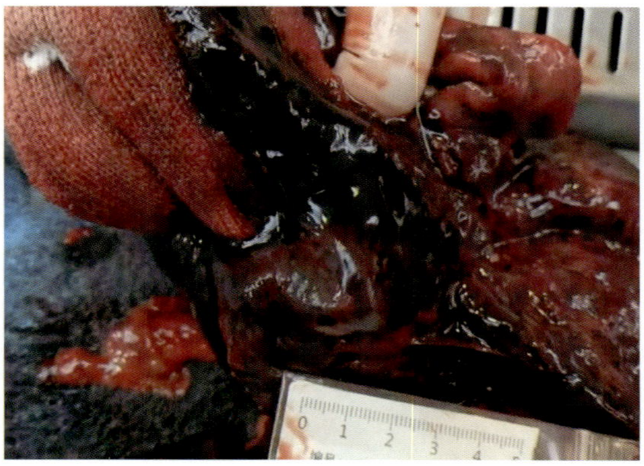

图 9–129　肺切面液体

挤压见肺切面大量黏稠血性液体流出。

（2）镜下观

显微镜下表现为咽喉、会厌、气管及支气管弥漫性的黏膜及黏膜下层炎细胞浸润，伴充血 / 淤血及出血（图 9-130 ～图 9-132），且为上述 11 例阳性者的共同病理学表现，其中 1 例系急性喉炎致死。下呼吸道及肺部则存在程度及范围不同的感染性病灶，较为局限，但仍有肺泡内小血管高度扩张、充血，片状肺出血，肺泡壁增宽、纤维化，间质单核细胞、淋巴细胞浸润（图 9-133、图 9-134），肺泡上皮细胞及细小支气管上皮细胞损伤，多核巨细胞少见或缺如，伴与病灶分布较为一致的点灶性肺组织纤维化。

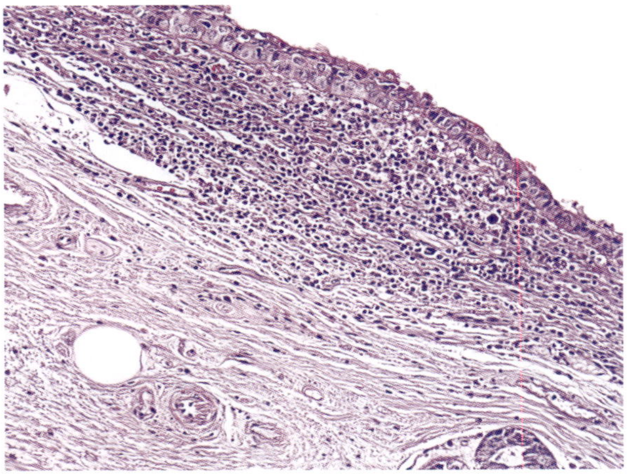

图 9-130　会厌镜下观

会厌黏膜上皮部分细胞脱落，黏膜下层出现以单核细胞、淋巴细胞为主的炎细胞浸润。

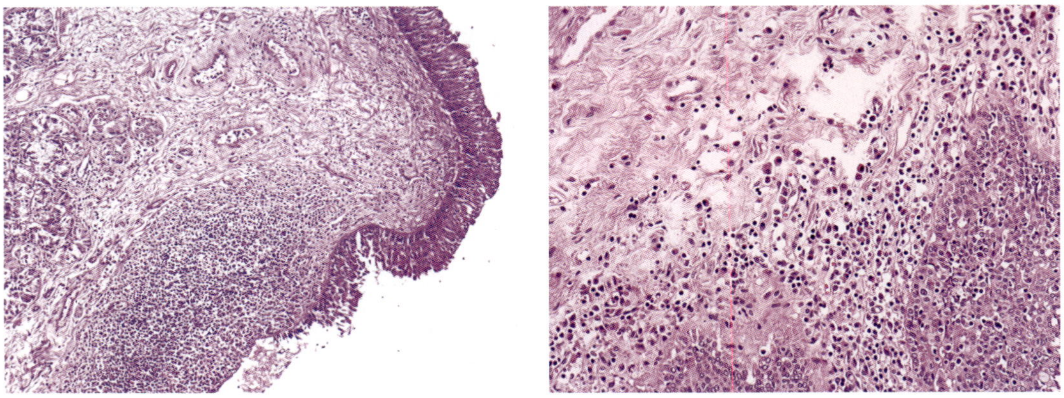

A　　B

图 9-131　喉头镜下观

A. 喉头黏膜下层片状坏死；B. 喉头黏膜下层灶片状单核细胞、淋巴细胞及中性粒细胞浸润。

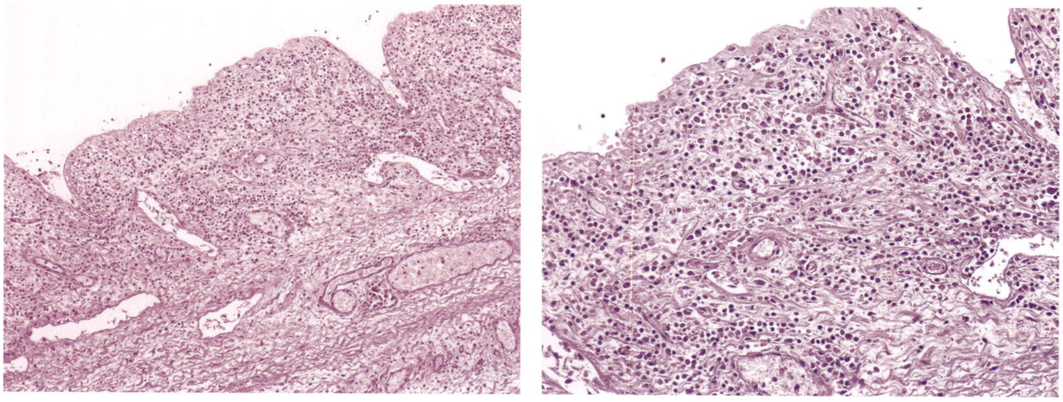

A　　　　　　B

图 9-132　支气管管壁镜下观

A. 支气管管壁黏膜下层大片状坏死，伴大量以单核细胞、淋巴细胞为主的炎细胞浸润；B. 支气管管壁黏膜下层大量以单核细胞、淋巴细胞为主的炎细胞浸润。

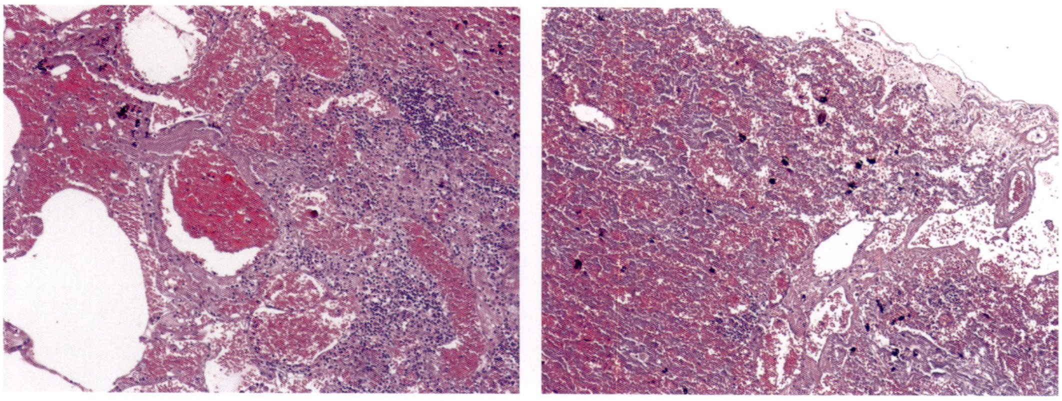

A　　　　　　B

图 9-133　肺组织镜下观

A. 肺泡内小血管高度扩张、淤血，片状肺出血，肺泡壁增厚、纤维化，间质单核细胞、淋巴细胞浸润；B. 肺泡内小血管扩张、淤血，片状肺出血，间质局灶性炎细胞浸润。

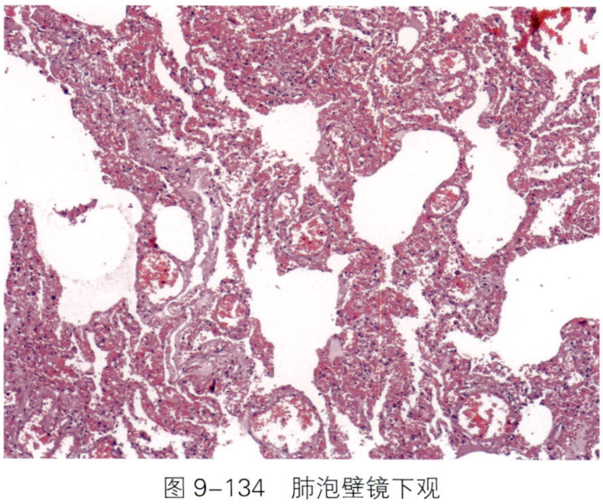

图 9-134　肺泡壁镜下观

部分肺泡壁增宽，肺灶片状出血。

2. 脑病变

显微镜下见脑小血管内透明血栓伴血管周围袖套样浸润（图 9–135），中脑血管周围局灶性炎细胞浸润伴围管性出血（图 9–136）。

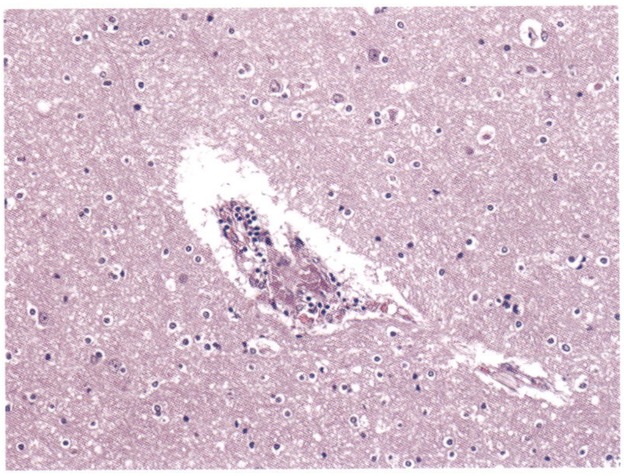

A

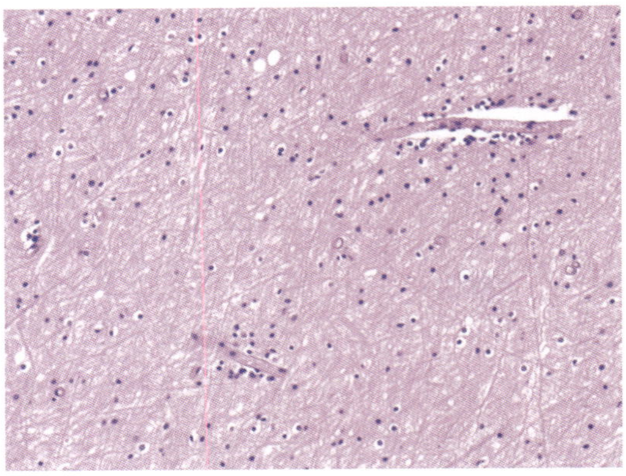

B

图 9–135　大脑镜下观

A. 左颞叶小血管透明血栓伴血管周围袖套样浸润；B 大脑实质内小血管周围袖套样浸润。

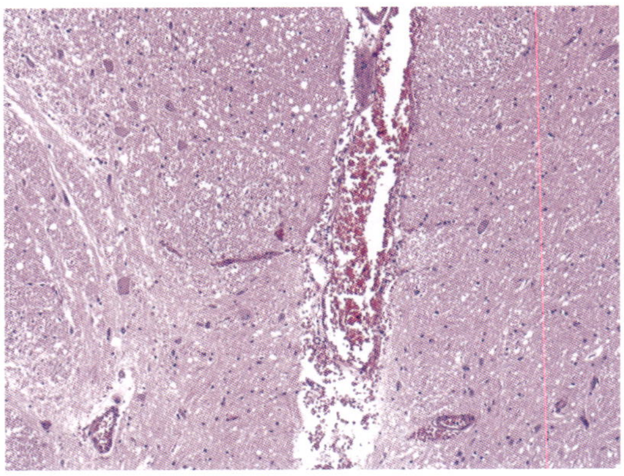

图 9–136　中脑镜下观

中脑小血管周围局灶性炎细胞浸润伴围管性出血。

3. 心脏及全身血管病变

（1）大体观

心表面多发出血点（图 9–137）。

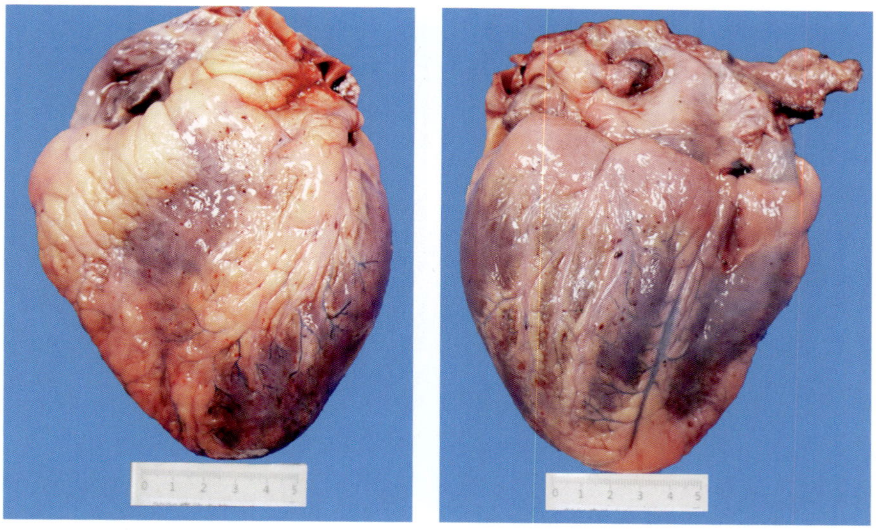

图 9-137 心脏大体观

心脏表面多发出血点。

（2）镜下观

显微镜下见心肌间质灶片性围管性出血（图 9-138），心肌间质小动脉管壁疏松、增宽（图 9-139），房室结脂肪浸润，结动脉管壁硬化（图 9-140）。全身小血管多发血栓形成（图 9-141）。

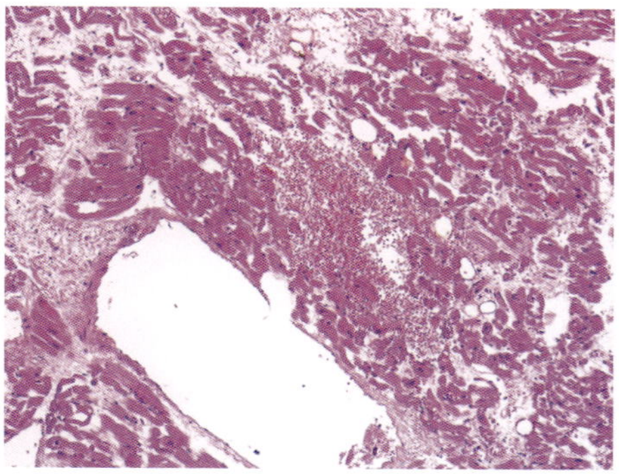

图 9-138 心肌镜下观

心肌间质灶片性围管性出血。

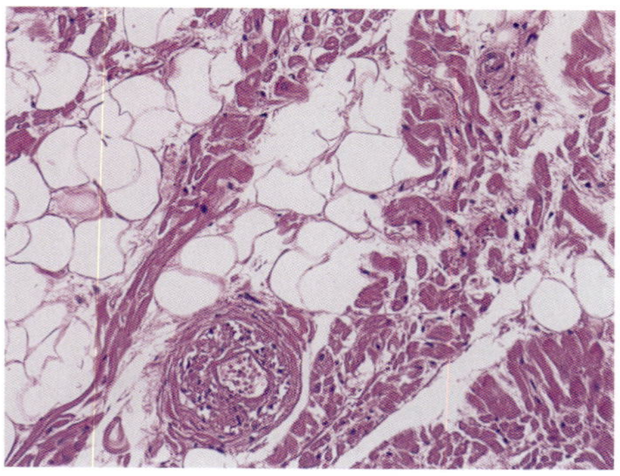

图 9-139 心肌间质小动脉镜下观

左心室前壁心肌间质小动脉中层疏松、增宽。

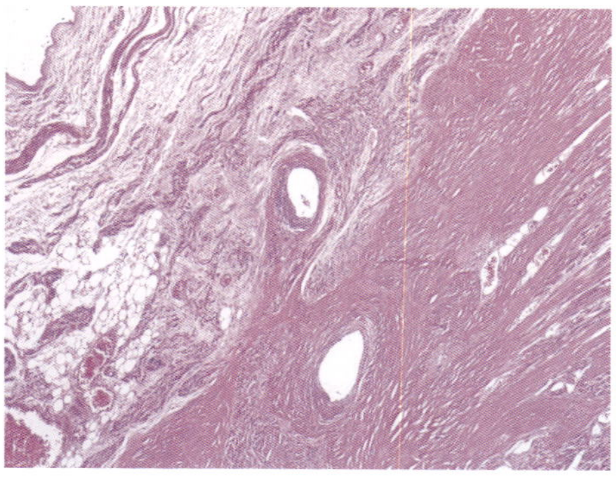

图 9-140 房室结镜下观

房室结脂肪浸润，结动脉硬化。

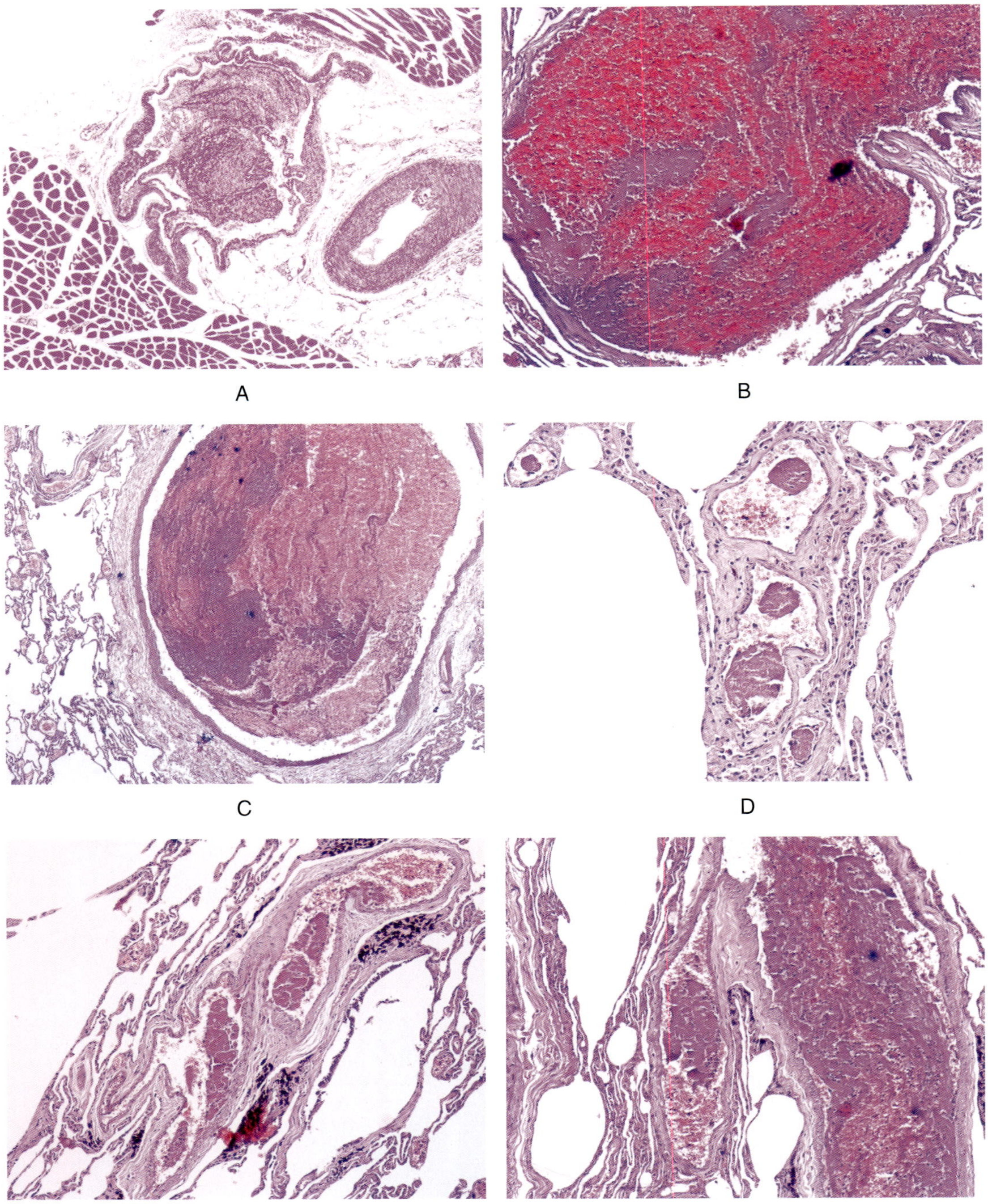

图 9-141　全身小血管腔内多发血栓栓塞

A. 下肢肌间静脉腔内血栓形成；B. 肺门处肺动脉血栓栓塞；C. 肺叶小动脉内见血栓栓塞；D. 肺泡间隔小血管腔内见多发血栓栓塞；E—F. 肺叶间小血管腔内见多发血栓栓塞。

4. 脾、淋巴系统病变

（1）大体观

脾及淋巴组织增生较为明显，脾切面淤血（图 9-142）。

图 9-142　脾切面观

（2）镜下观

显微镜下见脾淤血，淋巴小结中央动脉硬化（图 9-143），淋巴小结未见明显异常。

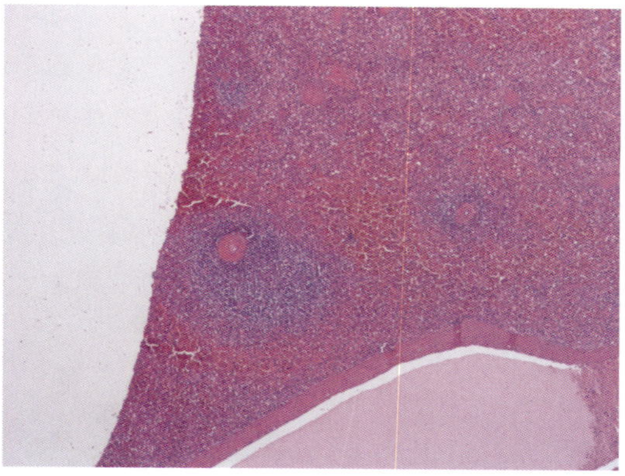

A

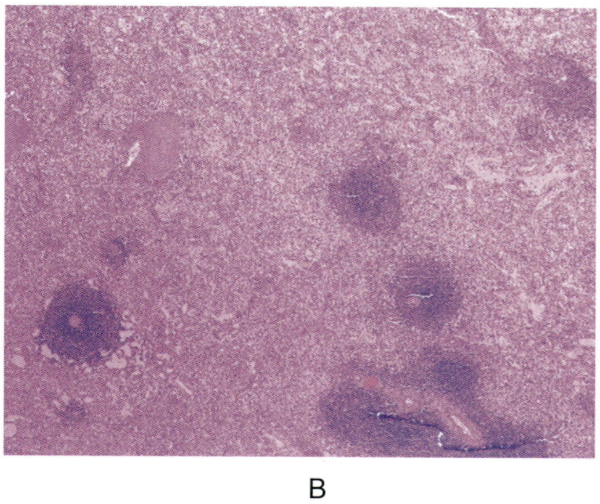

B

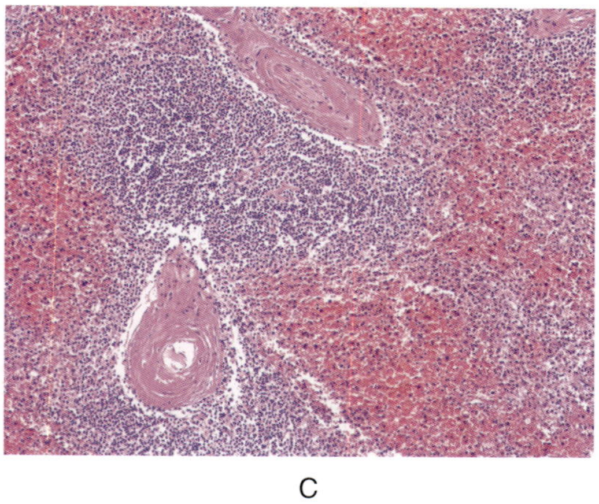

C

图 9-143　脾镜下观

A. 脾淤血，淋巴小结中央动脉硬化；B. 淋巴小结未见明显异常；C. 脾窦扩张、充血，淋巴小结中央动脉硬化。

5. 肝病变

肝切面呈黄色，显微镜下见肝被膜下及汇管区片状炎细胞浸润，肝细胞灶片性变性、坏死伴中性粒细胞浸润（图 9-144），肝细胞点灶性坏死（图 9-145），肝索排列紊乱（图 9-146）。

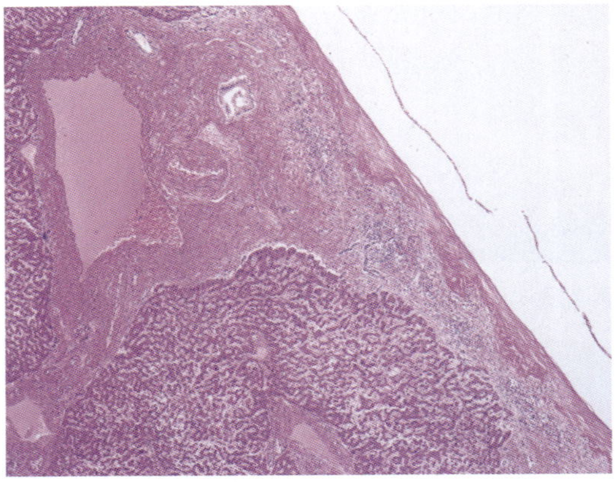

A

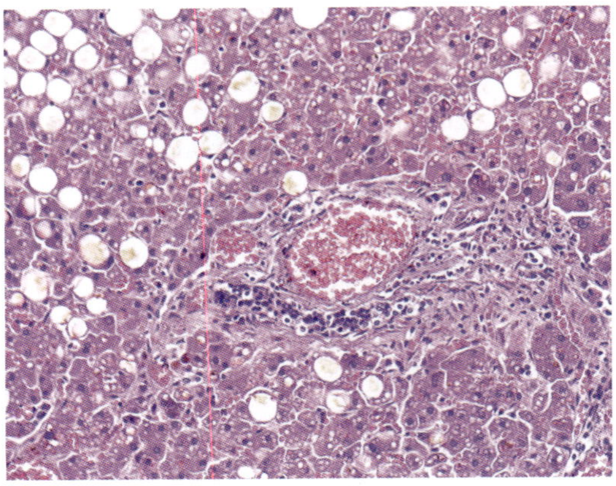

B

图 9-144 肝镜下观

A. 肝被膜下片状炎细胞浸润；B. 肝汇管区炎细胞浸润。

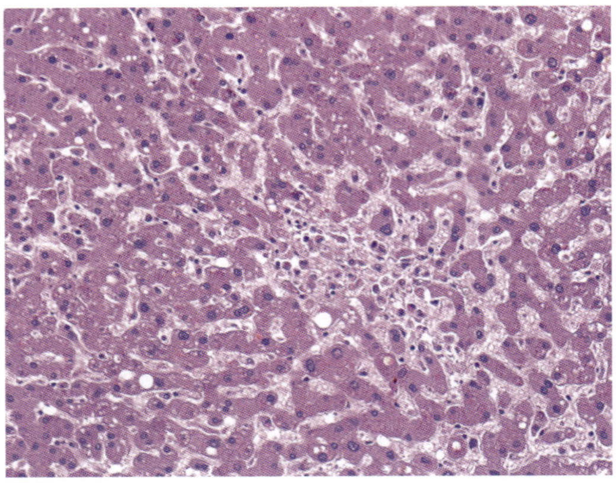

图 9-145 肝细胞镜下观

肝细胞灶片性变性、坏死伴中性粒细胞浸润。

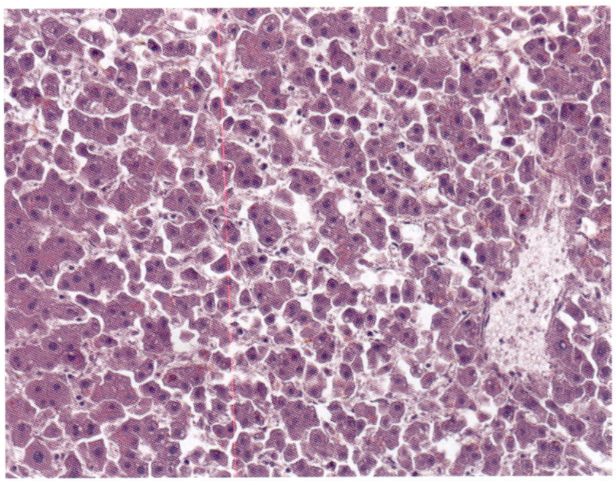

图 9-146 肝索镜下观

肝索排列紊乱，肝细胞点灶性坏死（HE 200×）。

6. 肾病变

肾组织显微镜下见肾小球囊腔内蛋白样物、红细胞漏出（图 9-147），近曲小管自溶，远曲小管腔内见管型（图 9-148）。

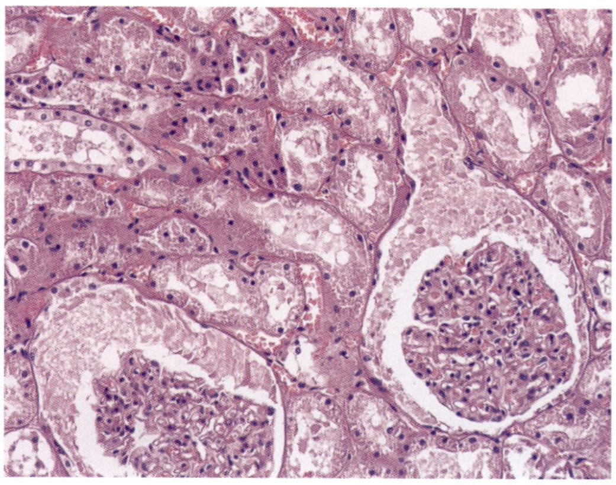

图 9-147　肾小球镜下观

肾小球囊腔内蛋白样物、红细胞漏出。

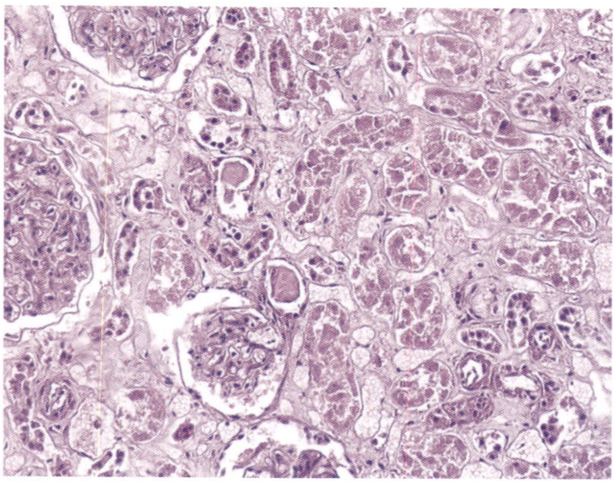

图 9-148　肾小管镜下观

肾近曲小管自溶，远曲小管腔内见管型。

另外，值得引起社会及临床高度关注的是，Omicron 株对全身各器官组织的血管损伤较严重，呈现多器官组织 / 系统血管炎性改变，血管内皮细胞损伤，血管壁炎细胞浸润等，其中 1 例出现与感染相关的肺内弥漫性血栓栓塞伴下肢深静脉血栓形成，余案例均为重度外伤及自身器质性疾病后继发 Omicron 株感染，即使无 Omicron 株感染，其外伤及疾病均可单独致人死亡，其死亡的发生主要系外伤 / 疾病所致。

虽然 Omicron 株感染患者的症状及病理学改变较原型株轻，但尸检发现 Omicron 株感染可引起不同程度的上呼吸道炎性病变，甚至部分病例存在呼吸道梗阻的风险；此外 Omicron 株感染损伤小血管内皮细胞而发生血管炎的病变多见，且在病程迁延者较为明显，因此，部分病例中小血管腔内血栓的形成可能与之有关。临床研究表明，入院治疗的新冠 Omicron 株感染者中，脓毒症的发生率高达 64.2%，其中近 1/3 为中轻型 + 中型，提示病毒感染后脓毒症与患者转归密切相关，钟南山院士也提出奥密克戎感染后病毒性脓毒症是“防重症降死亡”的关键点之一[1]，根据原型株及 Omicron 株病理学发现，推测新冠病毒感染所致的内皮细胞炎性损伤、凝血系统激活及免疫应答失调均在病毒性脓毒症的发生发展中起关键作用，而呼吸道感染时，易继发细菌、真菌及其他病原体感染，在脓毒症发生之前或同时存在急性呼吸窘迫综合征时，更易掩盖症状，因此提高对此类患者脓毒症的早期诊断和及时处置尤为关键。结合上述病理学特点，编者认为，对于 Omicron 株感染后低氧进展迅速者，特别是年轻患者，应注意观察上呼吸道炎症引发急性呼吸道梗阻的征象，一经发现，应及时采取针对性措施；对存在心脑血管基础疾病的老年患者，感染 Omicron 株后 3 个月或更长时期内加强凝血功能监测或给予适当抗凝诊疗，以预防心脑血管血栓栓塞事件的发生。

[1] 程璘令，李时悦，钟南山．应注意当前重症新型冠状病毒感染的新特点 [J]. 中华结核和呼吸杂志 ,2023,46(5):441-443.